佛教汉语

佛教汉语研究的新进展

朱冠明　龙国富◎主编

中国社会科学出版社

图书在版编目(CIP)数据

佛教汉语研究的新进展/朱冠明，龙国富主编．—北京：中国社会科学出版社，2019.12

ISBN 978-7-5203-6600-7

Ⅰ.①佛… Ⅱ.①朱…②龙… Ⅲ.①佛教—汉语—文集 Ⅳ.①B948-53②H1-53

中国版本图书馆CIP数据核字(2020)第093016号

出 版 人　赵剑英
责任编辑　任　明
责任校对　冯英爽
责任印制　郝美娜

出　　版　中国社会科学出版社
社　　址　北京鼓楼西大街甲158号
邮　　编　100720
网　　址　http://www.csspw.cn
发 行 部　010-84083685
门 市 部　010-84029450
经　　销　新华书店及其他书店

印刷装订　北京君升印刷有限公司
版　　次　2019年12月第1版
印　　次　2019年12月第1次印刷

开　　本　710×1000　1/16
印　　张　23.5
插　　页　2
字　　数　383千字
定　　价　108.00元

凡购买中国社会科学出版社图书，如有质量问题请与本社营销中心联系调换
电话：010-84083683

目　录

序 …………………………………………………………… 朱庆之（1）

《中阿含经》原语问题之考察 ……………… 辛嶋静志著　裘云青译（1）
中古佛经写本与刻本比较漫议 ……………………… 王云路　方一新（9）
信瑞《净土三部经音义集》的语料价值研究
——以日本资料为例 …………………………………… 梁晓虹（19）

《可洪音义》中字形与注音相异标题字释例 …………… 李圭甲（40）
利用异文考释佛经疑难字应注意的三个问题 ………… 真大成（57）
初唐佛典异文类例 ………………………………………… 王绍峰（67）
《篆隶万象名义》注音校释举例 …………………………… 郑林啸（82）

从中古佛经看汉语词汇双音化发展的过渡现象 ……… 竺家宁（87）
汉文佛典中之“无在”考 …………………………………… 董志翘（114）
“嫱懠”与“肚撰”考略 ……………………… 徐时仪　潘牧天（132）
梵汉本根本说一切有部律典词语选释 ……………… 陈　明（145）
《生经》难解词语选释四则 ……………………………… 裘云青（175）

东汉译经中作单句或根句主语及各类宾语的第三身
代词“其” ……………………………………………… 朱庆之（197）
唐宋禅宗语录中“只这（个）是”类强调式判断句
析论 ……………………………………………………… 卢烈红（228）
略谈“动词+补语”型使成式的扩展机制
——以早期汉译佛典中“他动词+在/到”型使成式
为例 …………………………………………………… 松江崇（241）

从同经异译及梵汉对勘看中古汉语“都”的性质
和作用 …………………………………… 龙国富 李 晶（252）
中古汉语中“且”的发展
——从时间副词到礼貌性祈使标记 ……………………… 牟烨梓（268）
《摩诃僧祇律》中的“好” ……………………………… 朱冠明（279）

佛教汉语研究论著目录（2007—2017）
……………………… 朱冠明 真大成 于方圆 朱庆之 编（289）

编后记 ……………………………………………………………（365）
补 记 ……………………………………………………………（367）

序

朱庆之

2016年10月，由中国人民大学文学院主办的第十届“汉文佛典语言学国际学术研讨会”在北京召开。这次研讨会共有80余篇论文参与交流，作者来自我国内地和港台以及韩国、日本55所大学和研究机构，不但有长期耕耘的老将，更有初试锋芒的新兵。大家带来最新的研究成果分享，精彩纷呈。这部论文集中收录的大都是这次会议的参会论文，虽然不足全部论文的四分之一，但大体可以展示出汉文佛典语言研究的内容和特色。

“汉文佛典语言学国际学术研讨会”最初是2002年由竺家宁教授在台湾中正大学发起召开的。这是20世纪80年代以来汉文佛典语言研究渐渐成为学术热点之后，学术界第一个专业的学术会议。来自各地主要是东亚地区的众多一线学者应邀参加了会议，会议取得了巨大的成功。因此，与会者一致认为应当将其延续下去，使之成为一个定期的面对面交流汉文佛典语言研究最新成果的国际性学术平台。研讨会开始由大陆和台湾的大学交替主办，后来日本和韩国的大学也加入了东道主的行列；由于“竞办者”踊跃，也从最初的隔几年一次，慢慢发展成为一年一次；会议正式代表少者四五十人，多者上百人，展现出这个研讨会的勃勃生机，更反映出“汉文佛典语言研究”这个由几代学术界同好共同开拓和培育的学术领域的光明前途。

为什么这样一个相对“偏门”的学术会议有如此突出的表现？回顾十多年的实践，个人认为作为一个学术平台，它有两个突出的特点，值得自许。

第一个特点是内容相对开放。什么是“汉文佛典语言学”？这个“语言学”并不是英文的linguistics，而是language studies——从第一届到第十届的实际情况来看，与会者的研究领域十分广泛——从材料看，除了狭义的“汉文佛典”外，还包括与佛教相关或受到佛教影响的非传统佛教文献（泛佛教文献）；从内容上看，除了狭义的语言学研究（linguistics）外，还包括语文学/文献学（philology）的研究，例如音义研究、词语考释、俗字研究、版本和目录研究，以及文本校注等；甚至还包括其他的学科，如［佛经］翻译学、［佛教］哲学、［佛教］文学、［佛教］文化，等等。所以，“汉文佛典语言学”可以指从语言的角度或以语言为切入点对汉文佛典或者汉语泛佛教文献所进行的任何研究。在“汉文佛典”和“语言”这两个关键词所划定的范围之内，聚合了相关学科有共同志趣的研究者在一起交流。尽管按照习惯的分类，与会者的学科不尽相同，但却无意中创造了跨学科的交流机会，原本可能“老死不相往来”的学者可以相互学习，相互借鉴，相互激发，形成自己的交叉优势。

第二个特点是组织形式民主。“汉文佛典语言学国际学术研讨会”的运行并非靠某个学会或者学术机构的主导，而是靠一个自然形成的民主机制来自我管理。这个机制的主体就是与会代表。所谓“与会代表”可以分为三种人，一是“资深代表”，他们是汉文佛典语言的第一代研究者，是佛经语言研究的最早倡导者和践行者；二是“中青年代表”，他们是汉文佛典语言的第二代和第三代研究者，是这个领域的中坚力量；三是“新生代表”，主要是在读的研究生，是这个领域未来的希望。三种人中，第二种是主干和“基本盘”，他们不但传承了佛典语言研究，更主动地肩负起将会议延续下去的历史任务，表现出了强烈的使命感；相比之下，第一种则更多承担了协调和顾问的作用。在议题范围相对固定的前提下，研讨会的主办权完全开放，任何学术单位都可以申请作为东道主；一旦申请成功，该届会议的具体组织运作，由其全权负责和处理。只有当出现某一届年会多地申办或者无人申办的情形时，资深代表们才会出面进行协调；除此之外，当有需要时，他们也会为主办者提供会务上的咨询。实践证明，这样一个民主开放的学术机制行之有年，非常有效，激发了学术同行为共同的事业作贡献的积极性。

作为“汉文佛典语言学国际研讨会”的一名“资深代表”，我愿意借此机会感谢过去十届的主办和协办单位：中正大学（第一届，2002，佛光山协办），湖南师范大学（第二届，2004），政治大学（第三届，2008，法鼓佛教学院协办），北京大学（第四届，2009，宁波香山教寺协办），华中科技大学与武汉大学（第五届，2010，归元禅寺协办），韩国忠州大学（第六届，2012，海印寺协办），贵州师范大学（第七届，2013），南京师范大学（第八届，2014），日本北海道大学（第九届，2015），中国人民大学（第十届，2016）。

最后要向读者特别介绍的是，这本集子中还有一篇工具性文章——《佛教汉语研究论著目录（2007—2017）》，收入了境内外学者近十年在中国内地的正式出版物中发表的与汉文佛典语言研究相关的论著。读者如果结合帅志嵩等编的《佛教汉语研究论著目录（1980—2006）》（收入朱庆之编《佛教汉语研究》，商务印书馆，2009 年），就可以对中国内地近四十年的佛典语言研究成果有一个比较全面的了解。

从东汉开始出现的古代汉文佛典，数量巨大，不但是中国古代文明的瑰宝，也是东亚文明的瑰宝。相对于它在中国乃至整个东亚文明发展过程当中所起到的重要作用，我们从语言的角度所开展的研究还只能说是刚刚开始；同理，已经举办了十届的“汉文佛典语言学国际学术研讨会”，也只能说刚开了一个头。我们预祝这个学术平台在第二个十届、第三个十届有越来越好的表现，为古代文化的研究作出应有的贡献。

2018 年岁末于香港大埔打铁屻寓所

《中阿含经》原语问题之考察*

辛嶋静志著　裘云青译

自释尊时代起，佛典就不是通过梵语，而是通过口语传承的。释尊不仅自己使用口语说法，而且鼓励弟子们也使用口语。僧团内有各地出身的僧人，传教的对象不仅有知识分子，还包括其他各阶层的人，即使用尊贵优美、高尚文雅的梵语讲经，民众也无法理解，因此使用口语是必然的。讲佛经的对象既然是民众，最初使用的就是民众能够理解的口语，以后口语才被逐渐翻译为文雅的梵语。综述高僧哲学思想的《阿毗达摩论书》有可能较早开始使用了梵语，此外马鸣用梵语创作了佛教叙事诗《佛所行赞》，目的是读给国王和知识分子听，而不是念给百姓。以讲给普通僧侣或民众为目的的佛典，无论是所谓小乘经典，还是大乘经典，直至 3 世纪大体都是通过口语传承的。从写本、铭文、汉译佛典的研究可推定，自 3 世纪起口语逐渐为梵语所替换，4 世纪梵语化有了较大的迈进。

释尊时代尚无文字，非但释尊时代，其后很长时间都没有文字。巴利语五部经典、汉译四阿含等初期经典就是依靠了数百年间专门背诵某部经典的僧侣（bhāṇaka，背诵僧）的口传才得以传承至今。这些背诵僧身负重任，须逐字逐句背诵释尊所讲经典，并完整地传给下一代。没有这些背诵僧的存在，就没有今日的初期佛典。

从东汉开始，佛典传入中国，被翻译成汉语。所谓小乘佛教的佛典，即阿含经、律典、部分论书都是口传传承，传入中国时也同样是僧人吟诵。部分初期大乘佛教的经典也被僧人吟诵，在中国翻译成汉语。

5 世纪佛典的吟诵者以及译者之中不少僧人都来自大夏（即吐火罗）、克什米尔等所谓“大犍陀罗文化圈”（包括今巴基斯坦西北部、阿富汗东部、乌兹别克斯坦南部）。他们的母语应该是巴克特里亚语、犍陀罗语

---

* 本文原载《南京师范大学学报》2017 年第 2 期。

等。那么，他们传承的佛典也应该是通过这些口语传承的。但是，自 3 世纪起，口语逐渐为梵语所替换，4 世纪梵语化有了较大的推进。所以从 4 世纪到 5 世纪初，鸠摩罗什前后时代被翻译的佛典，其原语应该是口语与梵语混淆的一种语言。但是，每部经典情况不同。一般来说，说一切有部喜欢用正统梵语，其他部派倾向于保持口语。所以我们应该有针对性地认真研究每一部经典，才能够得出结论。

Oskar von Hinüber 先生（1982，1983）及榎本文雄先生（1984，1986）认为，《中阿含经》（《大正藏》第一卷，No. 26）印度原本有可能是通过犍陀罗语传播的，其根据仅在于一些翻译词汇（如，632b6. “断秽” prahīṇa <pabhiṇṇa < Pā. pabhinna）及两个音译词（472a1. “阿摄贝” [* Aśpa'i < BHS. Aśvajit]，685a4. “弥萨罗” [* Misalā < Mithilā] ）。但正如郑镇一（Chung/Fukita 2011：31f.）指出的，这些词例反映原本原语面貌的程度尚不明了。

依据《中阿含经》（《大正藏》第一卷，No. 26，809b）后记，其印度原本是由一位来自克什米尔的僧人僧迦罗刹（Saṃgharakṣa）吟诵，由另一位克什米尔僧人瞿昙僧迦提婆（Gautama Saṃghadeva）于 397—398 年译为汉语的。4 世纪时犍陀罗语的地位及其字体佉卢文已为（佛教）梵语及其字体婆罗米文字所取代，因此《中阿含经》印度原本很有可能已在相当程度上梵语化了。在那前后，竺佛念于 413 年以克什米尔僧人佛陀耶舍的吟诵为基础，翻译了法藏部《长阿含经》。在对《长阿含经》（《大正藏》第一卷，No. 1）中出现的约 500 个音译词进行分析后，我得出的结论是，其原本语言是梵语、俗语以及当地方言如犍陀罗语等混为一体的混合语言（辛嶋，1994）。

我们应以同样方法，研究《中阿含经》中出现的全部翻译词汇，这样才能够把握其印度原本语言概况。

根据我目前研究结果，很多例子表明，《中阿含经》原本的语言是口语（Prakrit）。

-gh->-h-：

弥醯（491a14；＊Mehi）/Pā. Meghiyā；Skt. Meghikā（Abhidharmadīpa，Abhidh-d 296）

-j->-y-：

那利鸯伽（801b5；*Nāli（y）aṅga）/Pā. Nāḷijaṅgha，Skt. Nāḍījaṅgha（MW），Nālījaṅgha（MW），Nālijaṅgha（MW）

-j->-y-?：

阿夷罗婆提（428b17；Ayiravatī or Ajira-），阿夷罗惒（v.l. 和）帝（600c3）/Skt. Ajiravatī（参照 ajira "快的，急速的"）；Pā. Aciravatī

婆夷利（801c20；*Vayirī or Vajirī）/Pā. Vajirī（Skt. *Vajrī）

-ñc->-ñj-：

般阇罗（772b15；*Pañjāla）/Skt = Pā. Pañcāla

-ṭ->-l-①：

阿逻鞞伽逻（482c9；*Ālavikāla?）/BHS. Āṭavikā，Pā. Āḷavī

波罗利（802a14；*Pālali）（子）/Skt = Pā. Pāṭali-（putra）

波罗牢（445a25；*Pālalau?）/Pā. Pāṭali；参照Pāṭalaka（SWTF）

-t->-l-：

阿私罗（665c1；*Asila）/BHS = Pā. Asita

弗迦逻娑利（690a-6；*Puklasāli）/Pā. Pukkusāti，Pukkasāti；参照 Skt. pulkasa，pukkaśa，paulkasa

-th->-h-：

于娑贺（496b11；*vosaha or *（v）osaha）/Pā. uposatha；BHS. upoṣadha，upoṣatha；AMg. posaha）

-p->-v-：

赖咤惒罗（623a8；*Raṭṭhavāla）/BHS. Rāṣṭrapāla；Pā. Raṭṭhapāla

阿阇惒（v.l. 和）罗（633b29；*Ajavāla）/BHS = Pā. Ajapāla

瞿婆（634b9；*Gova）/BHS = Pā. Gopaka

遮惒（v.l. 和）逻（648b25；Cāvāla）/BHS = Pā. Cāpāla

阿惒那（740c-13；*Āvaṇa）/Pā. Āpaṇa

尸摄惒（v.l. 和）（525a12，749c11；*Śiśavā）/Skt. Śiṃśapā，Pā. Siṃsapā

波和（752c10；*Pāvā）/Pā. Pāvā，BHS. Pāpā

① 参见季羡林（1984）。

-p->-v->-m-:

瞿默（653c-10；＊Gomak（a））/Skt = Pā. Gopaka

-m-/-v-:

般那蔓闍（536a18；＊Pānamaṃza）/Skt. Prācīnavaṃśa（MW）/Pā. Pācīnavaṃsa

摇尤那（428b17 ＊Yavunā or ＊Yaunā；参照 Pkt. Jauṇā）/Skt=Pā. Yamunā

婆想（v. l. 和）[illegible]（656c21；＊Vāvanu）/Pā. Vāmanikā

-lm->-mm-:

剑磨瑟昙（431c14，542b5；＊Kammāṣadamm［a］）/BHS. Kalmāṣadamya；Pā. Kammāsadamma

除上引“弥萨罗”“阿摄贝”外，还有不少例子显示出犍陀罗语特征：

upa->va:

婆难（655b15；＊Vanann（a））/Upananda

upo->vo:

于娑贺（496b11；＊vosaha 或 ＊（v）osaha）/Pā. uposatha；BHS. upoṣadha，upoṣatha；AMg. posaha）

-ñj->-ññ-:

陀然（456a22；＊Dhanaññ-）/BHS. Dhanamjaya/Pā. Dhānañjani

鞞兰若（475c18；＊Veraññā）/Pā. Verañjā（> ＊Veraññā >）BHS. Vairaṇyā

娑若鞞罗迟（782a6；＊Sañña Velaṭī）/BHS. Saṃjayin Vairaṭī-（putra）；Pā. Saṃjaya Belaṭṭhi-（putta）

萨云然（784a4；＊sarvaññaṃ）/Skt. sarvajña；Pā. sabbaññū.

参照：想（620c12；＊saññī-）/Sañjīva

想（793b27；＊saññaya）/Sañjaya

-nd->-nn-:

周那（752c8；＊Cunna）/Cunda

-śv->-śp-:

阿湿贝（749c1；＊Aśpa'i）/Aśvajit/Pā. Assaji

在和田出土的犍陀罗语《法句经》及尼雅文书中都可看到 -ñj->-ññ-以及-nd->-nn- 的发展。

但另一方面，其中也有很多例子显示了梵语化的特征：

-t- 保留了下来：

兜率哆（429b17；Tuṣita）/BHS. Tuṣita，Pā. Tusita

优波鞮舍（431b25；＊Upatiśśa）/BHS. Upatiṣya；Pā. Upatissa

娑鸡帝（544b21；Sākete）/Skt = Pā. Sākete（位格）；BHS.Sāketā

阿夷罗惒（v.l. 和）帝（600c3；Ayiravatī 或 Ajira－）/Skt. Ajiravatī；Pā. Aciravatī

阿夷哆鸡舍剑婆利（782a7；＊Ayita 或 Ajita Keśakambalī）；BHS. Ajita Keśakambalin；Pā. Ajita Kesakambalī

桥焰钵帝（Gavāṃpati 或 Gavaṃpati；532a25）/BHS. Gavāṃpati；Pā. Gavaṃpati

-p- 保留了下来：

优簸遮罗（560b-4；Upacāla）/Pā. Upacāla

-śv- 保留了下来：

阿摄惒（v.l. 和）逻延多那（663c5；＊Aśvalāyantana）/Skt. Āśvalāyana，Pā. Assalāyanasutta

-sk- 保留了下来：

摩息迦利瞿舍利（782a5；Maskari Gośalī）/BHS. Maskarin Gośālī-（putra）/Pā. Makkhali Gosāla

与犍陀罗语相同，音节 -kr-，-dr-，-pr-，-kṣ- 及 -st-保留了下来：

-kr-：

觉砾拘荀（620c8；Krakusanda）；BHS. Krakuchanda，Krakucchanda，Krakutsanda，Pā. Kakusandha

-dr-：

优陀罗（603a3；＊Udra）/BHS. Udraka，Pā. Uddaka

欝陀罗罗摩（子）（776c6；* Udra Rāma）（putra）/BHS. Udraka Rāma（putra）/Pā. Uddaka Rāma（putta）

-pr-:

摩诃簸逻阇钵提（721c24；Mahāprajāpatī［= BHS］）/Pā. Mahāpajāpatī

-kṣ-:

加罗差摩（738a7；Kālakṣema［= SBV I 78］）/Pā. Kāḷakhema

-st-:

波遮悉多罗那（617c5），波遮悉哆罗（v.l. 逻）那（541b3，646a27；* paccāstaraṇa）/BHS. pratyāstaraṇa，paccattharaṇa

我们因此可以得出这样一个结论，即僧迦罗刹于4世纪末吟诵的印度原本即使仍包含很多犍陀罗语以及其他俗语元素，但已在很大程度上梵语化了。我们仍需要对《中阿含经》音译以及汉译词进一步进行全面研究，以了解其原本面貌。

缩写和符号

Abhidh-d = Abhidharmadīpa with Vibhāṣāprabhāvṛtti, critically edited with notes and introduction by Padmanabh S. Jaini, 2nd ed., Patna 1977: Kashi Prasad Jayaswal Research Institute（Tibetan Sanskrit Works Series, 4）.

AMg = Ardhamāgadhī 半摩揭陀语。

BHS= Buddhist Sanskrit 佛教混合梵语；在BHSD中作为词条出现的词汇。

BHSD= Franklin Edgerton, Buddhist Hybrid Sanskrit Grammar and Dictionary, vol. II, Dictionary, New Haven, 1953: Yale University Press；再版：Delhi, 1970: Motilal Banarsidass.

MĀ =Madhyama-āgama《中阿含经》（T. 1, no. 26）.

MW = Monier Monier-Williams, A Sanskrit-English Dictionary, Oxford 1899: The Clarendon Press.

Pā = Pāli 巴利语。

Pkt = Prakrit 泼拉克里特，一般民众使用的语言（口语）。

SBV = The Gilgit Manuscript of the Saṅghabhedavastu, being the 17th and Last Section of the Vinaya of the Mūlasarvāstivādin, ed. Raniero Gnoli, 2 parts, Roma 1978: Istituto Italiano per il Medio ed Estremo Oriente (Serie Orientale Roma 49/1-2).

Skt = Sanskrit 梵语。

SWTF = Sanskrit - Wörterbuch der buddhistischen Texte aus den Turfan- Funden, ed. H. Bechert, K. Röhrborn, J. - U. Hartmann, Göttingen 1973ff.

T =《大正新修大藏经》高楠顺次郎・渡边海旭都监，东京 1924—1934：大正一切经刊行会。

v. l. = varia lectio（写本或版本的）异文，异读。

* = 推定的词形。表明在既知文献中没有出现，人们设想出来的梵语和中期印度语的语形。如，*snāru。

< = 表明音变化的方向。如：巴利语 dhamma < 梵语 dharma，即梵语 dharma 变为巴利语 dhamma。

/ = 表明交替。

参考文献

Chung, Jin-Il and Takamichi Fukita 2011 *A Survey of the Sanskrit Fragments Corresponding to the Chinese Madhyamāgama: Including References to Sanskrit Parallels, Citations, Numerical Categories of Doctrinal Concepts, and Stock Phrases* 东京：山喜房佛书林。

Enomoto, Fumio 见榎本文雄 1986 "On the Formation of the Original Texts of the Chinese Āgamas" in: *Buddhist Studies Review*, vol. 3, no. 1: 19-30.

Hinüber, Oskar von 1982 "Upāli's Verses in the Majjhimanikāya and the Madhyamāgama" in: *Indological and Buddhist Studies, Volume in Honour of Professor J. W. de Jong on his Sixtieth Birthday*, ed. L. A. Hercus et al., Canberra 1982, pp. 243-251 (= 2009: 303-311).

1983 "Sanskrit und Gāndhārī in Zentralasien" in: *Sprachen des Buddhismus in Zentralasien*, ed. K. Röhrborn and W. Veenker, Wiesbaden: Otoo Harrassowitz, pp. 27-34 (= 2009: 581-588).

2009 *Kleine Schriften*, hrsg. von Harry Falk und Walter Slaje, 2 Bde,

Wiesbaden 2009：Harrassowitz（Glasenapp-Stiftung 47）.

季羡林 1948 《论梵文ṭḍ的音译》，再录于《季羡林文集》第 4 卷，江西教育出版社 1996 年版，第 12—53 页；《季羡林全集》第 13 卷，外语教学与研究出版社 2010 年版，第 13—58 页。

Karashima，Seishi 见辛嶋静志 2015 “Who Composed the Mahāyāna Scriptures? —— The Mahāsāṃghikas and Vaitulya Scriptures”，in：*Annual Report of The International Research Institute for Advanced Buddhology at Soka University*，vol. 18：113-162.

榎本文雄 见 Enomoto，Fumio 1984 《阿含経典の成立》，《东洋学术研究》（东京）23-1：93-108。

辛嶋静志 见 Karashima，Seishi 1994 《〈长阿含経〉の原语の研究——音写语分析を中心として——》，东京：平河出版社。

（辛嶋静志 裘云青 日本东京 创价大学国际佛教学高等研究所）

中古佛经写本与刻本比较漫议*

王云路　方一新

近二三十年来，汉译佛经词汇研究蓬勃发展，相关研究论著不断涌现，成绩可喜。敦煌写经抄写时代古远（有的距离译出时代不远，庶几可以看作“同时资料”），比较接近原貌。日本古写经抄写年代明确，数量可观。近年来，利用古写经与刻本的对比，发掘语言词汇的发展变化、考辨疑伪佛经等，都成为新的研究方法。已有一些学者使用这一方法撰写、发表了相关论著，取得了一定的成果。这一领域还需要作进一步的深入研究。

敦煌遗书中绝大多数是佛经写卷，这些写经对传世佛经的校勘也有较大的研究价值。以往这方面已经作过一些研究。① 今以姚秦竺佛念译 30 卷本《出曜经》② 为例，利用敦煌写经来与传世刻经进行对比研究，略窥利用敦煌写经校勘传世刻本《大藏经》的作用。不当之处，请方家正之。

1. 将来/持来

> 《出曜经》卷二：“比丘问曰：‘汝夫入城，为何所求？’时鬼报言：‘今此城中，有大长者，患痈积久。今日当溃，脓血流溢。夫主将来，二人共食，以济其命。’”（4/616c）

“将来”，《中华藏》同（50 册 597 页下栏）。

《大正藏》引列宋元明三本“将”作“持”。斯 4325《出曜经》卷一

---

* 本文原载《古汉语研究》2018 年第 1 期。

① 如黄征曾对敦煌写本伯希和 2965 号《生经》残卷作过校释，见《敦煌陈写本晋竺法护译〈佛说生经〉残卷 P. 2965 校释》一文，载《敦煌语言文学论文集》，浙江古籍出版社 1988 年版。

② 据施萍婷《敦煌遗书总目索引新编》，有关《出曜经》的敦煌写本凡 4 种，即：(1) S. 2769；(2) S. 4325；(3) S. 4651；(4) 北 7319（龙 035），详见该书《索引》第 47 页。

亦作“持来”(《敦煌宝藏》35 册 343 页)。

此处传世本《大正藏》《中华藏》作“将来”，敦煌写本及《大正藏》参校的宋元明三本作“持来”，何者为是？异文是怎么产生的？哪个写法更接近译经原貌？

笔者以为，当从三本及敦煌残卷作“持来”为是。

首先，我们看“将来”在佛典中的用例及其时代性。

早期的“将来”主要有两个形态和含义：一是可以为时间词，“未来”“以后”的意思，从略。另一个用法是词组，“将要来到”的意思。《左传·昭公三年》：“宣子曰：‘我欲得齐，而远其宠，宠将来乎？’”《韩诗外传》卷九：“孔子出卫之东门，逆姑布子卿，曰：‘二三子引车避。有人将来，必相我者也。志之。’姑布子卿亦曰：‘二三子引车避。有圣人将来。’”是其例。

考察中古译经可以发现，“将来”作为词组和复音词，主要有二义，一为“未来”义，兹不讨论；一为带领、带着有生命的人或动物。如：

> 旧题三国吴支谦译《佛开解梵志阿飏经》[①]：“我有昆弟妻子诸家，今欲将来，使受佛法。”(1/264a)
>
> 西晋竺法护译《生经》卷二：“王使乳母更抱儿出，及诸伺候，见近儿者，便缚将来。”
>
> 又卷五：“猎者亦募而行求之，捕之将来。”(3/102b)
>
> 元魏吉迦夜共昙曜译《杂宝藏经》卷七：“时有一人，捉贼将来。”(4/482a)

以上指带着人来。下面指带着动物前来：

> 西晋竺法护译《生经》卷五：“时沙竭王即敕外人令捕，乌师致鹰将来。”(3/102b)
>
> 东晋瞿昙僧伽提婆译《中阿含经》卷五二：“昔者刹利顶生王有捕象师。王告之曰：‘汝捕象师，为我捕取野象将来。’”(1/757c)

---

① 吕澂《新编汉文大藏经目录》：“-0551 佛开解梵志阿飏 1 卷。失译【祐】。后误支谦译。勘出长阿含【开】。今勘同三分阿摩昼经。”

大约从南北朝开始，“将来”可以指携带物品来，如：

刘宋求那跋陀罗译《过去现在因果经》卷二：“时师即便授一小弓而与太子。太子含笑而问之言：‘以此与我，欲作何等?’射师答言：‘欲令太子射此铁鼓。’太子又言：‘此弓力弱。更求如是七弓将来。’”（3/628b）

东魏瞿昙般若流支译《金色王经》：“我今当集阎浮提中一切谷食，聚着一处。一切外舍，一切村落，一切城邑，一切人处、国土王处，所有谷食，皆悉将来。”（3/388c）

隋阇那崛多译《佛本行集经》卷三二：“尔时山居有一药神，将彼新出微妙甘美呵梨勒果往诣佛所。……却住一面白言：‘世尊，若有患腹，此呵梨勒。最初新出微妙甘美。我今将来，奉上世尊。’”（3/803b）

可见，在东晋十六国（姚秦）时期，“将来”还不能用于携带物品；至少除了《出曜经》本例外，尚无其他用例。

其次，我们分析“将来”在中土文献中的用例。

“将”有两个意义来源，一是“𢪏”的假借字，本义为“扶助”。考《说文》：“𢪏，扶也。从手爿声。”“扶将”“将养”等是其义。二是“将”字，表示率领、带领义。《说文》：“将，帅也。从寸，酱省声。”“将帅”“将领”等是其义。到了六朝时期，由于“𢪏”“将”混用无别，统一用“将”，也就在一个字形下兼有了扶持、长养、率领、持拿义，无从分辨了。

“将来”连言，中古时期中土文献中多表示“未来”义；表示带来、拿来义的例子很少，宾语可以是人，也可以是物。南朝宋刘义庆《幽明录》：“向下土有一人，姓陈名良，游魂而已，未有统摄，是以将来。”唐牛僧孺《玄怪录·崔书生》：“无行崔郎，何必将来?”这是带领人前来。

北魏以后文献才见“将来”的对象是物者。如北魏《颜氏家训·勉学》：“吾在益州，与数人同坐，初晴日明，见地上小光，问左右：‘此是何物?’有一蜀竖就视，答云：‘是豆逼耳。’相顾愕然，不知所谓。命取将来，乃小豆也。”北魏杨衒之《洛阳伽蓝记·平等寺》：“将笔来，朕自作之。”以上“将来”或“将……来”还是词组，没有凝固成词。北周庾信《咏画屏风》诗："定须催十酒，将来宴五侯。"这大概是"将来"连言表示持拿物品义的较早例子。

佛经中"将来"为带领、带着有生命的动物（主要指人），是用"将"的本义——率领义，且译经的用例与其演变时代是吻合的。

最后，我们分析"持来"的用法和产生时代。

"持"本来就表示拿着、握住义。《礼记·射义》："持弓矢审固，然后可以言中。"《说文》："持，握也。从手，寺声。""持来"连言，指取来、拿来物品、东西，中土文献形成于汉魏时期。如《太平经》丙部《件古文名书诀第五十五》："今天地开辟以来久远，河雒出文出图，或有神文书出，或有神鸟狩持来，吐文积众多，本非一也。"南朝宋刘义庆《幽明录》："明日，有一妇人入门，执壶而泣，俊问之，对曰：'此是小儿物，不知何由在此？'俊具语所以，妇持壶埋儿墓前。间一日，又见向小儿持来门侧，举之，笑语俊曰：'阿依已复得壶矣。'言终而隐。"《全晋文》卷一百一十郗超《奉法要》："若悭贪意起，当念财物珍宝，生不持来，死不俱去。"《全后周文》卷二十甄鸾《笑道论·害亲求道二十四》："老子语尹喜曰若求学道。……喜精锐，因断七人首持来。"皆其例。

我们再看译经中的例子：

后汉支娄迦谶译《道行般若经》卷一〇："如天上殿舍，亦不自作，亦无有持来者，亦无有作者。"(8/476c)

后汉竺大力共康孟详译《修行本起经》卷上："告其仆曰：'吾先祖有弓，今在天庙。汝取持来。'"(3/465c)

南朝齐求那毗地《百喻经》卷二《为妇贸鼻喻》："便作念言：'我今宁可截取其鼻着我妇面上，不亦好乎？'即截他妇鼻，持来归家，急唤其妇：'汝速出来，与汝好鼻。'"

北凉昙无谶译《大方等大集经》卷二〇："我在林野修世禅时，汝将婇女欲来乱我。我乞食时，汝以臭豆，持来施我。"(13/142b)

末例带领人物（婇女）时说"将"，拿来东西（物品）时则说"持来"；用法截然有别，了不相混。

移动抽象的东西，也可用"持来"，如：

后汉支娄迦谶译《佛说遗日摩尼宝经》："是智黠无所从来，亦无有持来者。"(12/191a)

刘宋求那跋陀罗译《杂阿含经》卷四三："前所闻声，久已过去，转亦尽灭，不可持来。"(2/312c)

检索CBETA电子佛典本《大正藏》，"持来"共630例，无一不用于拿取、携带物品或抽象的东西，不能用于人。正与"持"的本义相一致。

简言之，六朝时期，"将来"和"持来"都指带来、拿来，这是相同点。"持来"本来就表示拿来，汉魏时期产生；"将来"表示持拿义，是六朝才产生的。"将来"所带来的对象主要是人，而"持来"所带来的则是"物"。这是不同点。

从《出曜经》上下文看，鬼（妻）所说其"夫主"（丈夫）带来的是"（大长者溃破的）脓血"——他们夫妻靠喝这些脓血延续生命——而非吃"大长者"，所以持拿的是物。《出曜经》产生于姚秦（东晋十六国）时期，"将来"还不表示持拿义。

此外，南朝梁宝唱等集《经律异相》卷一九引《群牛千头经》云："比丘问曰：'汝夫入城，为何所求？'时鬼答曰：'今此城中，有大长者。患痈积久，今日当溃，浓血流溢。夫主持来，二人共食，以济其命。'"(53/106a) 文字与《出曜经》本例略同，亦作"持来"，是为佐证。

故以"持来"为是。

2. 兴功/兴工

《出曜经》卷二："时诸大众闻佛所说，心开意悟，兴功立德。"(4/617c)

据《大正藏》所列异文，"兴功立德"的"功"，宋元二本作"工"。斯4325《出曜经》卷一则作"兴功立德"（《敦煌宝藏》35册345页），《中华藏》亦同（50册599页上栏），均同《大正藏》。然则孰是孰非？

兴功，言建立功业，先秦就有用例。《周礼·地官·大司徒》："十有二曰以庸制禄，则民兴功。"唐贾公彦疏："庸，功也。人有功则制禄与之，民皆兴其功业，故云则民兴功也。"

佛典中，“兴功”一词也不鲜见。有二义：

一为建立功业，创建事业。系沿用先秦词义：

西晋竺法护译《阿差末菩萨经》卷二：“有所兴功，无所悕望，不求名称。”（13/587b）

南朝宋释宝林《破魔露布文》（《弘明集》卷一四）：“夫应天顺罚春秋之道，兴功定乱先王所美。”（52/94c）

一为动工，开工。

西晋竺法护译《正法华经》卷六：“譬如男子渴极求水，舍于平地，穿凿高原，日日兴功，但见燥土。”（9/101c）

元魏慧觉等译《贤愚经》卷一三：“时有一塔，朽故崩坏。有一老母，而修治之。……老母语言：‘斯是尊塔，功德弥弘，是以修补，欲望善果。’年少欢喜，助共兴功。”（4/441b）

由第一义引申，则有了“兴功立德”的习惯表述，意谓建立功德事业。如：

西晋竺法护译《普曜经》卷二：“佛言比丘：‘菩萨生时，夙夜七日，伎乐众供，百种饮食，邻鞞树下，奉菩萨母，布施持戒，忍辱精进，兴功立德。’”（3/494b）

西晋竺法护译《贤劫经》卷二：“所供养佛，兴功立德，皆为众生。”（14/13a）

姚秦竺佛念译《最胜问菩萨十住除垢断结经》卷三：“我等勤加兴功立德，进修清净，定意之法，务及童真大士之行。”（10/984b）

南朝梁慧皎撰《高僧传》卷一三：“或贸易饮食，账给囚徒，兴功立德，数不可纪。”（50/417b）

本经也另有1例：

《出曜经》卷二：“当来诸佛数如恒沙，于诸佛所善修梵行，兴功立德，为福不惓。”（4/617a）（此例没有异文。）

“兴工”只有动工、开工义，其出现年代要晚很多：①

唐般若译《大方广佛华严经》卷四〇：“皇帝颁降圣旨，护持宗门，作成胜事。兴工之后，惟愿诸佛、龙天、善友知识加被于我。”（10/849b）

唐澄观述《大方广佛华严经随疏演义钞》卷七七：“依彼水迹，峙其基堵。遂得兴工，即斯国治。”（36/604a）

本来“功”“工”二字以同音而通用，如唐澄观述《大方广佛华严经随疏演义钞》卷七七“遂得兴工”的“工”，甲本作“功”，是其证。但“兴功”多表示抽象的功业，无论中土文献还是译经都大量使用；而“兴工”表示的是具体的建造、施工，在文献中用例极少。且从佛典用例来看，表示建立功德事业的，当以“兴功”为是。

更重要的是，作为四字格成语，“兴功立德”就是“兴立功德”的意思②，这符合并列式四字格成语惯常的错综成文的表达方式。比如“冰清玉洁”就是“冰玉清洁”，“山清水秀”就是“山水清秀”，“眉清目秀”就是“眉目清秀”，“南征北战”就是“南北征战”，“海阔天空”就是“海天空阔”。其中“眉目”与“清秀”、“南北”与“征战”、“海天”与“空阔”等都是并列式复音词，“功德”是词，佛典习见，如果写作“工德”则不成为词了。写本《出曜经》残卷的写法符合这个词的使用规律，符合四字格成语的表达方式，为传世本异文的抉择提供了重要的校勘依据。

3. 直可/宜可

《出曜经》卷二三：“其人醉酒，杀官来使。寻走奔向，归趣朋

---

① 在中土文献中，“兴工”的出现年代要早得多。“门生颖川殷苞、京兆□□河内李照等，共所兴工。”《三国志・吴书・华覈传》：“宝鼎二年，皓更营新宫，制度弘广，饰以珠玉，所费甚多。是时盛夏兴工，农守并废。”《水经注・比水》：“兵弩器械，赀至百万，其兴工造作，为无穷之功。”从此可见，“兴工”至晚在后汉时便已出现。此注蒙真大成副教授惠示《三国志》例证，谨谢。

② 日本创价大学辛嶋静志教授对此提出了很好的建议，谨致谢忱。

友。以己情实，具向彼说：‘我今危厄，投足无地。唯见容受，得免其困。’朋友闻之，皆共愕然：‘咄！卿大事，难可藏匿。直可时还，勿复停此。’”(4/732b)

“直可时还”的“直”，《中华藏》同（50册834页下栏）。《大正藏》引列宋元明三本作“宜”。斯4651《出曜经》第十四章亦作“宜”（《敦煌宝藏》37册238页）。

“直可时还”“宜可时还”，应该作何种抉择？

“宜可”“直可”的含义和结构关系并不相同。

先看“直可”。“直”是正、不弯曲、挺直的意思。《说文》：“直，正见也。”段注：“《左传》曰：正直为正。正曲为直。其引申之义也。见之审则必能矫其枉。故曰正曲为直。”《晏子春秋·杂上》：“客退，晏子直席而坐，废朝移时。”即其例。虚化为副词，可以表示“真”，可以表示“只”。《孟子·梁惠王下》：“寡人非能好先王之乐也，直好世俗之乐耳。”“直”犹言“只是”。

检索佛典，“直可”凡47例，[①] 唐以前不足10例。如：

姚秦释僧肇《肇论》：“去年夏末始见生上人示《无知论》，……披味殷勤，不能释手。直可谓浴心方等之渊，而悟怀绝冥之肆者矣。”(45/155a)（此“直可”犹言真可，简直可以。）

隋慧远《大乘义章》卷一六：“正见一种，直可名道，不名道分。”(44/786c)

北周法上撰《十地论义疏》卷三：“摄报果者应言报摄。何以然者？逐因名果，酬因名报，若果不能更起。摄行者直可名果，不名为报。”(85/774a1)

以上各例中，“直可”犹言只能、只可以，是偏正式副词。[②]

再看“宜可”。考“宜”是古代祀典的一种，谓列俎几陈牲以祭。《书·泰誓上》：“予小子夙夜祗惧，受命文考，类于上帝，宜于冢土。”

① 有的不属于一词，如隋阇那崛多译《佛本行集经》卷四九：“甚大佣直，可爱可乐。”(3/879/c)

② 与之同义的是“正可”，例略。

孔传："祭社曰宜。冢土，社也。"《礼记·王制》："天子将出，类乎上帝，宜乎社，造乎祢。"郑玄注："类、宜、造，皆祭名。"① 祭祀社神，是正当之事，故"宜"的核心义有"正当，适当"的意思。《国语·晋语四》："守天之聚，将施于宜，宜而不施，聚必有阙。"韦昭注："宜，义也。"是其义。《诗·邶风·谷风》："黾勉同心，不宜有怒。""不宜"就是不合适，不应当。《左传·文公元年》："江芈怒曰：'呼！役夫，宜君王之欲杀女而立职也！'""宜"就是应当、应该。

因而"宜可"是同义并列结构，表示"应当，可以"。而"直可"是偏正结构的限定性副词，表示"只可以"。从《出曜经》例语义看，应当用"宜可"。

据 CBETA 电子佛典本《大正藏》，"宜可"共检到 615 例。如：

西晋法立共法炬译《大楼炭经》卷三："人民炽乐，米谷平贱，风雨时节，大王宜可案治。"（1/290c）

姚秦鸠摩罗什译《大庄严论经》卷一〇："佛告憍陈如：汝应体信我，若有所疑者，随事宜可问。"（4/314a）

元魏毗目智仙共般若流支译《圣善住意天子所问经》卷中："汝此色者，非是真色，宜可除舍。"（12/122c）

这些"宜可"都为应、应该义，表示劝诱的语气。与上文《出曜经》语气语义相吻合。

另外，"宜可时还"犹言应当及时离开，立即返回。检索佛典及其相关文献，以"宜可时+V"的组合习见，表示"应当及时 V"，如：

《高僧传》卷二《佛驮跋陀罗六》："宜可时去，勿得停留。"

苻秦昙摩难提译《增壹阿含经》卷二八："须菩提闻世尊今日当来至阎浮里地，四部之众靡不见者。我今者宜可时往，问讯礼拜如来。"（2/707c）

元魏慧觉等译《贤愚经》卷五："其藏监言，所典谷食，想必足

① 《说文》："宜，所安也。从宀之下，一之上，一犹地也。多省声。"宐，古文宜。段注："周南：宜其室家。传曰：宜以有室家无逾时者。从宀之下，一之上，一犹地也。此言会意。多省声。"此为另一说法。

矣。若欲设供，宜可时请。”（4/386c）

《贤愚经》卷六：“今来在此，欲般涅槃。诸欲见者，宜可时往。”（4/387c）

刘宋沮渠京声译《佛说净饭王般涅槃经》：“大王如是，命断不久。唯愿如来，宜可时往，及共相见。”（14/781c）

故笔者认为，无论从文献用例还是从词义、用法看，此处《大正藏》《中华藏》之“直可时还”，应据敦煌写卷及《大正藏》参校的宋元明三本作“宜可时还”。

至于“宜可”误为“直”，其原因可能是“宜”俗体（如本例敦煌写本）多作“冝”，与“直”形近，故误作“直”。“直”俗书或作“亘”“直”（《碑别字新编》71 页）、“直”“亘”“直”（《敦煌俗字典》553 页），与“宜”形近，故易致讹。①

以上三例异文都很简单，均为因写经与传世本不同而产生的异文现象，表面看似乎都讲得通，但是细细分辨，意义不小：可以呈现当时的语言原貌，看出同义词的时代差异（如“将来”与“持来”在六朝时才意义相同）；可以看出四字格成语的固定写法（如“兴功立德”）；可以看出因形近而产生的词义混淆（如副词“直可”与“宜可”的不同结构和意义）。所以，利用写经研究佛典，应当是一个值得好好开掘的富矿。

参考文献

方一新、高列过：《东汉疑伪佛经的语言学考辨》，人民出版社 2012 年版。

王云路、王诚：《汉语词汇核心义研究》，北京大学出版社 2013 年版。

（王云路　方一新　杭州　浙江大学汉语史中心/古籍所）

① 字形由友生真大成副教授提供。

信瑞《净土三部经音义集》的语料价值研究
——以日本资料为例

梁晓虹

1. 关于信瑞《净土三部经音义集》

（1）信瑞与日本净土宗

信瑞（？—1279），号“敬西房”，为日本镰仓时期净土宗僧人。信瑞先师事隆宽律师，后又拜从法连房信空。隆宽（1148—1228）是平安后期至镰仓前期净土宗学僧，字“皆空无我”和“道空无我”，提倡多念佛往生极乐世界之“多念义”，每日念佛数万遍，且坚持不断直至终身。信空（1146—1228）字“法连房”，号“称辨”，也同是平安后期至镰仓前期净土宗名僧。信空12岁就登比叡山出家，师事叡空。叡空示寂后，信空入法然上人源空门下，承习圆顿戒，后又习净土法门，成为念佛行者。

源空（1133—1212）是日本净土宗的创立者。他自幼就奉父遗命出家，13岁登比叡山师事源光，后从皇圆诸师，习天台教义。承安五年（1175），源空读善导《观无量寿经疏》而有感开悟，依源信之《往生要集》而决意自立新宗，遂于东山吉水树立净土法门，专修念佛行法，净土宗正式创立。此宗成立后，很快在日本广为传播。源空在奈良东大寺专讲净土三部经，并为天皇、皇后授戒。由此，上自朝廷、公卿，下至武士、庶民等各阶层纷纷归依，道俗称名念佛之声源源不绝。源空之后，其弟子亲鸾又承师旨意，开创了净土真宗。时至今日，净土宗和净土真宗都是日本佛教诸教派中信徒最多的宗派。

从传承关系上看，信空既然是净土宗开山法然上人源空之弟子，那么信瑞自然就应是源空的再传弟子。有关信瑞的详细记录并不多见，但应是

“法然门派之逸材之一”[①]。宽元二年（1244），受泉涌寺开山俊芿众弟子之嘱，信瑞曾为俊芿撰写传记。弘长二年（1262）还向北条时赖呈献其为法然上人撰写的《黑谷上人[②]传》[③]。除此之外，还有《明义进行集》三卷等。[④] 信瑞进一步扩展了其师信空“无观称名”之教义。而其对净土宗的另一突出贡献就是撰著了《净土三部经音义集》。

（2）关于《净土三部经音义集》

1）净土“三经一论”

净土宗以称念阿弥陀佛名号，祈求往生西方极乐净土为宗旨而得名。此宗基本理论根据为“三经一论”。三经指《无量寿经》《观无量寿经》《阿弥陀经》；一论乃《往生论》。“三经一论”中，《无量寿经》二卷，曹魏康僧铠译，主要揭示在阿弥陀佛因位的愿行及果上功德；《观无量寿经》一卷，为刘宋畺良耶舍所译，主要揭示往生净土之行业；《阿弥陀经》一卷，由姚秦鸠摩罗什译，主要揭示净土之庄严及执持名号、诸佛护念之利益；《往生论》是《无量寿经优婆提舍愿生偈》之略称，一卷，世亲菩萨造，元魏菩提流支译，主要揭示净土之教法，赞述三经之要义。

2）日本“净土经音义”

与其他佛教宗派相较，日本净土宗的创立相对较晚，已至平安末期。然而弥陀信仰、净土思想等却早在飞鸟时代（600—710）就伴随佛教东渡传入日本。奈良时代（710—794）中期，“净土三经”以及中国、新罗诸师对其注疏[⑤]，皆陆续传入日本，进一步促进了弥陀信仰的普及和净土典籍研究的发展。进入平安时代（794—1192）以降，天台宗和真言宗在朝廷的支持下风行社会。天台宗创始人最澄从唐朝带回的大量经典中就有

---

① ［日］安居香山：《净土三部经音义集における纬书》，佐藤密雄博士古稀记念论文集刊行会编《佐藤博士古稀记念仏教思想论丛》，东京：山喜房仏书林，1972，第823页。

② 因法然上人通称“黑谷上人”，也称“吉水上人”。

③ ［日］桥本进吉：《信瑞の净土三部经音义集に就いて》，《佛书研究》第十二号，大正四年（1915）8月10日。

④ 同注①。

⑤ 重要的“净土三经”注疏有如：《无量寿经义疏》（2卷，隋慧远撰）；《无量寿经义疏》（1卷，隋吉藏撰）；《两卷无量寿经宗要》（1卷，［新罗］元晓撰）；《无量寿经连义述文赞》（3卷，［新罗］璟兴撰）；《观无量寿经义疏》（2卷，隋慧远撰）；《观无量寿经义疏》（1卷，隋吉藏撰）；《阿弥陀经义记》（1卷，隋智顗说）；《阿弥陀经疏》（1卷，唐窥基撰）；《佛说阿弥陀经疏》（1卷，［新罗］元晓述）等。

智顗的《观无量寿经义疏》《阿弥陀经疏》《净土十疑论》等净土著作。而其弟子圆仁838年入唐求法，除了研习天台教法外，还在竹林寺受传中国净土宗名僧法照的“五会念佛”修持仪轨。圆仁回国后，于比叡山设灌顶台，建立总寺院，弘传密教和天台教义，并在“常行三昧堂”，提倡净土念佛法门。圆仁的再传弟子源信著《往生要集》，使天台宗内的净土教说达到最高阶段，为净土教发展成独立教派提供了直接的理论来源。[①] 值得注意的是，日本净土宗的创立者源空也是圆仁的再传弟子。[②] 这种传承关系证明：虽然净土宗正式成立时代较晚，但早期净土经典的流传以及诸宗名师直接或间接的提倡，大大促进了净土信仰的流传，所以很早就拥有较多的受众群体，至净土宗成立，净土信仰也就臻以鼎盛。从简单念佛，到学术研究，皆有呈现。而其中最突出的就是：随着净土宗据以立宗的“三经一论”读者群的日益扩大，为信众阅读三经的各种注释书也就应之出现，其中以辨音释义为主的音义书当然也不少。水谷真成《佛典音义书目》第三《方等部》[③] 共刊出有关净土三经的音义共有以下十种：

001 两卷经字释　撰者不记　天平十二年写

002 无量寿经字记一卷

003 无量寿经注字释一卷　善珠撰

004 净土三部经音义集四卷　释信瑞（—弘安二）撰

005 净土三部经音义二卷附六时礼赞偈　珠光（—天正十八年）撰

006 净土三部经音义五卷　乘恩（享保一〇—天明五）撰

007 净土三经字音考一卷　玄智（享保一九—宽政六）撰

008 三经合注字音考一卷　玄智景耀（享保一九—宽政六）撰

009 三经字音正讹考一卷　京都大学所藏据东京大学冈本保考自笔本影写本

010 三部经字引一卷　东条逢傅撰　明治十一年刊本

---

① 杨曾文：《新版日本佛教史》，人民出版社2008年版，第146页。

② 因其为圆仁弟子相应之弟子。

③ 《大谷学报》第28卷第2号［昭和二十四年（1949）3月］，后收入水谷真成《中国语史研究》（东京：三省堂，1994），第22页。

以上十种，根据水谷真成所记，001、002、003 实际仅见于诸“章疏目录”。001 见于《大日本古文书》7 卷 488 页和《奈良朝现在一切经疏目录》No. 1900，但后者仅“不明”二字①；而 002 则见载于《东域传灯目录》卷上、细注“音义部”；003 的作者“又云善珠弟子作”，水谷先生引《净土真宗经典志》第三：“案《东域录》曰字记者即此。”另《净土依凭论章疏目录》亦有记载，而且在“善珠”下注：“法相宗，日本人。”②

“002 无量寿经字记”没有写撰者，《东域传灯目录》卷上将其置于“善珠抄”的“无量寿经赞抄一卷”下。而“003 无量寿经注字释一卷”则有作者为善珠，或善珠弟子的记录。善珠（723—797）是奈良至平安朝初期法相宗著名学僧，为兴福寺玄昉③高足。善珠是奈良佛教史上著名的著述家，有《唯识义灯增明记》《唯识分量决》等二十余部著作留存。而从音义角度考察，《无量寿经注字释》应是日本早期佛经音义之一，惜已失佚，无从考证其本来面目。

至于其他七种，皆应为日本僧人所撰，并皆有留存。本文研究对象是以上 004 信瑞《净土三部经音义集》，主要从其大量丰富的引证资料，且以早已散佚的日本资料为例来考探其语料价值。

3)《净土三部经音义集》

信瑞此书有自序：

> 粤净土三部经者，末法良导，浊世指南也。……握经之者，偏握此经；爱法之者，专爱此法。然而人咸谑谈义理，俗殚废抛文字。鱼鲁致乖，豕亥斯惑。……诸老俊彦，弗箴于积谬，童蒙孱嚣逾病重疑。音谬功浅，语误义失，义失理乖，理乖寡益。自非略其差舛、集

① ［日］石田茂作：《写経より見たる奈良朝仏教の研究》附錄“奈良朝現在一切經疏目錄”，東京：原書房，1982，第 99 页。

② ［日］佛书刊行会编：《大日本佛教全书》——“佛教书籍目录第一”，东京：名著普及会，1986 年复刻版，第 341 页。

③ 玄昉（？—746 年），奈良时代僧人，俗姓阿刀氏，大和（今奈良县）人。出家后从龙门寺义渊学唯识学说。717 年（养老元年）奉敕与吉备真备同时入唐，从智周学法相宗。留学 20 年，受唐玄宗赐紫袈裟、准三品职，与橘诸兄、吉备真备一起活跃于当时的政界，被尊为日本法相宗“第四传”。

其正义，彰德大范难矣。干蹉踌驳黟邪莫之能正。微言既绝，大旨亦乖。是故余悤悤涉季欲罢不耐。遂披众经音义，抽相应之注释，目诸典篇章，取润色之本文，注缉为四卷，名曰净土三部经音义。……抑反音据《广韵》，为辨四声。字义稽群籍，为识数训。[1]

通过此序，我们可知作者为三部经撰著音义之目的与唐代玄应、慧苑、慧琳等音义大家一致，皆为能使信众正确阅读佛经。而音义则是彼等所能利用的最有帮助的工具书，因为“音谬功浅，语误义失，义失理乖”也。

此书共四卷（《无量寿经音义》二卷、《观无量寿经音义》一卷、《阿弥陀经音义》一卷），是按照三经经本文顺序而编撰的卷音义。全书共摘出471[2]个辞目，用汉文作注。根据作者《自序》，可知其基本体例为：标音以《广韵》为主，同时也参考《东宫切韵》和《玉篇》等。释义则采取遍稽群籍之法，通过广征博引而获得正确的义训。

《自序》最后有“嘉祯第二之历柔兆涒滩之朞春王正月序云尔”字样，据此可知其著作年代。日本“嘉祯二年”为公元1236年，属镰仓幕府时代。

在日本佛经音义史上，信瑞此《音义》年代并不能算古，然而从现存日本净土三部经的音义来看，却是最早的一部。根据冈田希雄调查，此音义写本有：①大谷大学古写本，为“美浓型[3]”天地人三卷本。天卷和地、人二卷为别笔，而且此二卷引用书名下施以朱线，并记有引用书之卷丁[4]之数。冈田认为此本抑或为由残本汇集而成。[5] ②龙谷大学还有两种写本：一种是三四两卷合册而成美浓型残卷一册，另一种是“半纸[6]型”

① 《净土宗全书続》，东京：山喜房佛书林，1973，第四卷，第192—193页。

② ［日］川濑一马：《增订古辞书の研究》，东京：雄松堂，昭和六十一年（1986）再版，第374页。

③ 奈良时代，当时的美浓国（现岐阜县美浓市）以生产和纸而闻名。现存文史资料中有明确记载的最古老的和纸，乃保存于奈良正仓院的户籍记录用纸，此即为最古老的美浓和纸。在古代，美浓生产的和纸因质量好，被定为和纸之主要产地。

④ “丁”在日语中有特别之意，古代点数书物时，正反两页为“一丁”，故所谓“卷丁”即卷数与页数之意。

⑤ ［日］冈田希雄：《净土三经音义考》，《龙谷学报》324期，1939，第327页。

⑥ 所谓“半纸”即八裁日本白纸。

三册本。③九州岛大学法文学部松涛文库有宝历十一年（1761）所写三册本。④大正大学所藏正德五年（1715）写本。

此书刊本有三种：①上海刊行本。桥本进吉和冈田希雄都提到，杨守敬在《日本访书志》中，特别是《日本撰述书》中提到《篆隶万象名义》《新撰字镜》《弘决外典抄》《医心方》《秘府略》《文镜秘府论》时一并举出信瑞此音义，中国学者因此多有介绍。[1] 上海刊行本乃清光绪二十二年（1896）出版的仿宋石印本。出版人不详，但有可能是罗振玉在上海刊印。此本仅有音义本文，刊行者之刊记以及原本之序跋皆无。此本与大谷大学图书馆所藏本接近，很可能是罗振玉在京都时抄写的谷大本。②《续净土宗全书》本，收于第十七册。冈田先生指出，根据刊行当时的会报，以宗教大学图书馆所藏古写本[2]为底本，并用大谷大学图书馆本加以对校，而上海刊行本仅限于参考。③《大正新修大藏经》本，收于第五十七册经疏部二。此本以大正大学本为底本，以谷大写本及《续净土宗全书》本为对校本。

2. 信瑞《净土三部经音义集》的语料价值研究

《净土三部经音义集》因清末在中国就有刊印，是日本佛经音义中较早传入中国之一种，故并不为国人所陌生。对其所进行的研究，早年有周祖谟先生在其《唐代各家韵书逸文辑录》[3] 中将其作为日本学人所撰四种材料之一，辑录唐代各家韵书逸文。近年还有徐时仪[4]、李红[5]等学人的文章从韵书和古籍整理的角度展开。而史光辉有《信瑞〈净土三部经音

---

① ［日］桥本进吉：《信瑞の净土三部经音义集に就いて》；［日］冈田希雄：《净土三经音义考》，第327页。

② 所谓“宗教大学图书馆所藏古写本”是出版《净土宗全书》的《宗书保存会会报》第17号中提到的。安居香山指出，此即为《大正新修大藏经》作为底本的大正大学所藏正德五年本。（安居香山《净土三部经音义集における纬书》，第825页）。

③ 收入周祖谟《唐五代韵书集存》下册，中华书局1983年版。

④ 徐时仪、李丰园：《唐代新兴韵书〈韵诠〉考探》，《辞书研究》2007年第3期；徐时仪：《〈一切经音义〉与古籍整理研究》，《古籍整理研究学刊》2009年第1期。

⑤ 李红：《〈韵诠〉与早期韵图模式演进之关系》，《吉林大学社会科学学报》2011年第2期。

义集〉在语言研究方面的价值》① 一文，从文字、音韵、词汇三方面论述其作为汉语史语料价值，指出此音义保存不少俗文字字形，汇集了大量中土散佚著述反切和当时俗音材料，收录了较多的早期方俗语研究资料，在语言研究和辞书编撰方面具有独特的价值。另外，此音义引书种类众多，因此不只是在语言研究方面，在辑佚和校勘方面也同样具有较大价值。而日本学者则更早就关注到此点，桥本进吉、佐贺东周等前贤于20世纪初就有研究。本文则拟在已有研究基础上，将关注点置于所佚日本资料上。

如前述及，此书的最大价值体现于丰富的引用资料上。信瑞自己在《自序》中也言及“萃内外一百余部之琼篇，解大小二千余卷之花纽”，“披众经音义，抽相应之注释；目诸典篇章，取润色之本文”，正可谓遍稽群籍，广征博引。其中既有佛门“内典”琼篇，也有浩瀚的“外典”群籍。其中重要特色之一是：内典多为佛门小学类、梵汉对译类，而外典则以古代传统训诂字书韵书为主，故而具有较高的语料价值。

（1）大量引用佛门小学类、梵汉对译类内典——以《梵语勘文》为例

信瑞在其音义中大量引用了佛门内典著作。其中有翻译佛经，还有经文注疏类。如：

> 王舍城智度论问曰：如舍婆提迦毗罗婆罗捺大城皆有诸王舍。何以故？独名此城为王舍？答曰：有人云：是摩伽陀国王有子，一头两面四臂。时人以为不祥。王即裂其身首，弃之旷野。罗刹女鬼，名梨罗，还合其身而乳养之。后大成人，力能并兼诸国。王有天下，取诸国王万八千人，置此五山中。以大力势治阎浮提，阎浮提人因名此山为王舍城。(《无量寿经》卷上)②

案：此所引出自后秦鸠摩罗什所译《大智度论》卷三。而同条“王舍城”：

---

① 史光辉：《信瑞〈净土三部经音义集〉在语言研究方面的价值》，《中国社会科学院研究生院学报》2012年第4期。

② 《净土宗全书続》第四卷，第195页。

法华文句云：王舍城者，天竺称罗阅祇伽罗。罗阅祇此云王舍。伽罗此云城。国名摩伽陀，此云不害，无刑杀法也。亦云摩竭提，此云天罗。天罗者，王名也。以王名国。此王即駮足之父。(同上)

案：《法华文句》是天台大师智顗对《法华经》经文所作的逐句之注释，凡十卷（或二十卷），全称《妙法莲华经文句》，也略称《法华经文句》《文句》《妙句》等。以上所引，出自卷一。

还有新罗僧人璟兴著作，如：

贯（古玩）练（即甸） 璟兴述文赞云：贯者，通也。练者，委也。世俗异教亦皆通委故云贯练。(《无量寿经》卷上①)

案：以上引自璟兴《无量寿经连义述文赞》卷一。璟兴是 7 世纪古代朝鲜著名学僧，多有撰述，但有不少已佚。前已述及，其所撰《无量寿经连义述文赞》(3 卷) 早在奈良时代就传到日本，信瑞书所引，与其吻合。

但是，类此直接引用的佛典，实际并不多。信瑞所引内容，大部分是《玄应音义》《慧苑音义》《翻译名义集》《梵唐千字文》等佛门小学类、梵汉对译类著作。如：

跏趺而坐 经音义曰：法华经曰加趺，古遐反。尔雅加，重也。今取其义，则交足坐也。除灾横经婆沙等云结交趺坐是也。经文作跏，文字所无。案：俗典江南谓开膝坐为跸跨，山东谓之甲趺跸坐。跸音平患反。跨音口瓜反。(同上)②

案：查检《玄应音义》卷六有“加趺”条，此即信瑞的“法华经曰加趺”，其后诠释皆同。

正如信瑞《自序》所言“披众经音义，抽相应之注释”，而其所引音义类书，又以玄应《众经音义》为主。经笔者统计，该书共引用玄应

① 《净土宗全书続》第四卷，第 198 页。

② 同上书，第 201 页。

《众经音义》，以《经音义》书名出现，约 210 条[1]左右，另外，还有“玄应云”1 条。

钱财　玄应云：钵拏此云铜钱。经音义曰：钱，自连反，货财也，唐虞夏殷皆有钱。(《无量寿经》卷下)[2]

案：以上既有“玄应云”，又出现“经音义”。玄应在其《众经音义》中共三次[3]解释梵文音译词“钵拏”，“此云铜钱”。但以下“经音义曰”的内容，却是《玄应音义》卷十一“罚钱”条对“钱”的诠释。

但是，实际并不如此简单。安居香山认为，信瑞书中用“经音义曰”引出的内容涉及唐代玄应以及慧琳的《一切经音义》。其中引用玄应音义书的内容确实很多，但真正与《玄应音义》相合的似乎并不多。所引根据为何，并不明确，有相当部分似乎是其取舍诸书而作。[4] 这或许正是值得我们注意之处。佛经音义研究现在学界同人的共通推动下，正处于热潮。今后若将信瑞《净土三部经音义集》中二百十余条“经音义曰”内容，逐一与《玄应音义》（包括《慧琳音义》）进行比勘整理，笔者相信其结果将有助于佛经音义研究的进一步深入。

除玄应《众经音义》以外，书中还经常引用《新译华严经音义》。如：

一切　新译华严经音义云：说文云一切，普也。普即遍具之义，故切字宜从十。(《无量寿经》卷上[5])

案：此引自慧苑《大方广佛华严经音义》卷一“一切”条。又：

兜率天　新译华严音义云：珊兜率陀天（天字却），此云喜乐集。依俱舍中有三义得此名：一喜事，二聚集，三游乐。旧翻为喜

① 此为笔者统计，或有不确之处。又以下笔者自行统计皆标有“约”字。

② 《净土宗全书続》第四卷，第 241 页。

③ 卷二十一、卷二十二和卷二十五。

④ ［日］安居香山：《净土三部经音义集における纬书》，注（11），第 833 页。

⑤ 《净土宗全书続》第四卷，第 196 页。

足，或云知足。非正翻。(同上①)

案：此引自慧苑《大方广佛华严经音义》卷一“兜率陀”条，为音译词。而信瑞辞目作“兜率天”，用半音半意词。此乃取自各自经本文，虽辞目不同，但意义一样，故可引用。经笔者统计，信瑞共引用《慧苑音义》共40余处，其中以“新译华严经音义”出现3次，“新华严音义”名出现11次，“新译华严音义”名出现26次。

佛经音义是解释佛经难字难词音义的训诂学著作，信瑞是为广大净土派信众阅读三部经而编纂音义，自然多用前人音义类著述。

除音义书外，信瑞还在其书多引习梵工具书，如《翻译名义集》《梵唐千字文》《梵语勘文》等。如：

璎珞　翻译名义集云：吉由罗，或枳由逻，此云璎珞。(《无量寿经》卷上②)

案：此引自《翻译名义集》卷三。据笔者统计，共约有73条，有时也以略名“名义集”出现。《翻译名义集》为南宋法云（1086—1158）所编。信瑞约晚其100年，由此能证明信瑞所见《翻译名义集》，应该比较接近原本。

另外，信瑞音义中还多次出现《千字文》。如：

男子　千字文云：补噜洒，此云男。(《阿弥陀经》③)
女人　千字文云：悉怛哩，此云女。(同上④)

案：《千字文》即《梵语千字文》，为唐代译经大师义净所撰。这是一部用梵汉两种文字对照的形式编成的梵汉读本，也可称为梵汉小辞典。……其中的“千字文”，则是义净根据自己的经历和体会，以及西行

① 《净土宗全书続》第四卷，第197页。
② 同上书，第199—200页。
③ 同上书，第313页。
④ 同上。

求法者识别梵语的实际需要，特地挑选的。[①]《千字文》自唐代就传入日本，见存有三种本子：东京东洋文库本；享保十二年瑜伽沙门寂明刊本；安永二年沙弥敬光刊本。[②] 其中东洋文库本是9世纪的唐写本，为最古之写本。[③] 后两种皆已为江户时代刊本。所以信瑞音义所引应是较为接近唐写本的本子。当然具体结果，还有待于进一步研究。信瑞引用“千字文”共约28次，而且这只是单独引用，并不包含以下所提及的《梵语勘文》中的“再次引用”。

如果说，《翻译名义集》与《梵语千字文》等现尚留存，是从中国传到日本的，那么关于习梵工具书，其中特别需要引起学界注意的是《梵语勘文》一书。引文如下：

(1) 说　梵语勘文云：婆师多此翻说。（《无量寿经》卷上，p. 194[④]）。

(2) 宝冠　梵语勘文云：梵云罗坦那（随求唐本[⑤]），此云宝冠。（同上，p. 198）

(3) 长者　梵语勘文曰：疑叨贺钵底（礼言）此云长者。（同上，p. 216）

(4) 外道　梵语勘文云：底（丁逸）体（地以）迦，此云外道（普贤赞大佛顶同之）。（《无量寿经》卷下，p. 238）

(5) 金翅鸟　梵语勘文曰：伽楼荼云金翅鸟。俱舍光记云：揭路荼此云顶瘿，或名苏钵刺尼。此云金翅，翅殊妙也。（同上，p. 238）

(6) 师子王　梵语勘文云：思孕（二合引）贺（引）此云师子（出千光眼经大佛顶经）（同上，p. 239）

(7) 奴婢　梵语勘文云：娜娑娜臬，此云奴婢（相对集）（同上，p. 241）

---

① 陈士强：《佛典精解》，上海古籍出版社1992年版，第1041页。

② 同上书，第1040页。

③ 此本已作为大型“东洋文库善本丛书”之一（《梵语千字文/胎藏界真言》）由勉诚出版社出版（石冢晴通・小助川贞次编，东京，2015）。

④ 此为《净土宗全书続》第四卷之页数，下同。

⑤ 原文用双行小字，本文用括号括出。下同。

（8）钱财　梵语勘文曰：俱舍光记云，钵拏此云钱。（同上）

（9）盗贼　梵语勘文曰：照哩也。制啰此云盗贼。（同上，p. 242）

（10）怨家　梵语勘文云：舍咄噜此云怨家。（同上）

（11）兄弟　梵语勘文云：㸘瑟姹勃罗多，此云兄（千字文）。滞瑟吒婆罗多兄（相对集）。迦儞也。娑勃罗多，此云弟（千字文）。迦怛么婆罗多弟（礼言）。（同上，p. 243）

（12）夫妇　梵语勘文云：建驮嚩啰婆哩野，此云夫妇。（同上）

（13）主上　梵语勘文曰：波底（双对）此云主（主从之主也）（同上）

（14）不当天心　梵语勘文云：提婆，又云泥嚩。义释云：苏嚩天也。千字文曰：娑嚩嚩誐此云天。（同上，p. 256）

（15）愚夫　梵语勘文云：枢要云，梵云婆罗，此云愚夫。（同上，p. 257）

（16）淫佚　梵语勘文云：淫，梵云梅土曩（礼言）。（同上，p. 258）

（17）六亲　梵语勘文云：啰佗（礼言）此云亲。（同上，p. 267）

（18）眷属　梵语勘文曰：跛里嚩罗，此云眷属（胎藏梵号法华随求同之）（同上）

（19）太子　梵语勘文曰：太子，梵云哃誐啰惹（双对）。（《观无量寿经》，p. 276）

（20）酥蜜　梵语勘文云：伽里多，此云酥（双对）摩头，此云蜜（翻梵语）（同上，p. 277）

（21）弑逆　梵语勘文云：逆，梵云设覩（千字文）诚诃舍噜（礼言）（同上，p. 281）

（22）师长　……梵语勘文云：而曳瑟吒（普贤赞），此云长。（同上，p. 285）

（23）悬鼓　梵语勘文曰：鼓，梵言陛里（双对集）。（同上，p. 286）

（24）有百种画　梵语勘文云：只怛啰，此云画也（礼言）。（同上，p. 289）

（25）肉髻　……梵语勘文云：嗢瑟尼沙。诸文多云顶，不空大佛顶。或云顶髻，如怛他蘖覩瑟尼沙云如来顶髻也。或直云髻，缚曰卢瑟尼沙云金刚髻也。（同上，p. 294）

（26）道场　梵语勘文曰：菩萨曼陀罗，此翻道场（礼言）。（同上，p. 300）

（27）寿命　梵语勘文云：阿庾洒，此云寿命。（《阿弥陀经》，p. 311）

（28）男子　……梵语勘文云：金刚经云补噜粗缚，此云丈夫。（同上，p. 319）

（29）女人　……梵语勘文云：金刚经悉怛哩婆，此云女人。（同上）

以上我们共辑出29条。这29条可谓弥足珍贵。佐贺东周[①]、桥本进吉[②]、冈田希雄[③]等早年皆指出：人们对《梵语勘文》一书所知甚少，其著者、卷数等一切皆不明，亦不见有书目类记载，仅是因为信瑞所引，人们才知道有此书存在一事。

《梵语勘文》中可见到“千字文、礼言、相对集、翻梵语[④]”等书名和人名。其中“千字文”前已论述，即唐代译经大家义净的《梵唐千字文》。《梵语勘文》中引出三次。

“礼言”应是《梵语杂名》的著者，乃唐代僧人。《梵语杂名》一卷，是一本为梵语初学者的入门书，收录日常使用的汉字对译梵语。全书收汉字约1700余个，一一注以梵语之音译及悉昙字。陈士强指出：由于礼言精通梵语，故所注的梵音大多比较确切，颇可参考。[⑤] 佐贺东周则指出[⑥]，该书所引“礼言”处内容与《梵语杂名》相对照，悉皆一致，只是现行《梵语杂名》少了二字，故可认为现行本《杂名》有脱漏之处。

---

① ［日］佐贺东周：《松室释文と信瑞音义》，佛教研究会编《佛教研究》第一卷第三号，1920年10月。

② ［日］桥本进吉：《信瑞の净土三部经音义集に就いて》。

③ ［日］冈田希雄：《净土三经音义考》。

④ 原文中皆用双行小字标出，本文中用括号括出。

⑤ 陈士强：《佛典精解》，第1046页。

⑥ ［日］佐贺东周：《松室释文と信瑞音义》。

另外，《梵语勘文》中还出现了“双对集”一名。此应是唐代僧人僧怛多蘖多·波罗瞿那弥舍沙集的《唐梵两语双对集》，是一部供查检汉字的梵语读音的著作。此书为一卷，原未署撰时，见载于日本平安时代前期“入唐八大家”之一的真言宗僧人宗叡（809—884）所编的《新书写请来法门等目录》（865 年 11 月）。根据宗叡曾于唐咸通六年（865）6 月至 11 月住长安西明寺所获写本推断，此书当成于唐咸通五年，即 864 年前。①

以上《梵语勘文》引书中有一处是“翻梵语”。《翻梵语》共十卷，是一部摘录汉译经律论及撰述中的梵语翻译名词，分类排纂，下注其正确音译（或不同音译）、义译、出典及卷次的佛教辞典。② 因原书未署作者，故学界有作者为中国梁代庄严寺沙门宝唱以及日本飞鸟寺信行之说。此书见载于圆仁《入唐新求圣教目录》，佐贺东周也根据信瑞所引，指出此应是与《梵语杂名》一起由圆仁请至日本并在日本流传③。故而作者应是梁宝唱。

而特别值得引起注意的是，其中还有“相对集”一名。佐贺东周认为，此或即为《梵汉相对集》二十卷，有可能是真寂法亲王④的著作。此书与真寂法亲王的另一部著作《梵汉语说集》一百卷皆早已亡佚，仅能从古书逸文中见其片影，堪为沧海遗珠。⑤

当然，因为引用《梵语勘文》的例证也就不到 30 例，仅凭此，也难以得出准确的结论。但我们根据此书所引，应可知《梵语勘文》的作者是日本人。此书应是“集梵唐千字文、梵语杂名、梵汉相对集、翻梵语等大成者”⑥，在日本梵语学史上占有重要位置⑦。尤其是《梵语勘文》也已为佚书，故信瑞此音义中的 29 条，更显珍贵。当然，有关《梵语勘文》的深入研究，还有待于新资料的进一步发现。

（2）大量引用传统文字音韵训诂类外典——以《东宫切韵》为例

正如作者在《自序》中所言“萃内外一百余部之琼篇”，除了内典著

---

① 陈士强：《佛典精解》，第 1047 页。

② 同上书，第 1035—1036 页。

③ ［日］佐贺东周：《松室释文と信瑞音义》，第 464 页。

④ 真寂法亲王（886—927 年），为日本平安时代中期皇族及法亲王。其生父母是堀河天皇及橘义子，出家前名齐世亲王。出家后，法号真寂。

⑤ ［日］佐贺东周：《松室释文と信瑞音义》，第 464 页。

⑥ 同上。

⑦ ［日］安居香山：《净土三部经音义集における纬书》，第 824 页。

作外，信瑞在其音义中还广引外典文献，而且包含中日两国“诸典篇章”。安居香山指出，作为义释所引是以“四书”“五经”的儒家经典为本，还广引如《老子》《淮南子》《白虎通》《尸子》《山海经》《拾遗记》《神异记》《史记》《汉书》《文选》等经史子集，诸家之书。其中引用的纬书就有《春秋元命苞》《春秋感精符》《春秋考异邮》《春秋说题辞》《春秋内事》《孝经钩命决》《孝经说》与《河图》等[①]。其中有很多是早已散佚的资料，尤为珍贵。

作为音义书的一种，当然要多引传统的文字音韵训诂类书来为其辨音释义服务。其中引用最多的是《广韵》，因其“音据广韵”[②] 为原则，其他则有《集韵》《尔雅》《方言》《释名》《广雅》《说文》《玉篇》等。不仅有中国传统的小学类书，还有《倭名类聚抄》《东宫切韵》等古代日本学者所撰述的字书与韵书。如：

白鹄　……倭名云：野王云鹄，（古笃反，汉语钞古布。日本纪私记久久比）大鸟也。（《阿弥陀经》[③] ）

孔雀　……倭名云：兼名苑注云孔雀，（俗音官尺）毛端圆一寸者，谓之珠毛。毛文如画。此鸟或以音响相接，或以见雄则有子。(同上[④])

欲堑　和名曰：四声字苑云堑，（七瞻反，和名保利岐）绕城长水坑也。净影义记云贪欲之心深而难越，故说为堑。（《无量寿经》卷上[⑤])

案：如上“倭名”“和名”即《倭名类聚抄》之略称。据笔者统计，全书共以“倭名”出现61条，以“和名”出现6条，故约共有近70条。

《倭名类聚抄》又名“和名钞”“和名类聚抄”“倭名抄”等，是日本最早的一部具有国语辞典特色的类书，成书于平安时期承平年间(931—938)。其释文引用了大量中国古代小学典籍材料，包括诸多散佚

---

① ［日］安居香山：《净土三部经音义集における纬书》，第827—833页。

② 见信瑞《自序》。

③ 《净土宗全书続》第四卷，第309页。

④ 同上。

⑤ 同上书，第203页。

已久的典籍。如以上“白鹄”中所引是原本《玉篇》顾野王之释；而“孔雀”条中所引则是引《兼名苑》关于“孔雀”的解说。《兼名苑》作为一部早年传到日本后而在其本土中国失传的佚书，学界非常关注从《倭名类聚抄》《本草和名》等书中整理其佚文，而以上内容正可以说明这一点。“欲堑”条中“和名”引《四声字苑》对“堑”之解说，而《四声字苑》也早已是逸书。

而信瑞在其书中大量有关《东宫切韵》的引用，更是值得我们注意。《东宫切韵》为日本平安中期公卿、著名学者、汉诗诗人菅原道真之父菅原是善（812—880）所撰的一部韵书，其中引征 13 种中国古代韵书，深为古代日本儒家学者所重视。此书不仅对中国古代音韵，而且对日本吸收中国文字、音韵、汉字文化以及日本的辞典如何受中国辞典的影响等方面的研究都有重要的价值。[①] 遗憾的是，此书散佚不传，其佚文则散见于诸书。所以学界对其所展开的研究，最基础的也是最重要的方面，就是通过考察诸书所引逸文，进行梳理研究，以求尽可能地窥见其原貌。李无未指出，学界已从《和名类聚抄》《法华经释文》等 47 种书中找到佚文 2087 条。上田正《东官切韵论考》提到其引用陆法言、曹宪、郭知玄、长孙讷言、韩知十、武玄之、王仁煦等 14 家《切韵》，依据《切韵》分韵，有音注和字释，也加一些和训。它是目前所知日本现存最早的韵书，对于研究中国韵书与日本韵书之间的传承关系十分重要[②]。而我们要指出的是，《净土三部经音义集》正是较多引用《东宫切韵》逸文的一部音义书。根据桥本进吉统计，全书多达 151 处[③]，所以具有极为重要的价值。我们简举以下五例：

文艺 东宫切韵曰：陆法言云：文，武分反。曹宪云文德之总名也，又章也。案有彩章曰文。郭知玄云文章。释氏云错书。武玄之云：字有韵谓之文；文无韵谓之笔。薛峋云：虚辞饰过皆曰文。麻果[④]云说文才智也。又仓颉初作画，盖依类象，故谓之文。其形声相

---

① 李无未：《日本汉语音韵学》，见载于“外语爱好者”，http：//www.ryedu.net/ry/riyuyuedu/201006/18580_2.html。

② 同上。

③ ［日］桥本进吉：《信瑞の净土三部经音义集に就いて》。

④ 应为“杲”，但《净土宗全书続》作“果”。

益，即谓之字。字者华乱著于竹帛，谓之书。书者，如也。……祝尚丘云：艺，鱼察切，伎能在身也。孙愐云伎也，才能曰艺。（《无量寿经》卷上①）

困苦　东宫切韵曰：释氏曰困，（苦闷）故卢，疲也，贫也。王仁煦云苦于事也。孙勉云惓也，病笃也。孙伷云：韵略，极也。仓颉篇，困苦也。沙门清澈云：困，病之甚也。苦，患也，又困也。康杜反。（同上②）

努力　……东宫切韵曰：郭知玄云努，竭力也。长孙纳言云俗呼为努力字。武玄之云：努力，勤勉也。（《无量寿经》卷下③）

抵突　东宫切韵云：郭知玄曰：抵，兽以角触物。韩知十云牛抵触，汉书作角抵，戏两相当角胜故名角抵。抵者，当也。孙愐云：突，冲也，欺也。（同上④）

接引　东宫切韵曰：陆法言曰：接，即叶反，持也，合也。薛峋云续也。麻杲云支也。孙愐云捧也，承也。郭知玄云：引，羊晋反，牵也。释氏云进也。麻杲云发也。杜预注左传：引，导也。（《观无量寿经》⑤）

案：仅以上五例中，就已经出现了陆法言、曹宪、长孙纳言、武玄之、孙愐、薛峋、王仁煦、祝尚丘、郭知玄、释氏、麻杲、孙伷、韩知十、清澈共14家。而且根据佐贺东周统计，信瑞全书所引《东宫切韵》中郭知玄有58条，释氏54条，孙愐50条，麻杲45条，薛峋31条，孙伷31条，曹宪27条，武玄之18条，祝尚丘18条，陆法言16条，韩知十11条，王仁煦12条，清澈10条，长孙纳言6条⑥。而且佐贺东周考察《东宫切韵》的引用，还发现其引用14家古切韵为某个字词施释时，尽管不会14家皆引，多至六七家，或三四家，但其引用却井然有序，有的

① 《净土宗全书続》第四卷，第197—198页。

② 同上书，第230页。

③ 同上书，第240页。

④ 同上书，第246页。

⑤ 同上书，第295页。

⑥ ［日］佐贺东周：《松室释文と信瑞音义》，第469页。

按照年代排列，也有的则根据《广韵序》。①

对《东宫切韵》佚文所展开的研究，具有非常重要的意义。在此，我们不妨再联系另一部日本僧人仲算所撰的《法华经释文》加以简单论述。②

《法华经释文》为日本平安时代中期日僧中算所撰音义书。根据其序有“景子年”字样，可知为日本平安贞元元年，公元976年，早信瑞音义260年。此音义中也多见“韵略、唐韵、古切韵、新切韵、唐切韵”等韵书名，还有“陆法言、曹宪、郭知玄、释氏、长孙讷言、韩知十、武玄之、薛峋、麻杲、王仁煦、祝尚丘、孙愐、孙伷、清澈、蒋魴”15家③古代韵书作者名。

考以上韵书名与诸家古韵书作者名：隋唐志载有《韵略》一卷（杨修之）、《四声韵略》十三卷（夏侯咏）。《宗叡请来录》④记有《唐韵》五卷，《日本国见在书目录》记有《唐韵正义》五卷。《唐韵》为孙愐撰于唐天宝十年，然多有异本，故有孙愐撰定后多次经后人之手之说。《新唐韵》或为后人在孙愐原本基础上加笔之作，或乃针对隋之古《切韵》而称“新唐韵”，尚难定论。隋开皇初年至仁寿元年，陆法言与其徒八人共著《切韵》五卷。唐仪凤二年长孙讷言为其作笺注，郭知玄拾遗绪正，更以朱笺三百字，薛峋增加字，王仁煦增加字，祝尚丘增加字，孙愐增加字等。《四库》中就知道有15家。《日本国见在书目录·小学部》录陆法言《切韵》、王仁煦《切韵》（五卷）、释弘演同十卷、麻杲五卷、孙愐五卷、孙伷五卷、长孙讷言五卷、祝丘尚五卷、王作艺五卷、斐务齐五卷、陈道固五卷、沙门清彻五卷、卢自始五卷、蒋魴五卷、郭知玄五卷、韩知十五卷等。仲算在《法华经释文》中序文中言及“载诸家之切韵”，即指这些切韵家。这些已经失佚的诸家《切韵》平安朝时期曾传到日本，故被日本学者纷纷引用。如仲算的弟子真兴撰《大般若经音训》、成书于《法华经释文》之后七年的《倭名类聚抄》（永观元年，983年）、《其外

① ［日］佐贺东周：《松室释文と信瑞音义》，第468页。

② 梁晓虹：《日本古写本单经音义与汉字研究》，中华书局2015年版，第291—292页。

③ 而信瑞书所引《东宫切韵》出现了14家，仅缺“蒋魴”1家。

④ 宗叡（809—884）为平安初期真言宗之僧人，也称“禅林寺僧正”。862年（贞观四年）与真如法亲王入唐、于卞州玄庆受金刚界大法、青龙寺法全受胎藏界大法，更拜访善无畏三藏古迹。865年，携带大量密教典籍以及法具等返日，并撰其目录《新书写请来法门等目录》。

医心方》（永观二年，984年）、《弘决外典抄》（正历二年，991年）等，皆与《释文》同时期左右，多引用诸家《切韵》。尽管《净土三部经音义集》的编著年代虽已近宋末，可是所引唐人韵书的训解都标明出于《东宫切韵》。而《东宫切韵》正属于诸家切韵在日本“黄金时代”的重要成果。周祖谟先生指出：《东宫切韵》是唐代各种《切韵》的一个集本。……这是时代很早的一部书，所以信瑞书中所引唐人韵书来源还是比较古的。[①]

学界已经充分意识到《东宫切韵》的重要性。因其未能流传后世，作为一部重要的古逸书，对其所展开的研究，就是要从最基本的辑佚做起，而《净土三部经音义集》中丰富的引用，正体现了其语料的重要价值。

当然，因为《东宫切韵》与中国古代韵书具有密不可分的关系。研究《东宫切韵》也一定要参考中国古代韵书。《东宫切韵》等集抄类书、韵书中转抄，一直是东瀛学者致力探索的一个方面，也是一个有待中日学者各就自己对本国文献之熟稔程度而共同深入研究的前瞻性课题。[②]

3. 结论

（1）《净土三部经音义集》尽管在日本佛经音义的编撰史上并不属于最古，但却是非常有特色的一部音义。其特色就在于有大量丰富的引证材料。而其征引，又以文字音韵训诂的传统小学类著作为主，即使内典，也是多引唐代音义类或习梵类书，故而具有较高的语料价值。

（2）作为日本僧人所撰述的音义著作，其书中丰富的引证资料所具有的语料价值应该引起我们的重视。因其引证文献有很多是唐代，或者是唐代以前古籍。其中有很多传到日本后，却在本土中国散佚不见，成为逸书，故作为资料，尤显珍贵。

（3）还有一点需要引起重视的是：《净土三部经音义集》的引用资料，除了丰富的中国内外典文献典籍外，还有一部分古代日本、古代朝鲜学僧、学人所撰述的著作。本文重点论述的《梵语勘文》与

① 周祖谟：《唐五代韵书集存》下册，第964页。

② 虞万里：《〈倭名类聚抄〉引〈方言〉参证》，《东亚文化交流与经典注译》，2008年12月。

《东宫切韵》，著者正是日本人。从语料价值上来看，也同样具有重要意义。

《净土三部经音义集》的语料价值，日中学者都很关注，成果亦颇丰。但笔者认为，因其内容实在太丰富，可以展开的课题还有很多。笔者今后也有意继续进行，将信瑞音义所引书进行全面的考察和研究。这样既有助于《净土三部经音义集》本身的整理研究，也有助于汉语史研究的进一步深入。

参考文献

陈士强：《佛典精解》，上海古籍出版社 1992 年版。

李无未：《日本汉语音韵学》，“外语爱好者”，http：//www. ryedu. net/ry/riyuyuedu/201006/18580_ 2. html，2011。

梁晓虹：《日本古写本单经音义与汉字研究》，中华书局 2015 年版。

史光辉：《信瑞〈净土三部经音义集〉在语言研究方面的价值》，《中国社会科学院研究生院学报》2012 年第 4 期。

杨曾义：《新版日本佛教史》，人民出版社 2008 年版。

周祖谟：《唐五代韵书集存》下册，中华书局 1983 年版。

［日］安居香山：《净土三部经音义集における纬书》，佐藤密雄博士古稀记念论文集刊行会编《佐藤博士古稀记念仏教思想论丛》，山喜房仏书林 1972 年版。

［日］川濑一马：《增订古辞书の研究》，雄松堂 1986 年版。

［日］佛书刊行会编：《大日本佛教全书》——“佛教书籍目录第一”，东京：名著普及会，1986 年复刻版。

［日］冈田希雄：《净土三经音义考》，《龙谷学报》1939 年第 324 期。

［日］桥本进吉：《信瑞の净土三部经音义集に就いて》，《佛书研究》第十二号，1915 年。

［日］石田茂作：《写経より见たる奈良朝仏教の研究》附录“奈良朝现在一切经疏目录”，东京：原书房，1982 年。

［日］水谷真成：《中国语史研究》，东京：三省堂，1994 年。

［日］信瑞：《净土三部经音义集》《净土宗全书续》第四卷，东京：山喜房仏书林，1973 年。

［日］佐贺东周：《松室释文と信瑞音义》，真宗大谷大学佛教研究会编《佛教研究》第一卷，第三号，1920年。

（梁晓虹　日本名古屋　南山大学）

《可洪音义》中字形与注音相异标题字释例*

李圭甲

一　绪言

《可洪音义》所收录的标题字中，有一些是字形与字音不匹配的，而此类标题字有不少是异体字或是音译字。其中，标题字是异体字的，单从字形上看，大部分是由于其字形与字音不同的其他正字完全相同，因此完全有可能被误认为其他字。另外，随着字的部分偏旁渐变为其他字形，结果有的变得与其他正字同形，有的成为与已有的正字不同的简单的异体字。下面选取几个该类字，对如何推断出其正字的过程进行说明，最后具体考察该现象的发生原因。

二　字形与注音相异字释例

（一）曵脚（申脚：35-0175-3-09）①

《可洪音义》中记有“上音申，舒也。误”，据此可知“曵”是字音为“申”的字。由于“曵”的字形与“曳”相似，因此十分有可能与“曳”混淆。而“曳”字音为“羊列切”，声母和韵母为“以母・薛韵”，而“申”为“失人切”，“书母・真韵”，二者字音完全不同。因此将“曵”视作“曳”，字音上存在问题。“曵脚”原出处为《沙弥尼离戒文》第1卷，原文内容为“夜卧有五事，当头输佛，当伛卧不得曵脚，不得

* 此篇论文已在《中国语言研究》（第74辑，2018.2）（韩国中国言语学会，首尔）发表，兹以注明。

① 括号内的字为相应标题字的正字，数字表示出处。数字中前两位为韩国东国大学影印的《高丽大藏经》的卷数，其后边的数字表示该卷书的页数，接下来的个位数表示该页中的段落数，最后两位数指的是列数。例如35-0175-3-09表示的是《高丽大藏经》（东国大学出版）第35卷的第175页中的第三段的第九列。

仰向频申，不得袒裸自露，不得手近不净处”。从原文内容上看，若将“曳”假定为与其字形相似的“曳”，上下文并不通顺，因此很难将其视作“曳”。但鉴于《可洪音义》中的字音为“申”，将其推断为“申”更符合上下文。所以现在的佛典也都将其记作“申”，《可洪音义》中还有一些与其相似的例子。

电脚（申脚：35-0165-1-07）上尸真反。舒也。误。

电脚（申脚：35-0393-3-02）上尸人反。

上面的“电”和“电”的字音也都分别为“尸真反”“尸人反”，字形与“曳”相似，词汇也都被推测为“申脚”。除此以外，表示“申踵”或“申其·申右·申颈·申辟·申宽”等词汇的标题字中也出现很多使用与“曳·电·电”字形相似的，如下：

曳踵（申踵：35-0420-2-03）上音申。申，伸也。伸，直也。《解脱道论》云，欲行人举脚疾行卒举脚不广举脚。据此论意，即知不是申脚而行也。下之勇反也。

曳踵（申踵：35-0431-3-03）上音申。误。下之勇反。

曳踵（申踵：35-0446-1-13）上尸人反。误。丁之勇反。

电其（申其：34-0842-2-11）上尸人反。正作申。

曳其（申其：35-0313-3-02）上音伸。正作申。

电其（申其：34-0926-1-14）上音申，舒也。

曳右（申右：34-1082-2-06）上音申，舒手也。

曳颈（申颈：35-0390-2-08）上音申，误。下居郢反。

电辟（申辟：35-0032-2-12）上尸人反。

电宽（申宽：35-0106-3-04）上尸人反。下苦官反。

观察这些字，字音都为“申”，事实上也几乎都使用了相似的字形。由此看来将“曳”看成“申”的可能性较大。下面的例子更能说明这一点。

曳踵（申踵：35-0469-1-09）上音申。下音种。详经论意，义不是曳字义。

曳踵（申踵：35-0462-2-05）上音申。下音种。谓直足跟而行也。详经论中义不是曳字，传写久误。

电踵（申踵：35-0047-2-12）上音身。正作申也。

由此看来，可洪也认为“曳”并不是“曳”，而“申”才是正字，写得像个“曳”是很久以前误写造成的。那么为什么“申”变成了“曳·曳·电”呢？这就要从其他异体字上寻找线索。“申”的小篆是“申”，而后来字形发生变化，变成了新的异体字“电”（《金石文字辨异·去声·霁韵·曳字》：引《北魏孝文吊比干墓文》）和“申”（《龙龛手鉴·杂部》），而后又发生变化，变为“电”（《偏类碑别字·曰部·曳字》：引《隋董美人墓志铭》）和“曳”（《正字通·曰部》）。这样看来，若认为《可洪音义》中的“申”写成“曳”是像可洪所说的那样误写而成的话未免有些牵强，而认为那是一个已经常使用的异体字更为妥当。

（二）懆俯（惨頳：35-0234-3-07）

虽然这里的“懆”在字形上与“懆”相同，《可洪音义》中却记为“上仓感反。下力遂反。上又仓早、仓到二反，误”。“懆”的字音是“采老切”，声母和韵母是“清母·豪韵”，而《可洪音义》中的“仓感反”为“清母·覃韵”，虽然声母相同，但韵母相差甚远，所以很可能是其他字。该词汇出现于《阿毗达磨大毗婆沙论》第37卷，原文为“瞋变坏所依者，若瞋现前身便麄强沉重懆頳”，虽然此处的“懆”不是完全不能看成“懆”，但将其视作“惨”上下文则更加通顺。因此从字音和字义上来看，“懆”不是“懆”而是“惨”的可能性便更大些。为了更加准确地判断哪个才是正确的，可以考察一下其他类似的例文。《可洪音义》中有很多与此相似的例文，先将其列举如下：

懆戚（惨戚：35-0047-1-07）上仓感反。悲皃也。又音草非。

懆然（惨然：35-0007-1-05）上仓感反。正作惨也。又音草。

懆然（惨然：35-0007-1-05）上仓感反。正作惨也。又音草。

懆然（惨然：35-0610-2-07）上仓感反。懆，戚痛也。正作惨也。又音草，误。

上举例文中所有的字音都为“仓感反”，记有“正作惨也”的部分揭示出其为“惨”的异体字，“悲皃也”以及“戚痛也”也阐明了“懆”的字义。综上所述，将“懆”视作“惨”的异体字更为妥当。那么“惨”又是怎样变成“懆”这样的字形的呢？为此下面看一下其他同类型或字形稍有不同的例子。

懆然（惨然：35-0302-1-10）上仓感反。
懆然（惨然：35-0311-2-12）上仓感反。

这些也表示与上面相同的词汇，只是“懆”的字形表示成了稍微有所不同的“懆”。另外作为与此相同的例子还有下面的字形。

⿰忄条然（惨然：34-0671-2-10）上仓感反。亦作憯。
⿰忄条然（惨然：34-0902-1-09）上仓感反。忧也。

从上面的例子很容易地可以看出“懆”是和“⿰忄条”一样的字。那么再看一下其他出现字形“⿰忄条”的例子。

⿰忄条结（惨结：34-0769-2-07）上仓感反。
⿰忄条戚（惨戚：34-0725-2-10）上仓感反。下仓历反。
⿰忄条戚（惨戚：34-0967-3-10）上仓感反。下仓历反。
⿰忄条暸（惨暸：35-0217-1-10）上仓感反。

上面的“⿰忄条”，字音都表示为“仓感反”，那么可知“⿰忄条”“懆”以及“⿰礻喿”都是同一个字。显然“懆俯”中的“懆”是“惨”。

（三）彼圻（彼岸：34-0751-1-13）

这里的“圻”单从字形上看与“圻”相同。而对于“圻”的字音《可洪音义》记有“音岸，又牛斤反”。从字音上看，“圻”的反切为“五根切”，声母和韵母为“疑母·欣韵”，“岸”的反切为“五旴切”，声母和韵母为“疑母·寒韵”。由于“圻”和“岸”声母相同，韵母也十分相似，因此也可以简单地认为字形“圻”，即“圻”的字音是“岸”。也就是说，充分有可能将“彼圻”看作“彼圻”。《可洪音义》中出现了好几处与此相似的例子，如下：

彼圻（彼岸：34-0727-2-02）音岸。又巨依，鱼丘二反，误。
彼圻（彼岸：34-0925-1-07）音岸。

上面的例子中将“彼圻”看成“彼圻”也没什么问题。那么，接下来就有必要看一下这个“彼圻”在其所在的原文中分析成“彼圻”是否也没问题。“彼圻”出现在《大方广菩萨十地经》第1卷，原文为“当知第十心起，究竟一切功德彼圻，智慧辩才无尽，一切法主犹转轮王”。但是在此处若将“彼圻”看成“彼圻”，上下文完全不通顺。那么这个“彼圻”就有可能并不是“彼圻”。在此，我们就有必要关注一下《可洪音义》的注音方式。《可洪音义》的注音方式有一点很重要，就是倘若标题字是异体字，很多情况下就用相应的正字直接注音。比如，“彼圻，音岸”就是说明“圻”的字音和正字都是“岸”。如果这是正确的，那么“彼圻”也就是“彼岸”，将“彼岸”置于原文，整个上下文就变得十分通顺。

与此相似的例子还有“彼坼（彼岸：34-0707-3-03），音岸”。这里的“坼”，从字形上看，虽然与“坼”相同，但《可洪音义》将该字说明为“音岸”。“坼”的字音为“丑格切”，声母和韵母为“彻母·陌韵”，而“岸”为“疑母·寒韵”，二者字音明显不同，将“坼”看成“坼”便有些勉强。因此，如同上面先将此处的“坼”不看作“坼”而看作“岸”，然后再进一步分析便是如下。首先，将《可洪音义》中与此相同的例子列举如下：

彼坼（彼岸：34-0665-1-04）音岸。
彼坼（彼岸：34-0684-3-02）音岸。
彼坼（彼岸：34-0687-1-05）音岸。
彼坼（彼岸：34-0700-2-13）音岸。
彼坼（彼岸：34-0908-3-07）音岸。
彼坼（彼岸：34-0977-2-07）音岸。

上面的“坼”的字音也都是“岸”，与“彼”一起使用。即“彼坼”

有可能表示的是“彼岸”这一词汇。“彼坼”原来出现在《大方等大集经》第26卷，原文为“一切知见一切事，得到一切法彼坼，远离一切诸烦恼，是故名佛无上尊”。这里如果将“彼坼”看成其显示出的字形“彼坼”，上下文完全不通顺，而将其看成“彼岸”，上下文便十分通顺。因此将其看成“彼岸”才妥当，并且这也与《可洪音义》中对于“坼”，“音岸”的说明相吻合。

像这样由于将“彼岸”记录成“彼圻”或“彼坼”，而认错字的可能性很大。这是由于该字形在原来字形的基础上发生了很大的变化，呈现出了与正字十分不一样的字形。但是“圻”和“坼”最初并没有发生这么大的变化。表示“岸”的异体字中有改变偏旁位置而成的“屽”，也有将“屽”的形符“山”换作“土”的“垾”，还有为了强调原来的“岸”的字义添加新偏旁“土”的“堓”。但是像“垾·屽·堓”这样的异体字经常使用，所以认读上没有什么问题。而对于“圻·坼”，由“垾”变形而成为“坼”，又在此基础上笔画省略成为“圻”，因此字形变得与原来的“岸”相差很多。所以与上面的“彼圻”和“彼坼”相比，“彼堓”更容易认读为“彼岸”。事实上，《可洪音义》中有很多是记录成“彼堓”的，举例如下：

彼堓（彼岸：34-0655-2-06）音岸。
彼堓（彼岸：34-0700-3-08）音岸。
彼堓（彼岸：34-0706-2-13）音岸。俗字。
彼堓（彼岸：34-0727-3-04）音岸。
彼堓（彼岸：34-0728-2-07）音岸。
彼堓（彼岸：34-0730-3-04）音岸。

这些都很容易认读成“彼岸”，利用它们反推上面提到的字形。即由于“彼堓”是“彼岸”，因此便能容易地推出“彼坼”也是“彼岸”，在此基础之上，也能容易地了解到“彼圻”也是“彼岸”。

（四）形嘆（形笑：34-0790-1-03）

这里的“嘆”仅从字形上看，可以说与“叹”相似，但是《可洪音义》中却说明为“私妙反。正作咲”。“叹”的字音为“他干切”，声母和韵母为“透母·寒韵”，而根据《可洪音义》中将“嘆”注音为“私妙反”的说明，可知“嘆”的声母和韵母为“心母·宵韵”，因此从字音上看，“嘆”很可能并不是“叹”。《可洪音义》中也有“正作𥬇”的说明，依据《重订直音篇》，“𥬇”为“笑”的异体字①，“笑”的字音为“私妙切”，“心母·宵韵”，因此将“嘆”视作“笑”也无大碍。那么字义关系又如何呢？“形嘆”出现在《正法华经》第9卷，原文为“又诸四部轻彼大士骂詈形嘆不自改者，二十亿千劫所生之处，常不值佛不闻法声，又万劫中堕无可大地狱，拷掠烧炙痛不可言”。若仅从字形看上面句子中的“形嘆”就是“形叹”，而这样解释上下文连接并不通顺。而将其认作“形笑”，上下文便很通顺。因此从字义上看，“嘆”并不是“叹”，看成“笑”的异体字才更为妥当。除此以外，《可洪音义》中还有其他的例子如下：

形嘆（形笑：34-0790-1-03）私妙反。正作笑。
形嘆（形笑：34-0790-1-04）私妙反。正作笑也。误。

上面的例子也是如此，虽然“嘆”从字形上看与“叹”相同，但事实上是“笑”的异体字。那么为什么会使用与正字“笑”的字形相差这么远的字形呢？这可以在《可洪音义》中的其他地方找到线索。《可洪音义》中有一些虽然不与该字形完全一致，但却类似的情况，如下：

形咲（形笑：34-0898-1-14）音笑。
形咲（形笑：35-0384-2-12）上户经反。下音笑。
形咲（形笑：34-0654-2-11）音笑。

观察上面的例子，都是与“形嘆”相同的内容。但是“嘆”的字形变为“咲·咲·咲”，字音也没有使用“私妙反”这样的反切，而仅使用了“音笑”这样的直音法。可以说“咲·咲·咲”都是为了强调字义，在“笑”的上半部发生变化而成的异体字“关”上，附加偏旁或仅添加笔画而成的初期阶段的异体字。因此很容易认出“咲·咲·咲”就

① 章黼撰，吴道长重订：《续修四库全书·重订直音篇》，上海古籍出版社1995年版，第44页。

是“笑”。而“嘆”又是在“咲·咲 ·咲”的基础上添加笔画变形而成的，因此与原来的正字“笑”的字形相差很远。这样一来，就不太容易将“嘆”认成“笑”。所以通过《可洪音义》的补充说明，同时与《可洪音义》中出现的与此相同或相似的例子进行比较，便能推导出更加容易而明确的结论。

（五）急掘（急握：34-0943-3-14）

《可洪音义》中记有“乌角反。误”，据此“掘”是一个字形为“掘”、字音为“乌角反”的字。与此相似的例子有“掘右（握右：34-0943-3-06）上乌角反。误”，这两处的“掘”字形都与“掘”相同，因此很有可能将其误认为“掘”。“掘”的字音为“衢物切”，声母和韵母为“群母·物韵”，而可洪说的“乌角反”，声母和韵母为“影母·觉韵”，因此两个字音完全不同。所以“掘”是“掘”的可能性就几乎没有。在《可洪音义》中还能看到很多与此相似的例子，如下：

掘揽（握揽：35-0661-3-14）上乌角反，误。下郎敢反。
掘谨（握谨：35-0572-1-12）上音握，掘持也。又巨月反。非。
急掘（急握：34-0861-2-13）乌角反。误。
屈掘（屈握：34-0945-2-07）乌角反。误。
摩掘（摩握：34-0940-1-13）乌角反。正作握。
掘圣（握圣：35-0662-1-08）上乌角反。正作握。

上面的例子中与“掘”有关的记录有“乌角反”或“上音握”“正作握”等，“握”的字形与“掘”相似，从字音上看反切是“于角切”，声母和韵母为“影母·觉韵”，因此可以说与可洪说的“乌角反”相同。由此推导“掘”非常有可能是“握”。另外，“急掘”出现在《一字佛顶轮王经》第3卷，原文为“又以右手大拇指，横屈入掌。以头指中指无名指小指，急掘作拳。屈肘当前，平伸其左手把袈裟角。出头四寸。屈肘当前平伸印咒曰……”根据原文所记录，若将“掘”看作“掘”，上下文完全不通顺，因此将“掘”视为“掘”有些牵强。那么“掘”并不是“掘”，而是一个字形与其相似、字音为“乌角反”的字。这样的字有“握”，因此现代佛经中也将其记录为“握”。

那么为什么“握”会呈现出“掘”这样的字形呢？这也要从“握”

的其他异体字上寻找线索。“握”和“掘”的差别就在于“屋”与“屈”上。即“屋”表示成了“屈”。再细分析，就是它们的偏旁“至”和“出”上的差异。那么要考察“握”是怎样表示成“掘”的，就要分析“屋”是怎样表示成“屈”的。要想知道“屋”是如何表示成“屈”的，就要找出“至”变成的“出”的过程。“至”的小篆为“𦤳”。异体字中却有一字是在此基础上发生变化而来的。如“𡉀”（《玉篇·至部·至字》）正是。在此基础上又变为“㞷”（《集韵·去声·至韵》）和“𡈼”（《碑别字新编·六书·至字》：引“齐元贤墓志”）。从而我们就可以推测可能是“㞷·𡈼”又发生改变，变成了“掘”中的偏旁“出”的形态。即，可以说是由于笔画的变化而导致偏旁变成了完全不同的字。

（六）剬三（制三：35-0098-2-04）

《可洪音义》记有“上之世反。误”，据此“剬”是一个字音为“之世反”的字。但仅从字形上看“剬”应为“剬”，而“剬”的字音为“多官切”，声母和韵母为“端母·桓韵”，《可洪音义》中的“之世反”，声母和韵母为“章母·祭韵”，两者的字音完全不同，因此可知“剬”并不是“剬”。与此相似的例子在别处也十分常见，将其列举如下：

剬不（制不：34-0757-3-13）上之世反。禁也。正作制。

剬之（制之：34-0994-2-13）上之世反。禁剬也。止也。正作制也。又都官反。旨兖二反。误也。

剬之（制之：35-0324-1-14）上之世反。正作制也。又都官，之兖二反，非也。

剬令（制令：34-1000-1-09）上之世反。禁也。止也。正作制，又都官，之兖二反。并非。

剬力（制力：34-0828-2-13）上之世反。正作制。

剬巳（制巳：34-0758-3-05）上之世反。下羊耳反。正作制巳。

剬心（制心：35-0306-2-05）上之世反。正作制。

剬我（制我：35-0099-2-14）上之世反。正作制。

剬戒（制戒：35-0095-1-08）上之世反。禁也。正作制。

剬戒（制戒：35-0208-3-04）上之世反。禁止也。正作制，又都官，之兖二反。并非。

剬断（制断：34-0820-3-04）上之世反。剬断止绝也。正作制。又之兖反。误。

剬听（制听：35-0208-3-14）上之世反。误。

剬众（制众：34-0781-3-12）上之世反。

所剬（所制：34-0827-3-05）之世反。正作制。又之兖反，误。

所剬（所制：34-1001-2-07）之世反。禁也。止也。正作制。又都官，之软二反，非也。

所剬（所制：35-0293-3-04）之世反。正作制。

抑剬（抑制：34-0758-2-02）上于力反。下之世反。

抑剬（抑制：34-0911-2-04）上于力反。下音制，误。

观察上面的例子，“剬”都是作为“制”的异体字使用，这在可洪的说明中也体现出来。“剬三”原本出现在《摩诃僧祇律》第30卷，原文为“善女听，此是如来、应供、正遍知欲饶益故，于声闻尼众中正说剬三依。若堪忍直心善女人与受具足，不堪忍者不与受具足”，从原文的上下文来看，“剬”不能成为“剬”。即“剬”是由“制”的字形发生变化而成的异体字。

那么“制”又是怎样变成“剬”的呢？为了弄清楚，有必要考察“制”的异体字。“制”的小篆为“𠡭”，《说文》古文为“𠜾”，现在的“制”也是由此发展而成的。其间出现了看似是以小篆为源头的异体字“𠜱”（《碑别字新编·八画·制字》：引《隋严元贵墓志》）和“𠜽”（《正字通·刀部》）[①]。即“剬”看似是“𠜱”和“𠜽”的形态结合、变形并经过复杂的变化过程而成的异体字。

（七）㝐皀（容貌：35-0071-1-02）

对于“皀”，《可洪音义》记有“莫孝反。误”。“皀”仅从字形来看也能看作“皀”。“皀”的字音为“彼及切”，声母和韵母为“帮母·缉韵”，而《可洪音义》的说明为“莫孝反”，“莫孝反”的声母和韵母为“明母·爻韵”，二者的字音完全不同，很显然“皀”并不是“皀”。《可洪音义》中有不少像这样的“貌”表示成与“皀”形态相似的异体字，

① 张自烈：《续修四库全书·正字通》，上海古籍出版社1995年版，第121页“𠜽，讹字。秦碑制，或作𠜽，亦作𠜽，疑传写脱误”。

列举如下：

容皀（容貌：35-0522-3-11）音皃。
容皁（容貌：35-0071-3-05）莫孝反。
容皀（容貌：35-0572-1-05）音貌。
容皀（容貌：35-0592-1-09）音貌。
容皃（容貌：35-0595-3-11）音皃。

这些字的字音都是"貌"，而依据《可洪音义》的用例，大部分的情况不仅字音是"貌"，字本身也是"貌"。那么这个"皀"非常有可能是"貌"的异体字。这个"客皀"原本出现在《佛本行集经》第39卷，原文为"此大沙门我之所问，不嗔不忿，增上清净客皀凞怡，不作异色，更益光显，我所咨问，许为我宣，我于彼人，诸根寂静，不见有错"。据此"客皀"中的"客"也不是"客"，而是"容"，"皀"也不是"皀"，而应看作"貌"，这样上下文才通顺。由此看来"皀"以及与此相似的"皀"或"皁"都是"貌"的异体字。即有可能"客皀"原本都是"容貌"的异体字，由于字形的相似性，误认为是"客皀"。

它们都是正字"貌"省略偏旁后，又发生了字形变化的字。如"貌"的另一个异体字"⿰豸皀"（《四声篇海·豸部》）以及"⿰犭皀"（《碑别字新编·十四画·貌字》：引《隋明云腾墓志》）、"⿰犭皀"（《四声篇海·犬部》）、"⿱皀豸"（《碑别字新编·十四画·豸部》：引《魏王基墓志》）、"⿰豸皃"（《四声篇海·豸部》）等。这些字中形符省略后呈现出了像上面所看到的"皀·皀·皁·皃"这样的异体字形态。

当然"皀·皁"并不都是"貌"的异体字，《可洪音义》中有它们作为原来的正字"皀"使用的情况，举例如下：

言皁（言及：35-0512-3-07）彼及（力）反。颗粒别名也。正作皀也。

曰皀（曰及：35-0481-2-09）彼及（力）反。

此外，前面论证了标题字的第一个字"客"不是"客"，而是"容"的异体字，这也是由于字形相似而产生的异体字。与此相似的"容"的异体字有“客”（《六朝别字记新编·冯翊平等寺碑》）① 以及“客·客·客”（《碑别字新编·十画》），而上面的“客”看似正是由这些字又发生字形变化而成的异体字。

（八）函重（亟重：35-0617-3-13）

“函”仅从字形上看是“函”，字音为“胡谗切”，声母和韵母为“匣母·咸韵”。但《可洪音义》中却记录为“上去记反。误”，据此可知“函”很有可能并不是“函”。下面是《可洪音义》中出现的与此情况相同的其他记录。

函留（亟留：35-0718-2-10）上丘记反。数也。正作亟。
函降（亟降：35-0698-1-01）上丘记反。
函墨（亟墨：35-0526-2-04）上居力反。亦曰姑墨。
函发（亟发：35-0613-3-01）上去记反。正作函。
函说（亟重：35-0617-3-13）上去记反。误。
函陈（亟陈：35-0612-3-12）上去记反。正作函。

根据上面的记录，“函”不是“函”而是“亟”。“亟”的字音为“纪力切”，声母和韵母为“见母·职韵”，与《可洪音义》的“上去记反”也相一致。因此“函”极有可能是“亟”。该“函”原来的出处为《续高僧传》30 卷，原文为“因操桴扣寂用程玄妙。乃叹曰。龙树之道方兴东矣。辩勇二师当涂上将。频事开折函经重席。时人语曰。钱唐有真观。当天下一半。沙门洪偃。才迈儒英。钩深释杰”。从该句来看“函”也并不应是“函”，而将其视作“亟”才妥当。但可以说将“亟”记录成“函”的情况除了《可洪音义》以外十分少见。看似“函”与“亟”在字形上相似，才将“亟”写成了“函”。

（九）便枚（便收：35-0360-2-01）

“枚”从字形上看与“枚”相同，因此有可能将其误认为“枚”。事实上“枚”的字音为“莫杯切”，声母和韵母为“明母·灰韵”。但是《可洪音义》中对于“枚”的说明为“失白（由）反，误”，“枚”的字音与“枚”的字音完全不同，因此该字十分有可能并不是“枚”。呈现出

① 转引《异体字字典》a01030-013。

与此相同或相似字形的例子在《可洪音义》中十分常见，列举如下：

尸**杦**（尸收：35-0022-1-13）书由反，误。

杦掫（收掫：35-0386-2-04）上尸由反。下尸六反。收拾也。正作收掫也。

不**杦**（不收：35-0277-3-14）尸由反。

不**牧**（不收：35-0269-1-11）失由反。正作收。

应**杦**（应收：34-0727-2-05）尸由反。

牧其（收其：35-0002-2-08）上失由反。敛也。正作收。又音目，误也。

牧其（收其：35-0002-2-08）上失由反。敛也。正作收。又音目，误也。

牧其（收其：35-0269-3-09）上失周反。正作收。

令**牧**（令收：34-0900-1-02）尸由反。正作收。

悉**牧**（悉收：34-0663-3-06）音舍，释也。弃也。散也。《明度经》云，悉舍忘之其过少耳。又音目，放也。又或赦音舍，宥也。

所**牧**（所收：35-0019-1-13）尸由反。敛也。俗作收。

所**牧**（所收：35-0261-2-04）尸由反。摄也。或作收。

牧分（收分：35-0148-3-03）上尸牛反。正作收也。又音目，前作牧牛。

牧合（收合：35-0469-2-11）上失柔反。又音目，误。

牧娄（收娄：35-0176-1-10）上书周反。误。

牧举（收举：35-0156-1-11）上尸由反。

扙举（收举：35-0156-1-11）同上。

牧敛（收敛：35-0130-2-08）上尸由反。正作收。

牧炭（收炭：35-0333-2-09）上失由反。正作收也。又音目，非也。

牧获（收获：35-0047-1-05）户郭反。

牧罗（收罗：34-0797-3-06）上尸由反。

观察上面的例句，“**杦**”与“**牧·牧**”都非常有可能作为“收”的异体字使用。事实上“收”的字音为“舒救切”，声母和韵母为“书母·

尤韵”，与可洪的“失由切”也一致。并且“便枚”原本出现在《阿育王传》第3卷，原文为“于是猕猴挽衣推排亦不动摇，知涅盘去，用为懊恼，便向山一面，见五百婆罗门或卧棘刺，或卧灰土，或翘一脚，或举一手，或自倒悬，或五热炙身卧棘刺上者。猕猴便枚棘刺远弃，卧灰土者亦收灰土而远弃之”，从上下文来看，“枚”视为“收”较为妥当。

那么为什么“收”的异体字会以“枚”的形态出现？这就需要注意到“收”的异体字中有像上面列出的“枚·牧”这样的。“收”与“枚·枚·牧”的差别就在于“收”的偏旁“丩”，异体字以“木·扌·牛”的形态出现。这是由于“丩”与“木·扌·牛”的字形相似，所以当它们作为偏旁使用时，经常会相互代替。也就是说，原本它们之间在字音与字义上没有任何关联，但仅由于字形相似，所以才相互代替，这样的情况在异体字中经常发现。如“木·扌·礻·禾·方·牛·丬·巾·夫”等作为偏旁使用时也会相互代替。如“木”和“扌”相互代替的情况有“朽（扝）·村（拊）·枯（拈）·柩（抠）·根（拫）·梳（揓）·梓（捽）·棲（捿）·横（撗）·机（㨳）·扣（和）·投（杸）·抑（枊）·拔（柭）·持（梼）”。除此以外还有“礻”与“禾”相互代替的“祯（稹）·祕（秘）·祠（秱）·祐（秙）·神（秞）·祚（秨）·祉（秪）·社（秙）·私（䄪）·称（䄓）”；“木”与“禾”相互代替的“椒（𥞃）·榜（稖）·菌（菌）”；“方”和“礻”相互代替的“游（遊）·旄（䄙）·旗（𥜿）·旗（祺）”，以及“游（遊）·旃（梅）·旗（柝）·拟（擬）·振（㹖）·物（扐）·牧（扙）·牵（捧）·拭（㭌）·游（遊）·族（棭）·模（𤛿）·牝（扎）·物（扐）·牧（𣓌）·特（持）·牺（㩆）·状（扰）”等都属于偏旁互换使用之例。由此可以说“枚”是由于偏旁字形相似而成的“收”的异体字。

（十）其他

“𫇭怕（惔怕：34-0912-2-10）上徒敢反。正作惔”中的“𫇭”的字形也好像与“劳”相同，但《可洪音义》中却记为“徒敢反”，字音完全不符。并且从字义上看，“𫇭怕”的出处为《贤劫经》第2卷的“无际品第八”，原文为“若以智慧乐于寂然𫇭怕光明，得八解门为他人说，不堕声闻缘觉之地，是曰智慧；是为六”，置于该句，也不应将其视作“劳怕”，而应视作“惔怕”，这样字音与字义才都相符。另外，“慧澉

（慧敞：35－0573－3－13）尺两反。正作敞。又音弊，非也”和“慧𢿱（慧敞：35－0580－3－01）昌两反。误”中的“𢿱”，仅看字形，虽然与“敝”相同，但若与《可洪音义》的字音相比较，便可知这不是“敝”，而是“敞”。还有“皆捏（皆揾：34－0945－1－01）乌困反，误”中的“捏”也是字形好像与“捏”相同，但字音完全不同，并且从该词汇的出处《一字佛顶轮王经》第5卷的“坐茅草席发欢喜心，以樓木构木桑木柏木。长一磔手两头齐截，以酥蜜奶酪相和，皆捏（揾）两头一一呪持。炉中方累如法然火，以蒸粳米饭及乌油麻等”上来看，可以说它并不是“捏”，而是“揾”。除此以外，还有一些与此相同的情况，由于字音截然不同，尽管标题字并不是原本的正字而是完全不同的异体字，但却有可能被误认为正字。现列举几例，参考如下：

复浣（复浣：35－0079－2－07）户管反。

后𩚵（后飤：35－0534－3－05）音寺，餧水也。正作飤也。误。

得餅（得饭：35－0248－1－07）音饭。

慚忒（忕忒：35－0586－1－05）他得反。差也。变也。冝作忕，他得反。忕忕，心戚也。

悉思妬（悉佃妒：34－0879－3－10）上音滕，中音田。正作佃。《说文》作思，音田。下都故反。

彼利（彼私：35－0023－2－13）音私。

或令（或全：35－0236－2－04）音全。

三 字形与注音相异原因

如上文所示，有不少标题字字形与注音完全不匹配。这是由于注音很好地反映出了正字的字音，而标题字字形却与正字相差甚远，反而与其他正字的字形相同。也就是说，虽然标题字原来是甲字的异体字，但该字形正好与其他正字乙字的字形形同，因此才发生这样的现象。此时若不知道标题字就是甲的异体字，仅看字形后将其视作乙字，不仅字音不同，字义也会不通。

那么为什么会发生这样的情况呢？异体字产生途径一般的有三种，第一种是笔画的变形或增减，第二种是偏旁的代替、增减或结构的变更，第三种是上面两种的混合形态。通过这样的途径而成的异体字字形与正字出现差异，而一般来讲仅涉及笔画的异体字并不难判断其正字，但是由于偏旁的差异而形成的异体字，根据其与正字的字义或字音上的关系如何，判断正字的难易程度会有所不同。即异体字的偏旁与正字的偏旁在字音或字义上若有一定的关联性，便比较容易判断出其正字；若很难找到关联性，那么便较难判断出其正字。

然而最难判断正字的是将异体字的偏旁与正字进行比较时，不仅在字义与字音上没有关联，字形上也完全不同的情况。这种情况不是靠偏旁代替而成的，而大部分是由于笔画多次发生变形，变成与原来的偏旁字形完全不同的字形，最终成为其他偏旁的模样。含有变形后的偏旁的异体字若与已有的其他正字字形相同，便会将其误认为其他字。

为了考释这样的异体字应该怎么做呢？第一步要做的就是找到头绪。要是没有任何头绪就很难判断出正字。好在上面的情况可以从字形和字音相异这一点上找到头绪，因此可以推测出其不是正字，而有可能是异体字。第二步，将该字形视作正字带入原文。如果带入原文后上下文不通顺，那么该字很有可能不是正字，而是异体字。第三步，考察是否有相同的例子。如果有这样的例子，该字也十分有可能是异体字。第四步，收集具有相应字音的正字的异体字，并将这些异体字与标题字进行比较，通过比较的过程若能大致掌握到标题字的正字是哪个字，就再将其带入原文，如果通顺，那么便可将其视作正字。上面的释例都是经过了这样的过程判断出正字的。但是如果不能像上面那样在字音上找到头绪，那么便要寻找其他方法。

参考文献

丁度等：《字典汇编·集韵》，国际文化出版公司 1993 年版。

顾野王：《玉篇》，台湾中华书局 1977 年版。

韩孝彦等：《续修四库全书·四海篇海》，上海古籍出版社 1995 年版。

行均：《龙龛手镜》，中华书局 1985 年版。

［韩］李圭甲：《异体字字形类似偏旁的互用类型地图构筑》，《中国言语研究》第 43 辑，2012 年。

秦公：《碑别字新编》，文物出版社（首尔：东文选影印本）1985

年版。

章黼撰，吴道长重订:《续修四库全书·重订直音篇》，上海古籍出版社 1995 年版。

张自烈:《续修四库全书·正字通》，上海古籍出版社 1995 年版。

《高丽大藏经》，首尔，东国大译经院 1976 年。

《异体字字典》，http：//140. 111. 1. 40/main. htm。

（李圭甲　韩国首尔　延世大学）

利用异文考释佛经疑难字应注意的三个问题*

真大成

比较异文是考释疑难俗字的重要方法之一，对此时贤已有精辟的阐述，也据以做出可观的实绩。近年来，汉文佛经中的疑难俗字日益受到学界关注，发表、出版了不少这方面的论著。这些论著积极利用异文材料，使用异文对勘的方法，考释了一大批佛经疑难俗字，成绩斐然。郑贤章教授《汉文佛典疑难俗字汇释与研究》（下文简称《汇释与研究》）正是这方面的力作①，该书上编第三章“汉文佛典疑难俗字考释的方法”即指出“充分利用不同版本佛典异文”“可以识别许多疑难俗字”，下编《汉文佛典疑难俗字汇释》也多次利用异文考订疑难俗字，创获良多。不过异文虽是考释疑难俗字的重要材料，但由于成因多样，其间关系复杂，无论作为直接证据还是作为旁证都应谨慎使用，以免误考误释。下面即以《汇释与研究》为中心，提出利用异文考释佛经疑难字应注意的三个问题。

一　应分辨异文双方的字词性质

据异文考释疑难俗字，其逻辑前提是异文双方是字与字的关系，在此前提成立的情况下，以浅易考疑难，据通行求流俗。然而，异文间存在着多维度、多层面的对应关系，就语言文字而论，可表现为字与字、词与词、句与句的对立相应关系，又由于汉语单音词在书面形式上表现为单字，因此异文所体现的“字”“词”往往纠缠在一起。鉴于此，在利用异

---

* 本文是国家社科基金项目“基于出土文献的魏晋南北朝隋唐汉语字词关系研究”的阶段性成果，在写作与修改过程中，承蒙郑贤章教授和赵庸博士指教，谨致谢忱。

① 参看叶桂郴、谭翠《字海考正十数载 内典释疑谱新篇——读郑贤章〈汉文佛典疑难俗字汇释与研究〉》，《桂林航天工业学院学报》2016 年第 3 期。

文时，需要分辨双方的字词性质，也就是务必分清双方是两个不同的“词”还是同一个词的两个不同“书写形式”。假如把两者混淆起来，考释或即有误。

例一【焈-熙】

西晋竺法护译《佛说如来兴显经》卷三：“譬劫灾变，大火熙赫，烧三千大千世界，一切树木、药草、万物，及至围神、大围神山、大金刚山，莫不焚冶。”《汇释与研究》：“熙赫，元、明本作‘焈爀’。根据异文，‘焈’疑为‘熙’字。‘焈’音‘许其切’，与‘熙’音同。”（247页）

按：“熙”字从火，有光明、明亮义，《玉篇·火部》：“熙，光也。”“赫”本指赤貌，《说文·赤部》：“赫，大赤貌。”（据段注本）引申指明亮，《广韵·陌韵》：“赫，明也。”“熙赫”同义连文，《如来兴显经》中指火光明亮。

“熙”，元、明本作“焈”。《广雅·释诂三》：“焈，炽也。”曹宪《博雅音》注“哀”，则“焈”音同“哀”。慧琳《一切经音义》卷九六《弘明集》音义“焈烬”条：“上乌垓反。《广疋》云：‘焈，热也，炽也。’”《篆隶万象名义·火部》：“焈，于来反，炽爇。”“焈”在王仁昫《刊谬补缺切韵》中有两读，咍韵乌开反：“焈，热。”又之韵许其反：“焈，火盛。”乌开反，影母咍韵开口一等；许其反，晓母之韵开口三等，咍韵和之韵均由“焈”所从之“矣”声（上古属之部字）演变而来，而影母和晓母关系密切，在上古即常互为异读，因此“焈”在《刊谬补缺切韵》所载之乌开反和许其反两音均有所承，只是当时或以乌开反为常读。

“焈爀”同样指火势旺盛、火光明亮。“爀”为“赫”之俗字，《正字通·火部》：“爀，俗赫字。”

宋本作“熙”，而元、明本以“焈”替“熙”，大约是因为没有准确理解“熙”的含义，便以与“熙”同音、表火盛义之“焈”来作改换，以期能与“爀”连文。由此看来，“熙”“焈”之间的关系应是两个意义相近的词，而非一字异体，因此也就不能将“焈”字等同于“熙”字。

例二【緊-缄】

旧题失译附后汉录《大方便佛报恩经》卷二《发菩提心品》：“牛头阿傍在车上坐，缄唇切齿，张目吹火，口眼耳鼻，烟炎俱起。”“缄”，

宋、元、明本作“欶”。《汇释与研究》谓“‘欶’乃‘缄’字”。（376页）

按：《说文·欠部》：“欶，监持意，口闭也。从欠，缄声。”据段注之意，“监”当作“坚”，“从欠，缄声”应作“从欠缄，缄亦声”，“此举形声包会意”（朱骏声《说文通训定声》亦持此意）。“欶”庶几可以看作“口闭”义之专字。“缄”本指捆扎箱箧的绳索，引申有封闭之义。“欶-缄”异文双方应是两个音义相通的词——“欶”特指嘴唇封闭，“缄”泛指封闭，而非一个词的不同书写形式。因此，“欶”“缄”并非一字。

例三【**㒡-矮**（矮）】

义净译《成唯识宝生论》卷三：“然与彼卒𠎝毒可畏，见便生怖，高大形躯非常威壮，设有形量可容相似。然彼身形含毒可畏，如篾戾车，见便悚惧，是能害者。设使此类躯貌矬**矮**，由其禀性，是猛利故。”“矬**矮**”，宋、元、明本作“矬𥝩”，宫本作“侳㒡”。《汇释与研究》认为“㒡”“**矮**”即“矮”字，“𥝩”为“㒡”字之讹。（59页）

《〈龙龛手镜〉研究》也曾论及“㒡”字：“‘矮’、‘痔’、‘㒡’在表‘短’这一意义时为一组异体字。……‘矮’在佛经中指人身躯不高，故换旁从‘亻’作‘㒡’。”（159页）

按：若据异文的对应关系，似可认定“㒡”即“**矮**（矮）”字；但是“**矮**”字构形理据可以分析，然“㒡”字若即“矮”字何以从“歲”则不易解释，因此“㒡”是否确为“矮”字还需斟酌。

如果摆脱异文双方为一字异体的思路，分辨字词关系，从词与词对应的角度观察“矮-𥝩-㒡”这组异文，似有新的启发。

高丽藏-大正藏系统作“**矮**”，资福藏-普宁藏-径山藏系统（即校记中的“宋、元、明三本”）作“𥝩”，二者分属大藏经的两个版本系统，前者是中原系统，后者是江南系统，这两个系统的藏经经文存在大量用词差异，例子触处皆是，不待赘举。“**矮**”“矬”都是“矮”义，“矬**矮**”同义连文；“𥝩”可指（容貌、身形）丑陋①，“矬𥝩”类义连文。从经

① 《世说新语·容止》：“骠骑王武子，是卫玠之舅，俊爽有风姿，见玠辄叹曰：‘珠玉在侧，觉我形𥝩。’”姚秦竺佛念译《菩萨处胎经》卷七《破邪见品》：“见五百梵志耆年宿德，学道日久，日曝火炙，形貌丑𥝩。”“𥝩”指丑陋难看，非谓肮脏。

文语境来看，无论作“矬䅷”还是作“矬秽”，均能贯通经意（就前文“躯貌”而言，“矬秽”更合文意）①。据此，“䅷-秽”异文的性质也应是用词之别，而不是一字异体。“宫本”指日本宫内厅图书寮（现称书陵部）所藏旧宋本，实即宋刻崇宁藏和毗卢藏本的混合，乃是同属江南系统的版本，这样看来，宫本之“𠌸”与资福藏-普宁藏-径山藏本之“秽”倒应是一字异体。

慧琳《音义》卷五一《成唯识宝生论》音义“矬痔”条：“《论》文二字并从‘人’从‘坐’从‘岁’，作‘侳’‘𠌸’二字，并非也。”宫本作“侳𠌸”与慧琳所见本同，保留了唐代抄本的写法。“矬”形容人身形低矮，故改从“亻”旁，书写时下字发生偏旁类化，故“秽”写作“𠌸”。慧琳认为“侳𠌸二字并非也”，在词目中将“侳”改作正字“矬”，而将“𠌸”改作“痔”，可能因为没有意识到“𠌸”乃“秽”的俗写，或者没有意识到“𠌸（秽）”表示丑陋义，见上文为“矬”，便基于同义联想作“痔”字；当然也可能据作“痔”之异本改。

《龙龛手镜·人部》：“𠌸，《经音义》作矮，乌买反，矬𠌸也。”实未探本而不可据。

例四【迺-焉】

《三国遗事》卷四：“朗即焚香虔祷，小迺公至。时方大雨，衣裤不湿，足不沾泥。”“小迺”，《大日本续藏经》本作“少焉”。《汇释与研究》：“根据文意，疑作‘少焉’是。‘迺’疑即‘焉’之俗。‘小迺’同‘少焉’，片刻、一会儿之义。……‘焉’何以作‘迺’？待考。”（404页）

按：作者基于异文认为“迺”即“焉”之俗字；但双方形体相差较远，似难沟通系联，因而作者亦有所疑问。之所以陷入这种依违境地，原因还在于被异文双方为同字这种先验观念所左右，没有考虑其他可能性。如果换种眼光，从异文异词的角度去观察，可能会有不同结论。

设若异文“小迺”“少焉”是两个不同的词，但意义相同；“少焉”是片刻、一会儿之义，那么“小迺”也应是此义。以此为基础，再结合“迺”之字形，即可发现“迺”即“選（选）”字之讹，“小”当作

① 译经中还有“矬陋”“矬丑”等词，“矬秽”可与之参比。

“少”，“小迯”也就是习见之“少选”。

例五【⿰革悤-悬】

唐法照撰《净土五会念佛诵经观行仪》卷中：“七重行树七重栏，宝盖垂空宝网⿰革悤。”《汇释与研究》认为“⿰革悤”乃“悬”字，基本依据便是异文：大谷大学藏德川时代刊本《净土五会念佛略法事仪赞末》：“七重行树七重栏（阿弥陀佛），宝盖垂空宝网⿰革悤（南无阿弥陀佛南无阿弥陀佛）。”“⿰革悤”，宗教大学藏正保五年刊本作“悬”（442 页）。

按：若“⿰革悤”即“悬”之异体，则构形理据不易解释，因此“⿰革悤”是否确为“悬”字不能无疑。大正藏本《净土五会念佛诵经观行仪》卷中属“古逸部”，底卷为法藏敦煌文献 P. 2066，覆检之下，此句之“⿰革悤”底卷作“⿰革免”，实乃“鞔”字。此句在《观行仪》中属《阿弥陀经赞》，鸠摩罗什译《佛说阿弥陀经》原文作“极乐国土，七重栏楯、七重罗网、七重行树，皆是四宝周匝围绕，是故彼国名曰极乐”，《赞》中“宝网”即就《经》中“七重罗网”而言。窥基《阿弥陀经疏》：“经曰：‘七重罗网。’次释第二上罗珠网也。《无量寿论》云：‘空庄严也，无量宝绞络罗网遍虚空。’若《观经》云：‘以妙真珠弥覆树上。’《无量寿经》云：‘总覆佛土，何但树上，其网四边皆垂宝铎，网用真珠金百千宝饰。’”又《阿弥陀经通赞疏》卷中：“七重罗网者，严显国土罗覆树林，金缕结成众宝饰。”参《疏》之意，可明“佛土”“树”等为“七重罗网”所覆。此外，据施萍婷《新定阿弥陀经变——莫高窟第 225 窟南壁龛顶壁画重读记》研究，莫高窟第 225 窟南壁龛顶壁画为《阿弥陀经变》，其中可见宝网蒙覆、宝幢垂空的形象[①]。据此，《观行仪》“宝网鞔”正合《阿弥陀经》经意。玄应《一切经音义》卷十四引《仓颉篇》：“鞔，覆也。”

佛经屡见有关宝网罗覆的描述，如鸠摩罗什译《佛说华手经》卷九《上坚德品》：“有一大园，纵广正等八十由旬，王所游观。宝树七重，周匝围绕，亦以七宝、七重罗网罗覆其上。”隋阇那崛多译《佛本行集经》卷六《上托兜率品下》：“彼宫上下宝网罗覆，于彼罗网多悬金铃。”例多不备举，均可与《观行仪》“宝网鞔”参观。

① 施萍婷：《新定阿弥陀经变——莫高窟第 225 窟南壁龛顶壁画重读记》，《敦煌研究》2007 年第 4 期。

《净土五会念佛诵经观行仪》卷下："善哉法将功能观，睹见弥陀宝网⿰革兑。"《汇释与研究》认为"⿰革兑"亦"悬"字，"'悬'或作'**⿰革悤**'（见本书'**⿰革悤**'字条），'⿰革兑'与'**⿰革悤**'形体近似。"（441 页）

按：大正藏本《观行仪》卷下亦属"古逸部"，同出敦煌藏经洞，底卷为法藏 P. 2250+P. 2963，上引此例在 P. 2963。此卷中"⿰革兑"字凡三见，除上揭例外，还有"其间宝网⿰革兑""金楼宝网⿰革兑"二例。检核原卷，字分别作"鞔""鞔""鞔"，《大正藏》本均据以录作"⿰革兑"。其实"鞔""鞔""鞔"非"⿰革兑"字，而是"鞔"字。俗写中"免"常作"兑"，如 S. 126《十无常》："直饶便是转轮王，不免也无常。""免"为"免"字，此外如"勉"写作"勉"、"冕"写作"冕"、"挽"写作"挽"、"晚"写作"晚"，均其例。据此，"鞔""鞔""鞔"均为"鞔"之俗体，《观行仪》卷下"宝网⿰革兑"亦即卷中之"宝网鞔"。"⿰革兑"非"悬"字。

既然《观行仪》卷中底卷作"鞔"，那么大正藏本据以录文时何以作"**⿰革悤**"？这可能受日本刊本《净土五会念佛略法事仪赞》作"**⿰革悤**"的影响。那么《仪赞》之"**⿰革悤**"又何从来？这倒可能正如《汇释与研究》所说"'⿰革兑'与'**⿰革悤**'形体近似"——携入日本之《仪赞》底卷原作"⿰革兑"，在传写刊刻过程中形讹作"**⿰革悤**"，别本作"悬"或因见"**⿰革悤**"不可识而据文意臆改。

据上所述，作为论据的"**⿰革悤**""悬"异文成因较为复杂，未可径以为同字。

二　应分辨异文间的字际关系

异文双方可能是词与词的关系，也可能是字与字的关系，后者也就是字际关系。字际关系纷繁复杂，除了异体、俗体外，还有通假、同源、古今、正讹等。异文双方在确定表现字际关系的前提下，也存在着多种可能情况。因此，在据佛经异文考订疑难俗字时，不能轻易地将异文双方必然视为正体和或体的关系，进而等同起来；而应多方面多角度地分辨其中的字际关系到底属于何种情况，再作定性。

例六【忄勺-灼】

唐慧立撰《大唐大慈恩寺三藏法师传》卷六："四海黎庶依陛下而生，圣躬不安则率土惶忄勺。"《汇释与研究》："'惶忄勺'之'忄勺'同'灼'字。……《佛本行经》卷一：'王闻说是言，喜愕情惶灼，速呼太子来，与阿夷相见。'《正法华经》卷二：'常从佛闻法说，化导诸菩萨乘，见余开士听承佛音，德至真觉，甚自悼感，独不豫及，心用灼惕。'两处'灼'，宋、元、明本作'忄勺'。《贤愚经》卷八：'父母闻此，心怀灼然。''灼'，宋、元本作'忄勺'。"（255 页）

按："忄勺""灼"异文是作者立说的重要论据；但二者异文是否必然同字异体还需进一步考虑。《方言》卷一："忄勺，痛也。"卷十三："灼，惊也。"[①] "忄勺""灼"同从"勺"声，声近而通用，故文献中又常以"忄勺"表惊恐惧怕义；至《广雅》，除立"忄勺，痛也"条外，还立"忄勺，惊也"条，可见汉魏以来表示惊恐义书面上"灼""忄勺"往往通用。[②] 由此看来，"忄勺""灼"二字之间应是声近通用的关系，庶几可以看作一组同源字，将其看作一字异体恐欠妥。

例七【慜-悔】

宋知礼撰《四明十义书》卷下《第十不闲究理》："但为惜乎正教被颠倒说混之，又为悔于来蒙遭邪言惑乱，所以略寄数义，陈其梗概耳。"《汇释与研究》："'悔'，延宝九年刊宗教大学藏本《四明十义书》作'慜'。'慜'，……即'悔'的声旁繁化字。"（269 页）

按："悔""慜"异文，作者据以认为"慜"即"悔"。但观上下文意，"悔"字无从说起，且含义与上句位置相对之"惜"字不协，因此"悔""慜"异文所表示的字际关系是否为同字异体令人生疑。

察"慜"字结构，"慜"应即"慜"字，亦即"愍"字。"慜"与前句之"惜"文对而义协，谓怜惜、哀愍。作为天台宗山家派代表人物的知礼，反对山外派晤恩、源清、庆昭诸法师对于《金光明经玄义》广略二本真伪的说法，"惜乎正教被颠倒说混之"，"慜（慜/愍）于来蒙遭邪言惑乱"正就此而言，故作"慜（慜/愍）"合于上下文意。大正藏本《四明十义书》的底本为日本宗教大学藏元文二年（1737）刊本，卷首有义瑞《重刻四明十义书序》，中云"于是四明尊者惜乎正教，慜于来蒙，勉与梵天昭师问答往复，各及五回"（"四明尊者"即四明知礼，"梵天昭师"即庆昭），即作"慜"字，足证文中"慜"与"慜"同字。

据此，"悔"应是"慜"残坏后的讹字，"悔""慜"异文间反映的

---

① "灼"表"惊也"可能是"悼"的通假，参看此条下钱绎笺疏。

② 徐复《方言补释》："灼为惊义。《广雅》：'忄勺，惊也。'忄勺为灼之后起字。"似未尽安。

乃是正与讹的字际关系，而不是一字正俗之别。

三 应分辨异文对应关系的真实性和有效性

异文一方所表示的字形 A 因发生错讹变成 A’，成为疑难字，但 A’并非实际具在的文献用字，那么对于异文另一方所表示的字形 B 而言，只有 A 才是它的真实对应项，A’虽然表面上也和 B 具有对应关系，但实际上并不存在真实性。当以异文作为考释的起点和依据时，只有“A–B”才能沟通双方，亦即具备论证有效性，而“A’–B”并不能建立真实的系联关系。在佛经疑难字考释中，若未能察知 A’的讹误实质，未能体认“A’–B”的真实性和有效性，反而将“A’”“B”贯通等同起来，必然发生误释；有时“A’–B”貌似能够沟通系联，那不过是 B 与 A 恰好同字，实质上乃是“A’–A”。

例八【倏–俟】

乞伏秦圣坚译《佛说除恐灾患经》：“妾为女人，在家闲处，可持妾分，以倏此客。”《汇释与研究》：“‘倏’，……乃‘俟’字。‘倏’，宫本《佛说除恐灾患经》作‘俟’。”（56 页）

按：《汇释与研究》据大正藏本与宫内厅图书寮本的“倏–俟”异文推定“倏”即“俟”字，乍看起来，似无问题，由此可知通行之“俟”还有一个写作“倏”的异体。但进一步考察异文真实性的话，上述结论就未必可靠了。

大正藏本《佛说除恐灾患经》的底本是高丽藏再雕本（下称“丽藏本”），覆检丽藏本，字实作“**𠋫**”，与丽藏本属同一版本系统的金藏本作“**𠋫**”，“**𠋫/𠋫**”即“候”，亦即“候”字，元刻本《古今韵会举要·宥韵》：“候，本作𠋫，从人矦声，今文书作候。”由此可见，“倏”实际上是大正藏据底本排印时出现的错讹，也就是说，“倏”是“**𠋫**”的形近之误，是一个凭空而造、子虚乌有的“字形”。

依照上文所述，大正藏本与宫本间异文双方所表示的字形 A 和 B 本来应是“候”和“俟”，由于发生错讹，“A–B”（“候–俟”）变成“A’–B”（“倏–俟”）。事实上，“A–B”（“候–俟”）才具备真实对应关系，双方能够有效沟通，而“A’–B”（“倏–俟”）乃是一种虚假对应，徒具异文之貌而已，A’（倏）所能对应、沟通的只有 A（候）。若混淆“A’–B”（“倏–俟”）的性质，自然就会错判它们之间的关系。据此分析，A’（倐）与 B（倏）无法建立真实有效的系联，“倐”自然也就不可能是“倏”字。

例九【⿱分凡-瓮】

北凉昙无谶译《大般涅盘经》卷十六《梵行品之二》：“所谓世间文字、言语、男女、车乘瓶⿱分凡、舍宅城邑、衣裳饮食、山河园林、众生寿命，是名亦知亦见。”“⿱分凡”，元本作“瓮”。《汇释与研究》：“‘⿱分凡’，……根据异文，即‘瓮’字之讹。……构件‘公’与‘分’，‘瓦’与‘凡’草写形体近似。”（65 页）

按：据异文以为大正藏本之“⿱分凡”为“瓮”之讹。检丽藏本实作“⿱分瓦”，即“瓫”之俗（“瓦”俗作“⿹⺄丶”，见《干禄字书》），“瓫”即“盆”字，《广韵·魂韵》：“盆，瓦器，亦作瓫。”大正藏本从“凡”之“⿱分凡”，实为“⿱分瓦”之形近讹字（不识“⿺乚尸”为“瓦”字，讹作“凡”）①。“⿱分瓦-⿱分凡”异文为正误之异，“⿱分瓦-瓮”异文为异词之异，“⿱分凡-瓮”不能构成真实有效的异文，“⿱分凡”为“瓮”之讹自然也无从谈起。

例十【⿰木瓦-杌】

西晋竺法护译《生经》卷一《佛说五仙人经》：“或云臼捣、或云五⿰木瓦截耳割舌挑目杀之。”“⿰木瓦”，宋、元、明本作“杌”。《汇释与研究》：“‘⿰木瓦’乃‘杌’之讹。……构件‘兀’与‘瓦’草写近似。”（161—162 页）

按：大正藏本《生经》之“⿰木瓦”，丽藏本作“⿰木⺄”，即“杌”之俗写，“兀”俗作“⺄”；大正藏本编印时，不识“⿰木⺄”为“杌”之俗，生造出“⿰木瓦”这样一个“字形”。《汇释与研究》据异文谓“‘⿰木瓦’乃‘杌’之讹”，固然不误，但从异文双方的真实性、有效性来看，确切地讲，应该是“⿰木⺄-⿰木瓦”为正（确）讹（误）异文，“杌-⿰木⺄”为正（体）俗（体）异文。

例十一【⿱安糸-案】

唐道宣撰《续高僧传》卷二六“释昙瑎”：“常读经盈箱满⿱安糸，记注幽隐，追问老耄，皆揖其精府，反启其志。”“⿱安糸”，宫本作“案”。《汇释

① 从汉字俗写的角度看，“⿱分凡”即“瓫”之俗，因为“瓦”除了写作“⿹⺄丶”以外，还可作“⿺乚尸”，如“瓮”或作“⿹⺄丶”“⿺乚尸”，不过这里底本作“⿱分瓦”，大正藏本之“⿱分凡”还是应该看作“⿱分瓦”的讹字较宜。

与研究》：“‘⿱止条’，大型字典失收，乃‘案’字之讹。……《草书大字典·木部》：‘案’作‘[illegible]’。‘⿱止条’与‘[illegible]’形体近似。”（165 页）

按：大正藏本《续高僧传》之“⿱止条”，丽藏本作“[illegible]”，即“案”字，大正藏本之所以作“⿱止条”，全因粗疏而将“[illegible]”破成“止”“条”两部分，又将其认作“止”“条”，以至于产生“⿱止条”这样一个不成字的“符号”。《汇释与研究》据异文指出“⿱止条”乃“案”字之讹，正确；但认为“⿱止条”的形成与“案”的草书“[illegible]”有关，或因尚未看清“⿱止条”的真实来历。

（真大成　杭州　浙江大学汉语史研究中心）

初唐佛典异文类例*

王绍峰

佛典语料诚为汉语史研究的重要语料，但此前佛经语言研究依据《大正藏》者颇多，而《大正藏》是在50年前出版的，当时编纂者尚未收尽现存的所有版本，而且它虽然提供了一些异文的情况，但仍不能称作"经过真正批判的汉文佛典版本"（狄雍，1983：95），其中大量的佛典异文无人理会，在这样的基础之上得出的研究结论，很多时候未必科学（朱庆之，2001）。异文考辨可以帮助恢复文献原貌，为后续研究提供可靠底本，是从事汉语史研究的基础性工作，同时，异文考辨在订正文字、指明通假、解释语词、校勘文献等方面功用至广。前人在《诗经》、唐诗以及简帛等文献异文的研究方面成就辉煌，给了我们很多的启发，本文通过实例考辨，将初唐佛典异文现象简要归纳为十类并简要分析，说明其所以形成的原因，总结归纳异文特点，呈现初唐佛典异文的基本形态，可为汉语史、佛典校理提供参考。

一　武周新字类

初唐佛典中的武周新字比较集中在义净等作品中，这大概是因为义净恰好处在则天朝的原因。武周新字在使用过程中也出现了这样那样的变体，后人在抄写经书时没有正确识别新字变异，造成了一些误解，产生了异文。如：

(1) 若复苾刍先与苾刍衣，彼于后时恼瞋骂詈，生嫌贱心，若自夺若教𫝀夺，报言还我衣来不与汝，若衣离彼身自受用者，泥萨祇

---

* 浙江省哲学社会科学规划重点课题"《续高僧传》研究"（项目编号：15NDJC007Z）。本文原载《湖州师范学院学报》2017年第9期。

波逸底迦。(《根本萨婆多部律摄》卷七)

按，“𤯔”，丽本作此，资、碛、普、南、径、清本作“他”。同样是这句话，在义净的文献中出现多次，其中《根本说一切有部毗奈耶》卷二十三、《根本说一切有部苾刍尼戒经》《根本说一切有部戒经》作“他”，《根本说一切有部苾刍尼毗奈耶》卷十丽本作“人”，资、普、径、宫、圣、圣乙本作“他”。《集韵·平声·真韵》云：“人，唐武后作𤯔。”《龙龛手鉴·生部》云：“𤯔，古文人字。”《正字通·人部》亦云：“人，唐武曌改作𤯔。”“𤯔”为武则天所造字，“𤯔”为“人”之异体，写作“他”者，为后世不甚明了“𤯔”何义而据文义所改。再如《根本萨婆多部律摄》卷八：“言妄语者，谓对了知生违心异说，作诡诳言，名为妄语。”按，“了知生”，金本作此，其他诸本作“了知人”，就文义而言，此必定是“了知人”，之所以出现“了知生”，实乃原字“𤯔”也就是“人”被误读。再如《根本萨婆多部律摄》卷八：“若苾刍身着俗衣，或外道服，他有问言：汝是何𤯔？答云俗𤯔，或云外道者，得波逸底迦。凡着外道服及作俗形者，得恶作罪。”按，“何𤯔”，金本作此，资、碛、普、南、径、清本作“谁耶”，义同。但是作为备受尊崇的则天朝的高僧，义净本处最早一定是使用的武后新造字“𤯔”。“何𤯔”也就是“何人”。后世使用了它的同义语，并极力避免使用“𤯔”。再如《根本萨婆多部律摄》卷十：“旧住苾刍见客苾刍，若少见长应起迎逆，遥唱善来，合掌而言畔睇。客即报言极善来。为持衣钵，引进房中，授座令坐，解除衣服，为搦腨足，以蠲劳倦。持洗足盆，为其濯足，待稍劳息，方设敬仪，整衣一礼，手按双足，问其安不。若未曾相见，应问大小，依位设敬。若少者来，准前问答。老者令少迎接，衣钵随时，置座遣为解劳。若有恩慈老者，或时为按肩背。凡客苾刍创至他处，应先礼敬众首上座，上座亦应唱善来等。若见客至，量已有无，床席卧具，随时供给，如上所制。”按，“若见客至”，资、碛、普、南、径、清本作“又若客至”，丽本作“若见客𤯔”。本文以为或当作“若见客人”是，前有“凡客苾刍创至他处”，本句顺承而下。“至”应当是“𤯔”的误读。

(2) 营作之时，苾刍掷砖伤苾刍头致死无犯。凡运砖等以手授手，不应遥掷令破，必有破裂，告知方[illegible]。若升梯时及在上作，下裙应结，勿使露身，若在余时，裙不须结。凡兴造时，苾刍相助，应一时作，不应终日。若在春时，中前应作；若于冬月，应午后作。可豫察时，休其事务，令乞食人得洗手足，村坊往返，不失食时。若有僧常无劳乞食，其𥠢事𤯔应以余物作好饮食供给劳人，所设之飡，名悦意食。僧伽贫者，劝化余人，随时供养，或为小食，或非时浆，或涂手足油，若不为者，𥠢事之𤯔得恶作罪。（《根本萨婆多部律摄》卷三）

按，“告知方𥠢”，金本作此，诸本作“告知方授”，下文“𥠢事𤯔”“𥠢事之𤯔”的“𥠢”，金本作此，诸本作“授”。我们知道“𤯔”乃武周新字，就是“人”。其实“𥠢”也是武周新字，不过字形略有变异。《龙龛手鉴·手部》收录有“授”的异体字形“𥠢”，这个“𥠢”就是武则天所造新字。本段的“𥠢”“𥠢”其实是一个字。“𥠢”应当是在“𥠢”基础上，构件“公”变异成了“山”而成的，而“𥠢”又是在“𥠢”偏旁“禾”讹略后变成了“亻”而成的。

“授事人”也可称“授事”，“授事”，梵语羯磨，译曰事；陀那，译曰授。司寺中事务者，寺中三纲之一。又称为纲维、次第、授事、知事、悦众、寺护等。以诸杂事指授于人之役是名授事。旧曰维那者，即此也。《南海寄归内法传》卷四曰：“授事者，梵云羯磨陀那。陀那是授，羯磨是事，意道以众杂事指授于人，旧云维那者非也。维是周语，意道纲维，那是梵音，略去羯磨陀字也。”（丁福保《佛学大辞典》）前文的“告知方𥠢”是在“以手授手”等背景下出现，应当是“授”。

二　避讳类

此类现象在各种异文研究的成果介绍中都有，为尊者讳、为贤者讳，乃古文献通例。本文仅举一例，余不赘述。

（3）笃励子弟诱导山民，福始罪终十盈八九。（《续高僧传》卷十九《法喜传》）

按，“山民”，金本作此，资、碛、普、南、径、清作“山人”。此显然是为了避李世民讳改字。

三 通假类

不同于一般的俗字，或者形体讹误的字形，此类字形能够找寻到语音的联系，故判定为通假字。如：

(4) 生想举地皮，钉橛并画地。牛粪崩河岸，泥墙湿性连。画壁青衣损，砂石土相和。吉辰无净人，打杙深四指。(《根本说一切有部毗奈耶》卷四十一)

按，“打”，金本、资、普、径、圣乙本作“打”，丽本、大正藏本作“钉”。其实此二字语义均可通，“打”，都挺切，可判定其为“钉（钉）”的通假字。当然，本文以为据《一切经音义》记载此处还是作“打”更宜，慧琳《一切经音义》卷六十一“音根本说一切有部毗奈耶律第四十一卷”：“打杙：上得冷反，下音翼，在墙曰杙，在地曰橛。”

(5) 若有苾刍随路行时共为筹议，苾刍后来，所有行法皆准升阁应知。若不作者，得罪轻重如上。若苾刍先无雠隙，遇尔闻之，或复听已欲令鬪诤，方便殄息者无犯。(《根本说一切有部毗奈耶》卷四十一)

按，“遇”，资、碛、普、南、径、清本作“偶”。两字通假。王充《论衡·幸偶》：“气结阏积，聚为痈，溃为疽创，流血出脓，岂痈疽所发，身之善穴哉？营卫之行，遇不通也。”裘锡圭《〈论衡〉札记》：“‘遇’疑当读为‘偶’。《指瑞》：‘夫孔甲之入民室也，偶遭雨而荫庇也。’‘偶’字崇文本即作‘遇’。”《乐府诗集·相和歌辞十三·孤儿行》：“孤儿生，孤子遇生，命独当苦。”余冠英注：“遇，偶也。”

(6) 此诸虫类，人生随生，若死随死，此无有过。身有疮者，观察无虫方可烧殡。(《根本说一切有部毗奈耶杂事》卷十八)

按，“殡”，金本作此，碛、普本作“摈”。本文以为本字当作“殡”，作“摈”当为通假字。“殡”本义乃死者入殓后停柩以待葬。《北史·高丽传》："死者殡在屋内，经三年，择吉日而葬。"在摈弃意义上"殡"可与"摈"通假，如南朝齐孔稚珪《北山移文》："道帙长殡，法筵久埋。"殡，一本作"摈 "。但在殡葬意义上通假比较少见。

(7) 第三摄颂曰：不差至日暮，为食二种衣，同路及乘船，二屏教化食。(《根本萨婆多部律摄》卷十)

按，"暮"，金本作此，资、碛、普、南、径、清本作"没"。本颂又见义净其他文献，如：《根本说一切有部戒经》："不差至日没，为食二种衣，同路及乘船，二屏教化食。"金本作"没"，资、碛、普、南、径、清本作"暮"。《根本说一切有部毗奈耶》卷三十同样有本颂，金本作"暮"，资、碛、南、径、清本作"没"。我们注意到，在《根本说一切有部毗奈耶》下文还出现对本颂的解说，卷三十一："尔时世尊于日初分着衣持钵，入室罗伐城欲行乞食，亦从此过。时彼使女见世尊来，殷重至心，五轮着地，礼世尊已，指示孩儿，合掌白佛：'此小孩子，礼世尊足。'世尊告曰：'令汝孩子无病长寿，天神拥护，父母所愿，悉令圆满。'如是致敬，至日暮时，就观孩子，见命尚存，抱持归舍。家人见问：'孩子活不？'报言：'得活。'"金本等作"暮"。且本段上言"日初分"，则后文"日暮"跟它对应得更加严整。但"没"有落、消失义，似乎作"日没"亦可通。二字音近通假。

(8) 梁乐阳王于荆立位，遣信远迎，楚都弘法。韶念报地之重，来勑遂乖。(《续高僧传》卷七《警韶传》)

按，"乐"，金本作此，径、清作"岳"。此当为"岳"，岳阳王指萧詧。萧詧（519—562年），字理孙，梁武帝萧衍之孙，中大通三年（531年），晋封岳阳郡王。古无"乐阳王"，乐、岳，音同通假。

(9) 及坦将逝，以五部大经一时付属。既蒙遗累，即而演之。声价载隆，玄素攸仰。(《续高僧传》卷十二《智琚传》)

按，"价"，丽本作此，诸本作"驾"。或当从丽本作"价"为是。

“声价”，名誉身价。汉应劭《风俗通・十反・聘士彭城姜肱》：“吾以虚获实，蕴藉声价。盛明之际，尚不委质，况今政在家哉！”唐牟融《司马迁墓》诗：“英雄此日谁能荐，声价当时众所推。”在道宣的作品中多有“声价”一词，如《续高僧传》卷十一《慧海传》：“属齐历云季，周丧道津，乃南达建业，传弘小论，屡移声价，更隆中土。”《集古今佛道论衡》卷三“高祖幸国学当集三教问僧道是佛师事”：“故得游谈玄路，天下称焉；乘于斯伍，声价尤甚。”“声驾”不词，“价”“驾”《广韵》俱为古讶切，“驾”应当是“价”的同音通假。

四 同义词近义词替换类

有些异文，只是不同的同义词、近义词或者同一事类的语词替换，差别不大，语义皆可通顺。

(10) 于过去世婆罗痆斯城有一商主，娶妻未久，便即有娠，是时商主欲入大海求觅珍宝，告其妻曰：“贤首，我向他方求妙宝货，汝看家室，宜可用心。”答曰：“圣子，若如是者，我亦随去。”答曰：“谁当与汝共相供给？”彼便啼泣，徒伴见悲，问言何故。答曰：“欲得共我一处同行，我不见随，为此渧泪。”(《根本说一切有部毗奈耶杂事》卷二十九)

按，“渧泪”，金本作此，碛、普本作“啼泪”，径、清本作“啼泣”。此等异文，完全同义，又出现在同一语境中，二者皆可。

(11) 初怀孕日，梦升通玄寺塔，登相轮而坐，远视临虚，曾无惧色。斯乃得道超生之胜兆，人师无上之奇征，是知二曜入怀，双龙枕膝，弗能及也。诞育之后，辄异侪童，秀气贞心，早形瞻视。八岁出家，事通玄璩法师为弟子，提屣持衣，恭侍弗怠，泻瓶执杓，受道弥勤。(《续高僧传》卷十四《智琰传》)

按，“屣”，金、资、普、径、宫本作此，丽作“屦”。二者皆可。

(12) 时具寿毕邻陀婆蹉有病，诸苾刍来问：“尊者何疾？”答曰：“我患风疹。大德比服何药?” 答曰：“我先病时，以热铁锤置缾水内，用此汤水揩洗身时，便得瘳损。”（《根本说一切有部毗奈耶杂事》卷十）

按，“缾”，资、碛、普、南、径、清本作“瓫”。“缾”即“瓶”，与“瓫”同为容器，二者皆可通。

五　新构字类

由于造字命意构形不同，或更换声符，或更换意符，不同理据而导致两个字字形不同。

（13）即便伐树，斩斫令碎，并掘其根，弃于河内。平治其地，以绳絣基。（《根本说一切有部毗奈耶》卷十二）

按，“絣基”之“絣”，金本作此，资、碛、普、南、径、清作“拼”。法天译《最上大乘金刚大教宝王经》卷下：“然阿阇梨加持五色线五色粉，絣地结界作曼拏罗。”《四分律钞批》卷十三本：“絣线者，私云如墨斗中线似弹物令直也。”《续一切经音义》卷七：“絣地：上北萠反。《切韵》：振黑绳也。从纟并声。经文从手作拼，音普耕，弹也，非此用。”但我们认为两个字形也许都可用。“拼”“絣”二者也许是造字方式、造字心理的触发点不同罢了，一个从手的角度来造字，一个从实物的角度来造字。

（14）时彼二兄私问邻仵，诸人皆云彼无恶行。（《根本说一切有部毗奈耶》卷十四）

按，“邻仵”之“仵”，金本作此，资、碛、普、南、径、清本作“伍”。此当作“伍”，“邻伍”就是邻居。《汉书·王莽传下》：“闭门自守，又坐邻伍铸钱挟铜，奸吏因以愁民。”唐张谓《代北州老翁答》诗：“尽将田宅借邻伍，且复伶俜去乡土。”“仵”当是“伍”，更换声符。

（15）若苾刍尼作毁呰意，往病癞苾刍尼所，作如是语：“汝是病癞出家，非沙门女，非婆罗门女。”彼尼闻已，同前得罪。如是身生疥癣秃疮噎哕变吐干消热疟风气癫狂水肿痔漏块等所有诸病。（《根本说一切有部苾刍尼毗奈耶》卷十二）

按，“哕”，金本作此，资、普、径、宫本作“䬴”。哕：“呕吐。亦指呕吐物。《医宗金鉴·杂病心法要诀·呕吐哕总括》：‘有物有声谓之呕，有物无声吐之征，无物有声哕干呕。’宋苏轼《艾子杂说·艾子好饮》：‘一日大饮而哕，门人密抽彘肠致哕中。’”（《汉语大词典·口部》）“䬴：食物因湿热而腐败变臭。”（《汉语大词典·食部》）显然，这个字作“哕”“䬴”皆可。作“䬴”，大概是许多汉字在以“口”作为形符时大都可以另造一个以“食”为形符的字，并且两者时常替换，故此出现了“䬴”作为“哕”的异文现象。我们查考了台湾《异体字字典》，发现该字典并未收录此二字作为异文。

（16）遂牵曳木石至于江首，中途滩复，樿筏并坏。（《续高僧传》卷二十九《慧达传》）

按，“滩复樿筏”，金本作此，诸本作“滩澓簰筏”。“复”，应当作“澓”，水回流也，与“滩”连言。“樿”，椑也；“簰”，簰也。椑、簰，二者一也，文字的构造方式不同而已，即现在一般通行的“箄”，箄，义近筏而大者。《东观汉记·张堪传》：“乃选择水军三百人，斩竹为箄渡水，遂免难。”《后汉书·邓训传》：“训乃发湟中六千人，令长史任尚将之，缝革为船，置于箄上以渡河。”李贤注：“箄，木筏也。”《宋书·索虏传》：“及伐兼苇，于滁口造箄筏，声欲渡江。”

（17）时胜光王问诸群臣：“不见广大为遇病耶?”答言：“彼无患疥。”（《根本说一切有部毗奈耶杂事》卷十六）

按，“疥”，金本作此，碛、普、南、径、清本作“疾”。本文以为此应当作“疢”，而非“疾”，“疥”乃“疢”的异体字，字又可写作疥瘷疹疢等，“疢”，烦热；疾病。《礼记·乐记》：“民有德而五谷昌，疾疢不作而无妖祥。”《隋书·令狐熙传》：“其母有疢，熙复遗以药物。”写作

“疾”应当是后世“疢”字没有“疾”常用，形近而误。

六　偏旁脱落类

部分文字丢失了偏旁，原字与新字成异文。

（18）今夜必有盗贼来入，勿令财物皆被贼将，或容身命亦曹伤杀。（《根本说一切有部苾蒭尼毗奈耶》卷三）

按，“曹”，丽本作此，碛、普、南、径、清本作“遭”。本文谓作“遭”是。作“曹”乃“遭”偏旁脱落。《根本说一切有部毗奈耶》卷三：“今夜必有盗贼来入，勿令财物皆被贼将，或容身命亦遭伤杀。”

（19）应知文言坐具者，即是量长于身，元拟将为亲卧之具。不令敷地礼拜，深乖本仪。（《根本说一切有部毗奈耶杂事》卷五）

按，“亲卧”之“亲”，资、碛、普本作“⿰扌親”，丽本作“衬”。《一切经音义》卷六十二“音根本说一切有部毗奈耶杂事律四十卷·第五卷”：“衬卧：上楚靳反，《考声》云：衬，藉也，亲身衣也。”可见此当作“衬（櫬）”，作“⿰扌親”乃“衤”与“扌”形近而讹，作“亲”则是“衬”的形符脱落而致。

七　增符类

新字比较原字，增加了声符或者意符，与偏旁丢失类相反。

（20）弟子事者非时非处辄为呵啧，于小过失不能容忍，于奖训事不善开喻，若有疑悔不为除殄，心无哀愍出粗犷言，不以法食共相摄受，不存济拔有恼害心，皆得堕罪。（《根本萨婆多部律摄》卷十三）

按，“啧”，资、碛、普、南、径、清本作“责”。文献通行“呵责”一词，故本例可以看作受前文“呵”字形的影响以及“责”的行为本身就需要用口而增符成“啧”。

（21）幸愿慈悲及诸圣众，明就我宫为受踈食。（《根本说一切有部毗奈耶杂事》卷二十一）

按，“踈”，金本作此，碛、普、南、径、清本作“蔬”，“踈”，也就是“疏”，“疏食”指粗粝的饮食。《论语·述而》：“饭疏食饮水，曲肱而枕之，乐亦在其中矣。”《礼记·丧大记》：“士疏食水饮，食之无筭。”孔颖达疏：“疏，麄也。”这个字的错讹路径应当是，本来金本写作“踈”，而后人以为佛家应当食素，于是写作了“蔬”，也即“蔬”，其实误也。

八 笔画丢失类

或书手笔误，或文献流传过程中字形漫漶，文字部分构件讹脱，有的竟不成字。

（22）双林早潜，一味初损，千圣同志，九旬共集，杂碎之条，寻讹本诫，水鹄之颂，俄舛昔经。一圣才亡，法门即减，千年已远，人心转伪，既乏写水之闻，寮宧悬河之说，欲求冥会讵可得乎。（《续高僧传》卷二《彦琮传》）

按，“寮宧”，金本作此，诸本作“复寡”。《晋书·郭象传》：“听象语，如悬河泻水，注而不竭。”“既乏写水之闻，寮宧悬河之说”，两句前后对文，前句说“既乏”，后文接“复寡”，符合互文规律要求，另外，作“寮宧”，语义不详。故此本文以为应当从众本作“复寡”。“复”是如何错成了“寮”的，就字形、语音来说，都不太容易找到线索；但“寡”错成了“宧”，很有可能是丢失了“寡”的最下面的字形“分”，然后又因为字形比较相近的有一个“宧”字，于是便写成了“宧”。

（23）后住京邑清禅寺，草创基构，并用相委，四十余年，初不告倦。故使九级浮空重廊远摄，堂殿院宇众事圆成。所以竹树森繁，园圃周遶，水陆庄田，仓廪碾硙，库藏盈满，莫匪由焉。京师殷有，无过此寺，终始监護，功实一人。（《续高僧传》卷二十九《慧胄传》）

按，“[illegible]”，金本作此，诸本作“護”。这个“[illegible]”不成字，显然应当是“護（护）”丢失了构字的部件“又”所致。

（24）卿如刹利灌顶大王，所设精奇，获福无量。(《根本说一切有部毗奈耶杂事》卷二十一)

按，“奇”，金本作此，碛、普本作“音”。应当作“奇”，“精奇”，例句“奇”又可写作“竒”，作“音”应当是“奇”文字脱落了下半部分而又讹误所致。

（25）大象二年五月二十五日，隋祖作相。……至十五日，令遣藏共[illegible]陵公检校度僧百二十人，并赐法服，各还所止。(《续高僧传》卷十九《法藏传》)

按，“[illegible]陵公”，丽本作此，诸本作“景陵公”。此当作“竟陵公”。北周朝没有“景陵公”而只有“竟陵公”。“景”当是对“[illegible]”字形的误读误写，笔画漫漶所致。

（26）藏顾而叹曰：非惟论辩难[illegible]，抑亦银钩罕踪。(《续高僧传》卷三《慧赜传》)

按，“[illegible]”，金本作此，诸本作“继”。应当作“继”，“继（繼）”与“踪”对文，而且文意顺畅。而“继”作为“繼”的简化字、俗字，出现得很早，《玉篇·糸部》：“继，同繼，俗。”作“[illegible]”应当是“繼”的俗字“继”而缺笔画了。

九　偏旁讹误类

一些文字的偏旁形体较接近，时常发生互讹互换现象，二者成异文。

（27）但尼迦即自掘土，以无虫水，和作熟泥。先造室基，次起墙壁，安中棚覆，上盖衣笐，竿象牙杙，床枯方座，窗牖门枢，泥既干已，将诸菜色而图画之，用干柴牛粪并草烧之，极善成熟，其色红

赤，如金钱花。(《根本说一切有部毗奈耶》卷二)

按，“床枯方座”之“枯”，金本作此，普本作“拈”，南、径、清丽本作“枯”。作“枯”“拈”恐不可从。“枯”为砧板，唐元稹《开元观闲居酬吴士矩侍御三十韵》：“赤诚祈皓鹤，绿发代青缣。虚室常怀素，玄关屡引枯。”或许能复合本例要求。“枯”本名词，此处作动词用，铺垫义。作“枯”“拈”，皆“枯”因为偏旁“木”与“扌”字形形近而误，“枯”“枯”则是“古”“占”形近而误。

(28) 尔时世间无佛出世，有独觉圣者，现于世间拯恤贫贱。(《根本说一切有部毗奈耶》卷十四)

按，“拯”金本作此，资、碛、普、南、径、清本作“极”。此当作“拯”。“拯恤”乃“援助、救济”义，汉桓宽《盐铁论·忧边》：“问人间所疾苦，拯恤贫贱周赡不足。”《资治通鉴·梁武帝普通七年》：“深召都督毛谧等数人，交臂为约，危难之际，期相拯恤。”等例并可参。“拯”“极”互讹，乃“扌”“木”偏旁形近而误也。

(29) 其夫暂出，于夜到来，见妇身死，推胸大叫。(《根本说一切有部苾刍尼毗奈耶》卷六)

按，“推”，碛、普、南、径、清、丽本作“椎”。一般认为应当作“椎”是。《一切经音义》卷十五：“椎胸：上长追反，从木。下音凶，从肉，以拳椎膺也。”卷四十一：“椎胸：上长缧反，从木。下勖恭反，胸膺也。椎胸者，痛割毁形之仪也。”《续一切经音义》卷四：“槌胸：上直追反，俗字也，正作椎。《说文》击也，从木，隹声。下勖恭反，《说文》膺也。亦作匈。《字书》云：椎胸者，悲恨之极自毁其身也。”“椎”“推”互讹习见。《根本说一切有部毗奈耶》卷二：“贤首见已椎胸告曰：‘圣者何故弃我出家?’孙陀罗难陀报曰：‘汝薄情怀贪觅财物，如何对我为非礼乎？既被欺轻，宁不舍俗?’”“椎”，金本作此，资、普、宫本作“推”。

(30) 是时陶师闻诸大士说斯语已，妻告夫曰：“圣子！此诸大仙皆是国王，自在豪贵，弃舍荣位，厌离世乐而作出家。我等何故不为出家?”陶师二子复白父言：“若出家者，谁养我等?”父曰：“子勿怀忧，待汝长大，吾当出家。”作是语已，陶师持瓶徉行取水。(《根本说一切有部苾刍尼毗奈耶》卷二)

按，“徉行”，金本作此，碛、普、南、径、清本作“佯行”。此言陶师怅惘、彷徨之态也。《一切经音义》卷五十二：“彷徨：徘徊也。《埤苍》傍偟：彷徉也。”经文又作“仿徉行”或“仿佯行”，如：《十诵律》卷四十：“若无睡者，应出户彷徉，来入更看。若见睡者，以禅杖筑，筑已还坐。”“徉”，宋、元、明本作“佯”。僧伽跋澄译《鞞婆沙论》卷四：“此梵志姓名波罗施，彼弟子名郁多罗，中食后彷徉行至世尊所。到已共世尊而相慰劳已，却坐一面。”“徉”，宋、元、明本作“佯”。二字均可，传世文献二字多有互用。《汉语大词典》：“彷徉，亦作彷佯”。偏旁相近而互讹。

(31) 誇拙羡巧，其德不弘。名厚行薄，其高速崩。隆舒污卷，其用不恒。内怀慉伐，外致怨憎。(《续高僧传》卷七《亡名传》)

按，“誇拙”，丽作“洿拙”。此当从金本，“誇”，即“夸”，因手写“讠”和“氵”多有互讹者，故出现了“洿”。“隆舒污卷”，金本作此，资作“涂舒翰卷”；碛、普、南、径、清作“徒舒翰卷”；丽作“隆舒污卷”。也许是“涂书污卷”，言读书，有轻蔑之，故以涂污言之。这样，“涂书”与“污卷”才能结构相同，且语义相关，呈连文之势，并与上文“夸拙羡巧”对文。

(32) 贞观之初，还反蒱壤，缁素庆幸，欢咏如云，屡建法筵，重扬利涉。(《续高僧传》卷十五《志宽传》)

按，“蒱壤”，丽本作此，诸本作“蒲晋”。“蒱壤”也就是“蒱壤”，本字应当写作“蒲壤”，“蒲壤”也就是蒲州地界、蒲州地区。道宣习惯于在州名后加“壤”表示该州整个区域，例如《续高僧传》卷八《昙延传》："帝以延悟发天真五众倾则。便授为国统。使夫周壤导达。"卷十七《慧命传》："文才亚于慧命，北游齐壤居止灵岩。""蒲"写成"蒱"，乃偏旁相近发生的讹误。

十 整体字形形近而讹类

与对应整齐的偏旁讹误稍异，此类是整体字形形近而讹，难以说出具体是哪个偏旁讹误。

(33) 有婆罗门是教导之首，获一特牛，后得牸牛，复得特牛，如是展转，牛遂成群。时婆罗门于初特牛以为祥瑞，即便放舍，作长生牛，更不拘系。后于异时老柘无力，既被渴逼，就河饮水，遂遭泥陷，不能自出。(《根本说一切有部毗奈耶杂事》卷五)

按，"柘"，诸本作"朽"。此当作"朽"。本文谓"老朽无力"语义连贯，"老朽无力"佛典习见，如：义净译《根本说一切有部百一羯磨》卷三："若苾刍老朽无力，或复身病无所堪能，其僧伽胝衣重大不能持行者，此苾刍应从僧伽乞，不离僧伽胝衣法。"《根本说一切有部百一羯磨》卷七："大德僧伽听，此苾刍某甲老朽无力，或复身病，若离杖时便不能济，此某甲为老病故，今从僧伽乞畜杖羯磨。""老柘"，手写"柘"与"朽"形体较近而发生的讹误。

(34) 报言："圣者，我未有暇，明当可来。"明日便至，报云后日。或早或晚，日日如是，矫誑延时，苾刍劳倦。(《根本说一切有部毗奈耶杂事》卷三)

按，"誑"，诸本作"诳"。金本其实就是"诳"，只不过中间的"犭"字形比较潦草，或者认定为省笔罢了。

(35) 尔时世尊与无量百千苾刍大众演说正法，遥见彼来，便作是念：我若不先告彼苾刍，言善来善来者，彼呕热血，便即命终。(《根本说一切有部毗奈耶杂事》卷十)

按，丽本作“呕”，资、碛、普、南本作“毆”，清本作“欧”。本文以为当作“呕”为是，吐也。清本“欧”可以看作“呕”的异体字，“口”“欠”字符都表示与口相关，而“毆”并非“殴”，而应当是“欧”书写字形相近而讹误。

参考文献

狄雍：《欧美佛学研究小史》，霍韬晦译，（台北）华宇出版社 1983 年版。

韩小荆：《可洪音义研究——以文字为中心》，巴蜀书社 2009 年版。

李琳华：《佛教难字字典》，长春树书坊 1988 年版。

齐元涛：《武周新字的构形学考察》，《陕西师范大学学报》2005 年第 6 期。

裘锡圭：《〈论衡〉札记》，《文史》第 5 辑，1978 年。

王宁：《汉字构形学讲座》，上海教育出版社 2002 年版。

王彦坤：《古籍异文研究》，广东高等教育出版社 1993 年版。

徐时仪：《一切经音义三种校本合刊》，上海古籍出版社 2008 年版。

杨宝忠：《疑难字考释与研究》，中华书局 2005 年版。

张涌泉：《敦煌俗字研究》，上海教育出版社 1996 年版。

张涌泉：《汉语俗字研究》，岳麓书社 1995 年版。

郑贤章：《汉文佛典疑难俗字汇释与研究》，巴蜀书社 2016 年版。

朱承平：《文献语言材料的鉴别与应用》，江西高校出版社 1991 年版。

朱承平：《异文类语料的鉴别与应用》，岳麓书社 2005 年版。

（王绍峰　湖州　湖州师范学院文学院）

《篆隶万象名义》注音校释举例*

郑林啸

《篆隶万象名义》（以下简称《名义》）是日本佛学大师空海依据我国南北朝时期顾野王所著的楷书字典《玉篇》编撰的一部汉字字书，不仅是日本最早的汉字字书，也是目前保存《玉篇》原貌最好的一部字书，在字书发展史上极为重要、极具特色。它不仅对汉语俗字的研究、敦煌文献的整理具有重要的价值，对汉语音韵研究、训诂研究、辞书编纂等方面也具有重要的参考价值。《名义》不仅收录了大量罕见的疑难俗字，而且还存在较多的疑难注音与释义。已有的成果在音系研究和疑难俗字辨识方面已经比较突出①，但对疑难注音释义研究方面还明显不足。刘尚慈（1995）、吕浩（2007）与臧克和（2008）虽然都曾对《名义》文字做过校释，其后又出现了很多对吕浩等人所做校释进行匡正的论文②，然而

---

* 本文是“中国人民大学科学研究项目基金（中央高校基本科研业务费专项资金资助）项目——明德青年学者计划项目（项目号：10XNJ049）”（Supported by the Fundamental Research Funds for the Central Universities, and the Research Funds of Renmin University of China）的阶段性成果。

① 如周祖谟《问学集》（中华书局1966年版）中所收的《万象名义中之原本玉篇音系》；周祖庠《〈名义〉音与新现代音韵学——〈篆隶万象名义〉音论之一》（《汉字文化》2001年第1期）和《〈篆隶万象名义〉研究》（第一卷·上册），宁夏人民出版社2001年版）；郑林啸《〈篆隶万象名义〉声系研究》（河北大学出版社2007年版）；潘新玲《〈篆隶万象名义〉音系与〈广韵〉音系的比较研究》（硕士学位论文，福建师范大学，2011年）；唐沂《〈篆隶万象名义〉音系研究》（硕士学位论文，复旦大学，2012年）。另外还有一些讨论《名义》反切或个别音的问题的单篇论文。这些作品在进行音系研究之前，肯定对《名义》的字从形、音、义等角度进行了校正，但校正的成果在论文中未能充分展现。

② 陈建裕：《〈篆隶万象名义〉中的俗字及其类型》，《平顶山师专学报》2000年第3期；商艳涛：《〈篆隶万象名义〉释义上存在的几个问题》，《株洲师范高等专科学校学报》2002年第6期；吕浩的几篇文章的观点都可见于其《〈篆隶万象名义〉研究》（上海古籍出版社2006年7月版）和《〈篆隶万象名义〉校释》中；刘亮：《〈篆隶万象名义〉对原本〈玉篇〉反切释义的

《名义》卷帙浩繁，疑难问题多，各位先生的研究难免百密一疏，造成《名义》中仍有一些字在注音和释义上存在不完善之处，本文想就《名义》中的“宏”“弦”“穹”“宖”展开探讨，祈请方家指正。

文中凡引及《名义》，均标出《名义》（中华版）的页码；引及吕浩《〈篆隶万象名义〉校释》（以下简称《校释》）和臧克和《中古汉语流变》（以下简称《流变》）中的文字，则标出吕氏《校释》和臧氏《流变》的页码。因为《名义》是据《玉篇》而来，《原本玉篇残卷》中“穴”部和“宀”部未收，我们只能参考现存的《大广益会玉篇》（简称今本《玉篇》），标注其中华书局本的页码。《玉篇》在编撰时参考了《说文解字》（简称《说文》），为了便于说明其音义关系，我们也会征引《说文》，并标明中华书局影印的大徐本页码。为了保存文献中的原貌，故所引文献中的字形无论繁简，均照录原文。论述的文字均用简体。

下面先将此四字的注释情况列表（见表1）。

《名义》原文中的字头从穴从弘，而“弘”字“弓”右边写成了“口”，这种情况在俗字中常见，“弘”之篆文作弘，大徐本《说文解字·弓部》：“弓声也。从弓厶声。厶，古文‘肱’字。”而段注本曰：“弓声也。从弓𠃋声。𠃋，古文‘肱’字。”今楷定通作“弘”。“弓口”字始见《汉简文字类编·弓部》。按：篆文“弘”，其声符作“厶”，不作“口”，而后碑铭隶变才写作“口”，如《孔龢碑》中作弓口、《史晨奏铭》中作弓口、《曹全碑》中也作弓口（并见《隶辨·平声·登韵》），所以《干禄

取舍标准》，《河北理工学院学报》（社会科学版）2003年第4期；商艳涛、杨宝忠：《〈篆隶万象名义〉词义训释中的几种失误》，《古籍整理研究学刊》2004年第3期；冀小军：《读〈《篆隶万象名义》校释〉札记》，《语言论集》，中国社会科学出版社2009年版；邓福禄：《〈《篆隶万象名义》校释〉匡补若干例》，《长江学术》2009年第4期；《〈《篆隶万象名义》校释〉匡补40例》，《汉语史研究集刊》，四川大学出版社2010年版；《〈《篆隶万象名义》校释〉匡补53例》，《中国文字研究》2011年第2期；张颖慧：《〈《篆隶万象名义》校释〉札记》，《汉字文化》2010年第6期；郭萍：《〈篆隶万象名义〉吕校讹误举例》，《汉语史研究集刊》，四川大学出版社2013年版；《〈篆隶万象名义·水部〉吕校补正》（下），《汉语史研究集刊》，四川大学出版社2014年版；范文杰：《〈篆隶万象名义〉疑难词义校证》，《新乡学院学报》，2014年第1期；《〈篆隶万象名义〉疑难词义校证札记》，《宁夏大学学报》（人文社会科学版）2014年第6期；马小川：《〈《篆隶万象名义》校释〉补正》，硕士学位论文，武汉大学，2017年。日本北海道大学的池田证寿先生还带领他的弟子们完成了“高山寺本《篆隶万象名义》整理数据库”，对《名义》进行了校释。

字书·平声》乃以从“口”的⿰弓口为俗字，作为“弘”的异体。从“厶”或从“厷”的字中的“厶”，在《名义》中或写作“厶”，如：“耾，侯萌反”（40 页上）；或写作“口”，如“儚，霍⿰弓口反”（18 页上）；“顭，霍⿰弓口反”（38 页下）；还有时在一个字条中两种字形都出现，如“竑，胡⿰氵⿰弓口反”（103 页上）。即如此字条中，字头的“厶”写作了“口”，而反切下字的“厶”就仍然写作“厶”，说明“厶”这个部件写作“厶”或“口”在当时都是可行的。“⿱穴弘”字《名义》字头原写作“⿱穴⿰弓口”，是个俗字，吕氏、臧氏改为“⿱穴弘”字，不误，但对此字形的正俗关系缺乏说明，而此字的音、义关系还需要再仔细考证。

表 1　　四字的注释状况

字	《名义》	《校释》	《流变》	今本《玉篇》	《说文》
宏	 103 页下	宏，胡萌反。大也。（169 页）	宏，胡萌反。大也。（862 页）	宏，胡萌切，大也。（54 页上左）	宏，屋深响也。从宀厷声。段注认为此处注释应该就是“屋深”，“响”为衍文，是涉下字“宖，屋响也”而误。
宖	 103 页下	宖，胡萌反，宏，屋响。（169 页）	宖，胡萌反。宏，屋响也。（862 页）	宖，户萌切，安也，《说文》曰：“屋响也。”（54 页上左）	宖，屋响也，从宀弘声。
⿱穴厷	 114 页下	⿱穴厷，胡泓反，大，宽，宏字。（187 页）	⿱穴厷，胡泓反。大也。宽也。宏字。（941 页）	⿱穴厷，胡泓切，⿱穴厷⿱穴曾，大屋也，又屋深响也。（59 页上右）	无
⿱穴弘	 115 页上	⿱穴弘，胡肱反，屋声也。（187 页）	⿱穴弘，胡肱反。屋声也。（941 页）	⿱穴弘，胡萌切，屋声。（59 页上右）	无

《说文解字》中无“⿱穴厷”“⿱穴弘”二字，只收有“宏”和“宖”，且二字

音同义不同，“宏”侧重于说屋子深而大，“弦”则侧重说因屋子深大而有回响。因此，这两个字应该本是一字，且同属于形声这种构字方式，后来在使用中渐渐分开，“宏”记录本义屋子大，“弦”记录引申义回声，回声大。

“宖”和“竑”应该是后起的字，笺注本《切韵》（斯2071）平声耕韵只收有“宏”“弦”两字，另两字未收，在耕韵影母“乌宏反”下：“弦，室响。”故宫全本《王仁昫刊谬补缺切韵》（以下简称“全王”）平声耕韵“户萌反”下收有“宏”“弦”“竑”三字，分别写作：“宏，户萌反，大，亦作‘宖’。”“弦，屋响。”“竑，大屋深响。”“宖”字虽然没有作为字头出现，但实际上四个字全都收了，其意义与《名义》中也都能对应得上。其中“宏”与“宖”是一字的两种字体，属于部件替换的异构字，“弦”与“竑”虽然分别作了字头，但两字音义均同，仍应该是一个字的两种书写形式，属于部件替换的异构字。其实这种异构在汉字史上也常见，胡吉宣在《玉篇校释》中曾说“言屋则从宀从穴”（胡吉宣，2319页）。从“宀”和从“穴”其意义相同，因此“宏”与“宖”、“弦”与“竑”应该就是两组异构字，除了形体不同外，它们的读音、意义、功能都相同。另外，《王三》中“弦”还有影母耕韵音“乌宏反”，写作：“弦，空声。”这应该说明“宏”与“弦”在使用上分得更明确了，给“弦”新添了影母一音，表示声音大。其后的字书、韵书，这四个字基本上都是像《王三》这样贮存的。

然而，仔细比较我们会发现，在《切韵》系韵书中，除去影母的“弦”字读音外，这四个字确实读音相同，都是“户萌反”，匣母耕韵字。而在《名义》中，情况却有了变化，见表2。

表2　　四字在《名义》中的注音

字头	宏	弦	宖	竑
反切	胡萌反	胡萌反	胡泓反	胡肱反
音韵地位	匣母耕韵	匣母耕韵	匣母耕韵	匣母登韵

《名义》中耕、登两韵分得比较清楚，不存在合韵的可能。从音义关系上看，我们上面已经分析了，“竑”与“弦”是音义相同的字，而此处“竑”字《名义》以登韵字“肱”作反切下字，就显得比较奇怪。

《新撰字镜》是日本僧人昌住于醍醐天皇昌泰年间（898—901年）

编撰的一部字书，从其序文中可以看出，这部字书是采集中国隋唐以前的字书《玉篇》《切韵》《小学篇》及《本草》等编纂而成的，其中有大量的字形、注音、释义都与《名义》相同，可能是依据了相同的《玉篇》底本。因此，可以用该书中的注释来考察《名义》中的注音、释义是否有误。《新撰字镜》穴部收了“竑”，写作：“竑，古厷反，屋声。”这里反切上字“古”一定是个误字，因“竑”无见母音，且下字“厷”就是见母耕韵字，上字不应该再用见母字，当是“胡”字在抄写中误失了“月”部。而《名义》在传抄时，切下字涉切上字而误增了一个“月”部。因此，我们认为《名义》中的“竑”字注释应该写作：

竑，胡厷反，屋声。

参考文献

空海：《篆隶万象名义》，中华书局1995年版。

京都大学文学部国语学国文学研究室编：《新撰字镜》（增订版），临川书店昭和四十二年（1967年）版。

许慎：《说文解字》，中华书局1963年版。

顾野王原本：《玉篇》残卷，中华书局1985年版。

顾野王：《大广益会玉篇》，中华书局1987年版。

王仁昫：《唐写本王仁昫刊谬补缺切韵》，江苏教育出版社2017年版。

徐锴：《说文解字系传》，中华书局1998年版。

段玉裁：《说文解字注》，上海古籍出版社1981年版。

龙宇纯：《唐写全本王仁昫刊谬补缺切韵校笺》，香港中文大学出版社1968年版。

吕浩：《〈篆隶万象名义〉校释》，学林出版社2007年版。

臧克和：《中古汉字流变》，华东师范大学出版社2008年版。

周祖谟：《唐五代韵书集存》，中华书局1983年版。

宗福邦等：《故训汇纂》，商务印书馆2007年版。

瀚堂典藏数据库，http：//www.hytung.cn/。

国学大师网，http：//www.guoxuedashi.com/。

（郑林啸　北京　中国人民大学文学院）

从中古佛经看汉语词汇双音化发展的过渡现象*

竺家宁

一　前言

汉语词汇的发展，一般认为，由上古汉语单音节为主的时代，逐渐演化为以双音节为主的中古汉语。这种双音化的发展，留下最多资料与痕迹的就是佛经了。中古时代，本土的语言，形成了言文殊途的现象，群众的口语和文人书面语，分途发展，形成了听觉符号跟视觉符号两个不同的系统。书面语就是我们一般所称的文言文，基本上是保留了上古汉语单音节的表现方式。中古时代，从魏晋六朝之后，所有保留的文献资料，绝大部分是文言文的书面语言系统，能够反映口语、记录活语言的文献资料，非常有限。胡适曾经写过《白话文学史》，特别介绍了正宗文言文之外，历代口语的一些文献记录，其中就特别提到了口语程度很高的佛经文献；梁任公的《佛学研究十八篇》，也为佛经的口语资料，专立一章，视为翻译文学。

佛经翻译，不使用文言文，而使用大众的口语，其主要精神，在于强调佛法是众生的，不是少数文人贵族的。除此之外，在实用价值的层面，口语翻译的佛经，也更有利于佛教的传播。佛经这样的特性，正好为我们留下了大量双音节词的资料。透过这些资料，我们今天可以看到汉语从单音节演化到双音节，其中的发展痕迹和脉络。

然而，把单音节的汉字排比起来结合为双音节词，不是一下子就成功的，当中还经历了一段过渡时期，在这个过渡时期，人们在使用上，把单音节组合成双音节或多音节，经历了一段不稳定的实验过程，在使用中，

---

* 本文曾以《从佛经看汉语双音化的过渡现象》为题发表于《中正大学学术年刊》2011 年第 1 期，总第 17 期。此次发表在原稿基础上又作了一些修正与补充。

企图了解把汉字如何组合排比，更能够适合汉语的表达，或者更能够适合造句的韵律。这种实验的过渡阶段，反映在佛经中的有两点，第一，人们会去测试，到底是两个字的组合，还是三个字的组合，哪一种才是汉语词汇的优化表现？第二，人们会去测试，两个字的组合，在数量最多的并列结构当中，哪一个字放前面？哪一个字放后面？这个双音节词是用AB组合？还是用BA组合？

到了今天，汉语词汇的组合方式，双音节取得了优势，在佛经翻译时代，数量极多的三音节并列结构，逐渐在约定俗成、选择淘汰之中销声匿迹了，最后保留了双音节为主的构词方式。

佛经的同素异序现象，在AB组合和BA组合两种方式的竞争中，后世其中一种取得了优势，其中的选择机制何在？是什么因素影响了这种选择的结果，使得AB组合和BA组合，哪一种保留成为今天的形态？

本文针对上面这些问题，运用了东汉时代至三国、西晋时代的早期佛经，分别进行观察，希望透过这些材料，能对汉语词汇史的演化提供一些参考。

二 过渡期的三音节组合

我们先来看看佛经众多的同义或近义并列之三音节词：

(1) 菩萨比丘僧优婆塞优婆夷。国王大臣长者人民。诸天鬼神龙。皆大欢喜前持头面着地。(556 佛说七女经)

(2) 复有三想。于求者所起亲眷属想。于四摄法起摄取想。(310 大宝积经)

(3) 吾当令悉起意。故劝勉菩萨行。譬若如种树者。从润泽得生芽。(532 私呵昧经)

(4) 今现在无央数国土诸佛转法轮者。是诸佛皆复授若决已。(532 私呵昧经)

(5) 持用供养诸佛。悉皆遍已后。日未中时。即飞行还我国。(532 私呵昧经)

(6) 尔时便有七宝交露。覆盖三千大千刹土。一切诸佛刹及与竹园。耆阇崛山。若干种华悉遍布满其中。(632 佛说慧印三昧经)

(7) 于无数劫中。譬之如一尘。能谛晓了是。慧印三昧者。

(632 佛说慧印三昧经)

(8) 在于空闲。能忍微妙。不但口言。譬若如犀。常乐独处。如是曹辈。(632 佛说慧印三昧经)

(9) 若于八十亿佛闻是三昧。持之讽诵读之。已于八十亿佛前。皆起菩萨心。得方等经。持之书之讽诵读之。(632 佛说慧印三昧经)

(10) 父母兄弟妻子。五种亲属。朋友知识。官爵俸禄。念欲得之。无有厌足。为有益于我身。老病死来。皆不能益于我身。亦不能为我却之。(735 佛说四愿经)

(11) 人不能自拔为道。如鹦鹉鸟爱其毛尾。为射猎者所得。(735 佛说四愿经)

(12) 绝世之相三十有二。一相足下安平正。二相手足有轮。轮有千辐。三相钩锁骨。四相长指。(76 佛说梵摩渝经)

(13) 维摩诘言。有佛世尊。常在三昧禅志不戏。悉见诸佛国不自称说。(474 佛说维摩诘经)

(14) 譬如族姓子。高原陆土不生青莲芙蓉蘅华。卑湿污田乃生此华。如是不从虚无无数出生佛法。尘劳之中乃得众生而起道意。以有道意则生佛法。(474 佛说维摩诘经)

(15) 以宿曾闻是法不疑故。使其人得此法乘能受持诵。况我而面值应心与合。诸爱此者吾无所违。(474 佛说维摩诘经)

(16) 虽为白衣奉持沙门。至贤之行居家为行。不止无色有妻子妇。自随所乐常修梵行。(474 佛说维摩诘经)

(17) 于此贤者。吾等何为永绝其根。于此大乘已如败种。一切弟子闻是说者。当以悲泣晓喻一切三千世界。其诸菩萨可悦预喜。(474 佛说维摩诘经)

(18) 在所墟聚国邑。有以是法教効说者。吾与官属共诣其所。其未乐之天人。吾当起其乐必以喜乐而营护法。(474 佛说维摩诘经)

(19) 欲度人故居维耶离矜行权道。资财无量救摄贫民。以善方便摄诸恶戒。以忍调行摄诸恚怒。(474 佛说维摩诘经)

(20) 为五通仙人。修治梵行事。立众以净戒。及忍和损意。以敬养烝民。见者乐精进。所有僮仆奴。教学立其信。(474 佛说维摩诘经)

(21) 在诸众为正导。以无畏而不动。已成福佑慧之分部。已得

相好能自严饰。(474佛说维摩诘经)

(22) 诸好学者。辄身往劝诱开童蒙。入诸淫种除其欲怒。入诸酒会能立其志。(474佛说维摩诘经)

(23) 不以财色秽道之行示诸弟子。尊说高远。非仙圣众书所可闻见也。兴起同处清净为道。经行之时不顾眄视。(76佛说梵摩渝经)

(24) 譬如迦叶。龙象蹴踏非驴所堪。为若此也。其余菩萨莫能为。菩萨忍逼犹如此。立不思议门菩萨入权慧力者也。(474佛说维摩诘经)

(25) 母智度无极。父为权方便。菩萨由是生。得佛一切见。乐法以为妻。悲慈为男女。奉谛以降调。居则思空义。(474佛说维摩诘经)

三 音译词的双音化

印度语是一种多音节语言，佛经翻译的时代，必须把这种复杂的音节简化为汉语熟悉的音节形式。当时正在由单音节走向音节组合的汉语，就展开了一连串的实验，进行了多种音节组合的尝试，最后，在不断的选择淘汰之下，做了优化的选择，结果就是双音节音译词胜出，成为发展的主流。

我们看看来自多音节之音译词，如何在选择淘汰中，走向双音化(数字是经号)。

沙门 (310-82、328、493、533、362) /室罗末拏、舍啰摩拏、摩那拏、沙迦懑囊沙门那、沙闻那

和上 (310-82) /为邬波驮耶、优婆陀诃、郁波第耶夜

金刚 (532) /伐阇罗、跋阇罗、跋折罗、伐折罗、跋日罗

阿含 (310-82) /阿笈摩、阿伽摩、阿鋡暮

阿难 (310-82、328、493、532、533、581、362) /阿难陀

涅盘 (310-82) /涅盘那、涅隶盘那、抳缚南

梵志 (328、493、533、581) /婆罗门

菩萨 (310-82、328、532、533、556、362) /菩提萨埵、菩提

索多、冒地萨怛缚

头陀（310-82）/尘吼多

瞿昙（556）/乔答摩、瞿答摩

罗刹（310-82）/罗刹娑、罗叉娑、罗乞察娑、阿落刹娑

左边是我们今天熟悉的译法，斜线右边有各种多音节的译法，同时存在于我们的中古佛经中。说明汉语最初的这种过渡现象，如何由单音走向多音，经过多种的实验后，最后选择了双音节词为依归。

我们再把这些来自多音节之双音节音译词，在佛经上下文中的具体用法，引据如下：

菩萨/菩提萨埵

（1）此为一佛刹号曰忍世界。释迦文佛。分身百亿。悉遍其中。于时天人。睹众小国。诸佛菩萨。若近相见。(281 佛说菩萨本业经)

（2）菩提萨埵依圣言说。不坏之法本自诚谛。(160 菩萨本生鬘论)

（3）我见杂染寂默如是。菩提萨埵语言调伏。(160 菩萨本生鬘论)

（4）尔时无尽智菩提萨埵白佛言。世尊。(308 佛说大方广菩萨十地经)

菩萨，菩提萨埵之略称。菩提萨埵，又作菩提索多、冒地萨怛缚，或扶萨。

罗汉/阿罗汉

（1）虽以五无间具。犹能发斯大道意而具佛法矣。已得罗汉为应真者。终不能复起道意而具佛法也。如根败之士其于五乐不能复利。(474 佛说维摩诘经)

（2）三摩竭与王夫人太子。即持华香迎佛。前为佛作礼。便相将入宫即就座。诸菩萨阿罗汉皆前坐。大小相次。(129 佛说三摩竭经)

悉达/悉达多

（1）太子名悉达。容色紫金辉。身有天尊相。（76 佛说梵摩渝经）

（2）此之太子。名悉达多。是净饭王。（190 佛本行集经）

缘觉/缘一觉

（1）又立不思议门菩萨者。为一切人故。如佛像色貌立以立之。如缘一觉像色貌立以立之。如弟子像色貌立已立之。或如释如梵如转轮王像色貌立以立之。（474 佛说维摩诘经）

（2）百阿罗汉不如施一缘觉。所得果报胜前果。（74 佛说长者施报经）

阿僧祇/阿僧、僧祇（632 佛说慧印三昧经）

阿僧祇：无量数或极大数之意。又作阿僧伽、阿僧企耶、阿僧、僧只。意译不可算计，或无量数。

（1）我于无量阿僧祇劫。为护法故舍恒河沙身。（120 央掘魔罗经）

如来/如来佛（1011 佛说无量门微密持经）

如来音译作多陀阿伽陀、多他阿伽度、多陀阿伽度、怛萨阿竭、多阿竭。又作如去。为佛十号之一。佛陀即乘真理而来，由真如而现身，故尊称佛陀为如来。

（1）于时南方宝焰如来佛国。最净世界。（186 佛说普曜经）

四　并列词同素异序现象

“同素异序词”指的是双音节复词中，两个意义相同的词素，可以互换次序，组成不同词语的现象。通过同素异序词的观察比较、分析研究，可以让我们更清楚地了解汉语词汇发展的过程和特色。

考察汉语词汇双音化的过程，必然出现过许多试验性的产物，再透过语言的约定俗成，选择、淘汰，而保留其中一种形式，成为人们惯用，且沿用至后世的组合方式。同素异序词之重要性，即在于其显现了汉语双音化的实验与测试过程中，词素结合初期可能呈现的 AB/BA 之状况，反映词汇演变过程中的过渡色彩，提供后世学者探究汉语双音词构词方式、词汇搭配等发展轨迹之材料。

同素异序词主要呈现于并列式合义复词中，有些词汇的 AB/BA 形式，具辨异作用，彼此之含义有细微的差异，或语法性质之差异，有些则完全同义。

下面我们主要取材于译经早期的三国佛经，并参考西晋佛经，来观察这种异序现象。凡是可以改变顺序的，往往限于并列式复合词。

（一）同素异序在次要意义上有别

言语/语言

(1) 佛言。富哉须赖。言语至诚。大王勿疑。（328 佛说须赖经）

(2) 复为国王大臣所敬遇。是婆罗门有七女。大端正无比，黠慧言语。从头至足皆着金银白珠璎珞。(556 佛说七女经)

(3) 所语辄说经道。不说他余之恶。其语言音响。如三百钟声。(362 阿弥陀三耶三佛萨楼佛檀过度人道经)

(4) 或如释如梵如转轮王像色貌立以立之。随十方语言音声胜上下之所愿。一切以佛柔软音响而诱立之。(474 佛说维摩诘经)

从上面四个例子看，“言语”与“语言”都是名词，看似完全同义，实则其意义之偏重仍有不同。“言语”倾向于指说话的内容［搭配（至诚）、(黠慧)］，“语言”倾向于指说话发出的声音［搭配（音响）、(音声)］。此外，“言语”前面不一定带定语，而“语言”的前面总是带定语。

钱财/财钱

(1) 王言。所以年者作沙门者。人老自念气力薄少坐起苦难。

不能远行治生致钱财。正使有财产不能坚持。用是故除须发作沙门。(68 佛说赖吒和罗经)

(2) 我从少小治生。忍寒热饥渴。忍勤苦致钱财。今复亡失。从是忧念或病或死皆坐财钱。是皆贪意五乐所致。(54 佛说释摩男本四子经)

“钱财/财钱”都作名词用，而“钱财”总是作“致”的宾语，和“致”字搭配。“财钱”则与动词“坐”字搭配。“坐财钱”就是“由于财钱之累”（而忧念或病或死）。两种词序语义并无不同，都指“金钱财产”。

西晋佛经只有“钱财”的用法，没有“财钱”一词。例如：

(1) 家中宁有宝，钱财及于物。(199 佛五百弟子自说本起经)

(2) 曾为三兄弟，而共诤钱财。(199 佛五百弟子自说本起经)

(3) 非业钱财，行在诸俗。是为四法。菩萨行是，不失所愿，严净佛土。(318 文殊师利佛土严净经卷上)

以上说明三国时期（佛说释摩男本四子经）“财钱”只是行文上临时的变化，不是常用的结构。

因缘/缘因

(1) 人得病有十因缘。一者久坐不饭。二者食无贷。三者忧愁。四者疲极。(793 佛说佛医经)

(2) 人有贪。贪便不得利。正使得一天下财物。亦不能猛自用之。亦不随人去。但益人结。但有苦恼。但种后世缘因。缘因如火。如火无所不烧。我辈不觉。是黠不敢妄摇。知为增苦种罪。(793 佛说佛医经)

“因缘”，为因与缘之并称。因，指引生结果之直接内在原因；缘，指由外来相助之间接原因。依此，因缘又有内因外缘、亲因疏缘之称。

一切万有皆由因缘之聚散而生灭，称为因缘生、缘生、缘成、缘起。因此，由因缘生灭之一切法，称为因缘生灭法；而由因与缘和合所产生之结果，称为因缘和合。一切万有皆由因缘和合而假生，无有自性，此即“因缘即空”之理。

“缘因”，二因之一。缘，缘助之义。指一切功德善根能资助智慧之了因，开发正因之性。

由此可知两种词序都属佛家名相，内涵并不相同。但是，若就词性而言，都是名词。

欢喜/喜欢

(1) 天见佛擒魔众。忍调无想怨自降。诸天欢喜奉华臻。非法王坏法王胜。(185 佛说太子瑞应本起经卷)

(2) 龙王欢喜。知复有佛。佛定意七日。不动不摇。树神念佛。新得道快坐七日。未有献食者。我当求人令饭佛。(185 佛说太子瑞应本起经卷)

(3) 时我为菩萨。名曰儒童。幼怀聪叡。志大包弘。隐居山泽。守玄行禅。闻世有佛。心独喜欢。披鹿皮衣。(185 佛说太子瑞应本起经卷)

在现代汉语中，“欢喜”和“喜欢”不同，前者是名词，后者是及物动词。但在三国时代的语言里，都是不及物动词。

“欢喜”是佛家名相，在佛经中出现的频率很高，具有特定意涵，梵语 pramudita，巴利语 pamudita。音译波牟提陀。即接于顺情之境而感身心喜悦；亦特指众生听闻佛陀说法或诸佛名号，而心生欢悦，乃至信受奉行。“喜欢”是普通动词，佛经中很少出现。因此它们之间还是有区别。

好净/净好

(1) 今佛国土，好净悉现。然舍利弗。我佛国如是。为当度不肖人故。(474 佛说维摩诘经)

(2) 于是维摩诘则如其像三昧正受现神足。应时彼佛须弥灯王如来。遣三万二千师子座。高广净好，昔所希见。(474 佛说维摩诘经)

“好净/净好”都作名词，作“悉现”“昔所希见”的主语。

西晋佛经“好净/净好”都出现在偈当中：

（1）视是诸欲净好目，诸采女俱鼓乐声。（170 佛说德光太子经）

（2）是故为佛寺，好净心供事。（199 佛五百弟子自说本起经）

“好净”和“净好”在这两条偈中都用作形容词，“净好”修饰“目”字，“好净”修饰“心”字。显然用法已经发生变化，与三国佛经不同。

（二）同素异序在词性上有别

知识/识知

（1）所谓亲友眷属知识然后施法。复次长者。在家菩萨荷负重担发大精进。（310 郁伽长者会）

（2）弟欺其兄妇欺其夫。家室中外知识相讼。各怀贪淫心毒嗔怒。（362 阿弥陀三耶三佛萨楼佛檀过度人道经）

（3）如是曹人男子女人。心意俱然违戾反逆。愚痴蒙笼嗔怒嗜欲无所识知。（362 阿弥陀三耶三佛萨楼佛檀过度人道经）

“知识”作名词用，代表所知所识的人。“识知”作动词用，“无所识知”就是“无所了悟”的意思。

时代稍晚的西晋译品，“识知”也是作动词用。例如：

（1）于是悉识知，本所作功德。（199 佛五百弟子自说本起经）

（2）本悉识知之，前世之所行。（199 佛五百弟子自说本起经）

（3）尔时，世尊告于弥勒菩萨大士：阿逸！仁识知之。正觉不久，当取灭度。（274 佛说济诸方等学经一卷）

（4）人居世间甚懃苦愚痴，一世父子不相识知。（537 佛说越难经西晋聂承远译）

至于“知识”的用法也和三国时代一样。作名词。例如：

(1) 时亲厚知识，往谓父母言。(199 佛五百弟子自说本起经)

(2) 时父母知识，共出悲好音。(199 佛五百弟子自说本起经)

(3) 亲属知识。吾本宁以头施于人，不用转轮圣王之位。斯等贪着衣食利养。(274 佛说济诸方等学经一卷)

《佛光大辞典》释“知识”云：即朋友之异称。故就为人而言，其人若善，则为善友、善知识；若恶，则为恶友、恶知识。

西晋大部分例子是和“善、恶”结合为“善知识”“恶知识”。例如：

(1) 求善知识，宁可得不？宝来答曰：火虽广大，心垢巨烧。学无沤和拘舍罗。(636 无极宝三昧经卷上)

(2) 不失诸三昧。常随善知识，远离于众事。寂然不数会，但志在三昧。(636 无极宝三昧经卷上)

(3) 十一者自制不随恶知识，是为忍辱不可。(636 无极宝三昧经卷上)

《佛光大辞典》释善知识云：音译作迦罗蜜、迦里也曩蜜怛罗。指正直而有德行，能教导正道之人。又作知识、善友、亲友、胜友、善亲友。反之，教导邪道之人，称为恶知识。《佛光大辞典》又释恶知识云：为“善知识”之对称。又作恶友、恶师、恶师友。即说恶法与邪法，使人陷于魔道之恶德者。

恼苦/苦恼

(1) 行步苦极。坐起呻吟。忧悲恼苦。识神转灭。便旋即忘。(581 佛说八师经)

(2) 离彼邪淫自足妻色。不希他妻。不以染心视他女色。其心厌患一向苦恼心常背舍。若于自妻生欲觉想。应生不净惊怖之想。是结使力。(310 郁伽长者会)

(3) 尔时世有是人。我当教自悔责。尔时世我曹等。诸苦恼皆当忍。为一切人非人。授吾等以要决。(532 私呵昧经偈)

(4) 目不见色。耳不闻音。不净流出。身卧其上。心怀苦恼。

言辄悲哀。(581 佛说八师经)

“恼苦”和“苦恼”的词性不同，“恼苦”是不及物动词。“苦恼”是名词。

坏败/败坏

(1) 今舍日坏败。尔时第二忉利天王释提桓因坐即为动摇。(556 佛说七女经)

(2) 在家菩萨于己妻所应起三想。何等三。无常想。变易想。坏败想。(310 郁伽长者会)

(3) 诸人不能作善自相坏败。转相教令共作众恶。(362 阿弥陀三耶三佛萨楼佛檀过度人道经)

(4) 汝曹上时我见无常。当就坏败为分离法。罪福我已觉。无毛发之爱念。(328 佛说须赖经)

(5) 相嫉更相斗乱。憎嫉善人败坏贤善。于旁快之。复不孝顺供养父母。(362 阿弥陀三耶三佛萨楼佛檀过度人道经)

上例中的“坏败”是不及物动词，“败坏”则作及物动词。

来往/往来

(1) 文殊师利问曰。何谓族姓子。菩萨所至到处兴有佛法。维摩诘言。其来往周旋有智慧兴有佛法。(474 佛说维摩诘经)

(2) 于是三千世界如佛所断以右掌排置恒沙佛国。而人不知谁安我往。又引还复故处。都不使人有往来想。因而现仪。(474 佛说维摩诘经)

“来往”作名词。“往来”作形容词。

西晋没有“来往”一词。“往来”大部分作动词用：

(1) 所游往来无生死，其惠布施无悔恨。(378 佛说方等般泥洹经卷上)

(2) 鳖数往来，到猕猴所。饮食言谈，说正义理。其妇见之，

数出不在。(154 生经卷一)

(3) 请猕猴：吾数往来，到君所顿。仁不枉屈，诣我家门。今欲相请，到舍小食。(154 生经卷一)

(4) 使永执心，莫知所存。不见形像音声往来，亦无犹豫。所应如心，众无合散（315 佛说普门品经）

(5) 悉遥说十方佛诸菩萨事，十方诸菩萨亦无往来到彼者，彼亦无往者如是也。(636 无极宝三昧经卷上)

(6) 怛萨阿竭作无造之作，是为见。舍利弗言：于是见中有往来无？(636 无极宝三昧经卷上)

悲哀/哀悲

(1) 如是二者为诸痛。长一切恶道。已竟近一切人兴大悲哀。(474 佛说维摩诘经)

(2) 今难国王。不知天下有佛。当用一切人民故哀悲诸懃苦。愿佛明旦与诸比丘僧。劳屈尊神来到难国王所饭。(129 佛说三摩竭经)

“悲哀”作名词用，是动词“兴”的宾语。“哀悲”作及物动词用，上句以“诸懃苦”为宾语。

西晋佛经没有“哀悲”，只有“悲哀”，可以作名词用：

(1) 阿难巨亿大，啼泣感悲哀。(378 佛说方等般泥洹经卷上)

(2) 尔时世尊以无极慈，兴大悲哀，观于四方。(481 持人菩萨经卷一)

西晋佛经也可以作动词用：

(1) 见其亡母生饿鬼中，不见饮食，皮骨连立。目连悲哀，即以钵盛饭，往饷其母。(685 佛说盂兰盆经)

(2) 诸臣吏求诸婇女，不知所趣，愁忧不乐，涕泣悲哀。念诸妇女，戏笑娱乐。(154 生经卷一)

(3) 故我见舍利弗比丘取灭度去，愁忧悲哀，心怀感戚，不能自胜。(154 生经卷二)

称名/名称

(1) 如是十方诸天人民。所称名佛亿万无数。此皆佛本发意以来。班宣道化。所诲之徒也。(281 佛说菩萨本业经)

(2) 色像第一舍世间财。志行高妙名称普至。有金刚志得佛圣性。(474 佛说维摩诘经)

“称名”作动词用，上面句子里放在“所”字的后面，形成“所+V”的结构，在句子里转为名词用。至于“名称”是名词。上句中作主语用。

西晋没有“称名”，只有“名称”，仍是作名词：

(1) 释族姓子，弃国转游城里聚落，与大比丘五百人俱。彼佛大圣，名称普闻。(154 生经卷二)

(2) 合百千德菩萨，威神音菩萨，心不舍诸慧菩萨，宣名称英幢菩萨。(274 佛说济诸方等学经一卷)

(3) 于时，众会闻彼正士所入名称，皆与恭敬，普有瞻望。(288 等目菩萨所问三昧经卷上)

(4) 世尊名称遍十方，禁戒三昧智慧然。(318 文殊师利佛土严净经卷上)

(5) 当宣传名称，通彻于十方。(318 文殊师利佛土严净经卷下)

闻见/见闻

(1) 吾当率诸官属诣讲法所为护讲法。百由延内当令一切闻见讲法。(474 佛说维摩诘经)

(2) 此三千世界大海江河川流泉源。及上日月星辰天宫。龙宫诸尊神宫。悉现于宝盖中。十方诸佛佛国严净。及十方佛在所说法。皆现于宝盖中悉遥见闻。(474 佛说维摩诘经)

“闻见”作名词用。前面可加上定语“一切”。“见闻”作动词用。上句的“见闻”是不及物动词。后面不接宾语。前面加上状语“悉遥”，意思是“都能远远（看到、听到）”，所见所闻的对象是前面的“十方诸佛”和“所说法”。

西晋佛经的用法，“见闻”主要功能仍是动词：

(1) 人善学书计校之术，教诸童子，欲令成就，无所不知，不以为碍，小儿见闻，则受学了，稍稍达本，如来如是悉学，诸法无所不博。(345 慧上菩萨问大善权经卷下)

(2) 多陀竭出于山间，般泥洹，时本瑞云何？如今日宁见闻丛树间感应不乎？(378 佛说方等般泥洹经卷上)

(3) 未曾见闻此，野猫修净行。(154 生经卷一)

(4) 我立住此，今悉见闻，及余无数。(263 正法华经卷一)

(5) 众妙宝摩尼明珠合成佛土，十方一切未曾见闻。(318 文殊师利佛土严净经卷下)

(6) 及诸菩萨，功勋严净。自昔以来，所希见闻。譬如掌中，视宝珠耳。(318 文殊师利佛土严净经卷下)

(7) 佛告师子步雷音菩萨言：宁曾见闻无量寿佛国中菩萨声闻众不？答曰：唯然。(318 文殊师利佛土严净经卷下)

西晋时偶尔也作名词用：

(1) 教无造见闻想念于一切乎？时我世尊，瞻见立想，叹发斯言。(345 慧上菩萨问大善权经卷下)

(2) 慧各各异。心在见闻，演不如慧，则谤如来也。(274 佛说济诸方等学经一卷)

(3) 亦无中外。静无见闻，所居正受，乃大旷荡，汪洋无极，难遇难闻，亿世之遇。(288 等目菩萨所问三昧经卷上)

西晋的“闻见”一词基本上也是作名词：

(1) 若有菩萨，不自称善，不说不短。不讲众侩比丘尼阙，闻

见不论，有如已犯。(318 文殊师利佛土严净经卷上)

(2) 若信正典闻见受持则睹如来，闻法奉行住如法教乃曰见佛，闻宣正典顺法入道乃曰见佛。(481 持人菩萨经卷一)

(3) 世之所居亦复如幻，以权方便为众生类现说一切悉如幻化。若有闻见解了幻法皆…… (481 持人菩萨经卷二)

只有下面一例作动词。

(1) 诸龙阿须伦皆得闻见是深三昧。(636 无极宝三昧经卷下)

(三) 同素异序意义上没有区别

热恼/恼热

(1) 何等三？灾患想、热恼想、病乱想，是名三。(310-82 郁伽长者会)

(2) 我来至此为怖何事。畏谁故来。畏众闹故。畏亲近故。畏贪瞋痴故。畏狂慢故。畏恼热故。(310-82 郁伽长者会)

《佛光大辞典》无"恼热"，释"热恼"云："热恼"指逼于剧苦，而使身心焦热苦恼。华严经卷七十八入法界品："如白栴檀，若以涂身，悉能除灭一切热恼，令其身心普得清凉。"

西晋只有"恼热"，没有"热恼"，用法如下：

(1) 令心恼热不知所趣。计身本末无所起生住立灭尽。菩萨观身如是无身。(481 持人菩萨经卷三西晋竺法护译)

从这些资料看起来，两种词序的用法完全相同，都兼有名词和形容词的功能。

休止/止休

(1) 诸有泥犁禽兽薜荔，诸有考治勤苦之处。即皆休止不复治。(362 阿弥陀三耶三佛萨楼佛檀过度人道经)

（2）贪狼于财色。坐之不得道。当更勤苦。极在恶处生。终不得止休。（362 阿弥陀三耶三佛萨楼佛檀过度人道经）

这两种词序的用法相同，都是不及物动词。

怒忿/忿怒

（1）乡党市里愚民野人。转更从事共相利害。诤财斗讼，怒忿成仇，转诤胜负。（362 阿弥陀三耶三佛萨楼佛檀过度人道经）

（2）其魂神或堕海中为龙。或为有力太神化生之类。皆知宿命。忿怒宿怨。因作雾露吐恶毒气。雨其国中。（493 佛说阿难四事经）

这两种词序的用法相同，都是不及物动词。

敬信/信敬

（1）出家菩萨见此十利。尽寿不舍于乞食法。若有至心敬信来请。尔时应去。（310-82 郁伽长者会）

（2）我当勤发如是精进。令所作不空。众生见我即得信敬。（310-82 郁伽长者会）

这两种词序的用法相同，都是作名词，担任“有、得”的宾语。

愍哀/哀愍

（1）若世有是佛。皆慈愍哀之，威神摧动。众恶诸事，皆消化之。（362 阿弥陀三耶三佛萨楼佛檀过度人道经）

（2）阿弥陀佛哀愍。威神引之去尔。（362 阿弥陀三耶三佛萨楼佛檀过度人道经）

（3）我等亦观在家多过出家德大。唯愿世尊。哀愍我等愿得出家。（310-82 郁伽长者会）

（4）时童孺如来以无央数事。赞叹称誉比丘僧功德。令人布施。哀愍一切人故灭度。（532 私呵昧经）

西晋佛经“哀愍”的例子如：

（1）父母住此目泪出，子此无哀愍我等。（170 佛说德光太子经）

（2）慈哀愍伤我，口便发是言。（199 佛五百弟子自说本起经）

西晋佛经大部分作“愍哀”：

（1）世尊无等人，慈念愍哀我。（199 佛五百弟子自说本起经）

（2）至真等正觉之所讲说。今日大圣惟当垂哀，重为散意。多所愍哀，多所安隐。（274 佛说济诸方等学经一卷）

（3）愿闻菩萨，为行几法。疾逮正真，为最正觉。从心辄成，严净佛国。唯垂愍哀，（318 文殊师利佛土严净经卷上）

（4）清信士女叉手住，愍哀安住唯宣法。（318 文殊师利佛土严净经卷上）

（5）以何为众修勤行，因群黎故行愍哀。（318 文殊师利佛土严净经卷上）

（6）菩萨有四事法，具足所愿。何谓为四？一曰志性仁和。二曰愍哀众生。（318 文殊师利佛土严净经卷上）

“愍哀”与“哀愍”的用法相同，作及物动词。如：哀愍我等、哀愍一切人、慈哀愍伤我、慈愍哀之、慈念愍哀我、愍哀众生。这是它们的主要功能。偶尔作不及物动词，如：阿弥陀佛哀愍、愍哀安住。“愍哀”另外有一个“哀愍”所没有的功能，它还可以作名词。例如：多所愍哀、因群黎故行愍哀、唯垂愍哀。都作宾语用。

穷困/困穷

（1）小家贫者穷困苦乏。无田亦忧欲有田。（362 阿弥陀三耶三佛萨楼佛檀过度人道经）

（2）我等困穷惟见矜济。又有极贫无数之辈。（328 佛说须赖经）

这两种词序都是形容词，在句子里作谓语。

麦豆/豆麦

(1) 春三月有寒。不得食麦豆。宜食粳米醍醐诸热物。夏三月有风。不得食芋豆麦。宜食粳米奶酪。秋三月有热。不得食粳米醍醐。宜食细米蜜稻黍。冬三月有风寒。阳兴阴合。宜食粳米胡豆羹醍醐。(793 佛说佛医经)

“麦豆/豆麦”的转换并无意义上的差别，这是因为它们的结合还不十分紧密，仍处于词组的阶段，并未凝结成单一的复合词。所以字序的转换，并无影响。

死生/生死

(1) 万物纷扰。皆当归空。精神无形。躁浊不明。行致死生之厄。非直一受而已。但为贪欲。蔽在痴网。没生死河。莫之能觉。(185 佛说太子瑞应本起经卷)

西晋的用法，例如：

(1) 多所摄护，振于生死，赡及余类。佛言：至哉！诚如所云，权施虽微，审成众德。(345 慧上菩萨问大善权经卷上)

(2) 想念弟子缘觉之行，闿士则为生死根缚。(345 慧上菩萨问大善权经卷上)

(3) 吾以大哀，越度生死百千之患。(345 慧上菩萨问大善权经卷上)

(4) 喻大旷野者，谓生死之难，墙至三十三天者，谓无黠所著，恩爱之欲也。(345 慧上菩萨问大善权经卷上)

(5) 时大哀师则吾身也，以斯方便越千劫生死，死则升天。(345 慧上菩萨问大善权经卷下)

(6) 七者，所有深生三昧经，悉当逮得。八者，死生道无边幅处以来。(283 菩萨十住行道品)

“死生”和“生死”用法相同，都是名词。它们也都可以用来作定语。例如：“死生之厄”“生死之难”。

育养/养育

(1) 一心思微学圣智慧。任活天下。悲穷伤厄。慰沃忧戚。育养众生。救济苦人。承事诸佛。别觉真人。功勋累积。不可得记。(185 佛说太子瑞应本起经卷)

(2) 行六度无极。布施持戒。忍辱精进。一心智慧。习四等心。慈悲喜护。养育众生。如视赤子。承事诸佛。积德无量。累劫勤苦。不望其功。今悉自得。(185 佛说太子瑞应本起经卷)

这两段三国佛经，一作“育养众生”一作“养育众生”，可见词素易序，功能并无不同。

净洁/洁净

(1) 时四天王。即遥知佛当用钵。如人屈伸臂顷。俱到颈那山上。如意所念。石中自然出四钵。香净洁无秽。四天王各取一钵。还共上佛。(185 佛说太子瑞应本起经卷)

(2) 人有正见。以信喜敬。洁净不悔。施道德者。福德益大。所随转胜。吉无不利。(185 佛说太子瑞应本起经卷)

这两句“净洁”和“法净”都是形容词，作谓语用，后面都接否定词。西晋佛经中，“净洁”用得比较普遍。例如：

(1) 念世间人善。二者，净洁心。三者，皆安隐心。四者，柔软心。五者，悉爱等。(283 菩萨十住行道品)

(2) 身所行，口所言，心所念，悉净洁。二者，无有能得长短者。(283 菩萨十住行道品)

(3) 本自净洁。在所染之五色鲜好。帛本自净，色本亦净。(636 无极宝三昧经卷下)

(4) 开其眼精，令使净洁，使有光曜。及耳二精鼻口门，皆令清洁光曜无瑕。(317 佛说胞胎经)

(5) 应垢浊，反得净洁。当应雄，反成非雄。所不乐雄，反为贼雄。(317 佛说胞胎经)

（6）持其皮肤，使其净洁。颜色固然，随其宿行。宿作黑行，色现为黑，形体如漆。(317 佛说胞胎经)

“洁净”只见到一例：

（1）母无所失。或父清净，母不清洁。或母洁净，父不洁净。或母尔时藏所究竟，(317 佛说胞胎经)

西晋的用法，两种词序也都没有区别，都是形容词。只有“反得净洁”一处用作名词。

市贾/贾市

（1）或作市贾或作长吏。或作畜牧或作画师。行治生忍寒热饥渴致贪钱财。以得富饶复怀忧恐。(54 佛说释摩男本四子经)

（2）世间人或作田家从得生活。或作工师用得生活。或作贾市用得生活。或作长吏用得生活。(54 佛说释摩男本四子经)

“市贾”和“贾市”都出现在同一部经中，用法也相同。都是名词，担任“作”字的宾语。

安和/和安

（1）于是千子闻父王命。皆以安和。复至五劫供养药王如来。并其官属一切施安。(474 佛说维摩诘经)

（2）或于大战中。则我得巨众。恒协用和安。菩萨力势强。至于有狱刑。佛土不可胜。辄至到于彼。趣使众庶宁。(474 佛说维摩诘经)

“安和/和安”都作形容词，可用副词“皆、恒”修饰。

西晋佛经有“安和”，无“和安”。例如：

（1）皆令安和，无嫉妬疑。恬然入定，心无念思。(318 文殊师利佛土严净经卷上)

这句用法和上面两句相同。另外，形容词的“安和”还可以直接放在主语的后面，作谓语用，这是西晋的主要用法：

(1) 何故菩萨安和澹泊？忽然而生，其身清净，无有垢秽。(345 慧上菩萨问大善权经卷上)

(2) 八曰使其佛土丰饶平贱。九曰人民安和，寿命无限。(318 文殊师利佛土严净经卷上)

(3) 进不远佛道。志性安和能制意。普解诸法未曾放逸。解畅众道诸根寂定。常应经义不违。(481 持人菩萨经卷一)

(4) 大千世界六反震动，边际亦摇，中顺至边安和柔软，愍伤一切众生之类，令获安隐快乐。(222 光赞经西晋三藏竺法护译)

(5) 无所畏根。自大根。离自大根。逮得道根。从邪见根。心安和根。放心恣意根。(481 持人菩萨经卷三)

真正/正真

(1) 诸天共宗，独言只步，众圣中雄。尔往睹焉，宗尊仪表，真正弘摸。诚如群儒之所叹不乎。(76 佛说梵摩渝经)

(2) 太子名悉达。容色紫金辉。身有天尊相。忍秽以法御。无上正真相。三十二具不。贞洁阴马藏。无欲可别不。(76 佛说梵摩渝经)

“真正/正真”都作形容词，上两句分别修饰“弘摸”和“相”。

贫贪/贪贫

(1) 如世尊释迦文。乃忍以圣大之意。解贫贪之人。(474 佛说维摩诘经)

(2) 如居士之所言。但为佛兴于五浊之世故。以是像开解一切贪贫之行。(474 佛说维摩诘经)

“贫贪/贪贫”都作形容词用，都出现在“状语+之+中心词”的结构中，担任状语，功能完全相同。

圣贤/贤圣

(1) 于众俗不渐渍。得世际感圣贤。现诸仪式起神通行。博闻

能讽慧力持念。(474 佛说维摩诘经)

(2) 如今耆年已过八邪。八解正受以正定越邪定。以是所乞敬一切人。亦以奉敬诸佛贤圣。(474 佛说维摩诘经)

“圣贤/贤圣”都是作名词用。头一句作“感”的宾语，次一句作“奉敬”的宾语。

总结上面的讨论，词素易序有三种情况：

第一是不改变词性或意义，属于这一类的有：

热恼/恼热、休止/止休、怒忿/忿怒、敬信/信敬、愍哀/哀愍、穷困/困穷、麦豆/豆麦、死生/生死、育养/养育、净洁/洁净、市贾/贾市、安和/和安、真正/正真、贫贪/贪贫、圣贤/贤圣、称名/名称、钱财/财钱

这些例子数量最多，说明了并列式复合词原本在性质上就有互换字序的可能。充分反映了词汇双音化过程中的不稳定状态，它们之间并无分工的需要，所以，易序只是一种实验性质。

第二是三国佛经词素易序，与西晋佛经词素易序的用法有区别。属于这一类的有：

好净/净好、来往/往来、悲哀/哀悲

它们的不同是：三国“好净/净好”都作名词，西晋“好净”和“净好”则用作形容词。三国“来往”作名词，“往来”作形容词。西晋没有“来往”一词。“往来”大部分作动词用，只有少数例子作形容词用。三国“悲哀”作名词用，“哀悲”作及物动词用。西晋佛经没有“哀悲”，只有“悲哀”，可以作名词用也可以作动词用。这一类说明了中古汉语词汇的历时演变。

第三是词素易序后，词性或意义发生了差异。属于这一类的有：

言语/语言、知识/识知、恼苦/苦恼、坏败/败坏、因缘/缘因、欢喜/喜欢、闻见/见闻

这是词素易序的分工现象，数量并不多。语言演化通常会产生词汇的选择和竞争，大部分状况是不具备功能上、意义上分工的词语，依照语言经济性原则，会趋向消灭，只有在功能上、意义上产生了孳乳分化，才具备更大的生存力。这个原则，和生物的演化十分类似，生物是物竞天择，词汇则是约定俗成。

五 双音节并列结构在先后次序上的竞争

词序互换的现象，除非不同的字序结构产生不同的功能，才有可能两种结构都长久保存下来。否则，在一段时间的并用之后，总会有其中一种词序居于优势，让另外一种词序淘汰掉。那么，到底哪一种词序比较容易保存，哪一种词序比较容易消亡呢？这两个词根的次序（书面形式上是两个字的次序），究竟是由什么决定的呢？陈爱文、于平（1979）认为决定并列双音词的字序的因素有两个：意义和声调。意义的作用是人们自觉注意的，声调的作用是发音的生理机能所要求的，是不自觉的。他们又分析，什么情况下是声调起作用的。他们认为一个并列双音词，两个字之间的意义关系，可以分为两种：一种是存在着对立关系的，或者是主、次，先、后，或者是积极、消极的对立，如“秦汉、好坏、早晚、迟早”；另一种是不存在这种对立关系的，如“光明、勇敢、黑暗、重大、高深”。如果用AB代表这两个字，那么，前一种词中的两个字的关系就是A≠B，后一种词中的两个字的关系就是A近似B。意义对于字序，只有在A≠B式的词里才能起作用，在A近似B式的词里意义则不起作用。

另外，并列双音词中每一个字的含义，也有两种不同的状况：一种是两个字各自保留着原有的含义，如“党团”等于“党”和“团”，“夫妻”等于“夫”和“妻”。这种情况用符号来表示，就是AB=A+B。另一种是两个字原有的含义都已经模糊了，融合在一起产生了新的意义，如“城市”不等于“城”和“市”。这种情况用符号来表示就是AB≠A+B。

意义可能对字序排列发生作用的是A≠B式。属于这一式的并列词，如果又属于AB=A+B式的，那么，它的意义在字序排列上所起的作用就是强制性的，它可以压倒声调次序的作用。如“党团”就属于这类情况。如果一个并列词属于A≠B式，又属于AB≠A+B式的，那么，它的意义的作用也存在，但是是非强制性的，往往不如声调的作用来得大，一般是由声调决定次序的（如“早晚和迟早、生死和死活”），也有极少数是由意义决定的（如“大小”）。非强制性意义只有在两个字同声调的情况下才能充分起作用，如“高低”“来回”等。

至于那些A近似B式的并列词，本来就谈不上意义的作用，只是按照声调次序来排列的；如果两个字又是同声调的，则意义、声调都不起作用，决定其排列次序的原因，只有归诸约定俗成了。因此，我们可以得出这样的结论：并列双音词的字序，如果两个字属于强制性的意义，由意义决定；其余主要是由声调决定的。如果两个字的声调相同，则非强制性的意义也能起作用。如果连非强制性的意义也没有，那就由习惯决定了。

声调的次序为什么能够对并列式双音词的字序起作用？我们只能从发音的生理要求上来解释。人们说话的时候，有一种本能的要求：在不影响表达思想的前提下，发音尽可能省力一点。这样看来，两个字连在一起，顺着四声和阴阳的次序，发音就省力一些；反之，就费力一些。这个连读的省力和费力的差别很细小，我们不大容易自觉性地感觉到。但是四声八调发音的省力费力是我们可以感觉到的。四声中发音最费力的是入声，最轻松的是平声，发上声和去声哪个省力、哪个费力，凭感觉不容易判断，发清浊声母省力费力的差别是很明显的。它们的次序可以这样排列：平声发音最省力，上、去次之，入声最费力；发清声母的阴调比发浊声母的阳调省力。因而我们可以这么说，两个字连起来发音的时候，省力的声音在前，费力的声音在后，就是顺口省力，反之则费力。

就西晋的佛经材料看，主要都是同义并列而产生易序现象的。因此，两种词序的竞争关系，主要是依靠声调因素来取决胜负的。竺家宁（1997）共分析了西晋竺法护的16340个双音节并列结构，发现除了前后二字为同调之外，异调并列的，呈现了相当严整的规律：

1. 去声字作为第二音节，在各类中（无论首字是平或上、去、入）都占绝对优势，这应该不是偶然的现象。说明西晋时代的构词规律，有选择去声为第二音节的倾向。

2. 由意义关系看，有些并列式的词序是由意义决定的。例如“长短”“妻子”“生死”“东西”“兄弟”“国邑”“日月”“上下”“弟子”“出入”“父母”“亿百”（另有“百千”与此相反），这些都属“类义并列”的情况（同类的事物并列在一起，而不是同义或近义词素并列在一起），占的比例不高，因为并列结构绝大多数是同义或近义词素的并列。我们可以说，只有在类义并列时，词序先后才会考虑意义的因素，此外总是由声调因素居于主导的。

3. 在西晋并列结构的词汇中，如有平声字，往往用于第一成分（平声用为首字的 8349 个，占全部 16340 个并列词的 51%）。

4. 如有入声，总用为第二成分（去—入有 914 个，入—去只有 447 个）。

5. 没有入声时，去声总是做第二成分。

6. 第一成分若不是平声，出现次多的不是上声，而是去声。上声做第一成分的有 2581 个，占 15.8%，去声做第一成分的 4146 个，占 25.3%。

丁邦新先生（1969）用《国语辞典》的 3056 条并列语，为现代汉语的搭配规律作了描写：（1）两成分间如有阴平字，必在前。（2）如有一个去声，必在后。（3）阳平必在上声之前。这项规律例外的占 14%。

我们用这个研究结论，来检视上述早期佛经中，词素易序而词性意义完全不变的并列式复合词，在两种搭配中，看看哪一种可以在今天的用语中取得优势。取得优势的，我们加个星号表示。

> 热恼/*恼热、*休止/止休、怒忿/*忿怒、*敬信/信敬、愍哀/*哀愍、*穷困/困穷、麦豆/*豆麦、死生/*生死、育养/*养育、净洁/*洁净、*市贾/贾市、*安和/和安、*真正/正真、贫贪/*贪贫、*圣贤/贤圣、称名/*名称、*钱财/财钱

这批三国西晋的并列式复合词，不同的词素顺序，经过选择淘汰，今天保留下来的词序结构，大体上符合了丁氏的规律：

合于规律第一条：休止、哀愍、生死、安和、贪贫

合于规律第二条：恼热、忿怒、敬信、穷困、豆麦、养育、洁净、真正

不合规律：市贾、圣贤、名称、钱财

不合规律的四条当中，“圣贤”的词序是受意义影响的。“市贾”是沿袭文言的词语。“钱财”是同调组合。那么，真正的例外只有“名称”了。

六 结论

词汇是语言诸成分中最富于变化的部分，由单音节向双音化演变，更

是汉语词汇从上古走向中古的重要标志。本文从佛经词汇来观察这种现象，因为属于中古汉语的佛经，保留了大量的口语资料，从其中，反映了单音节词素的组合过程，有着一段不稳定的过程，一段实验的过程，呈现了多样的组合造词排列，这是由单而双的词汇重大演化，不能避免的过渡现象。由常理看，词汇不太可能一开始就知道应该如何组合创建双音词，一定会有一个探索实验的过程，逐渐自我调整，逐渐向优化过渡，最后，通过约定俗成的法则，逐渐凝聚共识，才会形成中古以后的大量双音节词。佛经语言显示了这样的演化脉络，因此，我们看到一批今天被淘汰的三节词出现在佛经中，我们也看到并列结构词，佛经存在着 AB 或 BA 的词素易序现象，它们之间多半是没有语义或词性分工的，经历了选择淘汰，今天保留了其中的一种形式，另一种词序则消亡出局。这种选择机制，由声调的规律起了主导作用。我们还看到众多的音译词，存在着各式各样的译法，其音节数目各不相同，同样地，也经历了长时间的选择淘汰，最后多半以双音的姿态存留下来。佛经的这些现象，使我们有机会更精细地观察词汇的生老病死，成住坏空，在无常的生灭当中，使我们有机会一窥中古汉语词汇是如何运作的。

参考文献

陈爱文、于平：《并列双音词的字序》，《中国语文》1979 年第 2 期。

丁邦新：《国语中双音节并列语两成分间的声调关系》，《“中研院”历史语言研究所集刊》第三十九本第二分，1969 年。

释慈怡主编：《佛光大辞典》，台湾佛光出版社 1989 年版。

竺家宁：《西晋佛经并列词之内部次序与声调的关系》，《中正大学中文学术年刊》1997 年第 1 期。

（竺家宁　台北　台湾政治大学中国文学系）

汉文佛典中之“无在”考*

董志翘

一

在汉文佛典（包括汉译佛经及中土撰作的佛教典籍）中，经常出现“无在”一词，究其语境，约有两类：

（一）乃一佛教哲学概念，即“无在不在”、“无在无不在”（其中“无”为动词），如西晋竺法护译《佛说无言童子经》卷2：“不住于善亦无不善，不处于世亦不度世，无在不在，无害不害，无漏不漏，无为不为，无生死无灭度，此曰立诫。”（T13—534b）姚秦鸠摩罗什译《维摩诘所说经》卷2：“舍利弗言：‘女身色相，无在无不在。’天曰：‘一切诸法，亦复如是，无在无不在。夫无在无不在者，佛所说也。’”（T14—548c）揣摩此句中意：即世间本没有存在与不存在之别，红尘俗世，本无我相、人相、众生相、寿者相……一切都是空的。梦醒之间，一切都会烟消云散。佛陀的意思是：心与心的对象并非独立存在，而是相即的，若无此，则无彼。当然，“无在不在”、“无在无不在”中的“在”，还是“存在”之义。这与《老子》的“为无为，则无不治”和《庄子·齐物论》中的“方生方死，方死方生；方可方不可，方不可方可”如出一辙，乃属“格义”之流。

（二）在佛经中，更多的场合是“无在”单用于一种相同的句式——即“无在”都是连接在两个或更多并列的选择对象之后。这样的用法，最早见于东晋译经（后亦见于中土佛教文献），如：

（1）东晋佛陀跋陀罗共法显译《摩诃僧祇律》卷1：“帝释告

* 基金项目：国家社科基金重大招标项目“汉语史语料库建设研究”（10&ZD117）。本文原载《东亚文献研究》2018年第21辑。

言：‘阎浮提有仙人童子，名曰鹿斑，有大功德，欲方便坏之。’时无数天子闻此不乐，便自念言：‘坏此人者，将减损诸天众、增益阿修罗。’中有平心无当，成败无在，又复欢喜，助欲坏之。”（T22—233a）[①]

（2）东晋佛陀跋陀罗共法显译《摩诃僧祇律》卷10：“复言：‘汝若不乞所应得者，便失此利。’答言：‘我已得钵，失以不失无在。’”（T22—315b）

（3）苻秦僧伽跋澄译《鞞婆沙论》卷1：“但阿毗昙说：‘相当求圣，不应求次第，前后无在。’尊者婆奢说曰：‘一切疑法不违。若先立三不善根，后立至九十八使，彼亦当有此疑。是故一切疑法不违，前后无在。”（T28—419b）

（4）后秦佛陀耶舍共竺佛念译《长阿含经》卷13：“摩纳白佛言：‘我婆罗门论法，坐则俱坐，立则俱立，卧则俱卧。今诸沙门毁形鳏独，卑陋下劣，习黑冥法，我与此辈共论义时，坐起无在。’”（T01—82b）

（5）后秦佛陀耶舍共竺佛念译《四分律》卷35：“时诸比丘夜集欲说法，时坐卑座有疑，佛言：‘若夜集说法者，座高卑无在。’”（T22—817b）

（6）后秦鸠摩罗什译《大智度论》卷56：“有人言：四无量心是菩萨常行，为集诸功德故；后以般若波罗蜜空相，令除邪见，不着众生，亦不着法。是二法前后无在。”（T25—459a）

（7）后秦鸠摩罗什译《大智度论》卷98：“舍身即是大供养，去住无在。”（T25—741c）

（8）失译《古来世时经》卷1：“身报之曰：‘唯然圣人！白衣居家，炊作器物餐具有耳，徐炊食之，早晚无在。道人愿受加哀一门。’”（T01—829c）

（9）刘宋求那跋陀罗译《央掘魔罗经》卷4：“文殊师利！无边欲乐，圣所背舍，圣人为害欲故自害，若如是者，圣人则有自害过恶，谓爱欲心盛，至他所言：‘我起欲心，愿见教诫，令生惭愧，我

① 佛驮跋陀罗（公元359—429年）佛教高僧，佛经翻译家，梵名Buddhabhadra，简称佛驮跋陀，意译“觉贤”，北天竺迦毗罗卫国（今尼泊尔境内）人。法显（334—420年），东晋司州平阳郡武阳（今山西临汾地区）人，一说是并州上党郡襄垣（今山西襄垣）人。

存亡无在。则方便自害。'如是者为害自界耶?"(T02—540c)

(10)隋智顗译《妙法莲华经文句》卷4:"盖如来巧说,使略而无阙,诣而不烦文耳。又六义前后亦复无在(云云)。"(T34—49b)

(11)唐澄观撰《大方广佛华严经疏》卷27:"此据随喜如来权实功德,其福更多。然佛是除罪胜缘,故与忏悔前后无在。"(T35—706c)

(12)唐窥基撰《阿弥陀经疏》卷1:"五奉持分,即彼经云:佛说经已大众欢喜顶戴奉持故,即'佛说是经已'是也。然诸经论中初之二分并为证经非谬,开合无在。"(T37—313c)

(13)唐法藏撰《大乘起信论义记》卷1:"此并作者之意,广略无在。如龙树广论,已具归依。十二门略论,故不别辨。"(T44—246b)

(14)唐湛然述《止观辅行传弘决》卷4:"名异意同,彼此无在。"(T46—254b)

(15)宋知礼述《观音玄义记》卷1:"法是所乘,人是能乘。理合先说本性所乘,方论始觉能乘。今何反此?二此须下释,能乘所乘先后无在。"(T34—894c3)

(16)宋知礼述《观音义疏记》卷4:"今为偈者,或集经者乘便颂之,或是崛多以偈翻之。贯散无在。"(T34—955c)

(17)清灵耀撰《药师经直解》卷1:"如来对境立愿,随便举发,前后多少皆无在也。"(X21—611b)

此类用法的例子,汉文佛典中有数十百例,此处仅选择各个时代的用例而已。分析以上例子可知:

(一)"无在"均出现在两个(或更多)相反的选择项后,如:"成—败"、"失—不失(即'失与不失')"、"前—后"(5例)、"坐—起"、"高—卑"、"去—住"、"早—晚"、"存—亡"、"开—合"、"广—略"、"彼—此"、"先—后"、"贯—散"等等。

(二)对于所列选项,"无在"表达的意思是"不问(不论)",亦即"一样"、"没有差别"。

那么,这个"无在"究竟应该释为何义呢?

《汉语大词典》收了“无在”一词：

“【无在】1. 犹言不在乎。《晋书·刘曜载记》：‘如其胜也，关中不待檄而至；如其败也，一等死，早晚无在。’”

《汉语大词典》所举《晋书》例，所谓“如其败也，一等死，早晚无在”，正是说“同样是死，早晚不论、早晚相同、无别”，并没有《汉语大词典》释文中主观色彩强烈的“不在乎”之义。

其实，“无在”的这一种用法，也几乎同时见于东晋及以后的一般中土文献，但是相对用例较少。

(18)《春秋谷梁传·定公十年》：“夏，公会齐侯于颊谷，公至自颊谷，离会不致。”东晋范宁[①]《集解》云：“雍曰：‘二国会曰离，各是其所是，非其所非。’然则所是之是未必是，所非之非未必非。未必非者，不能非人之真非；未必是者，不能是人之真是。是非纷错，则未有是。是非不同，故曰离。离则善恶无在，善恶无在，则不足致之于宗庙。”（第2445页）

从文中看，“是非不同，故曰离”，而“离则善恶无在”，即谓是非观不同，因而善恶也就没有差别而实际相同了。

(19)《晋书·杜预传》：“古不合葬，明于终始之理，同于无有也。中古圣人改而合之，盖以别合无在，更缘生以示教也。自此以来，大人君子或合或否，未能知生，安能知死，故各以己意所欲也。”（第1032页）“别合无在”即“分葬”与“合葬”无别、相同。

(20)《太平广记》卷319“苏韶”条（出《王隐晋书》）：“节曰：‘厚葬以坟垄，死者乐此否？’韶曰：‘无在也！’节曰：‘若无在，何故改葬？’韶曰：‘今我诚无所在，但欲述生时意耳。’弟曰：‘儿尚小，嫂少，门户坎轲，君顾念否？’韶曰：‘我无复情耳！’”（第2529页）此句中虽“无在”前无选择项，但其意为“（厚葬薄葬）无在”甚明。

---

① 范宁（约公元339—401年），东晋大儒、经学家，徐、兖二州刺史范汪之子、《后汉书》作者范晔的祖父。官至豫章太守，封阳遂乡侯。所撰《春秋谷梁传集解》，是今存最早的《谷梁传》注解。

较多的用例，是出现在历代医籍中。首先，日本《医心方》中有不少：

日本《医心方》三十卷，为丹波康赖[①]所编，成书于日本永观二年（公元984年，当宋太宗雍熙元年）《医心方》中涉及各类疾病之症状、治疗、方剂、针灸、养生、房中、食补等，乃养生医学之集大成者。特别需要注意的是，其内容完全辑自我国隋唐以前之古籍（包括医书170余多种、另有文史、字书及佛道类著作四十余种），所引古医书至宋后多已亡佚，赖此书得以保存，故该书被日本奉为国宝。如：

（21）卷14“治自缢死方第10”引《小品方》：“……徐徐抱死人，渐渐揉令绳渐宽也，然后解下之，心下尚温。取鸡雌雄无在，拔翅毛去，勿令得飞也。置地逐之，竟宅走鸡令极久，久者冠当黑止。急以尺物拨死人口开，便牵鸡头上，割鸡冠断，取血临死人口中，至喉咽，气便通。”

（22）卷18“治从高落重物所方第22”，引《葛氏方》：“又云：猝从高落下，瘀血振心，面青短气欲死方：地黄干生无在，随宜用服，取消。”

（23）卷19“诸丹服法第9”，引《服石论》：“凡服丹，亦有先熟嚼半果许枣后，以丹和咽之者，有和蜜吞之者，亦有以白饮及酒送之者，亦有直尔引口中津并以水下者，此等并得无在。”

（24）卷21“治妇人尿血方第27”引《葛氏方》：“又方：葵根、茎、子无在，取一升，水四升，煮取一升，纳书中白鱼虫十枚，研服一合。”

（25）卷22“治妊妇遗尿方第28”引《产经》：“取胡燕巢中草，烧末，服半钱匕，水酒无在。”

（26）卷26“断谷方第7”引《大清经》：“亦可捣碎曝干，更末服之。亦可捣末酒溲曝干，更捣筛，以酒饮及水无在，干不及生。并令人轻身延年，体香少眠，身生绿毛，还白绝谷，不觉饥。”

（27）卷26“避寒热方第9”引《灵奇方》：“又方：术三升、防

---

① 丹波康赖（公元912—995年，当我国五代至北宋时期）乃中国血统日本人，是汉灵帝五世孙阿留五逢战乱定居日本后的第八代，因医术精湛，受赐姓丹波，累迁针博士、左卫门佐。

风二升、莨菪子半升，熬之合末，服方寸匕，酒粥无在，连服勿废，日尽一剂，冬不用衣。”

（28）卷27“导引第5”引《服气导引抄》：“卧起先以手巾若厚帛拭项中、四面及耳后，皆使员匝温温然也。顺发摩头若理栉之无在也。”

而在本土，主要是出现于唐代的医籍中：

（29）唐孙思邈《备急千金要方》卷10“伤寒”：“若女人玉门头是穴。男女针灸无在。”

（30）《备急千金要方》卷12“胆腑”：“右三味，治下筛。服一钱匕，水浆无在，得下而已。”“服散者，细下筛，服一方寸匕，和水酒浆饮无在，稍增，以知为度。”“次内丹砂三千杵，内蜜又捣万杵，佳。若不用丹砂者，内真朱四两无在。每内药，辄治五百杵，内少蜜，恐药飞扬。”

（31）《备急千金要方》卷15“脾脏上”：“猪羊胆无在，以筒灌三合许。令深入即出矣。”

（32）《备急千金要方》卷21“消渴、淋闭、尿血、水肿”：“右二味绞地黄取汁，浸黄连出暴之。燥复内之，令汁尽干之。捣末蜜丸如梧子。服二十丸，日三，食前后无在。亦可为散，以酒服方寸匕。”

（33）《备急千金要方》卷27“养性”：“采地黄，去其须叶及细根，捣绞取汁以渍肥者，着甑中。土若米无在，以盖上。蒸之一时出。”

（34）唐孙思邈《千金翼方》卷13“辟谷”：“又取大豆三升。炒令熟，取黄。磨之下筛，合三物搅调相得，内韦囊中盛之。一服五合。用酒水无在。日三，食饮无妨，治万病。”“柏叶取近上者，但取叶，勿杂枝也，三十斤为一剂……以三升小麦净择，内着柏叶汁中……又取大豆三升……合三物搅调相得，内韦囊中盛之，一服五合，用酒水无在，日三，食饮无妨。治万病，病自然消，冬不寒，颜色悦泽，齿脱更生，耳目聪明肠实。服此，食不食无在。”

（35）唐王焘《外台秘要方》卷37：“右二十三味，筛，蜜和，更一千杵，封以油腊纸无在。有患时温、热疟病、鬼疟病、心腹鼓胀、疸黄垂欲死者，可服四、五丸，丸如梧子大。或至六、七丸，但取三、两行快利为度，利止即差。”

二

“无在”（其中“无”相当于“不”，为否定副词）何以有“不论（无论）”“一样”“没有差别”“都可以”之义呢？愚以为：“在”古有“存问”“察视”之义。《说文解字注·土部》：“在，存也。”段玉裁注：“存，恤问也。《释诂》：‘徂、在，存也。’‘在、存，察也。’按《虞》《夏》书‘在’训‘察’。谓‘在’与‘伺’音同，即存问之义也。‘在’之义，古训为‘存问’，今义但训为‘存亡’之‘存’。”（第687页）《左传·襄公二十六年》：“吾子独不在寡人”杜预注：“在，存问之。”（第1989页）《尔雅·释诂》：“在，察也。”（第2577页）《书·舜典》：“在璇玑玉衡，以齐七政。”孔传：“在，察也。”（第126页）如是，则“无在”犹“无问”“无察”。如“早晚无在”，犹“早晚无问”“早晚无察”，亦即“早晚不问”“早晚不论”，意译之即“早晚一样”“早晚没有差别”。

而这一意思，汉译佛典中也可以用“无问”来表达。

（36）失译《佛说佛名经》卷26：“众等！莫自恃盛年财宝势力，懒惰懈怠放逸自恣，死苦一至，无问老少贫富贵贱，皆悉磨灭，奄忽而至，不令人知。”（T14—287b）

（37）北凉昙无谶译《大方等大集经》卷40：“不令其人经于恶事，无问一切诸檀越家，或复刹利，或婆罗门、毗舍、首陀，或男，或女、小男、小女，一切救济，常为守护，不令入恶。”（T13—267a）

（38）隋费长房撰《历代三宝纪》卷12：“门徒悉行方等，结净头陀乞食。日止一飡，在道路行。无问男女，率皆礼拜。”（T49—105b）

（39）隋阇那堀多译《佛本行集经》卷27：“尔时，彼处四面林木，无问大小，所有树神，各从其树出身，来到护菩提树神边。”（T03—778c）

（40）隋阇那堀多译《大法炬陀罗尼经》卷12：“如师子王大鸣吼时，悉能惊怖。一切禽兽，无问强弱、若行若住，闻彼吼声，各藏岩穴。”（T21—713b）

（41）隋达磨笈多译《菩提资粮论》卷6：“又于各各共诤离坏众生中。无问亲与非亲，皆令和合，同心相爱。”（T32—539c）

（42）唐输波迦罗译《苏悉地羯罗经》卷2：“如前先出所说团食，应作护摩。无问前后，但依此法念诵护摩。”（T18—618c）

（43）唐阿地瞿多译《陀罗尼集经》卷3：“当请清净持明师，无问道俗，道体相同行纯熟者，七人乃至二七三七人等，净持戒行德尊长者。当于一所，别立厨膳供给师等，任取胜地。无问寺内宽大堂宇庭院之所，若近舍利浮图塔庙，若好园林名山净处，起作道场。”（T18—809a）

（44）唐菩提流志译《佛心经》卷1：“每日无问夜及晨朝，结契诵至千遍。”（T19—4b）

（45）唐道宣缉《量处轻重仪》卷2：“若以青黄赤白黑五大色染，并绯碧红绿紫等上色染成者，无问多少轻重，并从衣财入分。”（T45—846c）

（46）唐道宣撰《续高僧传》卷20：“融乃告曰：‘诸来法侣，无问旧新，山寺萧条，自足依庇。’”（T50—604c）

（47）《续高僧传》卷29：“见有坊寺禅宇灵塔神仪，无问金木土石，并即率化成造。其数非一。”（T50—694a）

（48）唐道宣撰《广弘明集》卷17：“以往修善断恶，生生世世常得作大隋臣子。无问长幼、华夷，咸发此誓。”（T52—214b）

（49）宋子璇集《首楞严义疏注经》卷1：“钵多罗，此云应量器，色与体量皆应法度也。无问净秽，故云次第。”（T39—829c）

（50）宋元照撰《四分律行事钞资持记》卷2：“一者名通，无问轻重，但从过边，皆突吉罗。”（T40—257c）

（51）宋法云编《翻译名义集》卷7：“应法师云：‘西域结鬘师，多用苏摩罗华。行列结之，以为条贯。无问男女贵贱，皆此庄严。”（T54—1172b）

（52）元普瑞集《华严悬谈会玄记》卷6：“受者无问恶道善道，难处生皆得闻经，以难不障闻，故言虽也。”（X08—128a）

同样的用法，更早见于中土文献：

（53）《前汉纪·高后纪》："诸吕无问长幼，皆斩之。"（第89页）

（54）《前汉纪·孝成纪》："又令中黄门田闳持诏记与武：'取才官令舍妇人新生儿及婢六人，尽置暴室狱，无问男女、谁儿女也！'"（第475页）

（55）《三国志·魏志·辛毗传》："毗对曰：'明公无问信与诈也，直当论其势耳。'"（第695页）

（56）《齐民要术·杂说》："若冬乏水雪，连夏亢阳，徒道秋耕不堪下种，无问耕得多少，皆须旋盖磨如法。"（第22页）

（57）《齐民要术·涂瓮第六十三》："凡瓮，七月坯为上，八月为次，余月为下。凡瓮，无问大小，皆须涂治。"（第477页）

（58）《北齐书·卢斐传》："别典京畿诏狱，酷滥非人情所为。无问事之大小，拷掠过度，于大棒车辐下死者非一。"（第657页）

（59）《梁书·武帝纪下》："凡厥逋耗逋负，起今七年十一月九日昧爽以前，在民间无问多少，言上尚书督所未入者，皆赦除之。"（第86页）

（60）《周书·武帝下》："或我之将卒，逃彼逆朝，无问贵贱，皆从荡涤。"（第98页）

（61）《周书·苏绰传》："必戒敕部民，无问少长，但能操持农器者，皆令就田，垦发以时，勿失其所。"（第384页）

（62）《隋书·酷吏传·田式》："或僚吏奸赃、部内劫盗者，无问轻重，悉禁地牢中，寝处粪秽，令其苦毒。"（第1694页）

（63）唐温大雅撰《唐创业起居注卷上》："至西河城下大郎二郎不甲亲往喻之。城外欲入城人，无问男女小大，并皆放入城内。"

（64）唐长孙无忌等撰《唐律疏议·职制下》："为人嘱请曲法者，无问行与不行、许与不许，但嘱，即合杖一百。"（第850页）

（65）《旧唐书·食货志上》："其诸色浮客及权时寄住户等，无问有官无官，各所在为两等收税。"（第2092页）

亦见于古代医籍：

（66）晋皇甫谧撰《针灸甲乙经》卷8“五藏传病发寒热第1上”：“取三里写之，近者一下，远者三下。无问虚实，工在疾写也。”

（67）晋葛洪《肘后备急方》卷4“治卒大腹水病方第25”：“李绛兵部手集方，疗水病，无问年月深浅，虽复脉恶，亦主之。”

（68）唐孙思邈撰《备急千金要方》卷26“治诸风方”：“古令以来，无问贵贱，往往苦之，此是风之毒害者也。”

（69）明周王朱橚撰《普济方》卷86“眼目门”：“眼疾无问重轻新久，欲调治，先进此药数服。”

在日本《医心方》中，用例亦甚众：

（70）卷1“服药节度第3”引《千金方》：“又云：必有脏腑积聚，无问少长，须泻；必有虚损，无问少长，须补。以意商量而用之。”

（71）卷8“脚气所由第1”引《病源论》：“夫脚气为病，本因肾虚，多中肥溢、肌肤虚者。无问男女，若瘦而劳苦，肌肤薄，亦唐侍中论云‘凡脚气病者，盖由暑湿之气郁积于内，毒厉之风吹薄其外之所致也。’”

（72）卷11“治久赤白利方第25”引《随时方》：“治赤白痢连年不瘥，腹中如刀搅，或血行下。无问赤白谷痢，并主之。”

（73）卷12“治大便下血方第16”引《千金方》：“又方：捣蓟，无问大小猫虎羊等，取汁饮之，煎取。若冬月无生者，掘取根或干者切二升。”

（74）卷13“治骨蒸病方第14”：引《玄感传尸方》：“又云：骨蒸之病，无问男女，特忌房室、举动劳作，尤不宜食陈臭咸酸难消粘食。”

（75）卷14“治注病方第11”引《极要方》：“疗恶症，入心欲死，无问远近年月皆愈方：安息香半两为末，酒服即愈。（《救急单验方》同之。）”

（76）卷15“治痈疽未脓方第2”引《千金方》：“凡诸异肿种种不同者，无问久近，皆服五香汤，刺去血，小豆薄敷之，其间数数以针刺去血。”

(77) 卷19“服石钟乳方第16”引《极要方》：“空腹服钟乳法：上取成练乳，称一两，分为再服，旦服暮令尽。无问乳之多少，此一两为度。”

(78) 卷27“导引第5”引《千金方》：“又云：人无问有事无事，恒须日别一度，遣人踏背及四肢颈项。若令熟踏，即风气时气不得着人，此大要妙，不可具论之。”

(79) 卷27“杂禁第11”引《千金方》：“又云：凡见姝妙美女，慎勿熟视而爱之。此当是魑魅之物，令人深爱也。无问空山旷野，稠人广众，皆亦如之。”

同样的意思，汉译佛典中也可以用“不论”（或“无论”）来表示：

(80) 梁宝亮等集《大般涅盘经集解》卷54：“乃意在神明体真，不论生死，生死虚构，有何甚深。”(T37—548b)

(81) 隋灌顶撰《大般涅盘经疏》卷24：“是故不论了与不了次，眼见闻见，中有两番。初以十住为闻见，佛地为眼见。”(T38—181a)

(82) 隋吉藏撰《法华玄论》卷2：“譬如不论黄石有金无金，而忽令人炉冶，事所未闻。”(T34—374b)

(83) 隋智顗撰《观音义疏》卷1：“明圣心等，本救其囚执，不论有罪无罪也。”(T34—927c)

(84) 隋吉藏撰《胜鬘宝窟》卷1：“文殊为阇梨，弥勒为教授师，一切佛为尊证，一切菩萨为同学。不论有像无像也。”(T37—20c)

(85) 唐澄观撰《大方广佛华严经随疏演义钞》卷31：“今疏不论成位不成位，皆以三品别答信问。”(T36—233a)

(86) 宋知礼述《金光明经文句记》卷3：“言性罪者，即十恶也，不论受与不受犯之性自是罪。”(T39—116b)

(87) 唐道宣撰《续高僧传》卷4：“俗利其宝，用充福物。既非僧掌，固守弥崇。无论道俗，必先酬价。”(T50—448c)

(88) 唐道宣撰《续高僧传》卷15：“或闻初开法肆，或中途少

闲。但有法坐，无论胜负，咸预位席，横经而听。”（T50—540b）

（89）唐飞锡撰《念佛三昧宝王论》卷3：“无论福田及非福田，悉可敬之，一切皆入真实三业供法界海中。”（T47—144a）

（90）元智彻撰《禅宗决疑集》卷1：“道伴实情相告，剖析来因，道在人弘，无论僧俗。”（T48—1009c）

在中土文献中，此类用例出现更早：

（91）《吕氏春秋·劝学》：“是故古之圣王，未有不尊师者也。尊师，则不论其贵贱贫富矣。若此，则名号显矣，德行彰矣。”（第36页）

（92）《魏书·世祖纪》：“性又知人，拔士于卒伍之中，惟其才效所长，不论本末。”（第107页）

（93）唐罗隐《蜂》诗：“不论平地与山尖，无限风光尽被占。”

（94）唐吕岩《沁园春》词之二：“限到头来，不论贫富，着甚干忙日夜忧，劝年少，把家缘弃了，海上来游。”

（95）宋韩琦《和袁陟节推龙兴寺芍药》诗：“不论姚花与魏花，只供俗目陪妖姹。”

（96）宋陈郁《念奴娇·咏雪》词：“没巴没鼻，霎时间，做出漫天漫地。不论高低与上下，平白都教一例。”

（97）宋洪迈《容斋五笔·王安石弃地》：“〔辽国〕必欲以代州天池分水岭为界……王安石当国，言曰：‘将欲取之，必固与之。’于是诏不论有无照验，擗拨与之。”

（98）宋朱彧《萍洲可谈》卷2：“奕者多废事，不论贵贱，嗜之率皆失业。”

（99）元刘致《红绣鞋》曲题云：“北俗：小儿不论男女，皆以娃呼之。”

（100）明沈德符《敝帚轩剩语·人化异类》：“又夷中人有号为仆食者，不论男女，年至老，辍变异形，或犬或豕或驴之属，于人坟前拜之，其尸即出，为彼所食，盖亦百夷一种也。”

（101）《梁书·裴子野传》：“苟片善宜录，无论厚薄；一介可求，不由等级。”（第442页）

（102）《隋书·何妥传》："察今之举人，良异于此。无论谄直，莫择贤愚。心欲崇高，则起家喉舌之任；意须抑屈，必白首郎署之官。"（第1710页）

（103）唐王勃《别薛华》："送送多穷路，遑遑独问津。悲凉千里道，凄断百年身。心事同漂泊，生涯共苦辛。无论去与住，俱是梦中人。"

（104）宋张杲撰《医说》卷1"封君达"："闻有疾病殆死者，无论识与不识，以药治之，应手而愈。"

（105）宋张杲撰《医说》卷6"治蛊毒"："凡中蛊毒，无论年代远近，但煮一鸭卵插银钗于内，并噙之。约一食顷，取见钗卵俱黑，即中毒也。"

"无问""不论（无论）"与"无在"从语义而言，均表示"条件或情况不同而结果不变（可以不加考虑）"，而它们的主要区别，一是句中所处位置不同，"无在"均处于几个选择项之后，而"无问""不论（无论）"均处于几个选择项之前。二是出现在"无在"前的选择内容比较简单，往往是相反的两项（两个词或词组），而出现在"无问""不论（无论）"后的有些选择内容，既可以比较简单（两个相反的词或词组），也可以比较复杂，如"无问一切诸檀越家，或复刹利，或婆罗门、毗舍、首陀，或男，或女、小男、小女"、"无问寺内宽大堂宇庭院之所，若近舍利浮图塔庙，若好园林名山净处"、"不论受与不受犯之性"等等，往往是若干项（而且有的是几个小句）。因此有些"无问""不论（无论）"逐渐语法化为表假设条件关系的连词，与后面结果句中表示总括的副词"皆""咸""悉""俱"等关联，表示条件不同而结果不变。而"无在"却一直只能置于选择项后充当谓语成分（是否受佛经原典影响？具体原因待考）。

故《汉语大词典》云：

"【无问】1. 不论。北魏贾思勰《齐民要术·煮胶》：'但是生皮，无问年岁久远，不腐烂者，悉皆中煮。'清曾国藩《仁和邵君墓志铭》：'位西性故戆直，往往面折人短……无问新故疏戚，贵贱贤否，一切蹙頞相绳，人不能堪。'"

"【不论】连词。表示条件或情况不同而结果不变。《敦煌变文集·维摩诘经讲经文》：‘且要身心不越常，能于苦海作桥梁。不论高下皆如下，此个名为真道场。’《初刻拍案惊奇》卷二十：‘洛阳刘元普仗义疏财，名传天下，不论认识不认识，但是以情相求，无有不应。’”

“【无论】2. 连词。不论，不管。表示在任何条件下结果都一样。隋尹式《别宋常侍》诗：‘游人杜陵北，送客汉川东，无论去与住，俱是一飘蓬。’”

三

最后，由“无在”义的考释，使我很自然地想起平时阅读中遇到的两个疑难问题：

首先是早期医籍《肘后备急方》中的一个用例：

> （106）东晋葛洪①《肘后备急方·治伤寒时气温病方第13》：“又方：金色脚鸡，雌鸡血在，治如食法，熟食，宜饮汁令尽，不过再作。亦可下少盐豉，佳。”

此例中“雌鸡血在”一句，历来无人知晓其义。明李时珍《本草纲目》卷48“禽之二·鸡”下引《肘后方》本条，改为“用金色脚黄雌鸡治如食法，煮熟食之，并饮汁令尽，不过再作。亦可少下盐豉”，擅自删除“血在”二字。今按，《肘后备急方》中“雌鸡血在”四字当为“雌雄无在”之讹。“雄”形误为“雞（鸡）”，“無（无）”残而为“血”。敦煌写卷中，“无”分别作“”“”“”（黄征，2005：430），若下方四点残缺、漫漶，极易讹为“血”。正巧，前举（21）所引《医心方》中即有“取鸡雌雄无在”的用例，给本条校勘提供了有力佐证。

其次是古代农书《齐民要术》中的一个问题：

> （107）后魏贾思勰《齐民要术》卷6“养牛、马、驴、骡第56”：“牛……尾不用至地，至地劣力。尾上毛少骨多者，有力。膝上缚肉欲得硬。角欲得细，横竖无在大。身欲得促，形欲得如卷。卷

① 葛洪（公元284—364年）东晋道教学者、著名炼丹家、医药学家。字稚川，自号抱朴子，晋丹阳郡句容（今江苏句容县）人。他曾受封为关内侯，后隐居罗浮山炼丹，著有《肘后备急方》等。

者，其形侧也。”（第417页）此中“横竖无在大”一句颇费解。而缪启愉《齐名要术校释》于此条下无注。王维辉《〈齐民要术〉词汇语法研究》于“无在”条下云：“《校释》无说。《大词典》‘无在’条：‘①犹言不在乎。《晋书·刘曜载记》：“如其胜也，关中不待传檄而至；如其败也，一等死，早晚无在。”’（7.107）与《要术》的‘无在’显非同义。似指‘不须；不要’，俟考。”（汪维辉，2007：56）

愚谓：《齐民要术》中此段文字，当源自宁戚《相牛经》。宁戚（生卒年月不详），春秋时齐国大夫，中国古代相牛鼻祖（其冢在今山东省平度市马戈庄镇境内，历2500余年至今仍高如山丘），据传此人撰写了《齐侯大夫宁戚相牛经》，后成为相牛圣典。

（108）《隋书·经籍志三》：“《相马经》一卷　梁有《伯乐相马经》、《阙中铜马法》、《周穆王八马图》、《齐侯大夫宁戚相牛经》、《王良相牛经》、《高堂隆相牛经》、《淮南八公相鹄经》、《浮丘公相鹤经》、《相鸭经》、《相鸡经》、《相鹅经》、《相贝经》、《祖权衡记》、《称物重率术》各二卷，《刘潜泉图记》三卷，亡。”（第1039页）

据此可知《齐侯大夫宁戚相牛经》至隋时已亡佚。但赖类书或他书援引而流传下来的该书部分内容尚可见到。如：

（109）《世说新语·汰侈》：“王君夫有牛名八百里驳，常莹其蹄角。王武子语君夫：‘我射不如卿，今指赌卿牛，以千万对之。’君夫既恃手快，且谓骏物无有杀理，便相然可，令武子先射。武子一起便破的，却据胡床，叱左右速探牛心来。须臾，炙至，一脔便去。”

梁刘孝标注：“《相牛经》曰：‘《牛经》出宁戚，传百里奚。汉世河西薛公得其书，以相牛，千百不失。本以负重致远，未服辎軿，故文不传。至魏世，高堂生又传以与晋宣帝，其后王恺得其书焉。’臣按其《相经》云：‘阴虹属颈，千里。’注曰：‘阴虹者，双筋自尾骨属颈。宁戚所饭者也。’恺之牛，其亦有阴虹也。宁戚《经》曰：

‘棰头欲得高，百体欲得紧，大膁疏肋难齘，龙头突目好跳。又角欲得细，身欲促，形欲得如卷。’”（第470页）

（110）唐徐坚《初学记》卷29“牛第5”：“促身”：“宁戚《相牛经曰》……又曰角欲得细，身欲得促，形欲得如卷。”

（111）唐张鷟撰《龙筋凤髓判》卷1：“无复促牛之谤。”明刘允鹏注：“宁戚《相牛经》：角欲得细，身欲得促。”

（112）宋谢维新撰《古今合璧事类备要·别集》卷82“畜产门·牛”引宁戚《相牛经》：“……身欲得促，形欲得如卷。大膁疏肋难饴。龙头突目好跳。……肉欲得坚，角欲得细，鼻如镜则难牵……”

（113）宋陆佃《埤雅》卷3“牛”：“尾不用至地，头不用多肉。角欲得细，身欲得圆，眼欲得大。口方易饲，鼻广易牵。”

（114）宋施宿等《会稽志》卷17“兽部”：“……尾不用至地，头不用多肉。角欲得细，身欲得圆，眼欲得大。口方易饲，鼻广易牵。”

（115）元陶宗仪《说郛》卷107：“宁戚 相牛经”：“身欲得促，形欲得如卷。大膁疏肋难饲，龙头突目好跳。……尾不用至地尾毛少骨多者有力膝上肉欲得坚，角欲得细，鼻如镜则难牵，口方易饴，潫府方易饲。”

我们发现历代所引宁戚《相牛经》内容多寡不同，语句及先后次序亦有异，但“角欲得细”下均无“横竖无在大”五字。故可知“横竖无在大”乃《齐民要术》添加的注文混入正文。而“横竖无在”应四字一读，此则与前举35例“无在”用例的句式显然是一致的。原文是说，牛要角细小的好，至于角是横长还是竖长，则没有差别，都一样。“横竖无在大”的“大”当为衍文。（或许是如《埤雅》、《会稽志》等所引“角欲得细，身欲得圆，眼欲得大”，抄写时“角欲得细”之后因目误跳接了“眼欲得大”之“大”）

而以上两例，时代上均属于东晋之后，也就是说，“无在”的这种用法已经在汉译佛典及中土文献中比较常见。

参考文献

黄征：《敦煌俗字典》，上海教育出版社2005年版。

汪维辉：《〈齐民要术〉词汇语法研究》，上海教育出版社 2007 年版。

引用书目

本文所引佛典文献标注格式为："T" 指《大正新修大藏经》、"X" 指《卍新纂续藏经》，"—" 前后的数字分别表示册数和页数，a，b，c 分别表示上、中、下栏。

本文引例凡不注出处者，诸书均引自文渊阁《四库全书》本，上海古籍出版社 1987 年版。

（晋）范宁注，（唐）杨士勋疏：《春秋谷梁传》，《十三经注疏》下，中华书局 1980 年版。

（唐）房玄龄等撰：《晋书》，中华书局 1974 年版。

（宋）李昉等编：《太平广记》（全 10 册）中华书局 1961 年版。

［日］丹波康赖撰，赵明山等注释：《医心方》（上、中、下），辽宁科学技术出版社 1996 年版。

（清）段玉裁撰：《说文解字注》，上海古籍出版社 1981 年版。

（晋）杜预注、（唐）孔颖达等正义：《春秋左传》，《十三经注疏》（下），中华书局 1980 年版。

（晋）郭璞注、（宋）邢昺疏：《尔雅》，《十三经注疏》（下），中华书局 1980 年版。

旧题（汉）孔安国传、（唐）孔颖达等正义：《尚书》，《十三经注疏》（上），中华书局 1980 年版。

（汉）荀悦撰：《汉纪》（上），中华书局 2002 年版。

（北魏）贾思勰撰、缪启愉校释：《齐民要术校释》（第二版），中国农业出版社 1998 年版。

（唐）李百药撰：《北齐书》，中华书局 1972 年版。

（唐）姚思廉撰：《梁书》，中华书局 1973 年版。

（唐）令狐德棻等撰：《周书》，中华书局 1971 年版。

（唐）魏征等撰：《隋书》，中华书局 1973 年版。

（唐）长孙无忌等编、刘俊文笺解：《唐律疏议笺解》（上），中华书局 1996 年版。

（后晋）刘昫等撰：《旧唐书》，中华书局 1975 年版。

（汉）高诱注：《吕氏春秋》，《诸子集成》（6），中华书局 1954

年版。

（北齐）魏收撰：《魏书》，中华书局1974年版。

（刘宋）刘义庆撰、徐震堮校笺：《世说新语校笺》，中华书局1984年版。

（董志翘　南京　南京师范大学文学院）

"嬒懠"与"肚撰"考略*

徐时仪　潘牧天

《慧琳音义》诠释佛经中需要解释的字词，不仅保存了唐时所传古代典籍的原貌，而且涉及宗教、哲学、语言、文学、艺术、中外交往史等社会文化的方方面面，在文献学、语言学和传统文化研究等方面都具有重要的学术价值（徐时仪，1989、1990）。下文拟就慧琳释"嬒懠"条所说"译经者于经卷末自音为颔剂，率尔肚撰造字"略作考论。

一　"媥懠"与"嬒懠"

唐代密教兴盛，开元之后一度占佛教诸宗之首，尊奉不空罥索观音为护国神祇。① 景龙三年（709 年）南印度沙门菩提流志译《不空罥索神变真言经》三十卷②，记载了不空罥索观世音菩萨的形象及修持其秘密真言观行法门的功德③。如第二十五卷载："若布瑟置迦三昧耶，识心适悦，依诸如来金刚法门，类相瑜伽如所圣者，面目熙怡加趺而坐④。若旖毗柘噜迦三昧耶，识心媥懠，依诸如来最胜自在奋怒金刚降伏法门，类相瑜伽如所圣者，面目褑视跪踞而坐。"考《金藏》《高丽藏》《乾隆大藏经》

---

* 基金项目：国家社会科学基金重点项目"朱子语录词语汇释"（18AYY018）。本文原载《古汉语研究》2018 年第 1 期，曾在"第十届汉文佛典语言学国际学术研讨会"和"中国训诂学研究会 2016 年学术年会"上宣读，承与会先生和匿名审稿专家赐教，谨此致谢。

① 据佛经记载，"不空"，即"不落空"。罥索，即索绳。不空罥索观音，即手持不落空索绳以拯救诸有情的观音。

② 简称《不空罥索经》。

③ 持诵《不空罥索神变真言经》显示有种种神通。凡持诵《不空罥索经》者，现世可得 20 种功德胜利，如身无众病，身肤细软，姝悦妙好，……不为劫贼侵夺衣服财宝等。

④ 面目熙怡加趺而坐，资福藏作"面目凝视结加趺坐"。

和《大正藏》所载皆同。[①] 又考《慧琳音义》卷三十九释此经改“婨懠”为“㜝懠”，指出：“译经者于经卷末自音为颔剂，率尔肚撰造字，兼陈村叟之谈，未审㜝懠是何词句。”[②] 检《碛砂藏》所载《不空罥索神变真言经》二十五卷卷末的随函音义释“婨懠”：“上胡感反，恶性也。下在计反，怒也。”[③] 文中“婨懠”似为形容令人敬畏的威武貌。

婨，又作嬒、㜝。检《广韵·感韵》：“嬒害，恶性也。”《字汇·女部》：“嬒，恶性也。”据《广韵》《字汇》所释，“婨”有“凶恶的性情”义。检《碛砂藏》至《乾隆大藏经》各本藏经所载皆作“婨懠”，而《慧琳音义》改作“㜝懠”。考《说文·女部》：“㜝，含怒也。一曰难知也。从女，酓声。《诗》曰‘硕大且㜝’。”段玉裁注：“《陈风·泽陂》文，今《诗》作‘俨’。《传》曰：矜庄皃。一作‘曮’。《太平御览》引《韩诗》作‘㜝’。㜝，重颐也。《广雅·释诂》曰：‘㜝，美也。’盖三家《诗》有作‘㜝’者，许称以证字形而已，不谓诗义同含怒、难知二解也。”《康熙字典》释“㜝”有“丰艳貌”，引《韩诗外传》“硕大且㜝”为证。又检《尔雅·释言》：“懠，怒也。”据《说文》《尔雅》所释，“㜝懠”似为近义并列复合词，形容令人敬畏的威武貌。

检《不空罥索经》第九卷尚有如下一例：“或嘔俱咤坐，以右脚踏左脚上坐，臀不至地，颜貌瞋怒以婨懠心，双目斜怒瞻视武略。”[④] 其中

① 婨，菩提流志译《不空罥索神变真言经》第二十五卷《广大明王三三昧耶品第五十四》，影印《宋碛砂藏经》，上海影印宋版藏经会 1934 年印行，第七十函第 164 册第 40 页作“婨”。《中华大藏经》第 19 册第 597 页上栏作“婨”。《大正新修大藏经》第 20 册第 366 页下栏作“婨”。《高丽大藏经》第 21 册第 134 页中栏作“婨”。《乾隆大藏经》第 39 册第 80 页上栏作“婨”。《乾隆大藏经》在明《永乐北藏》基础上编校而成，亦称《清藏》，又名《龙藏》，始刻于清雍正十一年（1733），完成于乾隆三年（1738）。

② 《高丽大藏经》，线装书局 2004 年影印版，第 75 册第 196 页上栏。“㜝懠”，各本皆同。参拙校《一切经音义三种校本合刊》，上海古籍出版社 2008 年版第 1184 页和 2012 年修订版第 1184 页。

③ 影印《宋碛砂藏经》，上海影印宋版藏经会 1934 年印行，第七十函第 164 册第 45 页后。

④ 菩提流志译《不空罥索神变真言经》第九卷《最胜明王真言品第十三》，上海影印宋版藏经会 1934 年印行，第七十函第 162 册第 66 页后作“婨”。

“**嬆**”，《乾隆大藏经》所载同①，《金藏》作“**嬆**”②，《高丽藏》作“**嬆**”③，《大正藏》作“**嬆**”④，**嬆**、**嬆**、**嬆**、**嬆**皆为“嬆”的形近俗写字。《碛砂藏》第九卷卷末的随函音义释“嬆懠”：“上胡感反，下才计反。”⑤《慧琳音义》卷三十九释《不空罥索经》第九卷中以⿰女酓：“昂感反。《说文》云：⿰女酓，含怒也。一曰难知也。从女酓声。经作嬆，误也。酓音一僭反。”懠心：“上齐细反。《毛诗传》云：懠，怒也。《广雅》：愁也。《文字典说》：从心齐声。”慧琳指出“经作嬆，误也”，可见慧琳所见当时《不空罥索神变真言经》的菩提流志译本与今传本同，也作“嬆”。据慧琳所释，经文中“嬆懠”亦形容令人敬畏的威武貌，“嬆”则应作“⿰女酓”。

又检《慧琳音义》卷三十九释《不空罥索经》第二十一卷中⿰女酓害：“上昂感反。前第九卷中已释之。”检《不空罥索经》第二十一卷原文：“此辈性甚嬆害，恶慧滋盛，无明坚致。”⑥ 经中“嬆害”有“恶”义，形容性情凶恶。慧琳所释亦将“嬆”改作“⿰女酓”。考《龙龛手鉴》卷二：“**嬆**，悮。⿰女酓，正。五感反。含怒皃。**嬆**、**嬆**，或作**嬆**，今胡感反。嬆害，恶性也。又五感反。”（行均，1985：281）据行均所释，“嬆害”有“恶性”义。“⿰女酓”是正字，表含怒貌，又作**嬆**、**嬆**和嬆。考王筠《说文解字句读》卷十二下：“⿰女酓，含怒也。《广韵》讹作嬆，云：嬆害，恶性也。一曰难知也。从女酓声，五感切。《诗》曰：硕大且⿰女酓，《陈风·泽陂》文，毛作俨。传云矜庄皃。《释文》云一本作曮。《太平御览》引《韩诗》作⿰女酓。⿰女酓，重颐也。《广雅·释诂》曰：⿰女酓，美也。则许君引诗乃别一义也。然《洛神赋》曰敛薄怒以自持，亦或有合。”据王筠所释，“《洛神赋》曰敛薄怒以自持，亦或有合”，而据今传不空罥索观音像，其容貌似亦无“恶性”义，而与“⿰女酓”的“矜庄”与“含怒”相合，“⿰女酓”与“懠”组成并列复合词形容不空罥索观音令人敬畏的庄严威武貌。

不空罥索观音是变化观音之一，据菩提流志译《不空罥索经》对不

① 《乾隆大藏经》第 38 册第 599 页下栏作**嬆**，台湾新文丰出版公司 1990 年影印版。

② 《中华大藏经》第 19 册第 428 页下栏作“**嬆**”。

③ 《高丽大藏经》第 20 册第 709 页上栏作“**嬆**”。

④ 《大正新修大藏经》第 20 册第 274 页中栏作“**嬆**”。

⑤ 影印《宋碛砂藏经》，上海影印宋版藏经会 1934 年印行，第七十函第 162 册第 68 页。

⑥ 《高丽大藏经》第 21 册第 101 页中栏，《大正新修大藏经》第 20 册第 342 页。

空罥索观音的描述，其形象可坐可立，具四或多臂，一面或多面，手持罥索等法器。一般多为肩披鹿皮结跏趺坐，瓔珞珠钏庄严诸天衣，诸变化身有三面六臂、三面十八臂等。其中或为首戴阿弥陀化佛宝冠，一面四臂，面目熙怡，左右上手执莲花瓶、把念珠，下手施无畏印；或为一面三目，执莲花、三叉戟、把罥索、施无畏印。（彭金章，1999）今传世诸像以三面六臂为多（彭金章，1999、2003；公维章，2004）[①] 如《不空罥索神变真言经》卷二十二载：“不空王观世王音菩萨，身量横量十六指数，三面六臂。正中大面慈悲熙怡，如首戴大梵天面，眉间一眼，首戴天冠，冠有化阿弥陀佛。左面怒目可畏，眉间一眼，鬓发耸竖，月冠，冠有化佛。右面颦眉怒目，狗牙上出，极大可畏，眉间一眼，须发耸竖，首戴月冠，冠有化佛。一手持罥索，一手持莲华，一手持三叉戟，一手执钺斧，一手施无畏，一手把如意宝杖。结跏趺坐，佩身光焰。”如下图 1 为敦煌莫高窟 198 窟东壁门北所绘六臂不空罥索观音，胸前双手结印，后四手分别持净瓶、甘露瓶和三叉戟，面目熙怡跏趺而坐（彭金章，2003：135）。

又如印度加尔各答博物馆藏有印度比哈尔（Bihar）邦库尔基哈尔（Kurkihar）出土的一尊塑于印度帕拉时期（约 700—1200）的不空罥索观音碑像（见图 2），高 92 厘米（肥冢隆、宫治昭，1999：图版 52），颜貌奋怒，右脚下弯，左脚趺坐。

敦煌石窟现存不空罥索观音经变壁画 75 幅和绢画 5 幅（彭金章，1999），已有研究成果认为菩提流志所译《不空罥索神变真言经》是不空罥索观音图像的重要经典依据。如敦煌 384 窟南壁东侧所绘六臂不空罥索观音（见图 3）。

图 3 中不空罥索观音坐在莲台上，上有华盖，头戴的宝冠饰有阿弥陀化佛，身后有头光及身光，左肩上披深棕色带白色花纹的鹿皮。右边三手分别持斧、柳枝、罥索，左边三手分别持净瓶、莲花、水瓮。下方画海洋及两位龙王。上方左右分别为乘马车的日光菩萨与乘鹅车的月光菩萨，两侧则为四天王。台座两侧为手抓一杖的婆薮仙与象征财富的功德女，底部两侧还有两名愤怒尊（彭金章，2003：83）。又如 14 窟南壁和 156 窟龛顶所绘八臂不空罥索观音（见图 4）。（彭金章，2003：112、131）

---

① 《敦煌学大辞典》“不空罥索观音画像”条，上海辞书出版社 1998 年版，第 163—164 页。

图 1　敦煌莫高窟 198 窟六臂不空罥索观音壁画

图 2　印度出土帕拉时期不空罥索观音碑像

《不空罥索陀罗尼经》的汉文本是目前所见的最早文本，多于 6—8

图 3　敦煌莫高窟 384 窟六臂不空罥索观音壁画

图 4　敦煌莫高窟 14 窟、156 窟八臂不空罥索观音壁画

世纪译出，现存梵文与藏文的版本年代则较晚。菩提流志译三十卷本《不空罥索神变真言经》是了解佛教密宗的重要文献，其中三分之二见于今传梵文手稿。日本大正大学在《大正大学综合佛教研究所年报》第 20、

21、22、23、26、32、33号影印刊载了《不空罥索神变真言经》的梵本转写①。检今传《不空罥索陀罗尼经》梵文本中未见上文所及卷九与卷二十五的内容②，我们猜测经中“㜮㦧”一词似据今已失传的更早梵文本或其他文本所译，今虽无以查考“㜮㦧”一词的梵文词义，然据现存不空罥索观音图像及《不空罥索经》的描述，“㜮㦧”一词似用以形容令人敬畏的威武貌。

慧琳“内持密藏，外究儒流，印度声明，支那诂训，靡不精奥”③。顾齐之《一切经音义》序称其“尤精字学”。景审《一切经音义》序亦称其“内精密教，入于总持之门；外究墨流，研乎文字之粹。印度声明之妙，支那音韵之精，既瓶受于先师，亦泉泻于后学”。他不仅通晓梵、汉语言，而且熟悉一些西域语言。考“㜷”似与“㜮”形近音近而误④，故慧琳撰音义时将《不空罥索神变真言经》中的“㜷”改作“㜮”。

二 “颔剂”与“肚撰”

慧琳指出“译经者于经卷末自音为颔剂”，由此似可推知慧琳所见当时译本音“㜮㦧”为“颔剂”，慧琳认为“颔剂”是“率尔肚撰造字”。检《近代汉语词典》释“杜撰”认为同“肚撰”。杜，“肚”的同音借字。唐人作“肚撰”，宋人作“杜撰”。释“肚撰”为“凭臆想编造；虚构”，引唐慧琳《慧琳音义》为证（白维国，2015：408）。白维国和江蓝生先生所撰序言以此为吸收最新研究成果纠正成说的例子，称：

> 再举一个吸收最新研究成果纠正成说的例子。各大型历时词典都收有“杜撰”一词，释为“编造、虚构”。但是在文献中另有与“杜撰”同义的“肚撰”却未见收录。“杜撰”与“肚撰”是什么关系？何者为正？根据姚永铭、崔山佳二位的研究成果，我们认为“肚撰”犹“臆撰”，“肚、腹”与“胸、臆”属同一义域的词，“肚撰”与

① 承陈明博士相助查核，谨此致谢。

② 承辛嶋静志博士告知，谨此致谢。《不空罥索陀罗尼经》卷九和卷二十五的梵文转写刊于《大正大学综合佛教研究所年报》第23号（平成13年，2002）和第32号（平成22年，2011），承梁晓虹博士相助查核，谨此致谢。

③ 《宋高僧传》卷五《慧琳传》，载《高僧传合集》，上海古籍出版社1991年版。

④ 㜮，五感切，又胡感切，感韵疑母；㜷，胡感切，感韵匣母。

"臆撰"的构词方式与思路相同，从"心知肚明"也能看出"肚"与心智类词语的联系。关于"杜撰"的来源，宋代以后有多种说法(详见《辞源》"杜撰"条)，然诚如《辞源》所判定："杜撰之源，说法不一，……皆不足信。"两相比较，我们认为"肚撰"更符合词义的内涵，于是补收了"肚撰"条，并将它列为正条，把"杜撰"列为副条：

[肚撰] dù zhuàn 凭臆想编造；虚构。唐慧琳《一切经音义》卷三九："译经者于经卷末自音为颔剂，率尔肚撰造字，兼陈村叟之谈，未审姶侪是何词句。"(白维国，2015：4)

《近代汉语词典》释"肚撰"及白维国和江蓝生先生序言所引《慧琳音义》转录自姚永铭、崔山佳二位先生之文，检姚永铭先生《"杜撰"探源》载："考《慧琳音义》卷38'嬒懠'条：译经者于经卷末自音为颔剂，率尔肚撰造字，兼陈村叟之谈，未审嬒懠是何词句。"（姚永铭，1999）检《慧琳音义》此条载于卷三十九，姚文误作卷三十八。又检崔山佳先生《"杜撰"和"肚撰"》一文参姚永铭《试论〈慧琳音义〉的价值》（浙江省语言学会第九届年会交流论文）引"嬒懠"为"嬒侪"，(崔山佳，2005)《近代汉语词典》释"肚撰"及白维国和江蓝生先生序言则根据姚永铭、崔山佳二位所引《慧琳音义》误"嬒懠"为"姶侪"。

我在1986年所撰硕士学位论文《慧琳和他的一切经音义》第八章"慧琳音义在学术上的价值"曾举"杜撰"一词为例论述《慧琳音义》学术上的价值，兹转录如下：

又如修订版《辞源》收录"杜撰"一词释为"没有根据的臆造"，引《续传灯录》为证，并指出其语源说法不一，或以宋人杜默作诗不合格而起，或以宋人盛度为度撰，或以汉人田何改称杜田生而转为杜撰，或以陶弘景弟子杜道士作文差劣而贻误后人为说，考《慧琳音义》"嬒懠"条下云："译经者于经卷末自音为颔剂，率尔肚撰造字，兼陈村叟之谈，未审嬒懠是何词句。"（卷三十九）慧琳所说的"肚撰"即胸臆之见，古人以为心之官为思，故"肚撰"即凭臆想造字。慧琳释"嬒懠"所用"肚撰"一词当可作为我们今天诠释"杜撰"一词词义的一个有力佐证。

拙撰还加了注，云：

> 《汉语大词典》第四卷“杜撰”一词引宋人《野客丛书》为最早用例，似可据《慧琳音义》补收“肚撰”一词及用例。[①]（徐时仪，1997：157）

《慧琳音义》宋代时于中土已失传，而藉《高丽藏》而存，幸于光绪初年为杨守敬从日本访得。拙撰硕士论文《慧琳和他的一切经音义》是在逐字逐词考斠比勘《慧琳音义》各本异文所获第一手资料的基础上撰成，考斠所得收入拙校《一切经音义三种校本合刊》。（徐时仪，2008［2012］）拙撰《玄应和慧琳一切经音义研究》第九章“一切经音义与辞书学研究”亦曾举“杜撰”一词来论述《一切经音义》的学术价值，兹转录如下：

> 又如“杜撰”一词的词义为“没有根据地编造”，关于此词的语源，说法不一。……宋人对此词的语源亦有探讨。据沈作喆《寓简》云：“汉田何善《易》，言《易》者本田何。何以齐诸田徙杜陵，号杜田生。今之俚谚谓白撰无所本者为杜田，或曰杜园者，语转而然也。岂当时亦讥何之《易》学师承无所自耶？”沈作喆所说“杜园”一词为宋代的俗语词，意为没有根据的、假的。……又据王楙《野客丛书》卷二十云：“杜默为诗，多不合律，故言事不合格者为杜撰。”“然仆又观俗有杜田、杜园之说，杜之云者，犹言假耳。如言自酿薄酒，则曰杜酒。”可见，“杜撰”一词的词义与其时俗语“杜园”相似。
>
> ……又据宋释文莹《湘山野录》卷上载：“石参政中立在中书时，盛文肃度禁林当值，撰《张文节公知白神道碑》进御罢，呈中书。石急问之：‘是谁撰？’盛卒对曰：‘度撰。’对讫方悟，满座大笑。”这则记载中石中立问盛度谁撰写了《张文节公知白神道碑》，盛度脱口回答是自己所撰。他回答时称自己的名字以表示谦敬。杜，

---

① 拙撰《慧琳和他的一切经音义》，硕士学位论文，上海师范大学，1988 年。详参佛光山文教基金会印行《法藏文库》硕博士学位论文《中国佛教学术论典》第 66 册，第 448—449 页。

《广韵》属上声姥韵，定母，徒古切；度，《广韵》属去声暮韵，定母，徒故切。晚唐时浊上已变去，故盛度回答后发现“度”与“杜”同音，与“撰”合在一起变成了“杜撰”。在座的人也因“度”与“杜”谐音，“度撰”变成“杜撰”而抑制不住大笑起来。由此记载可知，其时“杜撰”一词已为人所熟知，故盛度脱口而出的回答会引起人们的傅会。

考盛度生活于北宋年间，约卒于仁宗宝元二年（1039年）左右，按照常理，口语中一个词的出现到写入书面语中大多要经过相当长的一段时间，“杜撰”一词当早于此时已出现。清人翟灏《通俗编》说“盛度在杜默前，则知杜撰之说，其来久矣”。宋人对此词不甚了了的猜测亦表明此词在进入书面语以前已在口语中使用了较长的一段时间。由于年代久远，人们仅仅按照“杜撰”一词的字面义往往不容易解释清楚其词义。其形成之初的理据虽然可能与“杜光庭”或“杜默”有关，但这已是人们试图解释其得义之由的联想。然而其形成之初毕竟存在着能为社会接受的理据性，这是其产生的必要条件。从结构上分析，“杜撰”一词如以“杜撰”之“杜”为“杜默”或“杜光庭”，则此词为主谓结构；如以“杜撰”之“杜”为“虚假”义，则可视为偏正结构。考宋时俗语以“杜”称“假”，故从词义而言，“杜撰”一词应为偏正结构，此词中的“杜”似与“杜光庭”或“杜默”没有必然的内在联系，而很可能仅仅是一个记音的借字。①

考《慧琳音义》卷三十九“嬒懠”条下云：“译经者于经卷末自音为颔剂，率尔肚撰造字，兼陈村叟之谈，未审嬒懠是何词句。”古人以为心之官为思，故慧琳所说的“肚撰”即“杜撰”，亦即凭空臆想。肚，《广韵》属上声姥韵，定母，徒古切。“杜”与“肚”音同。据慧琳释“嬒懠”所用“肚撰”一词可以推测“杜撰”一词早在唐代已出现，其最初的写法似为“肚撰”，后因“杜”与“肚”

① 据翟灏《通俗编》载，青藤山人《路史》又云：“杜本土音，桑土国土并音去声，故相沿舍土而直用杜。今人言专局一能，而不通大方者，谓之土气，即杜也。”土，《广韵》属上声姥韵，透母，他鲁切。“杜”与“土”音近，青藤山人似以“杜”为“土”的借字。

音同而写作“杜撰”，“杜”于是有了“虚假”和“凭空”义。①

修订出版的《辞源》注重探讨词语的语源，其释“杜撰”一词引明代圆极居顶的《续传灯录》为证。以历史主义为编写原则编纂的《汉语大词典》是迄今最具权威性的一部大型词典，编辑方针为“古今兼收，源流并重”，其第四卷释“杜撰”一词引王楙《野客丛书》为首见例证。显然，这两部大型汉语词典在“杜撰”一词的释义上皆尚可进一步穷本溯源，据《慧琳音义》补收“肚撰”一词及用例，从而揭示出“杜撰”一词词义演变的理据和内在脉络。（徐时仪，2009：603—605）

据上文所说，“杜撰”一词中的“杜”有“凭空”“虚诞”义，考宋沈作喆《寓简》所说“今之俚谚谓白撰无所本者为杜田”中“白撰”的“白”也有“凭空”“虚诞”义。如《朱子语类》卷七十五：“诸爻立象，圣人必有所据，非是白撰。”陈亮《谢陈同知启》：“怨家白撰于其外，狱吏文致于其中。”两例中“白撰”与“杜撰”义近。又如《朱子语类》卷一百三十七：“假使悬空白撰得一人如此，则能撰之人亦自大有见识，非凡人矣。”例中“悬空”与“白撰”的“白”义近，皆有“凭空”“虚诞”义。再如《朱子语类》卷一百二十二：“近日浙中一项议论，尽是白空撰出，觉全捉摸不着。”例中“白空”与“悬空”义近。由此可证其时“白撰”亦有“凭臆想编造；虚构”义。

值得指出的是，《辞源》第三版释“杜撰”一词已改以《五灯会元》为证②，似还可补收《慧琳音义》所释而探其语源，而“媣侪”则为讹误用字。检《集韵·覃韵》：“媣，女字。”“媣”为女子人名用字。又检《说文·人部》：“侪，等辈也。”“侪”引申有“等同，并列”等义。“媣

① 据清人赵翼《陔馀丛考》卷四十三载，其时“俗语相沿，凡文字之无所本者曰杜撰，工作之不经匠师者曰杜做。后世并以米之不从商贩来者曰杜米，笋之自家园出者曰杜园笋，则昔以杜为劣作，而今转以杜为佳品矣”（河北人民出版社 1990 年版，第 797—798 页）。盖“杜”只是一个记音字，其本字当为“土”。“土”有“土生土长”义，引申而有“自己、自家”义，自家出产的物品称“土产”，自己的想法、观点亦即“土撰”，然称“土撰”既不达意，又欠雅，故又有“肚撰”取而代之。明代小说也有用例。如《鼓掌绝尘》第四回：“杜开先道：‘已杜撰多时，只候老伯到来，还求笔削。’”

② 《辞源》修订版释“杜撰”，商务印书馆 1980 年版，第 1514 页。第三版《辞源》释“杜撰”，商务印书馆 2015 年版，第 1998 页。

侪”不成词，与经文描述不空罥索观音的状貌义无关，《近代汉语词典》释“肚撰”条似可据慧琳所释和拙校《慧琳音义》改“姶侪”为“𡡾𢡍”。

三 结语

学术研究要立足于第一手语料，同时关注相关研究领域的热点、难点和重点。由慧琳所释“𡡾𢡍”误为“姶侪”，不仅可略窥第一手语料在学术研究中的必要性，而且亦可见《慧琳音义》及汉译佛经与敦煌文献乃至域外文献在词语考释和中外文化交流研究中的重要学术价值之一斑。

参考文献

白维国：《近代汉语词典》，上海教育出版社 2015 年版。

崔山佳：《“杜撰”和“肚撰”》，《辞书研究》2005 年第 2 期。

［日］肥冢隆、宫治昭：《世界美术大全集》，《东洋编》卷 14《インド》，第 2 册，东京：小学馆，1999 年。

公维章：《涅槃、净土的殿堂：敦煌莫高窟第 148 窟研究》，民族出版社 2004 年版。

彭金章：《敦煌不空罥索观音经变研究》，《敦煌研究》1993 年第 1 期。

彭金章：《敦煌石窟不空罥索观音经变研究》，《敦煌研究》1999 年第 1 期。

彭金章：《密教画卷》，商务印书馆（香港）有限公司 2003 年版。

行均：《龙龛手鉴》，中华书局 1985 年版。

王静芬：《不空罥索观音新探》，《敦煌吐鲁番研究》第 15 卷，上海古籍出版社 2015 年版。

徐时仪：《慧琳一切经音义评述》，《上海师范大学学报》1989 年第 3 期。

徐时仪：《慧琳一切经音义的学术文献价值》，《文献》1990 年第 1 期。

徐时仪：《慧琳音义研究》，上海社会科学院出版社 1997 年版。

徐时仪：《一切经音义三种校本合刊》，上海古籍出版社 2008［2012］年版。

徐时仪：《玄应和慧琳一切经音义研究》，上海人民出版社 2009 年版。

姚永铭：《“杜撰”探源》，《语文建设》1999 年第 2 期。

（徐时仪　潘牧天　上海　上海师范大学古籍研究所）

梵汉本根本说一切有部律典词语选释*

陈　明

本文从梵汉本根本说一切有部律典中，选取了“赐处分”“见风”等10个词语，以梵汉对勘的方法进行比较研究，揭示相关词语的含义，为编辑中古佛经词典提供实证的语料。不妥之处，敬请指正。

1. 赐处分：梵语动词 anu-√jñā-，“允许、同意”

例1：［皮］子白父言：“若如是者，当赐处分，我应入海采宝。”（T23，p. 1049 b）①

［梵］sa kathayati/tāta yady evaṃ paṇyam ādāya deśāntaraṃ gacchāmi/②

例2：［皮］子便三请，复白父言：“愿赐处分，放我入海。”（T23，p. 1049 b）

［梵］sa kathayati/tātānujānīhi māṃ gacchāmi paṇyam ādāya deśāntaram iti/③

按：“赐处分”仅见于《皮革事》（*Carma-vastu*）的译文中，例句1

---

* 本文为国家社科基金项目《梵汉对勘与中古汉译佛教律典词语研究》（10BYY068）的成果之一。文中所讨论的词语已刊于陈明《梵汉本根本说一切有部律典词语选释》，《欧亚学刊》新5辑，商务印书馆2016年版，第235—261页；后收入陈明《梵汉本根本说一切有部律典词语研究》，北京大学出版社2018年版。

① ［皮］为义净译《根本说一切有部毗奈耶皮革事》的简称，下同。T23，p. 1049 b 表示《大正新修大藏经》第23册，第1049页中栏，下同。

② N. Dutt, ed. *Gilgit Manuscript*, vol. III: *Mūlasarvāstivādavinayavastu*, part IV, Calcutta 1950 (Delhi 1984), p. 163.

③ N. Dutt, ed. *Gilgit Manuscript*, vol. III: *Mūlasarvāstivādavinayavastu*, part IV, p. 163.

中的“当赐处分”，梵本中并无对应语。例句 2 中的“愿赐处分”，所对应的梵语为 anujānīhi，是动词原形 anu-√jñā-（“允许、同意”）的现在时、命令语气、中间语态、第二人称、单数形式。“当”与“愿”是对此动词的命令语气的表述。例句 1 中的 paṇyam ādāya，义为“做生意，从事贸易”。deśāntaraṃ gacchāmi，义为“我去另一个国家（或地区）”。例句 1 中的“入海采宝”相当于一个固定的套语，实际上，译者在翻译时，将“去另一个国家（或地区）做生意/从事贸易”，译成了通俗易懂的“入海采宝”。

在中土文献中，“处分”有“处置、吩咐”的意思。① 比如，《旧唐书》卷四十九：“伏望圣慈早赐处分，一依旧法，不用新条。”《册府元龟》卷三二九：“如蒙允许，乞内赐处分，奉敕令崔协兼判。”又，《白氏长庆集》卷五十九：“伏望读臣此状一二十遍断其可否，速赐处分，臣不胜负忧，待罪恳迫，兢惶之至，谨奏。”可见，该词多用于臣下呈送给皇帝的上奏文书，《皮革事》中虽不是臣下对皇帝的上奏，却也是晚辈（子）对长辈（父）所言，符合“下”对“上”的语境，不过，其意义与中土文献存在差异。

《根本说一切有部毗奈耶》卷一：“跪而请曰：‘若如是者，我欲游方，经求产业，愿垂见许。’”此段中的“愿垂见许”与《皮革事》的“愿赐处分”意思基本相同。《贤愚经》卷八有类似的情节：“作是念已，往白父母：‘今欲入海，求多珍宝，还用施给，济民所乏。唯愿见听，得遂所志。’”此段中的“唯愿见听”与《皮革事》的“愿赐处分”意思亦基本相同。实际上，在汉译律典中，“见许”“见听”“听许”“听见许”等词语，都表示“允许”的意思。

《皮革事》中还有两处类似的译语，如下：

例 3：［皮］时长者子白父母：“我欲出家，愿见赐许。”（T23, p. 1052a）

［梵］sa kathayati/amba tātānujānīdhvaṃ pravrajiṣyāmi samag evaśraddhayā agārād anāgārikam/②

---

① 方一新、王云路：《中古汉语读本》（修订本），上海教育出版社 2006 年版，第 250 页。

② N. Dutt, ed. *Gilgit Manuscript*, vol. III: *Mūlasarvāstivādavinayavastu*, part IV, p. 183.

例 4：［皮］白迦多演那言："邬波驮耶，我有咨白，愿见听许。我今但见邬波驮耶，未见世尊。虽见法身，未见色身。若亲教听我见如来色身相好者，今亦欲去。"（T23，p. 1052 b）

［梵］... āyuṣmantaṃ mahākātyāyanam idam avocat/dṛṣṭo mayopādhyāyānubhāvena sa bhagavān dharmakāyena no tu rūpakāyena/ gacchāmy upādhyāya rūpakāyenāpi taṃ bhagavantaṃ drakṣyāmi/①

例句 3 中的"愿见赐许"，也是义净译本中的独特表达方式，所对应的梵语为 anujānīdhvaṃ，是动词原形 anu-√jñā-（"允许、同意"）的现在时、命令语气、中间语态、第二人称、复数形式。"愿见"亦相当于此动词的命令语气的表述。"愿见赐许"的含义与例句 2 中的"愿赐处分"完全一致。例句 4 中的"我有咨白，愿见听许"，在梵本中并无相应的表达，或许是汉译时的语意添加成分。

"处分"一词多见于《破僧事》，但基本上是表示"处理、处置"的意思，与"允许"义无关。比如：

例 5：［僧］时净饭王报其使曰："我今何能处分斯事?"劫比罗国有一大臣名曰阐陀，前白王曰："愿王令我捡校斯事，我有方便，令王子等不假王言自除此树。"（T24，p. 112a）②

［梵］rājāśuddhodanaḥ kathayati：nāhaṃ kumārāṇām ājñāṃ dadāmīti；chanda ḥ kathayati：kevalaṃ devo ' nujānātu；ahaṃ tathā kariṣyāmi yathā na ca kumārāṇām ājñā dīyate，atha ca punaḥ svayam eva gacchantīti. ③

《众许摩诃帝经》是《破僧事》的异译本，其卷四中对应的语段为："时净饭王默然不允，若太子自去即当随意。有大臣名曰洊那，潜知王意。"（T3，p. 943a）但此段落与《破僧事》梵汉文本均有出入。例 5 中

① N. Dutt，ed. *Gilgit Manuscript*，vol. III：*Mūlasarvāstivādavinayavastu*，part IV，p. 185.

② ［僧］为义净译《根本说一切有部毗奈耶破僧事》的简称，下同。

③ Raniero Gnoli，ed.，*The Gilgit Manuscript of the Saṅghabhedavastu*：*Being the* 17th *and Last section of the Vinaya of Mulasarvāstivādin*，part I，Rome：Instituto Italiano par il Medio ed Estremo Oriente，1977. p. 63.

的“我今何能处分斯事?”所对应的梵本 nāhaṃ kumārāṇām ājñāṃ dadāmīti 原意为:“我不能给童子们(即王子们)命令。”所以,“处分”相当于梵本中的 ājñāṃ dadāmi(我给/下命令)。例句 5 中的“愿王令我捡校斯事”,所对应的梵本动词 anujānātu,是动词原形 anu-√jñā-(“允许、同意”)的现在时、命令语气、主动语态、第三人称、单数形式。

例 6:[僧]王集群臣共议此事:“如此罪人云何处分?”“可杀之耳”。王即思惟:此是智贼,云何杀之?告群臣曰:“此人勇猛,兼有智慧,可留侍卫。”(T24, p. 160c)

[梵] rājā amātyān āmantrayate: bhavantaḥ katham atra pratipattavyaṃ? iti; te kathayanti: deva praghātyatām iti; rājā kathayati: bhavantaḥkatham īdṛśo vīrapuruṣaḥ praghātyaḥ; upasaṃgraho 'sya kartavyaḥ iti. (vol. ii, p. 63)

例句 6 中“云何处分”,相当于梵本中的 bhavantaḥ katham atra pratipattavyaṃ(汝等如何处理此事),所对应的梵本动词 pratipattavyaṃ,是动词原形 prati-√pad-(“答应、同意;发生;获得;实现、执行”)的必要分词形式。

2. 见风:[大]小便的隐语。梵语表达形式为 prasrāva-+动词√kṛ-,意即“拉小便”

例 1:[僧]后于一时,其女负酪,忽设矫心,遂报母曰:我欲见风,愿母持酪,且渐前行。(T24, p. 162b)

[梵] duhitā kathayati: amba gṛhāṇa tāvan mathitaghaṭam, prasrāvaṃ karomi iti. (vol. ii, p. 4)

按:此例出自《根本说一切有部毗奈耶破僧事》卷十二,讲述耶输陀罗招报怀胎六年的前生因缘。文云:

佛告诸比丘:往昔有村,时有老母,唯有一女。多养乳牛,每日作酪浆。母女相随,巡村估卖。后于一时,其女负酪,忽设矫心,遂报母曰:“我欲见风,愿母持酪,且渐前行。”母即取酪,担负而去。

其女乖堕，谄诳心故，离于六里，不趁其母。由此业故，耶输陀罗今生招报六年怀胎。（T24，p. 162b）

佛经中的“见风”一般指“看到风”，所谓“见风尘”或者“见风起”等。此处“见风”的意义有些特殊。

元代李行道《灰阑记》第三折正旦白：“哥哥，你在这里，我见风去也。”黑维强《元杂剧词语考释》对此句中的“见风”进行了辨析，他赞同陆澹安在《戏曲词语汇释》中的解释“妇女小便的隐语”，以及黄肃秋将“风”注释为“就是大小便”，黑维强还利用陕北方言中的相关用法作了补证。[①] 谭代龙首次拈出《破僧事》中的这个用例，解释为“隐语，指妇女大小便”，并指出这是该词“目前见到的最早的一条书证”，可为前贤的观点提供有力的证据。[②]

《破僧事》此句中的“见风”到底是指“小便”，还是“大小便”？隋天竺三藏阇那崛多译《佛本行集经》卷五十五“罗睺罗因缘品第五十六”中，更详细记载了耶输陀罗为何此生怀胎六岁的故事，如下：

汝诸比丘，我念往昔，过无量世，有一群牛，在于牧所。其牛主妻，自将一女，往至牛群，搆取奶酪。所将二器，并皆盈满。其器大者，遣女而负。其器小者，身自担提。至其中路，语其女言：“汝速疾行，此间路崄，有可怖畏。”尔时彼女语其母言：“此器大重。我今云何可得速疾？”其母如是再语、三语：“汝速疾行，今此路中，大有恐怖。”尔时彼女而作是念：“云何遣我负最大器，更复催促，遣令急行？”其女因此便生瞋恚，而白母言：“母可且兼将此乳器，我今暂欲大小便耳。”而彼女母取此大器，负担行已，其女于后，徐徐缓行。尔时彼母兼负重担，遂即行至六拘卢舍。

尔时佛告诸比丘言：“汝等若有心疑彼女有瞋恚心，乃遣其母负重行六拘卢舍者，莫作异见。耶输陀罗，释女是也。既于彼时，遣母负重，行其道路六拘卢舍。由彼业报，在于生死烦恼之内，受无量

① 黑维强：《元杂剧词语考释》，《汉语史研究集刊》2001 年第 4 辑，第 139—148 页。

② 谭代龙：《义净译经身体运动概念场词汇系统及其演变研究》，语文出版社 2008 年版，第 44 页。

苦。以彼残业，今于此生，怀胎六岁。”（T03，p. 908a）①

《破僧事》与《佛本行集经》中的这两个故事虽略有出入，但事由基本一致。与“我欲见风”对应的句子为“我今暂欲大小便耳”，可见，从汉译文本而言，“见风”可指“大小便”。

阇那崛多的年代早于义净，义净对耶输陀罗的这个本生故事应该不陌生，但义净为何要用这么一个比较罕见的汉语词汇来对译呢？句中“我欲见风”对应的是梵本《破僧事》中的 prasrāvaṃ karomi，意即“我要拉小便”。prasrāva，名词，“尿、小便”。karomi 是动词√kṛ-（做、作）的现在时、陈述语气、主动语态、第一人称、单数形式。那么，此处“见风”就是“拉小便，尿尿”的意思。要理解 prasrāvaṃ karomi 这个短语的意思，不妨再比较一下义净译《根本说一切有部毗奈耶出家事》（*Pravrajyā-vastu*）卷四中的两个类似用例，其梵汉对应如下：

例 2：［家］子告母曰：“与我开门，出外便易。”（T23，p. 1039a）②

［梵］sa kathayati amba dvāraṃ dehi/putra kasyārthe/prasrāvaṃ kariṣyāmi/

原句为：儿子说：“妈妈，请开门。”“儿子，干什么？”“我将要拉小便。”prasrāvaṃ kariṣyāmi 与 prasrāvaṃ karomi 基本一致，kariṣyāmi 是动词√kṛ-（做、作）的将来时、主动语态、第一人称、单数形式。“便易”所对应的是 prasrāvaṃ kariṣyāmi，包含了动词√kṛ-（做、作）的意思在内，同样表示“拉小便，尿尿”。

例 3：［家］母即告曰：“房中已安触盆，可应便易。”（T23，p. 1039a）

［梵］sā kathayati putra atraiva mayā karparakaḥ praveśitas tatra prasrāvaṃ kuru/

---

① 《法苑珠林》卷十亦引此段，文字大同。

② ［家］为义净译《根本说一切有部毗奈耶出家事》的简称，下同。

例3中的prasrāvaṃ kuru也与prasrāvaṃ karomi的用法类似，kuru是动词√kṛ-（做、作）的现在时、命令语气、主动语态、第二人称、单数形式，即“你应该做”。义净用“可应”来表示原文动词的命令语气形式。“可应便易”所对应的是prasrāvaṃ kuru，包含了动词√kṛ-（做、作）的意思在内，同样表示“拉小便，尿尿”。

按：在义净之前的译经中，“便易”一般作形容词，意指“方便，容易；轻柔，柔和，轻便”。例如，《贤愚经》卷十一“檀腻䩭品”：“有一毒蛇，殷懃倩我，寄意白王：‘不知何故，从穴出时，柔软便易，还入穴时，妨碍苦痛，我不自知何缘有是？’”（T4，p. 429b）

《出家事》的“便易”是“方便”的另一种含义，即“上厕所，大小便”。上引例句3中的“便易”对译“prasrāvaṃ kuru”，指“拉小便”。不空的译经中使用“便易”一词。《底哩三昧耶不动尊威怒王使者念诵法》云：“若欲便易去，当诵次明七遍，以杵印护身五处。……便易了，当洗净。出已，洗手漱口，即往精舍，准前礼佛忏悔已。”又，唐天竺三藏输波迦罗（Śubhākarasiṁha，善无畏）译《苏婆呼童子请问经》卷上“除障分品第三”：“若唏唾时，当须远弃。弃已，便应澡豆漱其口。若大小便易，并须澡浴。”（T18，p. 722b）在《苏婆呼童子请问经》（别本）中的此句则作：“若欲语时，应共伴侣论谈善法。弃涕涶已，便应澡洒（漱）。若便易已，并须渗（澡）浴。”（T18，p. 737c）二者对照可知，“便易”也有“大小便易”之分。

谭代龙在《“大便”“小便”字面意义考》一文中，拈出义净译经中表示大小便的词语有：旋溺、旋转、便转、回转、转易①。比如，《杂事》卷十五：“缘处同前。时有比丘忽患腹痛，数去回转，致有疲困。比丘白佛。佛言：‘于床穿孔，随时转易。’即于好床，穿破作孔。佛言：‘应取故床，若藤织者，应割为孔。若绦编者，擘开为穴。若病差后，随事料理。’由数回转，下部疮痛。佛言：‘于床孔边可安软物’。”（T24，p. 272c）

汉译佛经中有不少的委婉语用法②，其中有些委婉的说法来指称解大

① 谭代龙：《“大便”“小便”字面意义考》，《汉语史研究学报》第8辑，2009年，第202—207页。

② 参见曾昭聪《中古佛经中的一组委婉语》，《中古近代汉语词汇论稿》，中央文献出版社2004年版，第50页。

小便。比如，“便转”作动词，指“解大小便”①；“左右”也可以“指大小便，委婉说法”②；“大行、小行”分别指“大、小便”；“便右”指“大便”等③。此外，南本《大般涅槃经》中也有将尿称为“水”的用法，“如蚊蚋水，不能令此大地润洽”④。

义净为何用“见风”，而不是“便转”“大小行”“左右”和“水”之类相对常见的委婉语呢？换言之，“风”为何与大小便有关？刘宋罽宾三藏佛陀什共竺道生等译《五分律》卷九“第一分之五第六十四事”云：“佛在舍卫城。尔时诸比丘不敷坐具，坐僧床褥，垢腻污之。复有一比丘失于大便，谓是风出。既觉洗浣，于房前晒。世尊问阿难：‘此是谁褥？’即具以答。”（T22，p. 70c）此例中的“风出”就是表示大便失禁的原因。“大小便”与“风气”相连的用例，还出现在尊者毗舍佉造、义净译《根本说一切有部毗奈耶颂》卷上，即：

> 小便大便室，入时须作声；
> 一二指别处，大师如是说。
> 大小便风气，徐出勿为声；
> 势至莫强持，圊中不应语。（T24，p. 620a）

从字面的意义上看，“见风”中的“风”可能是指“下风”，“见风”就是指在下风方向小便。汉译佛经中，“下风”有两个含义，一是指放屁。《佛说佛医经》云：“九者制上风，十者制下风。”（T17，p. 737b）上风“谓呵欠、咳嗽”，⑤ 对应的下风则是指放气（放屁）。《萨婆多部毗

---

① 汪维辉：《先唐佛经词语札记六则》，《中国语文》1997 年第 2 期。

② 汪维辉：《佛经词语考释四则》，《浙江大学学报》2005 年第 5 期；张雁：《中古佛经“行”组婉词考源》，《汉语史研究集刊》第 9 辑，巴蜀书社 2006 年版，第 120—128 页。

③ 朱庆之：《佛典与中古汉语词汇研究》，文津出版社 1992 年版。此据朱庆之《佛典与中古汉语词汇研究》（中国佛教学术论典 63），收入《法藏文库》硕博士学位论文系列，佛光山文教基金会印行，2003 年，第 23 页。李维琦：《佛经词语汇释》，湖南师范大学出版社 2004 年版，第 65—66 页。又，在敦煌医学文献中，“行”可用作量词，表示“排泄大便（腹泻）的次数”。参见范崇峰《敦煌医方量词两则》，《中国语文》2009 年第 5 期。

④ 景盛轩、吴波：《南、北本〈大般涅槃经〉词汇差异》，《汉语史研究集刊》第 11 辑，巴蜀书社 2008 年版，第 290—291 页。

⑤ 道诚述：《释氏要览》卷下：“九制上风：上风谓呵欠、嚏嗽等。”（T54，p. 306b）

尼摩得勒伽》卷六云："云何下风？下风出时不得作声。"（T23, p. 604b）下风又可称为"下气"。《毗尼母经》卷六云："气有二种：一者上气，二者下气。出时莫当人张口令出，要回面向无人处张口令出。若下气欲出时，不听众中出。要作方便出外，至无人处令出，然后回来入众。莫使众讥嫌污贱。入塔中时，不应放下气令出。塔舍中、安塔树下、大众中，皆不得令出气。师前，大德上座前，亦不得放下风出声。"（T24, p. 838a）《毗尼母经》的前段文字亦见敦煌本 P. 2163《诸经要集》卷二十，文字大致相同，但敦煌本可补传世刻本《毗尼母经》的不足，比如，"出时莫当人张口令出"，P. 2163 写作"上气欲出时，莫当人张口令出"，与后文的"若下气欲出时"相对应。从文义而言，无疑敦煌本为胜。曾良指出，此处的"下气"意即为"屁"。他还拈出了 P. 2922《佛说善恶因果经一卷》中的用例："先身喜放下气者，今作蜣螂虫。"①

二是指下风头（下风方向）。东晋天竺三藏佛陀跋陀罗共法显译《摩诃僧祇律》卷三十四"明威仪法之一（上坐法）"云："若共贾客道行，欲小便者，当在下风，不得上风。若夜宿时，小便者当在下风。"（T22, p. 505a）既然在路途中要小便时，应当在下风方向，那么"见风"指小便也就可以理解了。

实际上，上述解释仍有些牵强，并不能直接解释二者之间的关系。梵本中的 prasrāva 其字面本意并未显示与"风"有任何相干之处，那么"风"又是从何而译出来的呢？无论是元杂剧中的用例，还是陕北方言中的用法，都跟义净的用例年代悬殊，很难用来证明义净的译法是中土影响的结果。不妨从印度文化的角度去考察，此语境中的"风"指的是"内风"，即印度传统生命吠陀的核心概念 tri-doṣa（三种体液）中的"风"（vāta, vāyu）。根据印度 7 世纪中期医学家日藏（Ravigupta）的《医理精华》第一章："Si. 1. 17—18：内风处在肛门、［骶骨］和股间的部位。"②"内风"的主要功能有哪些呢？印度中古医学名著婆跋吒（Vāgbhaṭa）的《八支心要方本集》的第一部"绪论部"的第 11 章"体液的知识"第 1-2 颂指出："三者中，处于正常状态的内风，保护身体，给与热情（兴趣、渴望）、气息的呼出与吸入、（身、口、意的）所有行动、促使（粪便和

① 曾良：《敦煌佛经字词与校勘研究》，厦门大学出版社 2010 年版，第 320 页。

② 陈明：《印度梵文医典〈医理精华〉研究》（修订本），商务印书馆 2014 年版，第 221 页。

尿液等的）形成的开始（以及完成）、维持体组织（‘七界’）处于常态和感觉器官的正常功能。”① 从印度医学理论来看，“内风”与大小便确实是有关的。因此，《五分律》中用“风出”表示大便，《破僧事》用“见风”表示小便，都是与印度文化相吻合的。此外，印度婆罗门教经典《摩奴法论》第四章有两条规定：“48：他绝不可看着风、火、婆罗门、太阳、水或者母牛解大便或小便。49：如果面对着火、太阳、月亮、水、婆罗门、母牛或者风解小便，他的智慧就毁灭。”② 可见，在印度人的心目中，“看着风”或“对着风”与“解大便或小便”存在某种联系。义净在天竺求法多年，尤其是在著名的那烂陀寺曾经对医方明“已用功学”③，对基本的医学理论和印度文化观念自然是了然于胸的，因此，他才能用这种罕见的词语来表达其背后隐含的文化含义。这种做法在义净的其他译经也不鲜见。这与义净译经中的大量译注一样，都体现了他对印度文化的精深理解。

3. 打搭：殴打，梵语动词 pra-√han-，攻击；殴打

例 1：［僧］作是思已，告嗢钵罗色曰：“我于尔处有何过失？由汝令吾乞食之宅皆生障碍。”遂便前进，打搭其尼。（T24，pp. 147c-148a）

［梵］viditvotpalavarṇām idam avocat：kiṃ mayā tavāparāddhaṃ yena tvayā mama bhaikṣākakulaṃ durīkṛtam iti；sa tāṃ praghātayitum ārabdhāḥ. ④

例句 1 的“遂便前进，打搭其尼”，对应梵本中的 sa tāṃ praghātayitum ārabdhāḥ，原意是“他发起去攻击她”（即“他对她发起攻击”）。“打搭”，对应梵本中的动词形式 praghātayitum，此乃致使动词原

---

① K. R. Srikantha Murthy，trans.，*Vāgbhaṭa's Aṣṭāṅga Hṛdayam*（Text，English Translation，Notes，Appendix and Indices），vol. i，Varanasi：Krishnadas Academy，fifth edition 2001，p. 155.

② 蒋忠新译：《摩奴法论》，中国社会科学出版社 2007 年版，第 70 页。

③ 义净著，王邦维校注：《南海寄归内法传校注》，中华书局 2009 年版，第 152 页。

④ Raniero Gnoli，ed.，*The Gilgit Manuscript of the Saṅghabhedavastu：Being the 17th and Last section of the Vinaya of Mulasarvāstivādin*，part II，p. 254.

形 pra-√han-（“攻击；殴打”）的不定式形式，因此，“打搭”就是“殴打”的意思，是一个同义复词。

例 2：［僧］昔有贫人，游行人间至波罗痆斯城。于其城中有诸贫人，见此人来即生嗔恨，竞争打搭，驱出城外。(T24，p. 162c)①

［梵］bhūtapūrvaṃ bhikṣavaḥ anyatamaḥ koṭṭamallakaḥ janapadād vārāṇasīm āgataḥ；sa tannivāsibhiḥ koṭṭamallakaiḥ īrṣyā < svabhāvai ḥ > pratyākhacapeṭāprahārādibhiḥ pratāḍitaṃ kṛtvā niṣkāsitaḥ. ②

例句 1 的“竞争打搭，驱出城外”，对应梵本中的 pratāḍitaṃ kṛtvā niṣkāsitaḥ,原意是“他受殴打后，被驱逐”。“打搭”，对应梵本中的 pratāḍitaṃ kṛtvā。pratāḍitaṃ，是动词原形 pra-√taḍ-（“攻击；打倒、打翻”）的被动分词形式，作为句中的动词独立式 kṛtvā（“做、作”）的宾语。因此，“打搭”在此处也是“殴打”的意思。

《根本说一切有部毗奈耶》卷三十五云：“时诸外道十人捉一，即便打搭。”（T23，p. 817b）又，《根本说一切有部毗奈耶》卷三十七云：“比丘问曰：‘彼唯打一，何故总啼？’报言：‘上座！若不总啼，皆被打搭。’”（T23，p. 833a）该经同卷中，对“打搭”一词还有解释，即：“瞋者，谓恚缠心起忿恼时。打者，谓打搭也。”（T23，p. 833a）《根本说一切有部比丘尼毗奈耶》卷十四中也有同样的解释。③ 也就是说，“打搭”就是“打”的意思。

《根本说一切有部比丘尼毗奈耶》卷十四中“打搭”的另一个用例为：“若为令彼怖、或为成就呪术打搭前人，此皆无犯。”（T23，p. 983b）慧琳《一切经音义》卷六十一在解释“《比丘尼律》卷十四”的“打搭”一词时，仅仅提供了注音，即“打搭：音荅”，而没有进行任何的释义。《新集藏经音义随函录》卷十五也是同样的注音，即“打搭：音荅”。《新集藏经音义随函录》卷十六对该词的注音则为“打搭：都合反”，提供了“搭”字的反切形式。

---

① 明本《破僧事》中的“搭”字，刻作“蹋”字。

② Raniero Gnoli，ed.，*The Gilgit Manuscript of the Saṅghabhedavastu*：*Being the 17th and Last section of the Vinaya of Mulasarvāstivādin*，part II，pp. 44-45.

③ “瞋者，谓恚缠心起忿恼时。打者，谓打搭也。”（T23，p. 983b）

在早于义净翻译的律典之前的佛经中，“打搭”只有一个用例，见于隋朝北印度三藏阇那崛多译《大威德陀罗尼经》卷五，即“等不等寿命。施杖、施刀、施卷、打搭施”（T21，p. 779a）。

4. 极努：极力。梵语 mahatā vegena

例 1：［僧］即随后趁象，其象见近，即以极努放粪，打其野犴，便即命终。（T24，p. 200c）

［梵］sa tasya pṛṣṭhataḥ pṛṣṭhato 'nubaddha ḥ; hastinā samīpaṃ gataṃ jñātvā tasyopari mahatā vegena purīṣaṃ muktaṃ; patitaḥkālagataḥ.①（vol. ii，p. 199）

“极努”是义净的独特译语，仅见《破僧事》一处。例句 1 中的“即以极努放粪”，所对应的梵本 tasyopari mahatā vegena purīṣaṃ muktaṃ 原意为：“（大象的）粪便急速地朝着它（野犴）放去”。“以极努”对应的是 mahatā vegena，“以”相当于对译了梵本词语的具格形式，表示方式。mahatā，是“大”的意思，具格、单数形式；vegena，是名词 vega 的具格、单数形式，它的原意有“冲击”“洪流”“排泄”“速度”等。mahatā vegena 是用来形容“放粪”（purīṣaṃ muktaṃ）的方式或程度的。因此，此处的“极努”有“极力”“急速”“剧烈”的意思。

例 2：［僧］假闻斯苦，不齿其言，遂努大拳，打尼头破。（T24，p. 148a）

［梵］tathāpy ucyamānena devadattena tasyāḥ śirasi khaṭaprahāro dattaḥ.（vol. ii，p. 254）

在中土文献中，“努”有“尽量使出力气”“突起、凸出”等意思。而在汉译佛经中，“努大拳”和“努拳”都是比较罕见的译法，仅见于义净翻译的律典之中。例句 2 中的“遂努大拳，打尼头破”，所对应的梵本

① Raniero Gnoli, ed., *The Gilgit Manuscript of the Saṅghabhedavastu: Being the 17th and Last section of the Vinaya of Mulasarvāstivādin*, part II, p. 199.

句段为tasyāḥ śirasi khaṭaprahāro dattaḥ，其原意为“紧握的拳头敲打在她的头上”。“努大拳”对应的是 khaṭa-，khaṭa-是指一种用封闭或紧握的拳头进行的打击；prahāra-，源自动词 pra-√hṛ-，意思也是“打击、敲打”。“努大拳”比较形象地译出了动词“打”的形态。《根本说一切有部毗奈耶药事》卷六中也有“努拳”的译法，即：“安置民人，要须具如是艺，善能调象，弄马乘辂，施弓捻箭，于阵出入，善用钩索，铁箭铁矟，踏地努拳，结发庄束，善其射法。”（T24，p. 24b）又，《法昌倚遇禅师语录》：“片水涵虚月，池方水不圆。昆仑不瞪眼，金刚休努拳。”（X73，p. 69c）“努拳”就是“用力握拳凸起”的意思。

义净译《根本萨婆多部律摄》卷十三中还有“直努”一词，“凡到尊处行住坐仪、不高不下、不通肩披衣、不竖膝蹋足、不直努身、不背面坐、不闻尊命不应辄坐”（T24，p. 601c）。“直努”一词，仅见三处，另两处见于大唐天竺三藏阿地瞿多译《陀罗尼集经》。《陀罗尼集经》卷七“金刚藏眷属法印咒品”云：“又以左脚直努而斜，以右脚屈膝溢（回）身，向右努之。面向左看，而努两眼。是一法印。”（T18，p. 850b）《陀罗尼集经》卷十一“诸天等献佛助成三昧法印咒品”云：“以右手四指，向下钩左手四指。其二大指直努，二大指来去。”（T18，p. 885a）“直努”是用来描绘身体的某一部位用力突出而近似扭曲的状态。

在汉译律典中，如同中土文献中的用法一样，与“努”相关的词语组合还有：“努眼”“努身”“努手”“努力”等。略举几例如下：

（1）努眼。《根本说一切有部毗奈耶》卷四十三云：“妇人告曰：‘尔欲觅食，假令努眼大若钵盂，食终难得。’”（T23，p. 862c）“努眼”的同义词是“努目”。《根本说一切有部毗奈耶》卷二十三云：“即便持缕至织师宅，见其钵咤极甚广大坚密严好，即便努目含瞋。”（T23，p. 749a）“努眼”“努目”是指“鼓起眼睛”。

（2）努身。努身一词，仅见七处，均出自义净翻译的律典之中。比如，《根本说一切有部毗奈耶》卷五十云：“不蹲行、不足指行、不跳行、不仄足行、不努身行，入白衣舍坐，应当学。”（T23，p. 902a）“努身”是指“扭着身体”。

（3）努手。《根本说一切有部毗奈耶》卷三十八云：“时具寿大目乾连与十七众出家并受圆具，广说如前，令其执作，彼不随教。时邬陀夷即便瞋忿，努手向一，彼十七人一时皆倒，高声啼泣。”（T23，p. 833b）

又，《根本说一切有部毗奈耶颂》卷二云：

> 以手拟比丘学处：
> 若于比丘处，努手相拟时；
> 即便招堕罪，还如打中说。（T24，p. 640a）

“努手”是指“伸张开手”。

（4）努力。《根本说一切有部毗奈耶药事》卷九云：“又复问曰：‘汝今何不努力？’小猕猴答曰：‘今被拘系，如何努力？’众复报言：‘我今解放。’”（T24，p. 39b）吉尔吉特出土的梵本《药事》中，相应的部分正好缺失，无法与汉译本进行比对。又，《根本说一切有部毗奈耶杂事》卷十七云：“答言：‘痴人！汝不恼我，我何恼汝？尽汝勇健努力拔取，我终不放。”（T24，p. 286b）“努力”就是“用力”的意思。

5. 抟霄：上升、升空。梵语动词 abhi-√ruh-，“上升”

> 例 1：［僧］女人心软，数见求情，遂以机关持授其子。子得象已，遂动发机，直上抟霄，众人叹善。（T24，p. 153a）
>
> ［梵］laghucitto mātṛgrāmaḥ；tayā lobhitayā dattaṃ；sa yantram āmreḍyābhiruhya saṃprasthitaḥ；mahājanakāyo 'bhiprasannaḥ.（vol. ii，p. 270）

例句 1 中的“抟霄”是义净的独特译语，仅见《破僧事》一处。“子得象已，遂动发机，直上抟霄”，对应梵本中的 tayā lobhitayā dattaṃ；sa yantram āmreḍyābhiruhya saṃprasthitaḥ。其中，与“直上抟霄”对应的是 abhiruhya saṃprasthitaḥ。abhiruhya，是梵语动词原形 abhi-√ruh-的独立式形式，意思是“上升”；saṃprasthitaḥ，是梵语动词原形 saṃ-pra-√sthā-（“启程、出发”）的过去被动分词的主格、单数形式。“抟霄”来自《庄子·逍遥游》中的“抟扶摇而上者九万里”。《庄子》司马注云：“抟，圜也。周飞而上，若扶摇也。”《破僧事》此处描述巧师之子乘坐机关木孔雀飞上天空的情形，正如同庄子笔下的大鹏，因此，用“抟霄”来对译较为形象贴切。

慧琳《一切经音义》卷六十二解释了《根本说一切有部毗奈耶杂事》卷二十八中的“抟霄”一词，“抟霄：上夺峦反。《考声》云：附也。《庄子》云：抟扶摇而上九万里也。《说文》：从手，专声也”（T54，p. 724a）。今核查《大正藏》本《杂事》卷二十八中无此写法。“作是语已，搏霄而去。至大药所，问曰：‘何意迟迟，令我见怪？’”（T24，p. 343b）该处的“抟”字误写作了“搏”。其字形有变化，颇堪注意。敦煌写经中的《佛说大药善巧方便经》，是从《根本说一切有部毗奈耶杂事》卷二十七和卷二十八别生而成，属于“别生经”。敦研336号写经尾题“《佛说大药善巧方便经》卷上”，P. 3791亦抄《根本说一切有部毗奈耶杂事》卷二十七，而未见有与《根本说一切有部毗奈耶杂事》卷二十八相对应的抄本。虽无写本可查核“抟”与“搏”的正误，但根据上述《破僧事》句子的梵汉对勘，可以肯定“搏霄”是错误的写法。

6. 安怗：安和，心态（或事态）安宁。梵语 nivṛtta-

例1：［药］问言：“何惧？”答曰：“我今忧怖生老病死。”时聚落人，方始安怗。（T24，p. 49b）

［梵］ kasya bhayam/jātibhayaṃ jarābhayaṃ vyādhibhayaṃ maraṇabhayam/śrutvā te api nivṛttāḥ/①（p. 37）

按：安怗，对应梵文 nivṛttāḥ，原形为 nivṛtta-，来源于动词 ni-vṛt-，原意为“起源、发展、完成”。该词在佛经中的译法有“熄灭、舍离、退转”等。北凉天竺三藏昙无谶于姑藏译《大方等大集经》卷七云：“若有国土信受此经，供养三宝。我亦当为除灭恶相，令其土境清净、安怗，正法治化。”（T13，p. 46b）

中土文献中也有此词。道宣《续高僧传》卷二十四“智勤传”云：“经于数月，后投于蜀，听暠法师讲。众至三千，法师皆委令检校，遂得安怗，内外无事，一人力也。”（T50，p. 643a）又，《续高僧传》卷二十五云：“忽有大蟒萦绳床前，举头如揖让者，林为授三归，受已便去。因

① Sitansusekhar Bagchi, ed., *Mūlasarvāstivādavinayavastu*, vol. i, Buddhist Sanskrit Text No. 16, Darbhanga: The Mithila Institute of Post-graduate Studies and Research in Sanskrit Learning, 1967.

尔安怗，卒无灾异。”（T50，p. 646b）又，唐清凉山大华严寺沙门澄观述《大方广佛华严经随疏演义钞》卷八十四云：“令身安和，故亦名定谓有心定，令身令心平等、安怗、和悦为安和；今无心定，由定前心力，能令身心平等和悦，如有心定，故亦名定。”（T36，p. 660b）从这些用例来看，“安怗”多作形容词，描述人的心态或事态，意思与“安全、安宁、安静、宁静、安和”类似。因此，可以根据汉文本，补充梵文词典中对nivṛtta-释义的不足。

7. 曛黄/曛暮/冥宵/向冥/逼暮：昏黄、黄昏、日暮。梵语sūryāstaṃ-gamana、ratri 或者 vikāla

例 1：［杂］乃至日暮，方始言归。曛黄之后，至长者处，长者问曰：“汝与几人剃除须发？”（T24，p. 209b）

例 2：［杂］于曛黄后，遂往空林，多根树下，穿地埋举，便之故宅。（T24，p. 337c）

例 3：［杂］答曰：“我久经求，非常辛苦，得金钱五百，遂于昨日曛黄之后，既绝人行，藏某树下，归舍而宿，今来欲取被贼将去。”（T24，p. 338a）

按：曛黄，仅见于义净译经。又，义净译《根本萨婆多部律摄》卷十三云：“但是所有吞咽之物饭饼果等，乃至干姜半片、胡椒一粒、饮非时浆、曛黄洗足、敷设卧具眠息等事，咸须白知。”（T24，p. 600a）该词还见于义净的自著之中，义净《南海寄归内法传》卷四云：“每于晡后，或曛黄时，大众出门，绕塔三匝。”（T54，p. 227a）《南海寄归内法传》的［宋］［元］［明］本中，此处的“曛”字刻写成了“昏”字。

例 4：［僧］是时长者日将曛暮，方见人传，遂寻觅之。到其牛所，长者念曰：“泥深牛大，我独无堪，待至明朝，详来济拔。”（T24，p. 151c）

［梵］tena sūryāstaṃ-gamana-kāla-samaye śrutaṃ；samanveṣamāṇas tasya sakāśaṃ gataḥ；sa saṃlakṣayati：na śaknomi aham adhunā samuddhartuṃ；śvaḥ prabhāte samuddhariṣyāmīti.（vol. ii，p. 266）

例句 4 中的"日将曛暮"，对应梵本中的 sūryāstaṃ-gamana-kāla-samaye，意即"在太阳下山（黄昏）的时候"。sūryāstaṃ-gamana 是一个不变词，"黄昏"。其中的 sūrya 指"太阳、日"。例句 4 中的另一个时间词语"明朝"对应的是 śvaḥ prabhāte（明天早晨）。śvaḥ，即 śvas，不变词，"明天"。prabhāte，prabhāta-，中性名词的依格、单数形式，意思是"黎明、早晨、清晨"。

慧琳《一切经音义》卷四十八云："曛暮：许军反。《楚辞》：与曛黄而为期。王逸曰：《广雅》：黄昏也，暮晚。"（T54，p. 631c）《一切经音义》卷八十二云："曛暮：上，训云反。《韵英》云：日暮时，曰曛黄也。"（T54，p. 840a）《新集藏经音义随函录》卷十一："曛暮：上，许君反。日入也，亦黄昏时也。"（K34，p. 1020b）《新集藏经音义随函录》卷二十六："曛暮：上，许云反。"（K35，p. 530b）"曛暮"一词的用法早于义净的译经。《大唐西域记》卷五云："日将曛暮，回驾行宫。如是日送金像，导从如初，以至散日。"[①] 又，《大唐西域记》卷七云："于是设坛场，受仙法，依方行事，坐待日曛。曛暮之后，各司其务，隐士诵神呪，烈士按铦刀。"[②] 此处的"日曛"也就是"曛暮"的意思，"曛"与"暮"同义。

例 5：［僧］既届冥宵，野猴便至，遥睹其牛，作斯言曰："谁于此处偷窃藕根？"牛便报曰："我被泥溺，自出无由，非是窃心盗他莲藕。"猴闻是语，遂与言曰："我之美饍何忽自来？"（T24，p. 151c）

［梵］yāvad rātrauśṛgāla āgataḥ; sa kathayati: ko 'yaṃ bisāny utkhanati puṇḍarīkāni ceti; vṛṣaḥ kathayati: ahaṃ nimagnas tiṣṭhāmīti; śṛgālaḥ saṃlakṣayati: bhakṣyo me pratyupasthita iti.（vol. ii，p. 266）

例句 5 中的"既届冥宵"对应梵本中的 yāvad rātrau，yāvad 是连接词"既"，而 rātrau 是阴性名词 ratri（"夜晚、黄昏"）的依格、单数形式。"届"表示"到了、在"，应是 ratri 的依格形式的表述，而"冥宵"就是

① 季羡林等校注：《大唐西域记校注》，中华书局 1985 年版，第 441 页。

② 季羡林等校注：《大唐西域记校注》，第 577 页。

ratri 的准确对译。

在中古律典中，与“黄昏”同义的其他表述形式还有“逼暮”“向冥”等，如下：

例 6：《摩诃僧祇律》卷三十四：“上座逼暮方来，竟不行舍罗。”（T22，p. 499b）

［梵］so dāni paśćād āgatvā samkṣiptena catvāri pārājikān dharmmān uddeśiyāna no ca dakṣiṇām ādiśati/①

例句 6 中的“逼暮方来”，其梵本中没有与“逼暮”对应的词语。此句类似《摩诃僧祇律》卷三十四中的“（上座）时至方来”。

例 7：《摩诃僧祇律》卷三十四：“诵时，若逼暮、天阴、风雨，有老病人，不堪久坐，住处远，有王难、贼难，尔时得略诵。”（T22，p. 499b）

［梵］atha dāni atisitam vā < ati > u ṣ ṇam vā bhavati/bhikṣū vā jarādurbbalā vā vyādhidurbbalā vā bhavanti/simhabhyayam vā vyāghrabhayam vā caurabhayam vā，bhikṣū ca na vistareṇa prātimokṣasūtraṃ srotukāmā bhavanti/②

例句 7 中的“逼暮”，其梵本中没有与之相对应的词语。

例 8：《摩诃僧祇律》卷三十四：“第二上座逼暮方来。上座嫌言：‘世尊独制我，第二上座便不问耶？’诸比丘以是因缘往白世尊。”（T22，p. 499b）

［梵］so dāni ativikāle agato. saṃghasthaviro ojjhāyati/ “asmākaṃ bhagavān daṇḍakarmman dadāti dvitīyasthavirasya montikā.” /etaṃ

① Seishi Karashima，*Die Abhisamācārikā Dharmāḥ：Verhaltensregeln für buddhistische Mönche der Mahāsāṃghika-Lokottaravādins*，Band 1，Tokyo：The International Research Institute for Advanced Buddhology，Soka University，2012，p. 3.

② Seishi Karashima，*Die Abhisamācārikā Dharmāḥ：Verhaltensregeln für buddhistische Mönche der Mahāsāṃghika-Lokottaravādins*，Band 1，p. 10.

prakarṇanaṃ bhikṣū bhagavato ārocayanti. /①

例句 8 中的“逼暮”，与梵本中的 atikāle 对应，atikāle 是 ati-vikāla-的依格、单数形式，“在黄昏的时候”。vikāla-，阳性名词，意即“黄昏、晚上、下午”。

《摩诃僧祇律》中还有一个表示夜晚的词语“向冥”，如下：

例 9：《摩诃僧祇律》卷十九：“时女问母言：‘此沙门向冥欲何处去？’答言：‘不知。’女言：‘阿母可问。’母即问言：‘沙门向冥出聚落欲至何所？’答言：‘我入聚落求宿处不得，欲还出外，树下止宿。”（T22，p. 382a）

例 10：《摩诃僧祇律》卷三十四：“日三教，晨起、日中、向冥。”（T22，p. 501c）

［梵］śekhayitavyo anuśāsayitavyo kālyaṃ madhyantikaṃ sāyaṃ. ②

例句 10 中的“向冥”，对应梵语 sāyaṃ。该词的原形为 sāya-，中性名词，意即“晚上、一天的最后时段”。“向冥”一词，早见于西晋竺法护译《修行地道经》卷三“地狱品第十九”：“譬如有人犯于逆恶，王勑边臣，明旦早时矛刺百疮，日中刺百，向冥刺百。”（T15，p. 204c）《修行地道经》卷四“行空品第二十一”亦云：“日遂向冥，各欲还归，其心不恋，不顾沙城，各以手足蹋坏之去，而归其家。”（T15，p. 211a）

8. 懽会：欢会，指宴会、聚会。“懽”，同“欢”。梵语 jātimaha，指婴儿的“生日宴会”

例 1：［僧］既其诞已，经三七日，作其懽会，为授其名，号曰巧容。如法长养，渐至成立。（T24，p. 152c）

［梵］dāriko jātaḥ；tasya trīṇi saptakāny ekaviṃśatidivasān vistareṇa jātasya jātimahaṃ kṛtvā kulasadṛśaṃ nāmadheyaṃ vyavasthāpitaṃ；sā

① Seishi Karashima, *Die Abhisamācārikā Dharmāḥ*: *Verhaltensregeln für buddhistische Mönche der Mahāsāṃghika-Lokottaravādins*, Band 1, p. 12.

② Ibid., p. 63.

unnīto vardhito mahān saṃvṛttaḥ. （vol. ii, pp. 269–270）

例句 1 中的“懽会”是汉译佛经中的唯一写法。“懽会”即“欢会”，“懽”同“欢”，“懽会”指宴会、聚会，此处是指生日宴会。“作其懽会”所对应的梵本词语为 jātimahaṃ kṛtvā，“懽会”就是梵语 jātimaha-，其原意为“生日宴会”。

中古律典中有多处描述婴儿出生（三七日/二十一天）之后的宴会，相当于中土的“洗三”仪式，印度古代的儿童命名礼也是在这个宴会上举行的。律典对这一过程的描述有多种方法，比如：

《根本说一切有部比丘尼毗奈耶》卷一云：“三七日后，诸亲欢会：‘此儿今者欲作何字？’相与议曰：‘今此孩子，本于毕钵罗树求得，应名毕钵罗。又从氏族可名迦摄波。’”（T23, p. 909a）

《根本说一切有部毗奈耶杂事》卷四云：“满三七日已，召集宗亲，为设欢会。其父抱子，从众乞字，众人议曰：‘此儿形貌羸瘦音声和雅，复是长者大善之息，应与此子名曰善和。’后渐长大以至童年。”（T24, p. 221c）

《根本说一切有部毗奈耶杂事》卷七云：“经三七日，聚会宗亲，欲为其儿施立名字。”（T24, p. 236b）

在《破僧事》中，对这一程序的描述也有不同。如下：

例 2：［僧］“至三七日，作喜庆已，即集群臣，议其名字。以此小女胜幻化故，因即立名为大幻化。”（T24, p. 105c）

［梵］ tasyās trīṇi saptakāny ekaviṃśatidivasān vistareṇa jātāyā jātimahaṃ kṛtvā nāmadheyaṃ vyavasthāpyate. （vol. i, p. 126）

例句 2 中的“作喜庆已”，所对应的梵本词语为 jātimahaṃ kṛtvā，其中的“已”对应动词独立式 kṛtvā（原形√kṛ-，“做、作”）。

例 3：［僧］至十月满生子之日，复降蜜雨，眷属并集，三七日中，设食供养。（T24, p. 163c）

［梵］yam eva divasaṃ jātas tam api divasaṃ madhuvarṣaṃ patitaṃ; tasya jñātayaḥ saṃgamya samāgamya trīṇi saptakāny ekaviṃṣatidivasān vistareṇa jātasya jātimahaṃ kṛtvā nāmadheyaṃ vyavasthāpyate.（vol. ii, p. 48）

例 4：［僧］生至二十一日，会诸亲族，设诸饮食，因为此儿立名，号曰大白。（T24, p. 166a）

［梵］tasya trīṇi saptakāny ekaviṃṣatidivasān vistareṇa jātasya jātimahaṃ kṛtvā kulasadṛśaṃ nāmadheyaṃ vyavasthāpyataṃ；（vol. ii, p. 57）

例 5：［僧］至二十一日，集诸眷属，乞立名字。（T24, p. 174a）

［梵］tasyās trīṇi saptakāny ekaviṃṣatidivasān jātāyāḥ jātimahaṃ kṛtvā valayeti nāmadheyaṃ.（vol. ii, p. 91）

例 6：［僧］宝德长者既启王已，即还本城，经三七日，眷属来会，既是女星月生，应与号曰女星。（T24, p. 184c）

［梵］tato gṛhapater jñātayaḥ trīṇi saptakāny ekaviṃśatidivasān jātasya jātimahaṃ kṛtvā nāmadheyaṃ vyavasthāpayanti kiṃ bhavatu dārakasya nāma iti.（vol. ii, p. 135）

例 7：［僧］岁月满已，诞生一子，满三七日，设会立名，字之喜乐。（T24, p. 194b）

［梵］dārako jātaḥ；tasya trīṇi saptakāny ekaviṃśatidivasān vistareṇa jātasya jātimahaṃ kṛtvā nāmadheyaṃ vyavasthāpitaṃ.（vol. ii, p. 174）

上述的七个例子中，梵本中有相当一致的“程序叙事”表述，而义净译本是以多样化的句子来表述的，这样的表述并未受汉文本四字格的影响，而是体现了汉语句子的丰富性，这也是义净译场熟悉汉语句式的一个表征。

例 8：［僧］国王于后妃生一子，三七日中，唤诸臣佐，朝集设会，为子立名。（T24, p. 167a）

［梵］sa devyā sārdhaṃ krīḍati ramate paricārayati；tasya krīḍato ramamāṇasya paricārayataḥ putro jātaḥ；tasya jātau jātimahaṃ kṛtvā nāmadheyaṃ vyavasthāpyate.（vol. ii, p. 64）

与上引诸例相比，例句 8 中的梵本中缺了 trīṇi saptakāny

ekaviṃśatidivasān，但汉译本中仍然保留了“三七日中”这一表述，包括“唤诸臣佐”在内的这一添加很符合有关这一儿童命名礼日的“程序叙事”，表明了译者（及译场人员）对印度礼俗的熟悉。例句 8 中的“朝集设会”对应梵本的 jātimahaṃ kṛtvā，与上引诸例完全相同。

例 9：［药］集诸眷属，作生日会，为立名字，号曰茅草。(T24，p. 57c)

［梵］tasya vistareṇa jātasya jātimahaṃ kṛtvā kuśa iti nāmadheyaṃ vyavasthāpitam/ (p. 63)

例 10：［药］十月满已，诞生一子，形貌端严，众相具足，人所喜见。作生日会，为立名号。(T24，p. 65a)

［梵］缺失。

例句 9 和例句 10 中的“作生日会”，是义净译本中的独特表述方式，实际上，这一表述也与上引梵本中的 jātimahaṃ kṛtvā 是完全能够对应的。

例 11：［药］复为太子作生日福，始从一七日，乃至三七，置立名号。群臣共议，欲立何名？众人议曰：“王既名财，王子今可立号善财。”给八乳母，如上广说。(T24，p. 60c)

［梵］tasyaivaṃ trīṇi saptakānyekaviṃśatidivasān vistareṇa jātasya jātimahaṃ kṛtvā nāmadheyaṃ vyavasthāpyate/ (p. 82)

例句 11 中的“作生日福”，也是义净译本中的独特表述方式，同样对应梵本中的 jātimahaṃ kṛtvā。

例 12：［皮］是时其子生来，已经三七日。集诸眷属，建立名号。尔时亲属共相议曰：“欲立何名？”(T23，p. 1049a)

［梵］tasya jñātayaḥ saṃgamya samāgamya trīṇi saptakāny ekaviṃśatidivasāni vistareṇa jātasya jātimahaṃ kṛtvā nāmadheyaṃ vyavasthāpayanti/ kiṃ bhavatu dārakasya nāmeti/ (MSV IV 162)

例句 12 中并未将 jātimahaṃ kṛtvā 直接译出。

例 13：［僧］未久之间，便诞一息，当此之时，罗怙罗执持明月。集诸眷属，庆喜设会，请与立字。诸眷属等共相议曰："此所诞子初生之时，罗怙罗手执于月，应与此儿名罗怙罗。"（T24，p. 158c）

［梵］yāvad asau prasūtā，dārako jātaḥ；yam eva divasaṃ jātaḥ，tam eva divasaṃ rāhuṇā candro gṛhītaḥ；tasya jātau jātimahaṃ kṛtvā nāmadheyaṃ vyavasthāpyate；kiṃ bhavatu dārakasya nāma iti；tasya jñātayaḥ kathayanti：asya janmani rāhuṇā candro gṛhītaḥ tad bhavatu dārakasya rāhula iti nāma iti.（vol. ii，p. 31）

例 13 中的"庆喜设会"同样对应梵本中的 jātimahaṃ kṛtvā。《药事》卷六也有与该例同样的译法："子既生已，即集亲属，庆喜设会，与立其名。"（T24，p. 25b）

9. 绍继/绍/绍立/正绍：继承、获取（王位或法位等）。对应的梵语表达方式为：rājyaṃ√prati-iṣ-，意即"获得/接受王位"

例 1：［药］念已便回，诸臣复差使："太子当来绍继父位。"（T24，p. 52a）

［梵］tena gatvābhihitaḥ/kumara āgaccha rājyaṃ pratīccha iti/（p. 45）

例句 1 中的"绍继父位"，对应梵本中的 rājyaṃ pratīccha，意即"获得/接受王位"。Rājyaṃ，名词的业格、单数形式，原形 rājya-，意即"王位、王权、王国"。Pratīccha，是动词的现在时、主动语态、第二人称、单数形式，其原形为√prati-iṣ-，意为"接受""获得"。

慧琳《一切经音义》卷一在解释"绍尊"一词时，提及了"绍"和"继"之间的同义关系，即"绍尊：时绕反。《尔雅》：绍，继也。《释名》：远也。谥法曰：远继先位曰绍。从糸，召声也。糸音觅"（T54，p. 315a）。《一切经音义》卷十五也有几乎同样的解释，即"绍尊：时绕反。《尔雅》：绍，继也。谥法云：远继先位曰绍。从糸，召声；召字，从口刀也"（T54，p. 400a）。《一切经音义》卷二十一在解释"绍尊"一词时，也引用了《切韵》中关于"绍""继"同义的观点，即"绍隆：

绍，市沼反。《切韵》称绍，继也。郑注《礼记》云：隆，犹盛也。言继嗣宗业，令兴盛者也”（T54，p. 439c）。希麟《续一切经音义》卷三：“绍继：下，古诣反。《尔雅》曰：绍，胤嗣续系，继也。《说文》：从糸，㡭，会意字。㡭，古文绝字，经文作继，或作繼，皆不成字也。”（T54，p. 945a）

例2：[僧] 父王白言：“大仙当知！汝已出家，我之国法须有绍继，唯有日智令知国位，在家修福，其事足得，何用出家？”（T24，p. 167b）

[梵] rājā kathayati：maharṣe tvaṃ pravrajitaḥ；eṣa mamātyayād rājā bhaviṣyati；ihaiva dānāni dāsyati；puṇyāni kariṣyati；kimarthaṃ pravrajati iti.（vol. ii，p. 65）

例句2中的“绍继”，相当于梵本中的rājā bhaviṣyati，原意是“他将成为国王”。bhaviṣyati，是动词√bhū-（“做、作、成为”）的将来时、第三人称、单数形式。

例3：[僧] 王甚奇怪，即令大礼共成婚媾已，多严兵马，令其善行还到本城，驱彼恶行，册立善行，绍继父位。（T24，p. 180a）

[梵] rājā na śraddhatte；tena yathāvṛttam ārocitaṃ；rājā paraṃ vismayam āpannaḥ；tatas tenāsau duhitā mahatāśrīsamudāyena pariṇītā；sa ca kalyāṇakārī mahatā balasamudāyena tannagaraṃ gatvā akalyāṇakāriṇaṃ cyāvayitvā pitṛke rājye pratiṣṭhāpitaḥ.（vol. ii，p. 115）

例句3中的“绍继父位”，对应梵本中的pitṛke rājye pratiṣṭhāpitaḥ，原意是“安坐父亲的王座”。pratiṣṭhāpitaḥ，是动词√prati-ṣṭhā-（“安坐、坐上”）的致使动词的过去分词形式，主格、单数形式。

例4：[僧] 属彼国主无子命终，臣佐国民共为筹议：“王既无子，今已命终，我等立谁绍继其位？”（T24，p. 180c）

[梵] tatra ca rājā aputraḥ kālagataḥ；amātyāḥ sapaurajānapadāḥ sarve sannipatya vicārayanti：bhavanto rājā kālagataḥ；kam idānīṃ rājye pratiṣṭhāpayāmaḥ iti.（vol. ii，p. 117）

例句 3 中的“我等立谁绍继其位”一句，对应梵本中的疑问句 kam idānīṃ rājye pratiṣṭhāpayāmaḥ，原意为“现在我们可以使谁坐在王位上?”“绍继”所对应的动词 pratiṣṭhāpayāmaḥ，是动词原形√prati-ṣṭhā-（“安坐、坐上”）的致使动词的现在时、陈述语气、主动语态、第一人称复数形式。

“绍继”一词，佛经中多见，义净亦用之于《南海寄归内法传》。《南海寄归内法传》卷四：“安远则虎踞于江汉之南，休厉乃鹰扬于河济之北。法徒绍继，慧瀲犹清，俗士赞称，芳尘靡歇。曾未闻遣行烧指，亦不见令使焚身。规镜目前，智者详悉。”[①] 所谓“法徒绍继”是指传法的教徒代代相继。

例 5：［僧］答言：“我且往无热池中绍王位已，然后可来于此游戏。”当即速疾往无热池中，即绍王位，还来至波罗痆斯池中游戏。（T24，p. 199a）

［梵］sa kathayati：rājyaṃ tāvat pratīcchāmi；tataḥ paścād āgamya krīḍiṣyāmi iti；tena laghu laghv eva gatvā rājyaṃ pratīṣṭaṃ：tataḥ paṃcaśataparivāraḥ vārāṇasīm āgamya brahmāvatīṃ puṣkariṇīm avatīrya krīḍitum ārabdhaḥ.（vol. ii，p. 193）

例句 5 中的两处“绍王位”，虽然对应不同的梵语形式 rājyaṃ pratīcchāmi 和 rājyaṃ pratīṣṭaṃ，但其含义是完全相同的，其动词都是√prati-iṣ-，动词所支配的宾语也是 rājya-。

例 6：［僧］后于异时，增长王崩，爱乐太子即绍立为王。（T24，p. 104c）

［梵］apareṇa samayena virūḍhaka ikṣvākurājaḥ kālagataḥ；rājyābhinandī rājye 'bhiṣiktaḥ.（vol. i，p. 31）

---

① 义净原著，王邦维校注：《南海寄归内法传校注》（修订本），中华书局 2009 年版，第 235—236 页。

例句 6 中的“绍立为王”，对应梵本中的 rājye’bhiṣiktaḥ。abhiṣikta 是动词√abhi-ṣic-的过去被动分词形式，意思是“被册封（为王）”或“登基”。rājyābhinandī 即指“爱乐太子”。

例 7：［僧］时爱乐王亦无子息，后便命终。尔时群臣相共咨议，往天示城，册第一王子，名曰炬面，以为国主，子息便死。炬面无子，后便命终，复册大耳以为国主。大耳无子，复便命终，复便册象行以为国主。象行无子，复册宝钏以为国主。宝钏有子，名近宝钏，后绍王位。近宝钏有子，名曰天门，亦绍王位。（T24，pp. 104c-105a）

［梵］so ’py aputraḥ kālagataḥ；ulkāmukho rājyaiśvaryādhipatye pratiṣṭhāpitaḥ；so ’py aputraḥ kālagataḥ；〈karakarṇī rājā saṃvṛttaḥ；so ’py aputraḥ kālagataḥ〉；hastiniyaṃso rājā saṃvṛttaḥ；so’py aputraḥ kālagataḥ；nūpurako rājā samvṛttaḥ；tasya putra opurakaḥ；opurakasya gopurakaḥ gopurakasya gautamā rājñaḥ.（vol. i，p. 31）

例句 7 中有关登基为王的表述与上引诸例略有不同，其梵本中多用 rājā saṃvṛttaḥ，而汉译本中则有两种不同的表述形式：“册……以为国主”和“绍王位”。rājā 意为“国主、国王”；saṃvṛttaḥ，是动词√saṃ-vṛt-（“接近、到达、获取；发生、成为”）的过去被动分词形式、主格、单数。简要言之，rājā saṃvṛttaḥ也就是“当上国王”的意思。值得注意的是，“尔时群臣相共咨议，往天示城，册第一王子，名曰炬面，以为国主，子息便死”一句中，“尔时群臣相共咨议，往天示城”和“子息便死”没有相应的梵本句子。与“册第一王子，名曰炬面，以为国主”对应的梵本句子为 ulkāmukho rājyaiśvaryādhipatye pratiṣṭhāpitaḥ，原意为“炬面作为甘蔗族第一王子登上（王位）”，与例句 3 梵本中的表达方式基本一致。

例 8：［僧］彼王闻已，即便听许，复告使曰：“汝王若欲与我为亲，应先与我立于盟信，我女有息，必令绍位。”（T24，p. 103c）

［梵］rājā kathayati：śobhanaṃ pratirūpo varaḥ；kiṃ tu samayato ’nuprayacchāmi yadi me duhituḥ putro bhavati；taṃ yadi rājyaiśvaryādhipatye pratiṣṭhāpayati.（vol. i，p. 27）

例句 8 中的“绍位”，对应梵本中的rājyaiśvaryādhipatye pratiṣṭhāpayati，原意为“他作为甘蔗族第一王子登上（王位）”。“绍位”的简要对应还是 rājya+动词√prati-ṣṭhā-，与上引例句 3 和例句 7 相同。《药事》中也有“绍位”的用例。“后时父亡，太子绍位，领四天下如法住持，七宝具足，有大威力转轮圣王。”（T24，p. 58a）《药事》中与“绍位”同类的表达方式还有“正绍王位”。比如：“乃往古昔，于尾施缚城有王名曰尾施婆蜜多，正绍王位，以法化世。”（T24，p. 64c）“大王！乃往古昔，于婆罗痆斯大城，有王名曰梵德，正绍王位，以法化世。”（T24，p. 68b）“复次大王！乃往古昔，于婆罗痆斯有梵德王，正绍王位。”（T24，p. 70b）“然于彼时，婆罗痆斯有王名曰梵德，正绍王位，以法化世。”（T24，p. 70a-b）

10. 旭上/地了/侵明：清晨，指太阳刚出来的时候。梵语 divā 或 āditya

例 1：［僧］我曾于昔在不定聚行菩提萨埵行时，中在牛趣为大特牛。每于夜中，遂便于彼王家豆地随意飡食。既其旭上，还入城中，自在眠卧。（T24，p. 151a-b）

［梵］ bhūtapūrvaṃ bhikṣavo 'niyatarāśyavasthito bodhisatvo goṣūpapanno vṛṣo babhūva；sa rātrau nagarān nirgamya rājakīye māṣakṣetre carati；divā nagare tiṣṭhati.（vol. ii，p. 265）

例句 1 中的“既其旭上，还入城中，自在眠卧”，对应梵本中的 divā nagare tiṣṭhati，其原意为“早晨站在城中”。“旭上”就是梵语 divā（早晨、早上、凌晨）的对译。希麟《续一切经音义》卷九对例句 1 中的“旭上”一词有所解释：“旭上：上许玉反。《切韵》云：早朝也。《说文》云：旦，日出皃，又明也。从日，九声。下时掌反。《说文》云：登也。古文作上，字又作尚，二音同上。”（T54，p. 973a）

在汉译律典中，与“旭上”同义的词语还有“地了”。“地了”意即“天明”。《摩诃僧祇律》卷十云：“若比丘行道共净人一处宿，夜发去时，净人捉比丘幞。比丘捉净人幞，到地了，见幞，是净人幞，即应放地。净人应取不得字名。”（T22，p. 312a）《摩诃僧祇律》卷十七：“露地，天大风、雨雪、寒时，当还入房坐，至地了。若比丘老病不堪坐者，当以缦障。”（T22，p. 366a）《摩诃僧祇律》卷十七：“时夜风雨，即往尊者舍利弗房前扣户。……到地了已。告诸比丘：如来慈心故，因罗睺罗使诸弟子得安乐住。”（T22，p. 365b-c）

《十诵律》卷四：“若比丘地了时，见余比丘犯僧伽婆尸沙。是比丘僧伽婆尸沙中，定生僧伽婆尸沙想，不见他犯波罗夷。言：我见犯一一语中僧伽婆尸沙。日出时、日出已、中前日、中中后、晡时、日没、日没已、初夜初分、初夜中分、初夜后分、中夜初分、中夜中分、中夜后分、后夜初分、后夜中分、后夜后分亦如是。”（T23，p. 23c）此处列出了每天时间的详细划分，“地了时”就是“破晓、拂晓、天明”的时候。《十诵律》卷五云：“是比丘随得衣日，即作是念：我十日所望必不能得，是衣十日应作衣。若与人，若作净，若受持，若不作衣，不与人，不作净，不受持。至十一日地了时，尼萨耆波逸提。”（T23，p. 33c）

又，刘宋僧伽跋摩译《萨婆多部毗尼摩得勒伽》卷六：“若浆清澄无浊，以囊漉，清净如水。从地了受已，至日没得饮，非初夜。初夜受，初夜饮；乃至后夜受，后夜饮。”（T23，p. 598b）［宋］、［元］、［明］本中，把“地了”改刻成“他手”，显然是误会了“地了”的含义。又，《萨婆多毗尼毗婆沙》（失译人名，今附秦录）卷八云：“若比丘往军中过二夜宿，当至第三夜地了时，波逸提。”（T23，p. 554a）

《萨婆多毗尼毗婆沙》卷六云：“凡有二时：一地了时，二日没时。若比丘初夜初分，露地敷僧卧具，在中若坐、若卧；去时不自举、不教人举，至地了时，波夜提。乃至地了时，敷僧卧具，不自举、不教人举。至地了竟，波逸提。地了时，若露地敷僧卧具。在中若坐若卧。去入室休息。至日没时波逸提。……出寺过四十九步，地了，波逸提。……若露地敷僧卧具，不问出寺、不出寺，至地了时，波逸提。”（T23，p. 544b）

“地了”一词最早出现在僧伽斯那撰、吴月支优婆塞支谦译《菩萨本缘经》卷三“兔品第六”云：“尔时，兔王竟夜不眠，为诸兔众说法如是。夜既终已，清旦地了于薪聚边即便吹火。”（T3，p. 66b）

与“地了”相应的还有“地未了”一种表达法。此两种表达法在《十诵律》中出现次数最多。《十诵律》卷十三：“非时者，过日中至地未了，是中间，名非时。”（T23，p. 95b）《十诵律》卷十三云：“非时者，过日中后至地未了，是名非时。”（T23，p. 96b）《十诵律》卷十四：“一夜者，从日没至地未了时。”（T23，p. 102c）①《十诵律》卷四十三：“一夜者，从日没至地未了，是中间名一夜。”（T23，p. 313b）又，《萨婆多毗尼毗婆沙》卷六云：“若敷僧卧具出寺外不问远近，至地未了、日未没，突吉罗。”（T23，p. 544b）《四分律行事钞批》卷十亦云：“下解云中前者，从地了至日中。中后者，从日中至地未了。”（X42，p. 903b）可见，“地未了”就是“天未破晓”的意思。

敦煌佛教戒律文献抄本中也有“地了”一词。中村不折氏藏敦煌本《律戒本疏》尾题为“大统七年岁次辛酉七月一日，于瓜州城西大法师倚劝化告招提禅□比丘昙远所供养”。该卷中云：“一日为五时：地了、中前、日中、晡时、日没。地了敷不举，至中前，犯堕。余经时亦如是。敷已不举，出门外四十九步，犯堕。出墙外少许，至地了时，突。”P. 2100《四部律并论要用抄》卷下：“《十诵》云：弟子与师持衣道中行，四十九寻外至地了时犯。若比丘在二界内宿衣离身半随地界中者，突吉罗。若衣一角在身上不犯。有诸比丘持衣钵着一处，在衣四边卧。是中一比丘起去，虽可得还取处，至地了时犯舍。若树界枝叶相接乃至枸卢舍，是中堕所著衣，至地了不犯。”

宋代法云《翻译名义集》卷二在解释“阿留那”（Aruṇa）一词时指出：“阿留那：或阿楼那，或云萨埵，汉言明相。《明了论》云：东方已赤。通慧《指归》云：此方约日未出前二刻为晓。此为明相也，以观见掌文为限，是四分明。又别宗名地了时，谓见地色分了故。又云：日出映阎浮树色，名明相。”（T54，p. 1093b）根据此处的解释，“地了”是指“看见地色分了”的时候，即拂晓、黎明。

经周利群博士检索，在梵本《虎耳譬喻经》中，表示“日出”的词汇主要有 *āditya*（CN. °*tye*）*udayati*、*ādityaḥ parivartate*、*sūryodaye* 三种。巴利语佛典中，类似的词汇则有 paccūsa（阳性名词，“早晨”）、paccūsakāla（阳性名词，“破晓”）。“地了”一词或与 āditya 有关。“地了”一词的翻译，有两种可能，一为音译，一为意译。若 āditya 译为“地了”，是音译、意译、还是音意兼顾呢？就音译而言，一般是专有名词，普通名词音译的不多见。āditya 常译作“日”，āditya-udaya、sūryodaya 才

① 又，《十诵律》卷四十二：“一夜者，从日没至地未了，是名夜。”（T23，p. 304b）

是“日出”，因此，āditya 是否为“地了”的对译，还有待推敲。

简言之，梵汉本根本说一切有部律典的内容非常丰富，具有重要的语料价值。若能在梵汉对勘的基础上对之进行研究，无疑可以加深我们对律典以及中古汉语词汇的认知。

（陈明　北京　北京大学东方文学研究中心/北京大学南亚学系）

《生经》难解词语选释四则

裘云青

《生经》（《大正新修大藏经》第3卷，第154号），共五卷，由55小经辑集而成，其中多为释迦牟尼过去世受生为不同身形时的故事。译者竺法护（Dharmarakṣa，从事翻译年代265？—311年）是西晋僧人，“其先月支人，本姓支氏。世居敦煌郡，年八岁出家。事外国沙门竺高座为师，诵经日万言，过目则能，……博览六经，游心七籍，……慨然发愤，志弘大道，遂随师至西域，游历诸国。外国异言三十六种，书亦如之，护皆遍学。贯综诂训，音义字体，无不备识。遂大赍梵经。还归中夏。自敦煌至长安。沿路传译，写为晋文”（慧皎撰《高僧传》，《大正藏》50，326c）。竺法护是经译大师，被称为“敦煌菩萨”及“月支菩萨”，他的译经涉及《般若经》《宝积经》《涅槃经》《法华经》等各方面经典，其中《生经》译于公元285年。因竺法护译风忠于原本，翻译在汉语中尚未有的概念时，或音译，或分别使用无关的两个或多个汉字意译，或音译意译各半，因此造成了我们在解读《生经》时遇到很多困难。即使是翻译了500个汉语佛经故事（Cinq cents contes et apologues extraits du Tripitaka chinois et traduits en français，三卷，巴黎1910—1911）的法国汉学泰斗埃玛纽埃尔-爱德华·沙畹（Emmanuel-Édouard Chavannes，1865-1918），也仅翻译了《生经》的前3个故事便作罢。但正是因为如此，在我们研究佛教语言及西晋时代汉语词汇时，《生经》具有极高的语料价值。

本文以《生经》中四则词语为例作一探讨。它们是：“我”和“吾”、“异”和“一异”、“猗箺”和“见”。

一　第一人称代词“我”和“吾”

对竺法护译《生经》中出现的“我”和“吾”，我做了详细的统计。结果如下：

1. 我

“我”用于第一人称单数，共142例。

（1）做主语，50例。如：

102b16. 太子白（国王）曰：“〇见四乌，色像若斯，数数来至于彼鹿苑，吾亦数往，然后四乌来到。”

（2）做宾语，52例。如：

108b19. 时天帝释作一道人过其边，便呼病人：“汝随〇去，我能令汝病愈。”

（3）做定语，33例。如：

107b22. 告诸比丘：“尔时鱼者，我身是也；尔时食〇肉者，今维耶离国人是。”

（4）做兼语，7例。如：

108b26. 病人便前诣释言：“我欲去，愿乞此瓶。”释便与之，语之言：“此中有物，在汝所愿。”病人即（*v. l.* +时）持归。室家相对，共探之，辄得心中所欲金银珍宝。恣意皆（*v. l.* +得）因，大会宗亲，诸家内外共相娱乐。醉饱已后，因取瓶跳之：“我受汝恩，令〇富饶。”跳踉不止，便堕地破之，所求不能复得。

2. 我等

“我等”用于第一人称复数，共18例。

（1）做主语，12例。如：

75b27. 时佛遥闻比丘所议，起到讲堂，问之何论。比丘白曰：“〇〇共议，世尊功德，巍巍无量，从累劫来，精进无厌，不避诸难，勤苦求道，欲济一切，不中堕落，自致得佛，〇〇蒙度。”

（2）做宾语，1例。如：

90b18. 诸女答（裸形子）曰："世尊道德，去人四飑瑕秽之毒，令人安隐寂然。虚空尚可有瑕，如来世尊未曾有短。男女见之，莫不安隐。时为○○说微妙谊，咨叹道称，我等欢喜，稽首归命。"

（3）做定语，5例。如：

90c4. 迦邻王女嗟叹阿脂王功德："世之希有，名称远闻，八方上下莫不宣扬。○○父王讳为迦邻，故相遣来，以相给侍，奉在左右。"

3. 吾

"吾"用于第一人称单数，共145例。

（1）做主语，113例。如：

72b7. 尊者见之如此，威仪法则，行步、进止有威神德，"此则佳人，○为设计，令兴复故。"

（2）做宾语，7例。如：

87c29.（智慧者）辞谢问讯（长者）："……故遣○来，以相喻意。"

（3）做定语，25例。如：

76b7. 时佛解喻：勿得尔也！是○宿罪，非独彼殃。

4. 吾等

"吾等"用于第一人称复数，共13例。

（1）做主语，12 例。如：

90a25. 尔时，姊弟各相谓言："○○共诣沙门瞿昙所，试其举动、行步、进止，取其长短。"

（2）做定语，1 例。如：

78a17. 仙人告曰："卿为学人，当知进退。彼国王者，是○○（*v. l.* 弟）子，存待爱敬，同食坐起参宜（*v. l.* 谊）。云何一旦骂之殑呪乎？卿之罪重，当相诛害，今不相问（*v. l.* 闻）。"

综合上述使用频率数据，列表如下：

	总数	偈	主语	宾语	定语	兼语	上对下
我	142	40	50	52	33	7	25
吾	145	30	113	7	25	0	78
我等	18	2	12	1	5	0	0
吾等	13	0	12	0	1	0	4

可知：

（1）单数"我"和"吾"以及复数"我等"和"吾等"使用频率基本相同。

（2）"我""我等"在对话双方中多为下对上的关系，或与话语中言及的佛、世尊为下对上的关系。

（3）"吾""吾等"更多用于主语。

（4）"吾""吾等"更多用于上对下的关系。

具体到每一小经，我也做了统计。由统计结果可知：（1）第 8、18、21、26、37、44 小经中"我"与"吾"出现的次数完全相同。

（2）第 7、14、45、53、55 小经中"我"远多于"吾"。

（3）第 10、11、24 小经中"吾"远多于"我"。

其中同一人所说同一句话中"我"与"吾"并存的有 17 例。如：

71b2. 比丘以偈答女颂曰：吾无有财业　观我行举动　以乞丐而

立　所得者相与（v）。

75b8. 年尊梵志曰："吾年既老，久许我女，以为妻妇，且以假我。所得赐遗，悉用与卿，可置此妇。伤我年高，勿相毁辱。"

102b17. 太子白曰："我见四乌，色像若斯，数数来至于彼鹿苑，吾亦数往，然后四乌来到。"

在此补充一点。龙国富先生（2013）在《〈妙法莲华经〉语法研究》中对鸠摩罗什译《妙法莲华经》出现的代词做过详细深入的研究，关于"我"和"吾"，他的结论是："《法华经》中'吾'的使用频率降至极低，表明它的使用趋于衰落，不适宜在汉译佛经口语性语体中使用。"

辛嶋静志先生（2016）在他的《佛典语言及传承》所载《早期汉译佛典的语言研究——以支娄迦谶及支谦的译经对比为中心》一篇中说明不同译者使用第一人称代词时，这样写道（p. 60）：

支娄迦谶译《道行般若经》中的第一人称代词始终是"我"，支谦却在《大明度经》中将《道行般若经》的"我"改为"吾"。竺佛念译《摩诃般若钞经》、鸠摩罗什译《小品般若经》又使用了"我"。据笔者统计，"我"出现的次数分别是：

	《道行般若经》	《大明度经》五卷（不包括第一卷）	《摩诃般若钞经》	《小品般若经》
我	375	224	170	432
吾	0	20	0	0

不仅如此，辛嶋先生还指出，在其他没有争议的支娄迦谶的译经中，第一人称代词"吾"一次都未曾出现：

No. 280：《兜沙经》：我（43 次）；吾（0 次）

No. 313：《阿閦佛国经》：我（122 次）；吾（0 次）

No. 350：《遗曰（←日）摩尼宝经》：我（41 次）；吾（1 次；无吾无我无人）

No. 807：《内藏百宝经》：我（3 次）；吾（0 次）

可见，早在 2 世纪支娄迦谶就没有使用"吾"，因此谈不到龙国富先生所言"（鸠摩罗什的年代）'吾'的使用频率降至极低，表明它的使用趋于衰落，不适宜在汉译佛经口语性语体中使用”。佛经的意义在于教化大众，因此汉译文体的口语化是必然的。支谦在《大明度经》中进行了文言化，将《道行般若经》的“我”改为“吾”。深受支谦影响的竺法护则沿袭了支谦的翻译风格，相对其他译者而言大量使用了“吾”。而鸠摩罗什不过是将这一小流行重新拉回佛教汉译佛经最初的轨道上罢了。

上引辛嶋先生文中也言及竺法护译，辛嶋先生（2016）认为“竺法护比支谦更喜欢使用‘吾’”①：

No. 222：《光赞经》：我（255 次）；吾（89 次）

No. 266：《阿惟越致遮经》：我（53 次）；吾（85 次）

No. 263：《正法华经》：我（247 次）；吾（213 次）

No. 285：《渐备一切智德经》：我（47 次）；吾（48 次）

No. 292：《度世品经》：我（32 次）；吾（46 次）

No. 381：《等集众德三昧经》：我（39 次）；吾（26 次）

我在上面的统计结果与辛嶋先生的观点是一致的。

结论：在同一《生经》中，第一人称代词的使用并不统一，单数“我”和“吾”以及复数“我等”和“吾等”不仅使用频率大致相同，而且同作宾语、定语，甚至有 17 例同一人所说同一句话中“我”和“吾”同时出现，表明竺法护译《生经》时二者皆用的事实。与支娄迦谶、支谦、竺佛念、鸠摩罗什等其他佛经汉译者相比，竺法护有偏爱“吾”的倾向。《生经》某些小经中使用“我”和“吾”频率差异较大，也许是因为竺法护有一个翻译团队，不同小经是由不同译者翻译造成的。

二 “异”和“一异”

“异”和“一异”分别在《生经》“佛说舅甥经第十二”“佛说子命过经第十五”“佛说所欣释经第二十三”“佛说五仙人经第十一”“佛说弟子命过经第二十九”各出现了 6 例和 2 例。列举如下：

异：

73a8. 乃往过去无数世时，于○闲居，多有神仙处在其中。（佛说邪业自活经第四）

① 《佛典语言及传承》，第 61—62 页。

77c9. ……群臣奉诏，即给衣粮，逐使出境。独涉远路，触冒寒暑，疲极憔悴，无所似类。而到他国，诣〇梵志家，旧与亲亲。又而问曰："卿何从（*v.l.* 从何）来？何所综习？业何经典？能悉念乎？"答曰："吾从远来，饥寒见逼，忘所诵习。"梵志心念："此人所诵，今已废忘，无所能化，当令田作。"辄给奴子及犁牛耕（*v.l.* -［明］）。见梵志耕种，苦役奴子，酷令平地，走使东西。(佛说五仙人经第十一)

78c14. 他日异夜，甥寻窃来。因水放株，令顺流下，唱叫犇急（*v.l.* 隐［宋元明］、［敦煌］）。守者惊趣，谓有〇人，但见株杌。如是连昔（*v.l.* 宿），数数不变。守者翫习（*v.l.* 抏㨯），睡眠不惊。甥即乘株到（*v.l.* +彼）女室。(佛说舅甥经第十二)

92b26. 闻如是：一时佛游舍卫祇树给孤独园，与大比丘众千二百五十人俱。尔时，〇比丘有弟子，志性温雅，功德殊异，意行仁贤，至诚安隐，身常侍从宿卫和上（*v.l.* 尚），恭顺良谨，精进难及，顺从法教，不违师命。(佛说弟子命过经第二十九)

93a14. 尔时，佛告诸比丘：乃昔去世有〇旷野闲居。(佛说水牛经第三十)

93a23. 乃去往古久远世时，有〇闲居，一象生子，堕地未久，其母终亡。去彼不远，仙人所处。(佛说弟子命过经第二十九)

一异：

80c11. 尔时，舍卫城中有〇〇人，息男命过。父母爱重，无不欲念，视之无厌。以子之忧，狂乱失志，奔走门户、中庭、街路求子，"愿来见我，当于何所得睹汝形？"(佛说子命过经第十五)

86c9. 时诸比丘同共发意。彼时，三人言语柔软，威德殊妙，依本福行，多所获致，过踰于彼。所欣释子，钝愚男子，以卒暴决，愚騃自用，强有所求，不得如志。有〇〇天，诣长者家，得满大罂若干供养。贤者阿难诣他长者，以柔软辞，宿德坚强，为说经法，令其家人欢喜踊跃，从得分卫，大获供养，随意所施，不强不求。(佛说所欣释经第二十三)

方一新、王云路先生（2006）认为上引例“佛说舅甥经第十二”“他日异夜，甥寻窃来。因水放株，令顺流下，唱叫犇急（v. l. 隐［宋元明］、［敦煌］）。守者惊趣，谓有○人，但见株杌。如是连昔（v. l. 宿），数数不变。守者翫习（v. l. 抏槢），睡眠不惊。甥即乘株到（v. l. + 彼）女室。”的“异人”为“奇特之人”，我认为还可商榷。

《汉语大词典》Vol. 7，p. 1341. 对“异”解释如下：

① 区别；分开。② 不相同。③ 其他；别的。④ 背叛的；邪道的。亦指异端邪说。⑤ 以往，以前。⑥ 指以后，将来。⑦ 奇特的；不平常的。亦指奇异、非凡之人或事物。⑧ 惊异；诧异。⑨ 怪异不祥之事；灾异。⑩ 特别优待；特别重视。⑪ 通“翼”。⑫姓。

上引例都无法用《汉语大词典》中的任何解释来解释。而关于“一异”，《汉语大词典》则没有词条。

除竺法护译《生经》以外，其他汉译佛经译者的翻译中也有类似用法，如：

异：

有○比丘，心念之：“当自归般若波罗蜜。……”（［后汉］支娄迦谶译《道行般若经》，《大正藏》第 8 卷，No. 224，443a27）

复有弊魔，化作○人，往到菩萨所。（支娄迦谶译《道行般若经》，《大正藏》第 8 卷，No. 224，455a14）

时佛叹曰：“是三千国土，满其中珍宝施于佛，持用求佛。复有○人——持是三昧者——是佛所称誉，闻信者其福倍多。”（支娄迦谶译《般舟三昧经》，《大正藏》第 13 卷，No. 418，907b25）

王逮士众，重复哀恸，寻所示路到厥亲所。王从众多，草木肃肃有声，二亲闻之，疑其○人，曰：“行者何人?”王曰：“吾是迦夷国王。”亲曰：“王翔兹甚善，斯有草席可以息凉，甘果可食，吾子汲水，今者且还。”王覩其亲以慈待子，重为哽噎。（［吴］康僧会译《六度集经》，《大正藏》第 3 卷，No. 152，24c13）

后于○时，此比丘尼若休道、若灭摈、若作不共住、若入外道，后作如是言：“我先知此人如是如是”（［曹魏］昙谛［204—254］

译《羯磨》,《大正藏》第 22 卷, No. 1433, 1062b13)

有〇比丘心念:“自归明度者,为无生灭法。”([吴] 支谦 [223—253] 译《大明度经》,《大正藏》第 8 卷, No. 225, 489a3)

有〇比丘意念言:“当为般若波罗蜜作字。……”([西晋] 无罗叉 [241—291] 译《放光般若经》,《大正藏》第 8 卷, No. 221, 66b12)

一异:

时坐中有〇〇比丘语释提桓因:“出拘翼! 上去已,是善男子、善女人功德乎!”(支娄迦谶译《道行般若经》,《大正藏》第 8 卷, No. 224, 463b-11)

有〇〇比丘白世尊言:“云何为此岸? ……”([东晋] 瞿昙僧伽提婆 [347—397] 译《增壹阿含经》,《大正藏》第 2 卷, No. 125, 759a11)

闻如是:一时,佛在罗阅城耆阇崛山中,与大比丘众五百人俱。尔时,有〇〇比丘白世尊言:“劫颇有边际乎?”([东晋] 瞿昙僧伽提婆 [347—397] 译《增壹阿含经》,《大正藏》第 2 卷, No. 125, 813c27)

尔时,有〇〇住处,说戒日客比丘来,见旧比丘在界内,见而不求便作羯磨说戒。([姚秦] 佛陀耶舍共竺佛念 [355—405] 等译《四分律》,《大正藏》第 22 卷, No. 1428, 829a23)

对此辛嶋静志先生已作过深入的研究,他在《道行般若经词典》(东京 2010) 中收了这些词 (第 566、581 页)。引用如下:

异 (yì) “a certain” # (a translation of Skt. *anyatama* “a certain”)

Lk. 443a27 有〇比丘,心念之:“当自归般若波罗蜜。……”(p)

AS. 98. 8 = R. 197. 3 = AAA. 429. 19. *anyatama* ~ *bhikṣu* ~ (“a certain monk”); ZQ. 489a3. 有异比丘; Zfn. 524c14 = Lk; Kj. 552b27. 有一

比丘；Xz（I）.803c9. 有一苾刍；Xz（II）. 886b15. 有苾刍；Sh. 618a10. 有一苾刍；Tib. Pk. 119a2 = D. 110b7. *dge slong gzhan zhig*①

一异（yī yì） "a certain"

Lk. 463b-11 时坐中有○○比丘语释提桓因："出拘翼！上去已，是善男子、善女人功德乎！"（p）

AS. 203. 27 = R. 411. 17 = AAA. 804. 18. *anyatara* ~ （"a certain [monk]"）；ZQ. 500a23. 一；Zfn. 536b3. 一；Kj. 572c24. 一；Xz（I）.843a3. 一；Xz（II）.912a10. 有；Sh. 656b27. 一；Tib. Pk. 241b4 = D. 224a3. *gzhan zhig*

对比原文以及不同译者异译的基础上，辛嶋先生的结论是，"异"和"一异"都与梵文 anyatama 对应，义为"某一"。用该论证来解释上引例，包括《生经》中的 8 例"一异"和"异"，义为"某一……"，是极为确切的。

从支娄迦谶、康僧会到支谦、无罗叉、竺法护等译者之所以使用"异"和"一异"来翻译梵文 anyatama，原因在于梵文中有一个与 anyatama 非常近似的词 anya，义为"其他的"。也许是汉译者们没有正确理解原文，所以把 anyatama 理解成了 anya，把"某一"翻译成了"异"和"一异"。

《生经》中有以下 3 例"异"意思不甚明了，似乎用"其他的"或"某一"皆可解释得通：

82b3. 佛告诸（v. l. ［诧］）比丘："汝等各说所知，皆快顺法，无所违错。复听吾言，云何比丘在音声丛树为快乐乎？威神巍巍，华实茂盛，其香芬馥，柔软悦人在音声树而现雅德？于是比丘明旦从其

① 词条下，Lk. 463b-11 表示后面例文出现在支娄迦谶译《道行般若经》中的页数及行数；AS、R、AAA 表示三种《八千颂般若》校勘本中的读法；ZQ. 表示支谦译《大明度经》对应处的页数、行数及读法；依次是 Zfn. 竺佛念译《摩诃般若钞经》、Kj. 鸠摩罗什译《小品般若波罗蜜经》、Xz（I）. 玄奘译《大般若波罗蜜经》（第五会）、Xz（II）. 玄奘译《大般若波罗蜜经》（第四会）、Sh. 施护或 Dānapāla 译《佛母出生三法藏般若波罗蜜多经》的汉译、Tib. Pk.《北京版甘珠尔》的藏译。

衣钵，入于聚落，若在〇国，处在树下。于是明旦着衣持钵，入彼国邑，若于聚落，护诸根门，分卫始竟，饭食毕讫，藏去衣钵，洗其手足，独坐燕处，结加趺坐，正身直形，安心在前，则观于世，一切无常，心自念言，'假使吾身漏尽意解，乃从坐起，辄如所言，诸漏不尽，不从坐起。'比丘如是在音声丛树则现奇雅。"

89b29. 彼于〇时，身得疾病，无疗瞻者，亦无持果（v. l. 菓［宋］）授与食者。

104c17. 于彼〇时，有一贾人，复从他国赍三孔雀来。

三 猗筹

"猗筹"出现在《生经》"佛说（v. l. +草）驴驼（v. l. 驰）经第五十"（103c28—104b22）：

尔时，有一比丘新学，远来客至此国诸比丘欲求〇〇，诸比丘闻，不与〇〇（*v. l.* 宋碛砂藏无此八字），"今观于子，行不具足，举动不祥（*v. l.* 详），将无于此造损耗业"。

尔时，新学不得〇〇，复诣余处，求索〇〇，彼诸比丘不问本末，速授〇〇。前比丘闻，即往问言："卿何以故，不问本末，便与〇〇？"比丘答曰："吾授〇〇，有固不妄，当奉事我，供养以时。"

有新比丘，安详雅步，举动不暴，入出进退不失仪法，类如佳人，不似（*v. l.* 以）凶恶。

主比丘独在不出，新学比丘复取衣钵，取主比丘，挝捶榜笞，就地缚束，犹（*v. l.* 搏）系其口，将无所唤，人闻其声。即于其夜，驰迸行走。

天欲向晓，诸比丘众适闻其声，皆来趣之。解其系缚，则问其意。时彼比丘本末为说，语（*v. l.* 诸）比丘："当共分布行求索之，使我还得衣钵。"诸比丘答曰："吾等语卿：'莫得妄信，勿与〇〇，将无见狂（*v. l.* 狂［明］）。'自在放恣，不用吾语，所可作者，今可自省。"

在大藏经中仅竺法护译《生经》使用了该词。没有可比较的其他汉译经典，因此正确理解该词十分困难。"猗筹"无论在《汉语大词典》还是在《汉和辞典》中都未被收录。

新近出版的谭代龙（2015）等注《生经简注》注释为“指决定外来比丘是否可以依止的投票行为”，我认为这一定义不妥。理由是：

（1）宋版资福藏、碛砂藏至清藏皆无“诸比丘闻，不与〇〇”八字，按照此读法，造成了后引用符号内部分是投票的误解。

（2）如果是“指决定外来比丘是否可以依止的投票行为”，那么“猗筹”作为“求索”，尤其是“与”“授”的宾语皆不妥。

那么“猗筹”究竟是什么意思？

首先，关于“筹”，我们有很多可以参考的资料。《说文》：“筹，壶矢也。”段注：“……按，引伸为泛称。又谓计算为筹度。从竹，寿声。”徐锴《系传》：“筹，投壶之矢也。其制似箸，人以之算数也。”《玉篇·竹部》：“筹，筭也。”

“筹”，梵语作 śalākā，音译舍罗。多以竹作成之细棒，用以计算参集僧众之人数，或于表决时用之。

用于计算人数的“筹”和“舍罗”出现在汉译佛典的时间基本相同。音译“舍罗”始见于支谦译《须摩提女经》（翻译年代不详，约3世纪中叶）：

> 是时阿难受佛教已，即集诸比丘在普会讲堂而作是念：“诸有得道阿罗汉者须取舍罗，明当往受须摩提请。”（《大正藏》第2卷，No. 128b，839c22）

“筹”同始见于支谦译《佛说义足经》（翻译年代约223—253年）：

> ……复共言：“我人不得尔，恐是中有外对。我曹悉坐耆老行筹，不受筹者，为当不欲内王；受筹者，为欲内王；多者，我又当随适行；筹悉受，不受者少耳。”（《大正藏》第4卷，No. 198，189a2）

“筹”出现在众多汉译经典中。如：

> 若比丘已作行筹人，随僧多少应作二种筹：一分长、一分短；一分白、一分黑。说如法者，为作长筹；说非法者，为作短筹。说如法

者，为作白筹；说非法者，为作黑筹。（《大正藏》第 23 卷，No. 1435，《十诵律》[后秦] 弗若多罗共罗什译 [399—413]，254b18）

此外，还有“舍罗筹”和“沙罗筹”。如：

于时，世尊以净梵音告诸比丘：“汝等宜起行舍罗筹，各各相对，悔过自责，相谢众失所犯非法，各忍和同，净身口心，令无余秽。”（《大正藏》第 1 卷，No. 62，《新岁经》[东晋] 竺昙无兰译 [381—395]，859c2）

尔时，维那行沙罗筹，白三藏上座言：“众僧已集，有百千人，今为说波罗提木叉。”（《大正藏》第 2 卷，No. 99，《杂阿含经》[刘宋] 求那跋陀罗译 [435—443]，179a8）

为什么需要用“筹”来统计人数？Hubert Durt 教授有一篇极为详尽的论文 The Counting Stick (śalākā) and the Majority/Minority Rule in the Buddhist Community。① Hubert Durt 教授认为，用“筹”统计数字的理由有二：(1) 用以计算僧伽内参加布萨 (uposatha)、雨安居 (varṣāvāsa) 及自恣 (pravāraṇā，安居最后一天修行僧互相坦白自己所犯罪过，忏悔并祈求饶恕) 等的僧众之人数。之所以要计算僧众之人数，目的在于需要安排食物、衣物的分配。因此，从这一意义来理解，“筹”可称作僧人领取食物、衣物等的“票证”。不仅如此，按照戒律规定，“筹”还有多种用途，比如生病时可凭“筹”领取药物。② (2) 会议上投票，用于平息产生意见分歧时的纠纷，称为 adhikaraṇaśamatha。这种情形比较少见。此类投票类似僧伽内所有比丘的公投，决定僧伽的路线和重大决策。Hubert Durt 教授使用了较大篇幅来说明投票的形式、事例，例如提婆达多“破

① 《印度学佛教学研究》Vol. 23 (1974—1975) No. 1，pp. 464—470。

② At Uposatha, it is the quantitative aspect of counting sticks which is predominant. One counts the members of the Community, with an eventual distinction between ordained monks and novices. It is not only a way to control the monks present at an obligatory reunion but also a way to settle the number of rations in the distribution of food or clothing which takes place often at the occasion of an Uposatha reunion. It is in those cases of distribution that we see the sticks used as a kind of ration ticket. (配给票证) Ibid., p. 468。

僧”便是通过用“筹”表决，五百苾刍决定跟随提婆达多离开佛祖的僧团①；大众部也是通过投票表决从上座部脱离出来后产生的，正如它的名字一样。②

正因为“筹”具有如此重要的作用，因此是否可以将其交付给新学僧人，由谁来交付、如何交付等，在戒律中都有明确规定。虽然晚于竺法护译《生经》的时代，但我们仍可从佛陀跋陀罗共法显译《摩诃僧祇律》(366—416) 中找到值得利用的信息。《摩诃僧祇律》有一段关于“行筹”，即分发“筹”的详细描述，对如“行筹”人只限于德高望重的僧人，“行筹”时应说、不应说的话语，“行筹”时的行动举止、“行筹”的时间等，都做了详尽的规定。③ 其中还有：

> 优婆塞应语尊者：“莫破僧！破僧罪重，堕恶道、入泥犁中。我当与尊者衣钵、病瘦汤药。若不乐修梵行者，可还俗，我当与汝妇，供给所须。”若故不止者，应拔舍罗筹驱出。(《大正藏》第22卷，No. 1425，441a19)

也就是说，对还俗者，应收回“筹”后再将其驱出寺院。

回到《生经》上来。决定一个新比丘是否能留在寺院似乎算不上决定该寺院今后方向的决策，比丘为此公投显得过于夸张。

而相对于“筹”，“猗”则非常不易理解。“猗”在《汉语大词典》中有若干解释，其中最为容易接受的解释为同“倚”，依，靠。④但这一解释用在此处未免牵强。

慧琳《一切经音义》曰：

① 《印度学佛教学研究》Vol. 23 (1974—1975) No. 1，p. 466f.

② Ibid.，p. 468f。

③ 比丘有五法成就，僧应羯磨作行舍罗人。何等五？不随爱、不随瞋、不随怖、不随痴、知取不取。羯磨者应作是说：“大德僧听！某甲比丘五法成就，能为众僧作行筹人。若僧时到，僧立某甲比丘作行筹人。白如是。”“大德僧听！某甲比丘五法成就，僧今立某甲比丘作行筹人。诸大德忍某甲比丘作行筹人忍者默然，若不忍便说。”“僧作行筹人竟，僧忍默然故，是事如是持。……”(《大正藏》第22卷，No. 1425，334b14)。

④ HD. 5. 75a 猗[2]，②同“倚”。(1) 依；靠着。《诗·卫风·淇奥》：“宽兮绰兮，猗重较兮。”

持筹，长流反。《说文》："筹，筭也，从竹，寿声。"经文从奇，作笴，错书也。①

按照这一解释，"笴"就是"筹"。

《康熙字典》曰："笴，笴字之讹。"笴，矢的竹的部分，与"竿""杆""槁"同。《广雅·释草》曰："笴，箭也。"《集韵》曰："笴，箭干。"《仪礼·乡射礼》曰："物长如笴。（注）笴，矢干也。"可见，"笴"或"笴"义与"筹"相同。竺法护使用的"猗"，形符不同，但声符相同。仅是猜测，也许"猗"就是"笴"之讹字，如果是这样，那么"猗"与"筹"同义。

综上，竺法护译《生经》"佛说驴驼经"中的"猗筹"即"筹"，于僧团而言，用以计算僧团内参加布萨（uposatha）、自恣（pravāraṇā）及雨安居（varṣāvāsa）等的僧众之人数，以便安排衣食等的分配；此外，决定一个僧团重大决策时使用"筹"进行投票。于僧人而言，它是属于某寺院的僧人身份的证明，持有"筹"，便拥有了领取食物、衣物、生病时的药物等的凭证；持有"筹"，便拥有了投票权。相对于表决投票，日常生活中的衣、食对于一个外来僧人是何等重要，从故事中新学比丘急迫的态度便可看出。而从僧团内僧人的角度而言，要多一人吃用、多一人在决策时参与表决，因此自然而然需要认真考察新学比丘的德行。由此，故事中诸比丘迟迟不给新学"猗筹"的谨慎态度也就非常容易理解了。

竺法护译《生经》中还有一词"筹筭"：

89b25. 乃往过去久远世时，于空闲处多神仙、五通学者在彼独处，各各相劝，转相佐助，各各取果，以相给足，以作〇〇，设使疾病，转相瞻疗。

此处"筹筭"犹言"筹算，筹策，谋划"。

"筹筭"在《汉语大词典》第8卷，第1274页该词条下②，解释为"谋划计算"，例自《隋书·李密传》；汉译佛经中作为动词的"筹筭"

① 《说文》："筹，壶矢也。从竹，寿声。"《玉篇·竹部》："筹，筭也。"大约慧琳将二者记混了。

则最早在吴康僧会译《六度集经》（201—251）[①] 之中就已出现了。

四　见

《生经》中有为数众多的“见”。作为虚词表示被动的“见V”与表示主动的“见V”并存，分别列举如下：

（1）表示被动的“见V”式：

71b11. 佛言：“此比丘宿命曾作水鳖，淫女曾作猕猴。故亦相好，志不得果。还自侵欺，不入正教，增益恼患。于今如是，志愿淫女，愿不从心，逆〇折辱，惭愧而去。”

71c20. 趣有来人，辄为沙门，欲得眷属，不顾后患。当问本末，何所从来，举动安谛。为〇侵欺，后悔无及。

72b4. 吾为贾客。众人之导，从某国来，多致财宝。道遇恶贼，悉〇劫夺，皆失财业。贫穷委厄，无以自活，才得济命，尽力奔走。今归尊者，给侍左右。

72c7. 我时适见之　信故〇欺侵　非贤现贤貌　窃财而亡走（v）

74b9. 息意自从卿　青眼如恶疮　如是〇锁系　如闭在牢狱（v）

78b18. 外甥教舅：“舅年尊，体羸力少，若为守者所得，不能自脱。更从地窟却行而入。如令〇得，我力强盛，当济免舅。”

79a15. 甥为贼臣，即怀恐惧，心自念言：“若到彼国，王必被觉，〇执不疑。”便（v. l. 使）启其王：“若王见遣，当令人马五百骑具、衣服、鞍勒一无差异，乃可迎妇。”

92a14. 汝不闻耶？国王有令，不得令人诣王乞丐，唯远方使乃得进见，给其廪价；余人乞者，皆（v. l. 必）当〇斩。

92a15. 我身今日欲得求安，反〇危害。既依仰他，复〇毁辱。

94a5. 卿等何故睹此猕猴，猥〇骂詈，扬尘瓦石，而反忍辱，默声不应？此义何趣？有何等意？

104a18. 诸比丘答曰：“吾等语卿：‘莫得妄信，勿与猗筹，将无

---

① 昔有梵志，名曰维蓝，荣尊位高，为飞行皇帝，财难筹算，体好布施：名女上色，服饰光世，以施与人；金钵盛银粟，银钵盛金粟，澡瓮盥盘四宝交错；金银食鼎，中有百味。（《大正藏》第3卷，No. 152，12a24）

〇抂。’自在放恣，不用吾语。所可作者，今可自省。”

104c27. 于时有天即叹颂曰：未见日光时　烛火独为明　诸鸟本〇事　水饮及果蓏　由音声具足　日出止（v.l. 上）树间　诸乌所〇供　于今悉永无　当观此殊胜　无尊卑〇事　尊上适兴现　卑贱无敬事（v）

106a17. 猕猴不肯，遥报之曰：“吾今续念，前困毒我，众患难量。前时我父横无过罪而〇加毒，毁辱叵言。今故驰走，来入山中。”

（2）表示被动的“为……所见”式

《生经》中有表示被动的“为……所见”式四例，第五例省略了“所”：

90b4. 时裸形子不受女言：“汝等以家事往，欲试乱道，反为世尊所〇摄取、迷惑、诳诈。……反为瞿昙所〇迷惑，没溺自失不得济己。”

98b12. 时转轮王游观四方，还欲归宫，时见古世一（*v.l.* 人）亲亲人，而为债主所〇拘系，缚在着树而不得去。

104a21. 时诸比丘具启世尊。佛言：“诸比丘！此比丘者不但今世为是凶人所〇侵抂（*v.l.* 狂［明］），不知本末，而妄信也，所（*v.l.* 而）在相（*v.l.* 所）遇，辄为所侵。”

105b6. 往昔过去久远世时，有一仙人，名曰拨劫，得五神通。时为国王所〇奉事，爱敬无量，神足飞行，往返（*v.l.* 反）王宫。

71c20. 趣有来人，辄为沙门，欲得眷属，不顾后患。当问本末，何所从来，举动安谛。为〇侵欺，后悔无及。

“见”跟表示被动的“为”一起使用，成“为……所见V”式。这里的“见”的作用同“所”，表被动。对于“为……所V”式，已有学者论证过。①

不仅在《生经》，竺法护译其他佛经中也多次使用了“为……所见

① 魏培泉先生（2004）指出：“‘为……所V’式大约出现于秦汉之交。……‘所’字看来已没什么关系代词的作用，因此跟动词词头也很难区别。……‘为……所V’式或许老早就称为一种固化的句式，在这种情况下，‘所’字的关系代词功能也就无所作用了。”（第327页）

V”式，如：

佛灭度后，菩萨有四事说法而不诤怒。何等为四？为诸比丘、比丘尼、清信士、清信女所见奉敬，帝王太子、大臣群寮、郡国人民所见供养，长者梵志皆共承顺，虚空神明无数天子听所说经，天龙鬼神侍卫其后皆营护之；是为四。(《大正藏》第9卷，No. 263，《正法华经》109b)

菩萨遥见郁头蓝弗，为诸弟子所见奉敬，达知图谶算术天地灾变，为众最师。(《大正藏》第3卷，No. 186，《普曜经》，510b)

同时代的其他佛经汉译者也使用了“为……所见V”式，如：

时诸比丘见是事已，白佛言：“世尊！今此威德比丘，宿殖何福，身极柔濡，颜色鲜明，又为众人所见敬仰，遭值世尊，出家得道？”(《大正藏》第4卷，No. 200，旧题吴支谦译《撰集百缘经》，235b)

吾今自然神耀得道，非有师也。然有八师，从明得之刑戮；或为王法所见诛治，灭及门族。(《大正藏》第14卷，No. 581，旧题吴支谦译《佛说八师经》，965a)

我为诸天及人非人所见劝助恭敬，我所行者真为是行。(《大正藏》第8卷，No. 221，西晋无罗叉译《放光般若经》，97a22)

初发意者如月始生会当成满，天龙鬼神所见拥护，不为邪恶所见中害。(《大正藏》第15卷，No. 638，西晋聂承远译《佛说超日明三昧经》，537a12)

可见，三世纪“为……所见V”式已为不止一位汉译者所用。

(3) 表示主动的“见V”式：

72b17. 其人所作，有所成立，第一恭敬，未曾轻慢，最〇笃信，如弟如兄，等无差特 (*v. l.* 别)。戒定安谛，无有欺诳。

77c11. 答曰：“吾从远来，饥寒〇逼，忘所诵习。”

79a9. 对曰：“不敢。若王〇哀，其实欲索某国王女。”王曰：

"善哉！从所志愿！"

79a15. 甥为贼臣，即怀恐惧，心自念言："若到彼国，王必被觉。见执不疑。"便（*v.l.* 使）启其王："若王○遣，当令人马五百骑具、衣服、鞍勒一无差异，乃可迎妇。"

86c25. 第四人曰："亲厚捐（*v.l.* 损）肉，唯○乞施，吾欲食之。"

89a2. 尔时，佛告诸比丘："调达凶危，横○嗟叹者，不得其理。拘迦利比丘嗟叹调达，调达亦复叹拘迦利比丘，其彼二人横相嗟叹，无义无理。"

87c28. 思一侍面，叙其辛苦，故遣饮食、馈遣（*v.l.* 遗［明］）之物，唯（*v.l.* 惟）○纳受，无○讥责。

92a29. 梵志对曰："求不恐惧，唯（*v.l.* 若）○听许，乃敢启王，说所使来。"

94b26. 兔王答曰："吾等眷属当行求果，远近募索，当相给足，愿一屈意，愍伤○济。"

96b15.（众贾）悲哀呼嗟："归命诸天、释梵、四王、日月神明，愿以威德，唯○救济。"

98b2. 牛径前往趣佛，屈前两脚，而鸣佛足，泪出交横，口自演言："唯然！世尊。加以大哀，救济危厄，令脱此难，今是其时，大圣难遭，亿世时有所以出者，为众生故，唯垂弘慈，一○济拔。"

99b27. 树神跪拜，自陈辛苦："周旋三界，五阴所覆，十二牵连，忽始相因，唯（*v.l.* 惟）○愍哀，救济此覆（*v.l.* 云）。"

99c19. 夜行见母，长跪问言："今者大家独○憎毒，不得水草，挝鞭甚酷。母独高处，不念亲戚，行来欣欣，一身喜乐，高望远视，犹若鸿鹄，不忧子孙独遇此酷？"

106b18. 其妇见聟心异不和，志在下使，便谓其夫："假使卿心不相喜者，傥当○听，出家为道，作比丘尼。"数数如是，聟便听之。

106c8. 法家妇女着金银珠环，有四事，上生天上。……四者，得疾病（*v.l.* 病疾）临命终时，脱持布施，救助我命，目自○施。是人命尽，欢喜不惧，得上生天。

“见V”式在竺法护之前的汉译佛经中就已有使用，如：

阿难言：“姊！我名沙门，其心平等，豪贵下劣观无异相。但时〇施。不宜久留。”（《大正藏》第21卷，No. 1300，［吴］竺律炎支谦共译［180—230］《摩登伽经》，400a8）

时有一人为水所漂，恐怖惶惧莫知所至，身力转微余命无几，举声大唤：“天神、地祇，谁有慈悲能〇救济?”（［吴］支谦译［223—253］《菩萨本缘经》，《大正藏》第3卷，No. 153，67a10）

魏培泉先生（2004）还指出：“主动‘见V’式在东汉无疑就已确立……从三世纪起，此用法就已经相当的流行，在西晋的佛经译作及《三国志》中这种趋势就已经很明显了，即便被动的‘见V’式也还很常用。”① 上引“（3）表示主动的‘见V’式”下《生经》例皆为主动句，大多数句子没有主语，需从对话双方关系来判断。也有若干例有主语，如“王见哀”“王见遣”。这些例子无疑与魏先生的观点相吻合。“见”用在动词之前，表示该动词为他动词，表示动作、行为对受事者的影响。这一用法与“相”同，表示在双方的彼此对待关系中，只有一方为施事者。如：

始吾与公为刎颈交，今王与耳旦暮死，而公拥兵数万，不肯相救。（《汉书·张耳陈余传》）

《生经》中也有约30例“相V”式，如：

71b3. 于是比丘以偈答女颂曰：吾无有财业　观我行举动　以乞丐而立　所得者〇与（v）

75b10. 年尊梵志曰：“吾年既老，久许我女，以为妻妇，且以假我。所得赐遗，悉用与卿，可置此妇。伤我年高，勿〇毁辱。”

76b16. 佛告诸比丘国王及诸比丘：“买珠男子，则我身是；其女身者（*v. l.* –［明］），则暴志是。因彼怀恨，所在生处，常欲

① 《汉魏六朝称代词研究》第188页。

〇谤。”

76c16. 其夫答曰：“是吾亲友，寄身托命，终不〇疑。云何〇图，用以活卿耶？”

76c18. 其妇答曰：“今为夫妇，同共一体。不念〇济，反为猕猴，诚非谊理。”

79a8. 王大欢喜，辄赐禄位，以为大臣，而谓之曰：“吾之一国，智慧方便无逮（*v.l.* 还［敦煌］）卿者。欲以臣女若吾之女当以〇配，自恣所欲。”

86c27. 时猎师察四人言辞，各随所言，以偈报曰：卿辞甚粗䵂

云何相与肉 其言如刺人 但（*v.l.* 且）以角〇施（v）

尽管“见 V”与“相 V”用法相同，但从上引《生经》用例可见，施事者与受事者交谈的情境非常严肃，语句多用于恳求，如“见施”“见哀”“见济”“见乞施”“若王见遣”“见听”；或表示身不由己无可奈何的心情，如“饥寒见逼”“大家独见憎毒”等。无论是恳求还是表达身不由己无可奈何的心情，所有例子都显示，受事者一方地位较低，施事者一方年龄或地位较高。这样表现接受动作一方谦卑态度的用法与“儿童相见不相识，笑问客从何处来”的“相”是不完全相同的。

仅从《生经》来看，主动“见 V”式和被动“见 V”式是并存的，而且出现的次数基本持平。在判断是主动还是被动时，产生了一些困扰。如上表被动的“见 V”式中以下 3 例也可理解为主动式：

79a15. 甥为贼臣，即怀恐惧，心自念言：“若到彼国，王必被觉，〇执不疑。”便（*v.l.* 使）启其王：“若王见遣，当令人马五百骑具、衣服、鞍勒一无差异，乃可迎妇。”

92a14. 汝不闻耶？国王有令，不得令人诣王乞丐，唯远方使乃得进见，给其廪价；余人乞者，皆（*v.l.* 必）当〇斩。

106a17. 猕猴不肯，遥报之曰：“吾今续念，前困毒我，众患难量。前时我父横无过罪而〇加毒，毁辱叵言。今故驰走，来入山中。”

为什么同样的形式能够并存？产生这种现象的原因何在？如何正确区

分是主动还是被动？被动“见V”因何消失？汉译佛经在其过程中起到了何种作用？期待专家们深入具体的探讨。

参考文献

魏培泉：《汉魏六朝称代词研究》，台湾“中研院”语言学研究所，2004年。

谭代龙：《生经简注》，四川大学出版社2015年版。

方一新、王云路：《中古汉语读本》，上海教育出版社2006年版。

龙国富：《妙法莲华经语法研究》，商务印书馆2013年版。

［日］辛嶋静志：《佛典语言及传承》，中西书局2016年版。

Durt，H.，1974，The Counting Stick（Salaka）and the Majority/Minority Rule in the Buddhist Community，印度学佛教学研究，1974—1975，23卷，1号，第464—470页。

（裘云青　日本东京　创价大学国际佛教学高等研究所）

东汉译经中作单句或根句主语及各类宾语的第三身代词“其”*

朱庆之

一 引言

“其”是中古时期汉语重要的第三身代词，它可以像名词一样，出现在名词可以出现的任何句法位置上——主语、宾语和定语等。然而，“其”在上古并非如此。① 学术界主流意见认为，“其”在上古汉语中的

* 本文是香港特区政府研资局（RGC）优配研究基金（GRF 18600915）“汉语代词在历史上几个重要变化之动因研究——以佛教及佛经翻译对汉语发展演变的影响为视角”的阶段性成果。初稿曾在2017年4月在上海师范大学召开的“六朝佛经梵汉对勘语料库与中古汉语研究”学术研讨会上交流。此次发表，作了较大的修改。

① 上古有没有第三身代词，“其”算不算第三身代词，学术界有争论。王力（1989）说：“上古人称代词，第一人称有‘吾、我、卬、余、予、台、朕’等；第二人称有‘汝、若、乃、而、戎’等；第三人称有‘其、之、厥’等。从意义上说，这些人称代词应该分为两大类：第一类是纯然指人的代词，即第一、第二人称；第二类是兼指事物的人称代词，即第三人称。”（41页）但吕叔湘（1944/1951）则认为：“严格说，文言没有第三身指称词，‘之’‘其’‘彼’三字都是从指示词转变过来的。这本是很合理的，可是这三个字没有一个是发育完全的，合起来仍然抵不了白话里一个‘他’字。”（39页）太田辰夫（1958/2003）说：“作为古代汉语第三人称代词，上面举出了‘彼’‘夫’‘其’‘之’四个，但这些全是借用指示代名词，不是像第一、第二人称那样纯粹的人称代名词。”（98页）魏培泉（2004）说：“有些人把‘其’‘之’当作第三身代词，但我们认为上古汉语应当是没有真正的第三身代词的。”（11页）殷国光等（2011）的说法相似：“在上古，人称代词只有第一人称代词和第二人称代词，没有专门的第三人称代词，第三人称代词由指示代词兼任。”（177页）向熹（2010）调和二说，一方面认为在语言需要三称代词，另一方面又承认“周代也没有产生纯粹的第三人称代词”。（81—82页）又，不同学者所认定的“第三人称代词”或有第三人称代词用法的“指代兼类词”的数量往往不同，少者三个，如王力只有“其之厥”；多者五个，如杨伯峻、何乐士（2001）和向熹（2010）有“夫彼之厥其”。认定标准不同，我们不作讨论。

主要和代表性的第三人称代词用法是作定语，表示领属关系（领格，领位）。[①]“其”有时也会出现在兼语和［复句之］分句或者包孕句的主语位置上，但不多见。反过来说，作人称代词的“其”不出现在宾语（用同“之”）和单句或复句之根句的主语（用同“彼”）的位置上（王力，1958，1989；吕叔湘，1940，1985；蒲立本，1995；杨伯峻、何乐士，2001；魏培泉，2004；向熹，2010）。[②]

变化是什么时候发生的？在魏培泉（2004）之前，绝大多数人的意见是，不早于晋代，这一情况才发生了变化。如（以下的例子引自吕叔湘，1985，15 页）：

其为何谁？子以言之。（《吴越春秋》上）

其若见问，当作依违答之。（《宋书·刘邵传》）

公所道臧荣绪者，吾甚志之。其有史翰，欲令入天禄，甚佳。（《南齐书·臧荣绪传》）

以上作主语。

可引军避之，与其空城。（《三国志·魏书·陈登传》裴注引《先贤传》）

教其鲜卑语及弹琵琶。（《颜氏家训·教子》）

诸偷恐为其所识，皆逃走。（《南齐书·王敬则传》）

以上作宾语。

不过，吕叔湘（1985）认为，这些新用法的“其”，与在稍早的文献里新出现的写作“渠”的人称代词其实是一个词。

大家都知道，这个“渠”目前已知的最早文献用例见于西晋陈寿的《三国志·吴书·赵达传》。在一次饮酒时，赵达答应日后将自己的数术秘籍传给学生公孙滕。公孙滕如期而至索要时，赵达却假装“惊言失

① 魏培泉（2004）认为，“作定语的‘其’有两种功能，一为表领有；一为表定指，类似定冠词的作用。”（34 页）

② 魏培泉（2004）说：“在语法地位上，上古汉语的‘其’总是用作定语或者偏句的主语，‘之’总是用作动词或介词的宾语。”（30 页）

之”，并将责任推到女婿头上：“女壻昨来，必是渠所窃。”吕叔湘说：

> “渠”字跟“其”字该是同源。“其”字在古代是只用于领格的，可是汉魏以后常常可以看见非领格的“其”字。这些“其”字可能代表实际口语的“渠”。(14—15页)

杨伯峻、何乐士（2001）完全接受了这样的看法。他们说：

> 在古书中“其”作代词的用法较多，一般用在领位，也可用作兼语。至于用作主语，必须是复合句的分句或者包孕句的子句。用作宾语，可说是绝无仅有。……“其”也有用作独立句的主语的，这种现象出现在南朝梁、齐时代，而且用的是当时口语，这可能是当时口语“渠”字音的误写。……“渠”字最初出于《三国志·吴书》，赵达是吴人，陈寿是蜀人。陈寿作《三国志》，可能根据吴国材料，采取当时语言移录过来，所以在当时其他古书不再见用。到六朝便渐用它，而唐时盛行。“渠”字可用作主语、宾语。(128—129页)

根据以上的意见，“其”的变化不晚于西晋，同时应该首先发生在吴地的方言当中；不过，大范围的变化发生在东晋或者之后。

当然，学术界对此也有不同的意见。有学者举出一些上古的用例来证明“其”在上古已经可以作单句和根句的主语，也可以作宾语（参看马梅玉，2013）。

进入21世纪后，魏培泉出版了《汉魏六朝称代词研究》（2004）。这是一部从历史句法的角度对汉语代词从上古到六朝期间的发展变化所作的系统研究，创获之丰富，令人有行于山阴道上之感，同时也为进一步的研究奠定了新的基础。

在卷首“论文摘要内容”里，作者开宗明义：“上古汉语的称代词在语法上是一个很特殊的类，它有许多语法特征是和名词不一样的。然而到了汉代以后，称代词的独特性逐渐消失，和名词间的界线趋于泯灭。本文主要的目的是探讨称代词这种演变的过程，并试图为这些演变的形成提出我们的解释。”

“在有史以前汉语代词也许曾经有个很严整的语法形态系统”是作者

最基本的理论假设（hypothesis）。也就是说，在最初，每个代词都具有自己特定的句法角色。但在上古时期，这个系统已经开始瓦解。不过作者认为，这个瓦解过程“大概是绵远的而且是有地域性的”，因此，并不排除在个别文献里会出现少量的特别用例。然而，“根据现有的材料，代词系统泛地域的解体时代目前还只能定位在东汉以后”。作者说：“在这个研究中，我们先区别不同材料所可能分布的时段及地域，再分别考虑不同代词各自的发展，估计它们功能转换的时代，并尝试将它们连系起来，以说明其演变的共通规则及推动演变的原因或机制。”（v页）

显然，在作者看来，从上古到中古，每一个代词的变化不是孤立的。对每一个代词的变化的认识，都应该放在大的句法系统的变化当中，找出其变化的理由。而非简单地说某个用例应当这样讲，或应当那样讲；或者仅仅根据少数用例就断言某项变化已经发生。可以认为，这是作者重要的方法论贡献。

强烈的理论意识和对“传统研究方式”的娴熟运用，使共时的语法描写和历时的比较方法在这项研究中很好地结合起来，不但成就了一部当代汉魏六朝称代词历史研究的扛鼎之作，而且对整个汉语历史语言学的研究也有重要的示范作用。①

① 据作者自述，该书原是其1990年1月提交答辩的博士论文。2004年正式出版时，作了修订。但修订的原则是“除了疏漏必须改正外，尽可能将改动降至最少，原则上不可能改变内容”。作者认为原作的“论点及论证”“都可以不变”，“叙述文字却不能不好好修整一番”。因此，“为了让新稿的可读性高一些，把文字重新顺过以及把浮辞删去就成为校订时不可免的工作了。这一点就是这个新稿跟旧稿差异最大的地方。至于在内容方面就大抵没有什么改变，尤其是论点和论证基本上维持不变，只删掉一些不妥之处。其他主要的差异是增删了一些例句，修正了一些统计，但是有变动的其实非常微少。”（魏培泉2004：自序）非常遗憾的是，这样一部重要的著作却没有引起大陆研究者的足够重视。例如邓军2008年出版的《魏晋南北朝代词研究》（上海人民出版社），是作者的博士后出站报告。文中虽然数次出现魏著之名，却没有提到魏著的任何观点，也未将其列入参考文献。马梅玉2012年的《代词“其”研究》，是作者的博士论文，文末参考文献虽然列出魏著，但通篇，包括“研究现状述评”，亦对魏说只字未提。该书只在两个脚注中提到魏培泉（2004）。一是讨论“‘其’用于通名前”的用法时，举出数条佛经用例后，加脚注：“转引自魏培泉：《汉魏六朝称代词研究》……第38页。”（99页）二是在讨论“‘其’由指示代词到定冠词再到话语连接标记虚化”的内部原因时，说：“汉语中也有许多类似的情况，汉语中指示代词‘夫’‘彼’‘这’‘那’以及旁指代词‘他’都分别衍生出来了定指词和话语标记词用法。”随后加脚注：“可参看梁银峰《古汉语中的标补词‘夫’初探》……魏培泉《汉魏六朝称代词研究》……”（112页）该书还有两次提到魏培泉的研究，但都不是此书。

当然，魏氏的这项研究并非无懈可击。他根据“现有的材料”判断“代词系统泛地域的解体时代”发生在东汉及以后。与前人相比，这些“现有的材料”不仅仅有本土文献，还有汉译佛经。正是依靠汉译佛经，他把汉语代词系统的一些重要变化的发生时代提前到东汉。如果从学术史的角度看，在整个20世纪90年代，这样的做法受到学术界的普遍认可，无可指摘。不过在今天看来，这样的做法需要反思。这里就包括代词“其”。

魏著的第二章为“人称代词”，“其”是其中的一个重点。在2.4节“代词‘其’的演变”中，作者先后讨论了四个问题。一是“‘其’的见频”，二是“‘其’作定语”，三是“‘其’作宾语”，四是“‘其’作主语”。一方面，针对学术界对“其”在先秦的句法功能的各种说法，作者根据严格的理论假设，详细描绘了“其”及与“其”有关的代词在上古汉语代词系统中的句法功能的分工，并且对上古文献里那些典型的有分歧的用例作了细密而实事求是的分析，最终得出“其”在上古汉语中既不能作单句和根句主语、也不能作宾语的结论。另一方面，对于“其”发生可以作主语和宾语的变化的时间，作者也提出了与前人不一样的意见，认为这个时间在东汉。

魏培泉一共举出了12个东汉文献的用例，它们是：

（一）主语。3个用例。

（1）东汉支谶译《文殊师利问菩萨署经》：“佛语沙竭末：‘菩萨用一事，具足诸慧。何谓一事？世恶法欲尽，尔时其欲制其法教导一切，令法而不断绝。’”（魏培泉，2004：55，例220）

（2）东汉康孟详译《中本起经》下：“我从佛闻：女人精进，可得沙门四道。今大爱道以至心欲受法律，其已居家有信，欲出家为道，愿佛许之！”（魏培泉，2004：55，例221）

（3）康孟详译《中本起经》下：“古昔有人，居贫穷困；而其娶妇，得富家女。懒惰无计，日更贫乏。”（魏培泉，2004：55，例222）

（二）宾语。9个用例，其中间接宾语、直接宾语以及介词宾语各3个。

（a）间接宾语。

（4）《论衡·知实》："武帝梦帝与其九龄。"（魏培泉，2004：47，例138）

（5）《诗·邶风·简兮》"公言锡爵"郑笺："君徒赐其一爵而已。"（魏培泉，2004：47，例139）

（6）康孟详译《中本起经》："佛授忧陀，使作沙门，授其法戒。"（魏培泉，2004：47，例140）

（b）直接宾语。

（7）赵岐《孟子·万章上》"天子使吏治其国"注："天子使吏代其治。"（魏培泉，2004：51，例195）

（8）支谶译《文殊师利问菩萨署经》："复有婆罗门，名曰旃罽多师利，白佛：'我出城门外，有迦罗越，谓我："如过舍，施若二百万。"便随其归。'"（魏培泉，2004：51，例191）

（9）支谶译《般舟三昧经》卷下："是菩萨持有四事，于是三昧中助其欢喜，过去佛时持是三昧助欢喜。"（魏培泉，2004：51，例197）

（c）介词宾语。

（10）《后汉书·杨震传》载杨赐上封事："而五星以之推移，阴阳为其变度。"（魏培泉，2004：48，例154）

（11）《公羊传·哀公十四年》何休注："见薪采者获麟，知为其出。"（魏培泉，2004：48，例155）

（12）支谶译《阿阇世王经》卷2："其有人从其闻法者，若作声闻、若作辟支佛、若菩萨法者皆当无瑕秽，一切无所碍，诸人悉当明于智慧无所狐疑。"（魏培泉，2004：51，例191）

但是这12个用例中，有一例的"资格"需要重新作些讨论，这就是作介词宾语的例10。没有错，《后汉书·杨震传》"而五星以之推移，阴阳为其变度"中的"其"的确是介词"为"的宾语。但问题是，南朝人范晔著的《后汉书》中的材料，能否算作东汉的语料？

《后汉书》写的是东汉历史，但作者是南朝刘宋人范晔。类似的情形还有《晋书》，作者是唐人。这类资料的年代应当如何界定？有一种意见认为，史书有记事和记言两个部分，记事部分主要是作者对历史的叙述，用的是自己的语言；而记言则是对当朝人士文章讲话的引述，用的是当朝的语言。因此，记事部分的语言是作者时代的语料，而记言部分的语言，可用作当朝的语料。魏培泉持的就是这种意见（参见魏培泉，2004，3页）。他数次引用《后汉书》的材料，这一条出自东汉杨赐的文书，算作东汉的语料；其他则都算作南北朝的语料，如例149和例231。

不过，这样的处理有非常大的危险。笔者（朱庆之，2015）讨论“R为A所见V”式被动句的产生年代，发现《后汉书》的记言用例，在时间更早的袁宏《后汉纪》里，关键词并不相同，说明《后汉书》的材料不能当作同时语料来使用。[①] 其实早有学者对此作过专门的研究，如太田辰夫（1952/1991）、柳士镇（1988，1992/2019）和王魁伟（1995）。太田提出了著名的“同时资料”和“后时资料”说；[②] 柳士镇比对了《晋书》和《世说新语》，发现前者在采择后者入书时，多有改动。[③] 除了引

---

① 南朝宋范晔著《后汉书·寇恂传》载寇荣恒帝延熹年间（158—166）的“上书陈情”：“而臣兄弟独以无辜，为专权之臣所见批抵，青蝇之人所共构会。以臣婚姻王室，谓臣将抚其背，夺其位，退其身，受其势。”而晋袁宏《后汉纪》卷21“孝恒皇帝纪上”载寇荣上书事，引其文曰：“……而臣兄弟独为权门所嫉，以臣婚姻王室，谓臣将抚其背，夺其位，退其身，受其势。”又《后汉书·梁竦传》载梁嫕和帝永元九年（97）的“上书自讼”：“妾同产女弟贵人，前充后宫，蒙先帝厚恩，得见宠幸。皇天授命，诞生圣明，而为窦宪兄弟所见谮诉，使妾父竦冤死牢狱，骸骨不掩。”而《后汉纪》卷14“孝和皇帝纪下”的相应文字为：“同产女弟贵人，前充后宫，蒙先帝厚恩，得见宠幸。皇天所寿（授），诞育陛下，为窦宪兄弟谮虐，妾父竦冤死牢狱，骸骨不掩。”

② 太田认为，与同时资料相比，后时资料，不论文学类还是佛典类都已经失其真。主要表现在两个方面，一是用后代的说法或写法替换前代的特有说法或写法，二是增加后代的说法。

③ 柳士镇（1992/2019）说：“长期以来，对于汉语史语料时代性的判别存在两种不同的看法。一种认为应以著作者的时代作为语料的时代，例如《世说新语》应当断为南朝，《晋书》应当断为唐代。另一种则认为应将语料分为记言与记事两个部分，记事部分可以断为成书时代，记言部分则应断为说话人所处的时代，例如《晋书》中的记事部分应该断为唐代，记言部分则应断为晋代。对此，笔者曾就《世说新语》与《晋书》中的异文语言进行过详细比较，发觉这后一种观点并不可靠，原因是前代人的说话被采编入后代人的书文中往往会有不小的更动。这种更动无论是仿古的，或者是掺入编纂者所处时代的语言，均与说话人的实际语言存在某种距离，难以客观反映前代人说话的原本面貌。”（100页）

者可能会有意无意地对原文加以改动外，引者所据的底本，特别是在文献传播史的手写时代（印刷时代之前），未必是材料的原本，多是后代的抄写本，字词句都有可能被抄手改动。因此，《后汉书》《晋书》这样的材料，我们宁可严格一些，将其时代定在作者年代，而不勉强将其分为记事和记言而区别对待。

去掉 1 个用例，对魏培泉的影响并不大。他还列举了三国和两晋的用例 35 则（详后）。所有这些用例与之前学术界所发现的南北朝用例相衔接，在当时看来，毫无疑问，可把“其”的变化时间一下子提前两百年。

不过，现在看来，这个基本上依靠汉译佛经用例证成的结论，需要重新讨论。主要的问题是，译经用例是否能够反映“其”的句法功能的变化？或者更进一步，当本土文献不足征时，译经是否在任何情况下都能起到补充的作用？

作为将汉译佛经对汉语历史发展演变影响作为主要研究兴趣的汉语历史语言学者，语料的来源通常是我们的一个关注点，其原因后面再说。魏培泉举出的 11 个东汉用例，有 4 例来自本土文献，7 例来自汉译佛经，二者的比例是 36.4%和 63.6%。可是当我们浏览他举出的三国两晋用例时，却发现有点特别，因为它们几乎都来自汉译佛经。

为了方便读者了解这一特点，我们把这些例子集中在一起罗列于下。

作主语 7 个：

（1/ZY）三国吴康僧会译《六度集经》2：“其饥五日，冒昧趣菓。”（CBETA，T03，no. 152，p. 7，a2）（魏培泉，2004：55，例 223）

（2/ZY）康僧会译《六度集经》2：“王逮群臣，徙着山中。其有两儿，乞则惠卿。”（CBETA，T03，no. 152，p. 9，b12-13）（魏培泉，2004：55，例 224）

（3/ZY）康僧会译《六度集经》6：“鹿时与乌素结厚友，然其卧睡，不知王来。乌曰：‘友乎！王来捕子。’”（CBETA，T03，no. 152，p. 33，a26-27）（魏培泉，2004：55，例 225）

（4/ZY）西晋竺法护译《普曜经》6：“其在世勇猛，靡所不照明。”（CBETA，T03，no. 186，p. 524，b25）（魏培泉，2004：55，例 226）

（5/ZY）竺法护译《方等般泥洹经》2：“其奉敬佛法，我义度此人。”（CBETA，T12，no. 378，p. 922，c16–17）（魏培泉，2004：55，例227）

（6/ZY）后秦佛陀耶舍译《长阿含经》11：“此诸众生随彼寿终，来生此间。其渐长大，剃除须发。”（CBETA，T01，no. 1，p. 69，b13–14）（魏培泉，2004：55，例228）

（7/ZY）东晋法显著《高僧法显传》：“其便以实答言，……”（CBETA，T51，no. 2085，p. 865，b15–16）（魏培泉，2004：55，例229）

作间接宾语8个：

（8/JJB）三国吴康僧会译《六度集经》6：“时有大国，其王乐道，众妖诱之，授其邪伪。”（CBETA，T03，no. 152，p. 37，a21–22）（魏培泉，2004：47，例141）

（9/JJB）西晋竺法护译《自誓三昧经》：“非但一佛授其人决，十方现在诸佛皆授其决。”（CBETA，T15，no. 622，p. 344，c7–8）（魏培泉，2004：47，例142）

（10/JJB）竺法护译《生经》4：“圣王即敕诸臣下：‘到宫与其百两金。’”（CBETA，T03，no. 154，p. 98，b17–18）（魏培泉，2004：48，例143）

（11/JJB）竺法护译《生经》3：“唯远方使，乃得进见，给其廪价，余人乞者，皆当见斩。”（CBETA，T03，no. 154，p. 92，a13–14）（魏培泉，2004：48，例144）

（12/JJB）西晋法炬共法立译《法句譬喻经》1：“给其田地，赐与谷食。”（CBETA，T04，no. 211，p. 581，c9–10）（魏培泉，2004：48，例145）

（13/JJB）东晋葛洪《神仙传》：“乃与其成药。”（魏培泉，2004：48，例146）

（14/JJB）姚秦佛陀耶舍共竺佛念译《四分律》5：“我等不应与其饮食。”（CBETA，T22，no. 1428，p. 597，a6–7）（魏培泉，2004：

48，例 147）[①]

（15/JJB）后秦佛陀耶舍译《长阿含经》6：“吾见贫穷，给其财宝。”（CBETA，T01，no. 1，p. 40，c11）（魏培泉，2004：48，例 148）

作直接宾语 4 个：

（16/ZJB）西晋法炬共法立译《大楼炭经》3：“金轮所止处，王诸官属，亦随其止。”（CBETA，T01，no. 23，p. 290，b29）（魏培泉，2004：51，例 192）

（17/ZJB）西晋竺法护译《鹿母经》：“法音入心，莫不信受其者，皆归无上正真之道。”（CBETA，T03，no. 182b，p. 457，b10-11）（魏培泉，2004：51，例 203）

（18/ZJB）竺法护译《阿惟越致遮经》1：“绕其三匝。”（CBETA，T09，no. 266，p. 199，c17）（魏培泉，2004：52，例 205）

（19/ZJB）北凉昙无谶译《悲华经》6：“当以身命代其受罪，为作救护。”（CBETA，T03，no. 157，p. 206，a5）（魏培泉，2004：51，例 192）

作介词宾语 16 个：

（20/JCB）三国吴支谦译《梵摩渝经》：“为其说法。”（CBETA，T01，no. 76，p. 883，b19）（魏培泉，2004：48，例 156）

（21/JCB）康僧会译《六度集经》6：“天帝释睹菩萨志锐，为其怆然，化令举身一毛孔者有一针矣。”（CBETA，T03，no. 152，p. 32，b5-7）（魏培泉，2004：48，例 157）

（22/JCB）西晋竺法护译《生经》1：“又当洗仁足，为其梳头髻。”（CBETA，T03，no. 154，p. 74，c26-27）（魏培泉，2004：48，例 158）[②]

（23/JCB）竺法护译《普曜经》7：“为其示现寂然之道。”

---

① “我等”，引作“我”。

② 出处注“同上”，误。

（CBETA，T03，no. 186，p. 528，b23）（魏培泉，2004：48，例 159）

（24/JCB）竺法护译《渐备一切智德经》2：“为其宣畅本宿世愿。”（CBETA，T10，no. 285，p. 471，b28-29）（魏培泉，2004：48，例 161）

（25/JCB）西晋法炬共法立译《法句譬喻经》4：“此儿三处为其哭泣。”（CBETA，T04，no. 211，p. 606，a8-9）（魏培泉，2004：48，例 160）①

（26/JCB）东晋僧伽提婆译《中阿含经》12：“为彼说法，劝发渴仰，……为其说法，劝发渴仰。”（CBETA，T01，no. 26，p. 500，a10）（魏培泉，2004：48，例 162）

（27/JCB）姚秦佛陀耶舍共竺佛念译《四分律》11：“汝等丑陋，不能为汝等作妇；若是端正者，我今当为其作妇。”（CBETA，T22，no. 1428，p. 637，b26-28）（魏培泉，2004：48，例 163）

（28/JCB）北凉昙无谶译《悲华经》6：“若有众生欲行善根，我当为其开示善根。”（CBETA，T03，no. 157，p. 202，c15-16）（魏培泉，2004：49，例 164）

以上是作介词“为”的宾语。

（29/JCB）西晋竺法护译《生经》4：“与其约誓，不敢复犯。”（CBETA，T03，no. 154，p. 97，a6 - 7）（魏培泉，2004：49，例 171）

（30）竺法护译《度世品经》5：“与其俱同。”（CBETA，T10，no. 292，p. 646，c7）（魏培泉，2004：49，例 172）

（31/JCB）西晋法炬共法立译《法句譬喻经》4：“沙门梵志不能得入，与其相见。”（CBETA，T04，no. 211，p. 602，a3-4）（魏培泉，2004：49，例 173）

---

① 出处注“竺法护 211”，误。

以上是作介词“与”的宾语。①

（32/JCB）西晋竺法护译《生经》3：“何不诣王从其乞匄?”（CBETA，T03，no. 154，p. 92，a10）（魏培泉，2004：49，例 177）

（33/JCB）竺法护译《生经》5：“此比丘作佛时，汝当从其受决。”（CBETA，T03，no. 154，p. 107，a23）（魏培泉，2004：49，例 178）

（34/JCB）西晋法炬共法立译《大楼炭经》6：“从其受言教。”（CBETA，T01，no. 23，p. 308，c11）（魏培泉，2004：49，例 179）

（35/JCB）后秦佛陀耶舍共竺佛念译《长阿含经》3：“从其闻者，不应不信，亦不应毁。”（CBETA，T01，no. 1，p. 17，c4-5）（魏培泉，2004：49，例 180）

以上作介词“从”的宾语。

一共 35 个用例，其中只有例 7 的《法显传》和例 13 的《神仙传》不是翻译佛经，仅占全部用例的 5%多一点。若再就年代论，这两部书均为东晋的文献。也就是说，从西晋前推到三国，在这一百年的时段里，竟然没有一个本土文献的用例（见表 1）。这当然需要解释。②

---

① 魏培泉的第 170 例为三国吴康僧会译《六度集经》的“愿得入内，与其相见”（康僧会 152：35 下），但查《大正藏》，原文“与其”作“与共”。

② 马梅玉（2013）说，“其”在西晋陈寿的《三国志》中作“独立句主语”者有 138 处，作“附属子句主语”者有 498 处，作“间接宾语”者有 30 处，作“介词宾语”者有 3 处，作“定语”者有 3180 处。没有作“受事宾语”的用例。（39 页）《三国志》是研究中古汉语的常用材料。从过去没有用例报道，到一下子有这么多用例报道，有些奇怪。或许各家的标准不一样。书中独立句主语的用例举出两个。一个是《魏书·袁绍传》：“至别驾韩珩，曰：‘吾受袁公父子厚恩，今其破亡，智不能救，勇不能死，于义阙矣。’”另一个是《魏书·袁焕传》：“敏对曰：‘涣貌似和柔，然其临大节，处危难，虽贲有不过也。’”宾语的例子也有两个，都出自《魏书·邓艾传》。一个是“以为可封禅为扶风王，锡其资财，供其左右。”另一个是“臣以为邓艾身首分裂，捐弃草土，宜收尸丧，还其田宅。”这些用例似乎都不够典型。这一类的用例，按照多数学者的分析，“‘其’字所代替的不是简单的一个名词，而是名词加‘之’字。……从语法结构上看，正如这些地方的名词必须认为是定语一样，‘其’字也必须认为是定语，不能认为是主语。”（王力，1999，355—356 页。亦可参见姜宝琦，1982；蒲立本，1995/2006，62 页；殷国光等，2011，179 页）不过，《三国志》有用例应当不奇怪。因为它已经有了“渠”。

表 1　　魏培泉汉魏晋文献用例分布表

时代	性质	文献名称	作译者	根句主语	动词宾语		介词宾语	小计
					间接	直接		
东汉	本土	《论衡》	王充		1			4
		《诗笺》	郑玄		1			
		《孟子注》	赵岐			1		
		《公羊注》	何休				1	
	译经	《文殊师利问菩萨署经》	支谶	1		1		7
		《般舟三昧经》				1		
		《阿阇世王经》					1	
		《中本起经》	康孟详	2	1			
小计		8	6	3	3	3	2	11
三国	本土	无	无					0
	译经	《六度集经》	康僧会	3	1		1	6
		《梵摩渝经》	支谦				1	
小计		2	2	3	1	0	2	6
西晋	本土	无	无					0
	译经	《普曜经》	竺法护	1			1	19
		《方等般泥洹经》		1				
		《自誓三昧经》			1			
		《生经》			2		4	
		《鹿母经》				1		
		《阿惟越致遮经》				1		
		《渐备一切智德经》					1	
		《度世品经》					1	
		《法句譬喻经》	法炬共法立		1		2	
		《大楼炭经》				1	1	
小计		10	2	2	4	3	10	19
东晋	本土	《法显传》	法显	1				2
		《神仙传》	葛洪		1			
	译经	《长阿含经》	佛陀耶舍	1	1		1	8
		《四分律》			1		1	
		《悲华经》	昙无谶			1	1	
		《中阿含经》	僧伽提婆				1	
小计		6	5	2	3	1	4	10
总计		26	15	10	11	8	17	46

如果按照已往的、十几二十年前的认识逻辑，我们会理所当然地解释说，这又是一个说明佛经语料珍贵价值的绝佳证据——中古译经一直被认为是口语化程度很高的语料，中间包含了大量本土文献不见或罕见的语言现象——此前的学者之所以对“其”变化时代的判断出现了偏差，原因正是他们没有使用这一语料。

然而，今天我们的看法已经有了很大的不同。因为在最近十几二十年来，由于梵汉对勘方法和资料在佛教汉语研究上越来越多的运用，学术界对汉译佛经“两个混合”特点中的“汉外混合”有了更多和更具体的了解。尤其是以直译或者“硬译”为主要方法的古译阶段的译经，这种“混合”就更加明显。过去我们把那些在同期本土文献不见或少见的语言成分或者用法大都看成汉语口语或者方言的表现；但现在，研究者发现它们当中的许多，其实要么是对原典错误硬译的产物，要么是非母语译者对汉语误用的结果——当然，还有虽然合乎汉语的规则，母语是汉语的人却不怎么说的译者个人创新。因此，一方面，我们反思过去的认识，承认夸大了译经的口语程度；另一方面，在方法论上，我们坚持，在中古汉语的研究中，大凡遇到某种新的语言现象最初仅仅或者绝大部分出现在汉译佛经中，而不或者绝少出现在同期的本土文献里，而且本土文献的使用明显滞后时，就应该考虑它们可能不是汉语固有的成分，而是原典干扰的产物，或者是译者洋泾浜汉语的表现。

那么，读者在东汉到东晋的汉译佛经中看到的“其”作主语和宾语的特殊用法是否也是上述某种影响的特定产物呢？过往的研究告诉我们，这样的假设有其合理性，也值得朝这个方向去思考。当然，立刻作这样的假设似乎还有一点困难。原因是，魏培泉列举的东汉用例中不但有本土用例，而且和译经用例之比没有那么悬殊。可当我们联系到东汉的本土文献有用例，其后的三国和西晋却几乎没有什么用例时，就觉得这一现象不应该轻易放过，或者不是随便用口语说可以解释得通的。

魏培泉东汉的用例每种都是三个。这显示作者掌握的东汉用例应该不止这些。因此，最先应该考虑的，是重新进行东汉的用例调查。

调查利用现有的古代文献电子资料库，有香港中文大学开发的《汉达文库》、尹小林开发的《国学宝典》、CBETA 开发的《中华电子佛典》（2016）和“中研院”语言研究所开发的《中古汉语标注语料库》。初步的结果是，在本土文献方面，尚没有发现任何新用例；但在翻译佛经里，却发现了一些未见报道的用例。[①] 以下先举出这些用例，然后再做讨论。

二 “其”在东汉译经中特殊用法的用例调查之一——作根句主语

“其”在东汉作根句主语的用例，魏培泉列举了 3 个，全部出自译经。

(F1/ZY1) 支谶译《文殊师利问菩萨署经》：“佛语沙竭末：‘菩萨用一事，具足诸慧。何谓一事？世恶法欲尽，尔时其欲制其法教导一切，令法而不断绝。’”（CBETA，T14，no. 458，p. 441，b2-5）

按，“其”的先行词为“菩萨”。

(F2/ZY2) 康孟详译《中本起经》下：“我从佛闻：女人精进，可得沙门四道。今大爱道以至心欲受法律，其已居家有信，欲出家为道，愿佛许之!”（CBETA，T04，no. 196，p. 158，b25-27）

按，“其”的先行词是“大爱道”。

(F3/ZY3) 康孟详译《中本起经》下：“古昔有人，居贫穷困；而其娶妇，得富家女。懒惰无计，日更贫乏。” （CBETA，T04，no. 196，p. 160，a28-b1）

按，“其”的先行词是“古昔之人”。

按照魏培泉的严格标准，我们在相对可靠的东汉译经里[②]又找到 11

① 由于“其”字记录的不仅有代词，还有副词、语气词等，区别极为不易。另外，代词的“其”，要将主格的“其”与王力所谓的功能是“名词+之”的“其”完全分开，也不是一件容易的事。因此，可以肯定地说，重新进行的语料调查仍会有遗漏。但只要举出的用例没有张冠李戴，证明东汉佛经还有更多的用例，本文用例调查的目的就达到了。

② 东汉译经的目录，参看朱庆之（2015）附录“东汉译经速查表”。该表是根据许理和（1977）和那体慧（2008）的意见制作的。

个新用例（按译者年代排序）①：

（F4/ZY4）支谶译《道行般若经》卷2："如是，阿难！般若波罗蜜于五波罗蜜中最尊。譬如极大地，种散其中，同时俱出，其生大株。如是，阿难！般若波罗蜜者是地，五波罗蜜者是种，从其中生，萨芸若者从般若波罗蜜成。"（CBETA，T08，no. 224，p. 434，b17–21；KS②，p. 88）

按，"其生大株"即"地生大株"，是一个语义独立的句子。"其"的先行词是"大地"。

（F5/ZY5）支谶译《道行般若经》3："菩萨摩诃萨甚谦苦行般若波罗蜜。若有守般若波罗蜜者，其不懈不恐不怖不动不还。何以故？守般若波罗蜜者，为守空故。"（CBETA，T08，no. 224，p. 443，a19–21；KS，p. 188）

按，"其"出现在根句主语的位置上，它的先行词是"守般若波罗蜜者"。③

---

① 还有几个疑似的例子。如支谶译《道行般若经》3："复次，菩萨摩诃萨当作是施：如净戒，如三昧，如智慧，如已脱，如脱慧所现身，无欲界，无色界，无欲无色界；亦无过去、当来、今现在，亦无所有。所作施亦复无所有。其作是施，为已如法，法亦无所有。"（CBETA，T08，no. 224，p. 439，a28–b3；KS，p. 144）"其"的先行词为"菩萨摩诃萨"，"其作是施"有可能是"菩萨摩诃萨之作是施也"的意思。支谶译《般舟三昧经》卷下："菩萨闻是三昧，念欲求不离，其得利甚尊。"（CBETA，T13，no. 418，p. 918，b13–14）"其得利甚尊"可能是"菩萨之得利甚尊"之意。安玄译《法镜经》："甚理家问佛言：'于是，要者众佑！若族姓男女，发意求无上正真道、好喜大道、发行大道、欲致大道、欲下大道、欲知大道，请命一切众生、安慰众生、救护众生。其誓曰：'未度者吾当度之；未脱者吾当脱之；不安隐者当慰安之；未灭度者吾当灭度之。'为受一切众生重任，欲救护众生故，而自誓发斯弘大之誓。"（CBETA，T12，no. 322，p. 15，b23–29）"其"的先行词是"族姓男女"，"其誓曰"可能是"族姓男女之誓曰"的意思。

② 为 Karashima Seishi（辛嶋静志）的缩写，指辛嶋静志（2011）。他以《大正藏》本为底本，参照各种古写本，同经异译本和平行梵文本，对东汉支谶译《道行般若经》作了详细的校注。虽然我们并非同意他的全部意见，但这个新校本无疑对于我们读懂这部经典大有帮助。

③ 辛嶋注 521 给出了平行梵文及英译。

（F6-9/ZY6-9）支谶译《道行般若经》5：“何谓是般若波罗蜜示现持世间？其忧世间是亦为空；其忧世间是亦为恍忽；其忧世间是亦为寂；其忧世间是亦为净。是者即为世间示现。”（CBETA，T08，no. 224，p. 450，c3-7；KS，p. 267）

按，四个“其”作四个并列句的主语，其先行词相同，都是般若波罗蜜。①

（F10/ZY10）支谶译《般舟三昧经》上：“乃往过去，时有佛名须波日。时有人行出入大空泽中，不得饮食，饥渴而卧出，便于梦中得香甘美食。饮食已，其觉腹中空。自念：‘一切所有皆如梦耶？’”（CBETA，T13，no. 418，p. 905，b23-27）

按，“其”复指行出入大空泽中之“人”。

（F11-12/ZY11-12）支谶译《伅真陀罗所问如来三昧经》卷中：“佛者难值。其供事佛者，后生天上作四天释梵，其作是者便至此得。其色端正，命则长寿；所生甚尊，便得自在；其貌无辈，所闻则得。其供佛者便得此德。若天上世间，常得安隐。其欲得是身常得休息，是皆供佛所致。其欲得辟支佛、声闻、菩萨道，为作是者便能降伏众魔。”（CBETA，T15，no. 624，p. 355，c9-11）

按，两个“其”的先行词都是“其供佛者”。

（F13/ZY13）支谶译《伅真陀罗所问如来三昧经》卷中：“诸天、龙所有妓乐不从其乐而可得脱，日益垢浊。其闻佛音莫不得脱，其垢便除。”（CBETA，T15，no. 624，p. 355，c26-27）

---

① 辛嶋注 147 和 148 有英译：It（*i. e.* the *Prajñāpāramitā*）worries that the world is also empty. It worries that the world is also indistinct. It worries that the world is also quiet. It worries that the world is also pure. 他将“其”译为 it，作主句的主语，并且说：“这样的读法与其他版本不同。”他举出了一个梵文本的平行文字，并将其译为英文：The perfection of wisdom shows and indicates that world is empty，unthinkable，quiet，isolated and purified.

按，“其闻佛音莫不得脱”之“其”，回指“诸天、龙”。

（F14/ZY14）支谶译《阿閦佛国经》卷下：“如是，舍利弗！若有菩萨摩诃萨于是世界、若他方世界终亡往生阿閦佛刹者，甫当生者，其皆不复离无上正真道，从一佛刹复游一佛刹，皆讽诵诸佛道事，常乐于佛、天中天无上正真道，至成无上正真道最正觉。”（CBETA，T11，no. 313，p. 760，a19-24）

按，“其”作主句主语，先行词是“菩萨摩诃萨”。

三 “其”在东汉译经中特殊用法用例调查之二——作宾语

“其”作宾语，包括作动词的间接宾语和直接宾语，以及作介词的宾语。以下分述之。

（一）动词间接宾语。

东汉时期，“其”作动词的间接宾语的用例，魏培泉（2004）也举出了3个。前两个出自非佛教文献，后一例出自翻译佛经：

（F15/JJB1）康孟详译《中本起经》：“佛授忧陀，使作沙门，授其法戒。”（CBETA，T04，no. 196，p. 154，b6）

按，双宾句。“其”作间接宾语，复指忧陀。

我们在译经中又找到3个：

（F16/JJB2）支谶译《伅真陀罗所问如来三昧经》卷下：“伅真陀罗于佛前受决，即时欢喜踊跃，飞上去地百四十丈而住——欲令一切在会者而欢喜。自用功德，因佛威神而说叹。……佛言：‘……菩萨行已，合会无央数之功德，已知善心诸法悉平等，后能便受其决。’”（CBETA，T15，no. 624，p. 362，b28-p. 363，a11）

按，双宾句。“其”作间接宾语，先行词是前面出现的“菩萨”；“受”同“授”，施事为“佛”。

(F17/JJB3) 安玄译《法镜经》:“要者众佑! 开士去家为道者, 捐弃憎爱、除鬄须发、被服法衣, 在家有信、离家为道, 示其教诲, 法式、正式、德式具现之。”(CBETA, T12, no. 322, p. 15, c10-13)

按, 双宾句。“其”复指“开士去家为道者”, 作间接宾语。

(F18/JJB4) 支曜译《成具光明定意经》:“善明闻佛授其封拜之名, 则心净体轻。”(CBETA, T15, no. 630, p. 455, a21-22)

按, 双宾句。“其”复指“善明”, 作间接宾语。

(二) 动词直接宾语。

魏培泉举“其”作动词直接宾语的东汉用例有 3 个, 其中两个来自佛经。

(F19/ZJB1) 支谶译《文殊师利问菩萨署经》:“复有婆罗门, 名曰旃麟多师利, 白佛:‘我出城门外, 有迦罗越, 谓我:“如过舍, 施若二百万。”便随其归。’”(CBETA, T14, no. 458, p. 440, b13-16)

按, “其”复指迦罗越。

(F20/ZJB2) 支谶译《般舟三昧经》卷下:“是菩萨持有四事, 于是三昧中助其欢喜, 过去佛时持是三昧助欢喜。”(CBETA, T13, no. 418, p. 917, b7-8)

按, “其”回指“是菩萨”。

我们又找到了另外 6 个:①

① 有一个疑似的用例。支谶译《道行般若经》3:“三千大千国土人悉作阿耨多罗三耶三菩, 使如恒边沙佛刹人, 皆供养是菩萨, 震越衣服、饮食、床卧具、病瘦医药, 如恒边沙劫供养, 随其喜乐, 作是布施。云何, 须菩提! 其福宁多不?” (CBETA, T08, no. 224, p. 439, b10-14; KS, p. 146-147)“随其喜乐, 作是布施”的意思似乎是“顺随他们的喜好(需要)而布施”, 则“其”仍为定语。辛嶋(2011)注 154 将“随其喜乐”译为 as they like。(146)

(F21/ZJB3) 支谶译《道行般若经》1:“正使是辈行菩萨道者,我代其喜,我终不断功德法。” (CBETA, T08, no.224, p.429, a23-24; KS, p.39)

按,“其”指行菩萨道者。

(F22/ZJB4) 支谶译《道行般若经》3:“菩萨摩诃萨于过去、当来、今现在佛所,代作布施者劝助之,代持戒、忍辱、精进、一心、智慧而劝助之,代已脱者劝助之,代脱慧所现身劝助之。……其脱者是为已脱,其脱者代其劝助。” (CBETA, T08, no.224, p.440, a22-b1; KS, p.155)

按,“其”指前面的“已脱者”和后面的“其脱者”,“代其劝助”的施事是菩萨摩诃萨。

(F23/ZJB5) 支谶译《阿弥陀三耶三佛萨楼佛檀过度人道经》卷上:“阿弥陀年寿甚长久,皓皓昭昭,明善甚深,无极无底,谁当能知信其者?独佛自信知尔!” (CBETA, T12, no.362, p.309, a9-11)①

按,“其”复指“阿弥陀”。

(F24/ZJB6) 支谶译《阿弥陀三耶三佛萨楼佛檀过度人道经》卷下:“其欲求作菩萨道生阿弥陀佛国者,其人然后,皆当得阿惟越致菩萨。阿惟越致菩萨者,皆当有三十二相紫磨金色、八十种好,皆当作佛。随所愿、在所求,欲于他方佛国作佛,终不复更泥犁、禽兽、薜荔。随其精进求道,早晚之事同等尔。” (CBETA, T12, no.362,

---

① 魏培泉(2004)说:“‘其’作二元动词的宾语在六朝还是很罕见的,这个位置仍是‘之’的主要地盘。就一般情况而言,‘其’后面还要有其他成分才能被接受,所以‘其’不大能用作主要动词的宾语。”(51页)他举出了一个三国译经的例子。《六度集经》卷8:“孙曰:‘吾不求天女为妃者,王必杀其。傥因人以闻。’王曰:‘吾当以其血为陛升天。’孙即绝食,退寝不悦。王惧其丧,即以妃焉。”(2004:51页,例202)

p. 311, a10-16)

按,“其”的先行词为“阿惟越致菩萨”。

(F25/ZJB7) 支谶译《伅真陀罗所问如来三昧经》上:“复有四事所作罪福不忘。何谓四事?一切无所断,亦无所著;而知因缘,所作随其示现;以法持法,亦不念有我、亦不念有人;随是教者不失道法。是为四事。”(CBETA, T15, no. 624, p. 350, a29-b3)

按,“其”似指前面所说的可以造成罪福的“因缘”。

(F26/ZJB8) 安玄译《法镜经》:“[众佑言:]‘又复理家!居家修道者,假使为离师者之教诲,时世无佛、无见经者、不与圣众相遭遇,是以当稽首十方诸佛,亦彼前世求道所行,志愿之弘,愿者其一切成就佛法之德,以思念之,以代其喜。’”(CBETA, T12, no. 322, p. 18, c23-27)

按,“其”指代前面的“居家修道者”。

(三) 介词宾语。

魏培泉举出“其”作介词宾语的东汉用例也是两个,本土和译经各一。译经例是:

(F27/JCB1) 支谶译《阿阇世王经》卷2:“却后八阿僧祇劫,阿伽佉鈚当行菩萨道,而教化人亦当净刹土。其有人从其闻法者,若作声闻、若作辟支佛、若菩萨法者皆当无瑕秽,一切无所碍,诸人悉当明于智慧无所狐疑。” (CBETA, T15, no. 626, p. 404, b17-20)

按,“其”的先行词是前面出现的“阿伽佉鈚菩萨”。

我们在译经中又找到1个:

(F28/JCB2) 安玄译《法镜经》:“又开士去家修道者,为有十知足德，身以服法衣。……何等为十？以其自由为往；彼以不名有；彼床卧以不闭门；……是，理家！十德以自观，开士去家者为可处于树下居止。”（CBETA，T12，no. 322，p. 19，c14-p. 20，a21）

按，“以其”，“以”为表示原因的介词，“其”作宾语，指代“开士去家修道者”。

四　讨论

历史地看，在上古汉语里，“其”不能作单句或根句的主语，也不能出现在各种宾语位置上。这一特点直到西汉末还是如此，因为除了《史记》一个孤例外，在文献里没有更多的痕迹。魏培泉（2004）在东汉找到了十多个用例，又在魏晋时代找到了三十几个用例，认为“其”的上述句法特征在东汉已经发生改变。这样就把“其”发生可以作根句主语、也可以作各类宾语的句法变化的时间从南北朝提前了至少200年。不过，按照我们今天对语料性质的认识，下这样的结论前，还需要对用例作进一步的分析。

在东汉，魏培泉汇总的用例有11个，其中本土4个，译经7个，二者的比例是36%和64%。经过再一次的用例调查，本土用例没有增加，译经用例却从7个增加到28个，两者的占比变为12.5%和87.5%（见表2）。这就值得作些探究了。

表2　东汉文献用例分布表

性质	编号	文献名称	作译者	根句主语	动词宾语		介词宾语	数量
					间接	直接		
本土	B1/JJB1	论衡	王充		1			1
	B2/JJB2	诗笺	郑玄		1			1
	B3/ZJB1	孟子注	赵岐			1		1
	B4/JCB1	公羊注	何休				1	1
小计	4	4	4	0	2	1	1	4

续表

性质	编号	文献名称	作译者	根句主语	动词宾语		介词宾语	数量
					间接	直接		
译经	F4-9/ZY4-9	道行般若经	支谶	6				8
	F21-22/ZJB3-4					2		
	F11-13/ZY11-13	伅真陀罗所问如来三昧经		3				5
	F16/JJB2				1			
	F22/ZJB4					1		
	F14/ZY14	阿閦佛国经		1				1
	F10/ZY10	般舟三昧经		1				2
	F20/ZJB2					1		
	F1/ZY1	文殊师利问菩萨署经		1				2
	F19/ZJB1					1		
	F27/JCB1	阿阇世王经					1	1
	F24-25/ZJB6-7	阿弥陀三耶三佛萨楼佛檀过度人道经				2		2
	F2-3/ZY2-3	中本起经	康孟详	2				3
	F15/JJB1				1			
	F17/JJB3	法镜经	安玄		1			3
	F26/ZJB8					1		
	F28/JCB2						1	
	F18/JJB4	成具光明定意经	支曜		1			1
小计		10	4	14	4	8	2	28
总计		14	8	14	6	9	3	32

以下的讨论兵分两路。先看本土用例。

东汉的四个本土用例，在分布上有几个特点，不可不察：第一，句法分布。四个例句出现在三个句法位置上，间接宾语 2 例、直接宾语和介词宾语各 1 例。不唯如此，最为重要的单句或根句主语的位置上，还没有见到“其”的可靠用例。第二，出处分布。四个用例分布在四部文献中，每部一个；而作为代词的“其”在这四部文献的用例却以数十、甚至数百计。第三，时间分布。四部文献的作者，王充（27—97）为公元 1 世纪人，郑玄（127—200）、何休（129—182）和赵岐（？—201）均为公元 2 世纪的人。也就是说，公元 1 世纪只有一个用例，公元 2 世纪也只有三个用例。

综合以上，可以说，在东汉两百年的本土文献里，句法位置特殊的“其”在第一个百年在间接宾语的位置上只出现一次；在第二个百年里，又分别在间接宾语、直接宾语和介词宾语的位置上各出现一次。至于作根句主语的“其”，至少还没有找到典型的、毫无疑义的用例。然后，经过了一百多年的空白，这个用法特别的“其”才再次出现。

这时，需要每个研究者回答一个问题。如果先把译经拿开，考虑到从三国到西晋，在本土文献鲜有新的用例，我们会不会依据四个用例就断定“其”在东汉已经发生了变化？或者说，我们应当如何判定这四个用例的性质？是变化已经发生的证据？还是个人偶发的言语创新（误用）？我们的回答是后者。

现在再来看译经用例。

14 个根句主语，4 个间接宾语，8 个直接宾语，2 个介词宾语，总数达到 28 个。数量不可谓不多，但它们是否可以用来证明汉语的第三称代词“其”的句法功能已经由上古时代的不完全变为完全呢？或者说，这些译经用例是汉语“其”变化的反映吗？以下是用例本身所包含的问题。

首先是用例之译者分布。根据许理和（1977）和那体慧（2008），东汉 5 位译者名下现存 39 部经，其中安世高译 22 部，支谶 13 部，康孟详 2 部，安玄和支曜各 1 部（参见朱庆之，2015，附录）。然而，支谶、康孟详、安玄和支曜四人的译经中都有用例，唯独安世高的译经中未见任何用例。这是为什么？[①]

其次是用例之文献分布。东汉 39 部译经，有用例的只有 10 部，有无之比为 25.6%比 74.6%，无用例者占多数。如果除去安世高无用例的 22 部，其他四位译者共计 17 部，其中支谶译 13 部，7 部有用例；康孟详译 2 部，1 部有用例；支曜和安玄各译 1 部，均有用例。有用例的合计共 10 部，有无之比为 59%比 41%，有用例者占多数。但是如果将作根句主语、动词的间接宾语、动词直接宾语和介词宾语分开来看，情况又大不一样。作根句主语的“其”共 14 见，分布在 6 部经中；也就是说另外 11 部经中没有用例，有无之比为 35%比 65%。作动词间接宾语的“其”共 4 见，分布在 4 部经中；也就是说另外 13 部没有用例，有无之比为 23%比 77%。

① 魏培泉（2004）注意到这一点。他的解释是安世高译经较少使用“其”（即为什么安世高译经中没有用例，是因为他不怎么使用“其”）（33 页）。这显然缺乏足够的说服力。

作动词直接宾语的“其”共8见，分布在6部经中；其有无之比也是35%比65%。作介词宾语的“其”2见，分布在2部经中；其有无之比为11.7%比88.3%。再加上用例在同一部文献中分布的因素——10部经中，仅有1种用法的5部，占50%；2种用法的3部，3种用法的2部；尚没有看到4种用法齐全的译品。

最后是特殊用法的“其”在代词“其”中所占的比重。根据《中古汉语标注语料库》的标注资料，[①] 在《道行般若经》（10卷）中，代词“其”共416见，其中特殊用法的“其”8见，占1.9%；《伅真陀罗所问如来三昧经》（3卷）“其”436见，特殊“其”5见，占1.1%；《阿閦佛国经》（2卷）219见，特殊“其”仅1见，占0.45%；《般舟三昧经》（3卷）175见，特殊“其”2见，占1.2%；《文殊师利问菩萨署经》（1卷）135见，特殊“其”2见，占1.5%；《阿阇世王经》（2卷）608见，特殊“其”仅1见，占0.16%；《阿弥陀三耶三佛萨楼佛檀过度人道经》（2卷）267见，特殊“其”2见，占0.7%；《中本起经》（2卷）102见，特殊“其”3见，占2.9%；《法镜经》（1卷）88见，特殊“其”3见，占3.4%；《成具光明定意经》（1卷）61次，特殊“具”1次，占1.6%。以上10部译经代词“其”共出现2507见，而特殊用法的“其”共28见，只占1.1%。如果我们再将特殊用法的“其”分为四种不同的“其”，那么各自的百分比就更低，14个根句主语为0.56%，4个间接宾语为0.16%，8个直接宾语为0.32%，2个介词宾语为0.08%。

从以上的数据可以看出，虽然相对而言，译经中的特殊用法的“其”的数量明显高于本土文献，但它的使用率其实仍然是非常低的。如果“其”在东汉已经可以自由地用来作根句的主语，作动词的间接宾语和直接宾语，作介词的宾语，这么低的使用率又该如何解释？

我们认为，“其”在译经中的这些用例，的确反映这个词的用法出现了某些变化。但这种变化仅是译经语言中的变化，而非汉语中的变化。也就是说，并不是因为当时的汉语已经有了这些新用法，译者学习的汉语中自然包含这些新用法，因此他们将这种新用法用到译经语言当中。译经中的这些新用法，应是外来译者言语创新的结果。

---

① 据主持者之一的魏培泉先生见告，该语料库（http://lingcorpus.iis.sinica.edu.tw/middle/）的标注工作主要为研究助理所为，错误在所难免。仅供参考。

我们知道，中古时代的印度佛经翻译，主要是由外来的佛教“传教士”进行的。东汉的五位译者，安世高和安玄是安息国人，支谶和支曜是月支国人，康孟详是康居国人。他们的母语都不是汉语。除了其中的康孟详为移民后代，应该会说汉语外，其他四人都是为了弘法的需要，来到中国后才学习了汉语。对所有的人来说，汉语都是第二语言，而非母语。因此，他们的汉语肯定存在种种偏误。从二语学习者的学习策略的角度看，形成偏误的主要原因有三种：母语迁移、过度泛化和不当简化。所谓母语迁移，就是把源头语的成分带入目地语；所谓过度泛化，就是对目的语知识的过度运用，亦即错误的类推，把本来只能用在甲的成分用在不该用的乙上；所谓不当简化，就是将目的语中必要的羡余成分“自作主张”地删去，而违反目的语的习惯（刘颂浩，2007）。此外，由于他们汉语知识的不足，所造句子的语法还可能存在以下类型的“毛病”：省略（遗漏）、添加（误加）、错选（误代）和错位（错序）（鲁健骥，1994，1999）。

与母语使用者的言语创新不同，外来译者的言语创新其实主要就是外来译者作为汉语二语学习者的偏误在其汉语运用中的表现。我们只要看看今天以汉语作为第二语言学习者在学习时其汉语会出现哪些偏误，就能知道古代佛经翻译家的汉语也会存在哪些偏误，并且能够预知他们会把这些偏误带进自己的翻译作品中。古代佛经翻译的大致程序，首先由主译口译成汉语，再由本土助手整理成文字。在这个过程中，主译的有些偏误可能会被纠正，但改不胜改，仍会有许许多多的偏误被保留下来。①

从理论上说，在佛经汉译的过程中，上述三种偏误都会发生；在译经语言中，这三种偏误造成的言语创新也都会有程度不同的表现。根据过往

---

① 汉译的外来宗教经典中的偏误现象是造成这些经典神圣性的重要因素。“神的语言应该与世俗的语言不同”的潜意识，给了可能充满各种偏误的圣典语言在信徒中的合法性。一个语言学者和一个信徒，对译经语言中的偏误的敏感度是完全不同的。例如《旧约圣经·尼希米记（Nehemiah）》1：11 中的一段话，英文译本（NIV）为“‘……O Lord, let your ear be attentive to the prayer of this your servant and to the prayer of your servants who delight in revering your name. Give your servant success today by granting him favor in the presence of this man.’ I was cupbearer to the king.”最为流行的中文合和本的译文是：“‘主啊、求你侧耳听你仆人的祈祷、和喜爱敬畏你名众仆人的祈祷、使你仆人现今亨通、在王面前蒙恩。’我是作王酒政的。”如果比较当代的中文译本（CLB）的平行译文：“主啊，求你细听你仆人的祷告，留心听那些愿意尊崇你的人的祈求。求你帮助我，使我今天顺顺利利得到王的怜悯。当时，我是王的司酒官。”可知合和本的译文并不十分通顺，可是信徒们大都全然不觉。（资料来自 http：//www.godcom.net/）

的成果可知，从语言接触的角度，学者们对于第一种偏误在译经语言中的表现已经有了一些很好的研究。例如译经对话中大量的人称呼语，就是原典呼格负迁移的产物（朱庆之，2017）；译经语言用类及之词“等”“辈”“曹”等表示名词和代词的复数，同样也是原典名词和代词复数标记负迁移的产物（朱庆之，2014）。但是对第二种和第三种偏误在译文中的具体表现目前还了解不多。我们认为，佛经的译者偶尔将所有格的“其”用在单句或根句主语以及宾语的位置上，或许就是第二种偏误过度泛化导致的言语创新。

五 结语

在西汉以前的上古，汉语第三身代词有明显的句法分工。例如，通常在主语位置上的是“彼”，在宾语位置上的是“之”，在定语位置上的是“其”。“其”有时也出现在从句的主语和兼语的位置上，但还不能作单句和根句主语以及各类宾语。这说明原先的系统虽然已经在局部出现“崩坏”，但大格局的模样还在；“其”也没有完全转变为一个功能如同名词那样既可作定语、又可作主语和宾语的地道第三身代词。魏培泉（2004）用宏观和微观相结合的方法，论证了“其”在上古还没有占据根句主语和各种宾语的位置；用“现有的材料”证明大格局的变化发生在东汉，而非过去所认为的两晋南北朝。

魏培泉的“现有的材料”中除了少量的本土文献用例外，大部分是汉译佛经的用例。经过分析，我们认为本土文献和译经的用例都不足以证明“其”在东汉已经发生了系统性的变化。这些用例都更像是误用。不同的是，前者是一语使用者的偶误，后者是二语学习者的偏误。可见，代词“其”的句法功能在何时真正发生了“语言”上的变化，还是需要更多本土文献用例的证明。

当然，这种本质上是误用的创新的确有可能是造成“其”变化的一种原因。比起本土文献，这种误用在译经中显然更容易发生。越来越多的用例在佛经中出现，客观上推动或者加快了“其”的变化；从这个意义上说，东汉本土和译经中的用例，倒也可以视为变化的开始或者滥觞。不过这已不是这里的重点。

当本土文献用例过少时，用译经用例来弥补其不足，甚至完全利用译经的材料来创立新说，这是二三十年前的流行做法，没有人会提出疑问。

但现在我们对于译经性质的认识与过去相比已经有些不同。

汉译佛经作为汉语历史研究的珍贵材料，其重要性是不言而喻的。学术界从 20 世纪上半叶就开始了对汉译佛经的语言学利用。但在 20 世纪 90 年代之前，它们主要被当作不可多得的口语材料，当作本土语料不足的重要补充。魏培泉的大作正是在这个大的背景之下产生的。随着 90 年代以来汉语历史研究的整体发展，也随着译经语言研究的不断深入、“两个混合”特点的进一步揭示，汉译佛经的另外一项重要价值被挖掘出来，并逐渐被越来越多的研究者所了解。这就是它作为不可多得的语言接触语料的研究价值和对于汉语历史演变影响的研究价值。译经作为一种主要由非母语译者翻译的宗教经典作品，其中包含着大量由于“两个混合”导致的特殊语言现象。这些语言现象在宗教的加持下合法化，随着佛经的传播，不仅其内容被诵习者所接受，其语言也随着内容一起被接受，并影响诵习者的日常表达。而这些特殊的语言成分和现象，很有可能就是汉语的某些历史性变化的来源或者动源。

译经语言在汉语历史语言研究中的新角色，要求我们对这种语言的特色有更加深入的了解。

从理论的层面上，我们已经知道，“两个混合”——口语与书面语的混合、目的语汉语与源头语外语的混合，使译经语言中既有口语成分，也有书面语成分，还有二者混合之后产生的新成分；既有地道的汉语，也有披着汉语外衣的外来成分，还有既非外语、又非汉语，而是译者自造的创新成分。我们也已经知道，造成两个混合的原因主要在于译者并非汉语的母语者，而是“半路出家”的汉语学习者。看来他们的汉语水平还不足以令其分清汉语的口语和书面语的区别，无法使用汉语已有文体形式来进行翻译；更糟糕的是，他们的汉语一定还夹杂着许多毛病，让人一听就知道他们是外国人。他们常常不知道佛经里的某个词语或者句子在汉语里究竟应当怎么说，不得不去创造，可创造出来的常常又不合乎汉语的习惯，自己还全然不知。但是以上这些在译经语言中的具体表现是什么？坦率地说，我们目前知道得并不多。这当然对译经材料上述价值的真正实现有非常严重的影响。

这就需要我们从这个角度对译经语言作更为透彻的分析研究。但是怎么分析？有什么理论工具可用？

前面已经说过，外来的佛经译者就是古代的汉语二语学习者，正是他们把自己熟悉的语言、甚至就是母语写成的经典翻译成汉语的。现代语言习得理论告诉我们，从学习者学习策略的角度看，学习者在学习语言的过程中，肯定会出现有规律的偏误。古代外来译者也不会例外，他们的汉语中必然有许多二语学习者都会犯的偏误。换句话说，译经中的许多同期汉语罕见或者不见的语言现象，有一些应该就是学习偏误在其后的翻译中的表现。这样，习得理论的偏误分析就给了我们一种工具。一方面，当我们发现有可疑或罕见的语言现象时，可以用其来进行分析，看看它们是不是属于某种偏误；另一方面，可以用这个理论作为指导，按图索骥，主动发现译文中的那些偏误。这样，我们就能够比以往更深入地认识译经语言，也只有如此，我们才能在汉语历史语言研究中不断发现它的价值，更好地利用这一珍贵的语料。

参考文献

北京大学中文系语言学教研室：《汉语方言词汇》（第二版），语文出版社 1995 年版。

姜宝琦：《谈谈与人称代词“其”有关的句式及对“其”的训释》，《中国语文》1982 年第 3 期。

刘颂浩：《第二语言习得导论——对外汉语教学视角》，世界图书出版公司 2007 年版。

柳士镇：《〈世说新语〉〈晋书〉异文语言比较研究》，《中州学刊》1988 年第 6 期。

柳士镇：《魏晋南北朝历史语法》，南京大学出版社 1992 年版，商务印书馆 2019 年修订版。

鲁健骥：《外国人学汉语的语法偏误分析》，《语言教学与研究》1994 年第 1 期。

鲁健骥：《对外汉语教学思考集》，北京语言大学出版社 1999 年版。

吕叔湘：《中国文法要略》中卷，商务印书馆 1944 年初版，1951 年 4 版。

吕叔湘：The third person pronouns and related matters in Classical and Modern Chinese（说汉语第三身代词），《华西协合大学中国文化研究所集刊》一卷二期，1940 年；后收入氏著《汉语语法论文集》（增订本），商务印书馆 1984 年版。

吕叔湘：《三身代词》，《近代汉语指代词》，学林出版社 1985 年版。

马梅玉：《汉语“其”研究》，博士学位论文，南京大学，2012年。

［美］那体慧（Nattier，Jan）：*A Guide to the Earliest Chinese Buddhist Translations*，Texts from the Eastern Han 东汉 and Three Kingdoms 三国 Periods（早期汉译佛经指南：从东汉到三国时代），*Bibliotheca Philologica et Philosophica Buddhica* Volume X，The International Research Institute for Advanced Buddhology，Soka University，Tokyo，2008.

［加］蒲立本（Pulleyblank，E. G.）原著，孙景涛译：《古汉语语法纲要》，语文出版社2006年版。原作 *Outline of Classical Chinese Grammar*，Vancouver：UBC Press，1995。

［日］太田辰夫：《唐代文法试探》，载氏著《汉语史通考》，江蓝生、白维国译，重庆出版社1991年版。原作载《亚洲言语研究》5号，1952年。

［日］太田辰夫：《中国语历史文法》（修订译本），蒋绍愚等译，北京大学出版社2003年版。原作日本江南书院，1958年

王魁伟：《读太田辰夫〈中国语历史文法·跋〉》，载《中国语文》1995年第2期。

王力：《汉语史稿》（中册），中华书局1958年版。

王力：《汉语语法史》，商务印书馆1989年版。

王力主编：《古代汉语》（一九九八年校订重排本），中华书局1999年版。

魏培泉：《汉魏六朝称代词研究》（《语言暨语言学》专刊甲种之六），“中研院”语言研究所2004年版。

向熹：《简明汉语史》（修订本）下册，商务印书馆2010年版。

［日］辛嶋静志（Seishi Karashima）：*A Critical Edition of Lokakṣema's Tanslation of the Aṣṭasāhasrikā Prajñāpāramitā*（道行般若经校注），东京：创价大学2011年版。

许理和（Eric Zürcher）：《最早的东汉译经中的口语成分》，蒋绍愚、吴娟重译，载朱庆之编《佛教汉语研究》，商务印书馆2009年版。原作 Late Han vernacular elements in the earliest Buddhist translations，载 *Journal of the Chinese Language Teachers Association*，1977，Volume 12，No. 3，Pages 177-203。

杨伯峻、何乐士：《古汉语语法及其发展》（修订本），语文出版社2001年版。

殷国光、龙国富、赵彤：《汉语史纲要》，中国人民大学出版社 2011 年版。

朱庆之：《汉语名词和人称代词复数标记的产生与佛经翻译之关系》，《中国语言学报》第 16 期，商务印书馆 2014 年版。

朱庆之：《“R 为 A 所见 V”式被动句的最早使用年代》，《梅祖麟教授八秩寿庆学术论文集》，首都师范大学出版社 2015 年版。

朱庆之：《论汉译佛经句法独立之称谓词前的代词“此”和“汝”》，《语文研究》2017 年第 2 期。

（朱庆之　香港　香港教育大学中国语言学系，
中国语言及中文教育研究中心）

唐宋禅宗语录中"只这（个）是"类强调式判断句析论*

卢烈红

一 引言

禅宗语录中有一种表示强调的判断句，例如：

（1）师行脚时，到大安和尚处，便问："夫法身者，理绝玄微，不堕是非之境，此是法身极则。如何是法身向上事？"安云："只这个是。"（《祖堂集》卷八第233页，疏山和尚）

（2）问："众星攒月时如何？"师曰："唤什么作月？"曰："莫即这个便是也无？"师曰："这个是什么？"（《景德传灯录》卷二十五第514页，良匡禅师）

（3）问："如何是承天家风？"师云："胡饼日日新鲜，佛法年年依旧。"云："只这便是，为别更有？"师云："更有则错。"（《古尊宿语要》卷二第97页，承天和尚）

（4）问："如何是佛？"师曰："赞叹不及。"曰："莫只这便是否？"师曰："不劳赞叹。"（《五灯会元》卷十三第796页，道膺禅师）

这种强调式判断句具有如下特点：

1. 主语由代词或由代词参与构成的短语充当，用得最多的是"这个""这"；主语前有表示强调、意义相当于语气副词"就"的"只""即"；使用判断词"是"（否定判断句可不用"是"）；绝大多数情况下句中不出现宾语。

* 本文原载《陕西师范大学学报》2019年第6期。

2. 基本上只在对话语境中使用。

3. 可用于陈述句和疑问句；用于疑问句可以是测度问、选择问、反诘、是非询问，以测度问居多。

本文探讨这种强调式判断句在唐宋禅宗语录中的发展历程，并就其历史来源、在唐宋时期的共时分布以及在唐宋时期以后的走向等问题展开讨论。

二　发展历程

（一）唐、五代

初盛唐的《坛经》《神会和尚禅话录》里还没有出现这种强调式判断句。

晚唐五代的《祖堂集》中出现了这种判断句，共 34 例，具体情况是：“只这……”20 例，“只与摩……”1 例，“即汝……”6 例，“即此……”4 例，“即这……”2 例，“即吾……”1 例。

《祖堂集》34 例强调式判断句的使用特点可总结为：

1. 主要用于陈述句，共 27 例；少量用于问句，其中测度问 4 例，反诘问 1 例，选择问 1 例，真性是非问 1 例。例如：

（5）师临迁化时，洞山问：“和尚百年后，有人问：‘还邈得师真也无？’向他作摩生道？”师云：“但向他道：‘只这个汉是。’”（《祖堂集》卷五第 148 页，云岩和尚）

（6）师果然是下来乞钱，赵州便出来把驻云：“久向投子，莫只这个便是也无？”师才闻此语，便侧身退。（《祖堂集》卷六第 167 页，投子和尚）

（7）后游上都，因行分卫，而造一门云：“家常。”屏后有老女云：“和尚太无厌生。”师闻其言异，探而拔之，云：“饭犹未得，何责无厌？”女云：“只这个，岂不是无厌？”（《祖堂集》卷十六第 417 页，黄蘖和尚）

（8）惠明问云：“上来密意，即这个是？为当别更有意旨？”（《祖堂集》卷十八第 461 页，仰山和尚）

（9）师合掌顶戴。报慈拈问僧：“只如洞山口里与摩道，合掌顶戴，只与摩是合掌顶戴？”僧无对。（《祖堂集》卷六第 183 页，洞山和尚）

例（5）“只这个汉是”是陈述句。例（6）“把驻”即“把住”，指赵州和尚扯住投子和尚，“莫只这个便是也无?”是测度问。例（7）“分卫”指乞讨食物，“家常”是僧人乞求布施之语，“只这个，岂不是无厌?”是反诘。这一例很特殊，不但是反诘，而且是否定判断句，否定加上反诘，变成肯定，是说讨饭就是贪得无厌。例（8）是选择问。例（9）“只与摩是合掌顶戴?”是真性是非问。

2. 绝大多数情况下句中不出现宾语，宾语多承前省略。34 例中有宾语的 7 例。值得注意的是，7 例中谓词性宾语居多，有 5 例，体词性宾语有 2 例。例如：

（10）师云：“虽则德山同根生，不与雪峰同枝死。汝欲识末后一句，只这个便是。”（《祖堂集》卷七第 200 页，岩头和尚）

（11）自从过得石桥后，即此浮生是再生。（《祖堂集》卷七第 206 页，雪峰和尚）

（12）祖曰：“即这个不污染底，是诸佛之所护念，汝亦如是，吾亦如是。……”（《祖堂集》卷三第 111 页，怀让和尚）

例（10）“只这个便是”的宾语是“末后一句”，承前一分句省略。例（11）“即此浮生是再生”的“再生”是谓词性宾语。例（12）“即这个不污染底，是诸佛之所护念”的宾语“诸佛之所护念”是“所”字结构，相当于一个名词。

3. 主语由代词或由代词参与构成的短语充当。代词可以是指示代词，也可以是人称代词。计“这个”15 例，“这个+名词性词语”5 例，“这+名词性或动词性词语”2 例；“此”1 例，“此+名词性词语”3 例；“与摩”1 例；“吾+名词性词语”1 例；“汝”1 例，“汝+名词性词语”5 例。例如：

（13）问：“如何是劈破底?”师云：“只这个是。”（《祖堂集》卷十三第 353 页，福先招庆和尚）

（14）师恰得见庵前树上有青蛇开口，便指云：“汝若去大沩，只这青蛇是。”（《祖堂集》卷十九第 487 页，观和尚）

（15）只认得驴前马后，将当自己眼目。佛法平沉，即此便是。

（《祖堂集》卷六第177页，洞山和尚）

（16）四祖曰：“欲识四祖，即吾身是。”（《祖堂集》卷三第82页，牛头和尚）

（17）又问：“如何是古佛心？”师云：“即汝心是。”（《祖堂集》卷二十第510页，兴平和尚）

例（13）的主语是“这个”，例（14）的主语是“这青蛇”，例（15）的主语是“此”，例（16）的主语是“吾身”，例（17）的主语是“汝心”。

4. 少数用例判断动词“是”前有副词“便”或“即”与句首“只”或“即”呼应，使句子强调的意味更浓。“是”前有“便”的7例，有“即”的1例。例如：

（18）遂辄申问：“丹霞山在什摩处？”师指山曰：“青青黯黯底是。”禅德曰：“莫只这个便是不？”（《祖堂集》卷四第122页，丹霞和尚）

（19）师礼而问曰：“三乘至教，粗亦研穷。常闻禅门即心是佛，实未能了。伏愿指示。”马大师曰：“即汝所不了心即是，更无别物。……”（《祖堂集》卷十五第396页，汾州和尚）

例（18）“莫只这个便是不？”中“便”与“只”呼应。例（19）“即汝所不了心即是”更有特色，两个“即”前后呼应。

（二）北宋

北宋的《景德传灯录》“只这（个）是”类强调式判断句共40例，在适用的句类、是否带宾语、主语的构成、是否有副词“便”“即”相呼应等方面基本格局同于《祖堂集》，但有一些值得注意的变化。

1. 由代词独立做主语的用例增多，比例明显提升。《祖堂集》中代词不加量词“个”或其他词语而独立做主语的仅3例，即“此”1例，“与摩”1例，“汝”1例。《景德传灯录》中代词独立做主语的共19例，计“这”11例，“者”2例，“此”2例，“汝”4例。例如：

（20）师曰：“还将得马师真来否？”曰：“只这是。”（《景德传

灯录》卷五第84页，慧忠国师）

（21）僧问：“如何是祖师意？”师乃敲床脚。僧云：“只这莫便是否？”师云：“是即脱取去。”（《景德传灯录》卷十第156页，从谂禅师）

（22）时竹上有一青蛇子，师指蛇云：“欲识西院老野狐精，只这便是。”（《景德传灯录》卷十二第219页，灵观禅师）

（23）僧问：“如何是佛？”师曰：“即汝是。”（《景德传灯录》卷二十三第470页，智洪弘济大师）

《祖堂集》中“只这（个）是”类强调式判断句作主语最多的是“这个”，《景德传灯录》中这种强调式判断句作主语最多的是“这”；这种判断句中“这”单独作主语《祖堂集》未见1例，《景德传灯录》中有11例。这是很值得关注的现象。这说明，“这”早期只具有指示功能，后来才发展出称代功能，在北宋的《景德传灯录》中，这种称代功能已经具备，在强调式判断句中独立充当主语，称代性得到了突出表现。从语用的角度看，“这”单独做主语比“这个”或“这+其他词语”做主语节奏更紧凑，强调的力度加大。

2. 问句句末语气词有变化，出现了“么”。《祖堂集》7例问句，反诘问、选择问、是非问句末皆无语气词；测度问4例，2例句末用语气词“不”，2例句末用语气词连用式“也无”①。《景德传灯录》中有问句13例，测度问句11例，句末为“否”的4例，为“也无”的2例，用“么”的5例；真性是非问句2例，1例句末无语气词，1例句末为“否”。句末用语气词“么”的例子如：

（24）仰山问：“如何是西来意？”师云：“大好灯笼。”仰山云：“莫只这个便是么？”师云：“这个是什么？”仰山云：“大好灯笼。”（《景德传灯录》卷九第134页，沩山灵祐禅师）

---

① 关于问句末“无”的语法性质，我们同意吴福祥（1997）的意见，认定测度问句中的“无”是语气词。关于问句末“不”的语法性质，我们除了同意吴福祥（1997）的意见，认为测度词和句尾否定词不允许共现，还进一步认为，“只这（个）是”类强调式判断句其测度问句中会有“只”“便”呼应极力强调“是”，故句尾“不”不是例外，它不可能表否定而构成反复问从而形成测度问与反复问杂糅，也宜认作语气词。

（25）乃问：“丹霞山向什么处去？”师指山曰：“青黯黯处。”僧曰：“莫只这个便是么？”师曰：“真师子儿，一拨便转。”（《景德传灯录》卷十四第271页，丹霞天然禅师）

（26）僧问：“如何是兴福主？”师曰：“阇梨不识。”曰：“莫只这便是么？”（《景德传灯录》卷二六第529页，可勋禅师）

问句句末语气词“吗”来源于“么”，“么”来源于“无”。问句末用“么”较用“不”“否”“无”在语言本身是一种新发展，对记载的文献来说，则体现口语化程度的提高。例（24）《祖堂集》卷十六“沩山灵祐和尚”部分相应的句子作“莫只这个便是也无”，例（25）《祖堂集》卷四“丹霞天然和尚”部分相应的句子作“莫只这个便是不”，2例在《景德传灯录》中句末由“也无”或“不”换成了“么”，反映了语言的新发展。

（三）南宋

南宋的《古尊宿语要》中“只这（个）是”类强调式判断句共16例，具体情况是：“只这……”5例，“只者……”8例，“只你……”1例，“即者……”1例，“即汝……”1例。

南宋的《五灯会元》中“只这（个）是”类强调式判断句共52例，具体情况是：“只这……”40例，“只此……”2例，“只汝……”1例，“即此……”5例，“即汝……”4例。

南宋禅宗语录“只这（个）是”类强调式判断句的使用有三点值得注意：

1. 由代词独立做主语的比例继续攀升。《祖堂集》中代词独立做主语仅3例，占用例总数的9%；《景德传灯录》中代词独立做主语共19例，占用例总数的48%。《古尊宿语要》中代词独立做主语12例，其中，“这”4例，“者”6例，“你”1例，“汝”1例，占用例总数的75%；《五灯会元》中代词独立做主语共34例，其中，“这”27例，“此”3例，“汝”4例，占用例总数的65%。显然，南宋的两部禅录在《景德传灯录》的基础上比例又有提高，《古尊宿语要》提高的幅度尤大。这种句子中作主语的主体是“这（者）”，“这”单独作主语从晚唐五代到北宋再到南宋比例不断提升，表明它的独立性不断增强。

2. 句中有“便”“即”呼应的用例比例继续提高。《祖堂集》中句中有“便”“即”呼应的共8例，即“便”7例，“即”1例，占用例总数的24%；《景德传灯录》中有“便”“即”呼应的共16例，即“便”15例，“即”1例，占用例总数的40%。《古尊宿语要》中有“便”呼应的共10例，占用例总数的63%；《五灯会元》中有“便”呼应的共24例，占用例总数的46%。可见，在句中有“便”“即”呼应方面南宋的两部禅录在《景德传灯录》的基础上比例也有提高，也同样是《古尊宿语要》提高的幅度尤大。这方面的比例从晚唐五代到北宋再到南宋不断提升，表明这种句式对语义的强调力度不断增强。

3. 总体使用频率持续下降。从一万字中使用这种句式的次数来看，《祖堂集》是1.36次，《景德传灯录》是0.95次，《古尊宿语要》是0.8次，《五灯会元》是0.67次。看来，这种句式晚唐五代使用最多，此后频率逐步下降。

唐宋禅宗语录中“只这（个）是”类强调式判断句的使用情况可总结为下表：

唐宋禅宗语录“只这（个）是”类强调式判断句使用情况

文献	使用总次数	每万字使用次数	只这	只者	只此	只与摩	只你	只汝	即这	即者	即此	即吾	即汝
坛经（约1.4万字）	0	0	0	0	0	0	0	0	0	0	0	0	0
神会和尚禅话录（约4.1万字）	0	0	0	0	0	0	0	0	0	0	0	0	0
祖堂集（约25万字）	34	1.36	20	0	0	1	0	0	2	0	4	1	6
景德传灯录（约42万字）	40	0.95	19	2	2	0	0	0	5	1	4	1	6
古尊宿语要（约20万字）	16	0.8	5	8	0	0	1	0	0	1	0	0	1
五灯会元（约78万字）	52	0.67	40	0	2	0	0	1	0	0	5	0	4
总计			84	10	4	1	1	1	7	2	13	2	17

三 相关问题讨论

（一）“只这（个）是”类强调式判断句的历史来源

唐代禅宗语录中“只这（个）是”类强调式判断句是唐以前汉译佛

经中同类句式的继承与发展。

张美兰（2003：59）在讨论《祖堂集》特殊的判断句式时曾谈到魏晋南北朝时期汉译佛经中有“此即无畏王子是也”一类判断句。曹广顺等（2011：365）也曾举出姚秦《大庄严论经》中的1例：“一切施者，我身即是。”确实，唐以前的汉译佛经中已经有不少这样的判断句：判断动词后无宾语；主语是代词或由代词参与构成的短语，指示代词“此”和人称代词“我”常见；句中常有表强调的副词“即”或“则”。按“即”或“则”在句中的位置，这种判断句可分为两类：

一类表强调的“即”在主语后。例如：

（27）（鹿王）作是语已，即至王所，溺人见已寻示王言：“所言鹿王此即是也。”作是言已，两手落地。（三国支谦译《菩萨本缘经》卷下）

（28）帝释答曰：“大王！闻有天帝释耶？”答曰：“闻有帝释。”告曰：“我即是也。大王有大善利，有大功德。”（东晋瞿昙僧伽提婆译《中阿含经》卷十四）

（29）“我闻此山中有仙人，名睒摩迦，慈仁孝顺，养盲父母，举世称叹。汝今非睒摩迦也？”答言：“我即是也。”（元魏吉迦夜共昙曜译《杂宝藏经》卷一）

另一类表强调的“即”“则”在主语前。例如：

（30）佛告诸比丘：“欲知尔时方迹王者，则此比丘是；那赖仙人者，则我身是。尔时相遭，今亦相遇。”（西晋竺法护译《生经》卷一）

（31）阿难！汝欲知者，尔时，顶生王者岂异人乎？莫作是观。何以故？尔时王者，阿难！即我身是。（西晋法炬译《佛说顶生王故事经》）

（32）卿等欲见拘娑罗国王长寿儿长生童子者，即此是也。（东晋僧伽提婆译《中阿含经》卷十七）

（33）尔时大典尊岂异人乎？莫造斯观，即我身是也。（后秦佛陀耶舍共竺佛念译《佛说长阿含经》卷五）

（34）乃至今者，诸人相传，谘于此处为象堕坑，即此是也。（隋阇那崛多译《佛本行集经》卷十三）

（35）尔时，佛告彼迦叶言："……彼树上菓，我今将来在此堂内。"指示迦叶："彼阎浮果即此是也，……"（隋阇那崛多译《佛本行集经》卷四十一）

第一类与唐宋禅宗语录中的"只这（个）是"类强调式判断句已很接近，第二类就基本一致了，特别是第二类中的例（32）、（34）、（35），句中指示代词"此"单独作主语。在第二类基础上，句首表强调的副词换成"只"，主语部分的指示代词换成"这"，句中加上呼应的副词"便"，就成为唐宋典型的"只这（个）是"类强调式判断句了。

（二）唐宋时期"只这（个）是"类强调式判断句的共时分布

为了了解唐宋时期"只这（个）是"类强调式判断句的共时分布状况，我们对晚唐五代的《敦煌变文集》和南宋的《朱子语类》做了不完全调查。《敦煌变文集》（电子版）我们检索了"只这""只者""只遮""只此""只我""只吾""只你""只汝""即这""即者""即遮""即此""即我""即吾""即你""即汝""则这""则者""则遮""则此""则我""则吾""则你""则汝"，共检得 9 例，即"只这"3 例，"只此"1 例，"只我"2 例，"只吾"1 例，"只你"1 例，"即我"1 例。《朱子语类》我们检索了"只这""只者""只遮""只此""只我""即我"，共检得 64 例，即"只这"17 例，"只此"47 例。例如：

（36）善庆曰："若觅诸人，实当不是；若觅远公，只这贱奴便是。"（《敦煌变文集·庐山远公话》第 190 页）

（37）我当初辞师之日，处分交代，逢庐即住，只此便是我山修道之处。（《敦煌变文集·庐山远公话》第 167 页）

（38）难陀报天女曰："只我便是佛弟难陀。"（《敦煌变文集·难陀出家缘起》第 400 页）

（39）彼时鸟者，即我身是。（《敦煌变文集·四兽因缘》第 855 页）

（40）只这便是至善处。（《朱子语类》卷十六第 319 页）

（41）只这三者，便是涵养地头。（《朱子语类》卷三十五第

915 页）

（42）只此便是格物。（《朱子语类》卷十五第 284 页）

（43）如今俗语云“逢人只说三分话”，只此便是不忠。（《朱子语类》卷二十一第 490 页）

（44）所谓“易”者，只此便是。（《朱子语类》卷六十五第 1615 页）

由《敦煌变文集》和《朱子语类》的情况可见，唐宋时期，“只这（个）是”类强调式判断句的使用不局限于禅宗语录，其他文献也有使用，有些文献如《朱子语类》使用频率也比较高。不过，需要指出的是，《朱子语类》中的这类句子，“是”后多带宾语。

（三）唐宋时期以后“只这（个）是”类强调式判断句的走向

明代，我们对长篇小说《水浒传》和学者语录《传习录》做了不完全调查，检索了“只这”“只者”“只遮”“只此”“只我”“只吾”“只你”“只汝”“只他”“即这”“即者”“即遮”“即此”“即我”“即吾”“即你”“即汝”“即他”“则这”“则者”“则遮”“则此”。在《水浒传》中共检得 16 例，即“只这”2 例，“只此”9 例（其中 3 例用“为”表判断），“只我”4 例，“只你”1 例；在《传习录》中只检得“只此”3 例。例如：

（45）只这个白胜家，便是我们安身处。（《水浒传》第十六回第 198 页）

（46）他姓阮，他在石碣住，他是打鱼的，弟兄三个。只此是实。（《水浒传》第十八回第 238 页）

（47）市镇上，诸行百艺都有。虽然比不得京师，只此也是人间天上。（《水浒传》第三十三回第 444 页）

（48）宋江听了大喜，向前拖住道：“有缘千里来会，无缘对面不相逢。只我便是黑三郎宋江。”（《水浒传》第三十五回第 475 页）

（49）董平大笑，喝道：“只你便是杀晚爷的大顽！”（《水浒传》第七十八回第 1071 页）

（50）比如在此歌诗，你的心气和平，听者自然悦怿兴起，只此便是元声之始。（明王阳明《传习录》卷下“黄省曾录”第 168 页）

清代，我们对学者学术笔记《读四书大全说》和长篇小说《儒林外史》《红楼梦》做了不完全调查，检索了“只这”“只者”“只遮”“只此”“只我”“只吾”“只你”“只汝”“只他”“即这”“即者”“即遮”“即此”“即我”“即吾”“即你”“即汝”“即他”“则这”“则者”“则遮”“则此”。在《读四书大全说》中共检得60例，即“只此”34例，“即此”26例；在《儒林外史》中只检得“只这”1例；在《红楼梦》中也只检得“即此”1例。例如：

（51）如人至京都，不能得见天子，却说所谓天子者只此宫殿嵯峨、号令赫奕者是。（清王夫之《读四书大全说》卷十第664页）

（52）只此身便是神明之舍，而岂心之谓与？（清王夫之《读四书大全说》卷十第713页）

（53）用力克去己私，即此便是英气。（清王夫之《读四书大全说》卷五第323页）

（54）只这申老爹的令郎，就是夏老爹的令婿；夏老爹时刻有县主老爷的牌票，也要人认得字。（《儒林外史》第二回第17页）

（55）贾政即忙叩首拜谢，便说：“老亲翁即此一行，必是上慰圣心，下安黎庶，诚哉莫大之功，正在此行。”（《红楼梦》第一一四回第1566页）

从对明清部分文献的调查可知，明代“只这（个）是”类强调式判断句还有一定用例，到清代，这种判断句就很少见了。《水浒传》与《儒林外史》都有江淮官话的背景，两书相较，清代的衰微明显可见。王夫之《读四书大全》中有多一些的用例，从其具体组合是“只此”“即此”看，全用“此”，应属于学者仿古现象。

现代汉语方言中这种判断句是否还在使用，目前不得而知。现代汉语通语中有一种“就+代词”的判断句，是否是这种判断句呢？请看北京语言大学BCC语料库里的一些用例：

（56）再看他还把脸越拉越长，心里也窜火气：别人都是狼，就你是兔子？瞧这德性！你哪点比我强？

（57）这洪荒之中也就你是扫把星，光连累别人！

（58）庞星笑道："大嫂！咱们查遍南阳岛，就你是个人才！你不当代司令，只能请湖中的大鲤鱼来当了！"

（59）看大街上人人都那么欢乐，成双成对的，不是情侣就是朋友。就我是一个人，我真迷茫了。

（60）全世界都是好人！就我是坏人！我活该死!!

（61）几代人都是大学生，就他是个高中生！

这种"就+代词"的判断句出现时间应该很晚。在"汉籍全文检索系统"的明、清两部分，我们检索"就你""就这是""就这个是"，未见这种判断句①。这种"就+代词"的判断句表面上看似乎就是唐宋以来的"只这（个）是"类强调式判断句，仅由"就"替换了"只"。但仔细琢磨例（56）至例（61），我们便可发现，这种"就+代词"的判断句，其"就"的作用是确定范围，排斥其他，"就"是范围副词，而非表肯定的语气副词，而"只这（个）是"类强调式判断句中的"只"或"即"是表示肯定的语气副词。这样看来，"就+代词"判断句和"只这（个）是"类强调式判断句实际上是不一样的，"只这（个）是"类强调式判断句在现代汉语通语中已经消亡。

四　结语

综上所述，唐宋禅宗语录中，"只这（个）是"类强调式判断句晚唐五代使用最多，进入宋代其使用频率逐步下降，而从晚唐五代到南宋，这种判断句由代词独立做主语的比例不断提高，句中有"便""即"与句首"只"即"相呼应的用例比例也不断攀升，显示其强调的力度不断增强。这种判断句是唐以前汉译佛经中同类句式的继承与发展；唐宋时期，它的使用不局限于禅宗语录，世俗文献也使用不少；明清时期，这种判断句逐渐衰落，到现代汉语通语中就彻底消亡了。

"只这（个）是"类判断句是汉语史上曾经存在过的一种具有强调作用的特殊判断句，我们在考察汉语判断句发展史的时候，应关注这样一些特殊的判断句式。

---

① "汉籍全文检索系统"清代部分可见《九尾龟》第一百四十二回中的1例："就你算是真的，我的不是，如何？"可上海古籍出版社1994年版"古本小说集成"本《九尾龟》第660页作："就算你是真的，我的不是，如何？""汉籍全文检索系统"电子版输入有误。

主要引用书目

《坛经》(郭朋校释),中华书局 1983 年版。
《神会和尚禅话录》,中华书局 1996 年版。
《祖堂集》(张美兰校注),商务印书馆 2009 年版。
《景德传灯录》,日本京都:禅文化研究所 1990 年版。
《古尊宿语要》,日本京都:中文出版社 1973 年版。
《五灯会元》,中华书局 1984 年版。
《水浒传》,人民文学出版社 1975 年版。
《传习录》(萧无陂校释),岳麓书社 2012 年版。
《读四书大全说》,中华书局 1975 年版。
《儒林外史》,人民文学出版社 1958 年版。
《红楼梦》,人民文学出版社 1982 年版。

参考文献

伍华:《论〈祖堂集〉以“不、否、无、摩”收尾的问句》,《中山大学学报》1987 年第 4 期。
叶友文:《“这”的功能嬗变及其他》,《语文研究》1988 年第 1 期。
吴福祥:《从“VP-neg”式反复问句的分化谈语气词“么”的产生》,《中国语文》1997 年第 1 期。
张美兰:《〈祖堂集〉语法研究》,商务印书馆 2003 年版。
周碧香:《〈祖堂集〉句法研究》,台湾佛光山文教基金会 2004 年版。
曹广顺等:《〈祖堂集〉语法研究》,河南大学出版社 2011 年版。

(卢烈红　武汉　武汉大学文学院)

略谈“动词+补语”型使成式的扩展机制*

——以早期汉译佛典中“他动词+在/到”型使成式为例

松江崇

1. 引言

关于汉语史中“动词+补语”（记作“VC”）型使成式的产生机制以及出现时期的问题，已有不少研究探讨过，尽管学者之间的看法尚未完全一致，但是已经取得了不少共识。不过在笔者看来，对 VC 型使成式在产生之后所经历的“扩展”机制的研究，尚未得到充分的展开。本文以“他动词+在/到”（记作“Vt+在/到”）型使成式的形成为例，对 VC 型使成式的扩展机制进行尝试性的探讨。语料主要依据《中本起经》（公元 207 年）、《六度集经》（公元 252 年）、《出曜经》（公元 399 年）、《贤愚经》（公元 445 年或 435 年）、《杂宝藏经》（公元 472 年）等口语性较强的在中古时期成立的早期汉译佛典，这是因为早期汉译佛典作为汉语史的研究材料具有较高的价值，尽管需要注意其中有些现象是受到原典语言的影响而出现的［参见朱冠明（2013）等］。

2. VC 型使成式的出现

本文所说的 VC 型使成式包括“他动词+自动词/形容词”（记作“Vt+Vi”）型动补结构、“Vt+在/到”型动补结构等黏着型动补结构。其中“Vt+Vi”型使成式是指现代汉语（普通话）中的“巴西队打败了日本队”这种句式。之所以称之为“使成式”①是因为其含有“施事通过动作

---

* 本文日语版本已发表于池田巧編《シナ＝チベット系諸言語の文法現象 2　使役の諸相》（京都大学人文科学研究所，2019 年 3 月）。

① “使成式”这种用语根据王力（1957），但他把“使成式”译为“causative form”，而本文把它译作“resultative construction”，以便与其他语言中的功能上相应的句式进行对照研究［英语和日语等语言中的情况参见 Washio（1997）等］。

（=Vt）实现，让受事发生某种变化（=Vi）”的这种“使成”语义。关于其生成过程，尽管极为复杂，具体的生成机制也尚未阐明，但是通过很多学者的努力，VC型使成式最主要的生成路线已经被揭开了。综合他们的研究得知［大西（2004）等］，在上古中期，使成义是主要由作格动词（ergative verb，记作“Ve”）的他动用法来表达的。如（1）—（3）例[①]。

（1）郑人大败戎师。（《左传·隐公九年》，1/66）

（2）若从君惠而免之，三年将拜君赐。（《左传·僖公三十三年》，2/813）

（3）今不封蔡，蔡不封矣。（《左传·昭公十三年》，4/1344）

（4）若火之燎于原，不可向迩，其犹可扑灭。（《尚书·盘庚》，2/274）

不过作格动词的他动用法所表达的使成义缺乏有关动作的具体信息，所以有时前面出现另一个他动词，构成“Vt+Ve”这种连动结构，如用例（4）。可是这种结构在上古中期以前出现得较少，上古后期（西汉）以后才开始有所增加。到了中古初期（东汉），这种连动结构大量出现并且其中的作格动词开始自动化，结果便出现了“Vt+Vi”型使成式（宋亚云，2014等）[②]。那么“Vt+Vi”型使成式这种新构式产生之后又给古汉语语法系统带来了什么样的影响呢？其实这种使成式出现促使了类似的VC型使成式的产生，结果导致VC型使成式这种语法范畴的扩展。下面将以“Vt+在/到”（主要是“Vt+在”）型使成式为例对此现象及其机制进行探讨。

3. “Vt+在/到”型使成式在中古语料中的共时情况

3.1 “Vt+在/到”型使成式的定义

本文所说的“Vt+在/到”型使成式是指如下的构式：

---

① 下面罗列的是与用例（1）—（3）相应的作格动词的自动用法：焚之，而又战，吴师败，……（《左传·定公五年》，4/1552）｜女子曰：“君免乎？”曰：“君免矣。”（《左传·成公二年》，2/276）｜今不封蔡，蔡不封矣。（《左传·昭公十三年》，4/1344）

② 这只能是最主要的生成过程，与VC型使成式的生成相关的句式还有几种。具体情况参见魏培泉（2000）等。

（Ⅰ）基本句型：主语 S（=施事）［+介词 P+介词宾语 Op（=受事）］+他动词 Vt+在/到［+于］+宾语 O（=地点/移动点）

（Ⅱ）述语（=“Vt+在/到”）的配价：句法价为两个（=施事和地点/移动点），语义价为三个（=施事、受事和地点/移动点）①。

（Ⅲ）构式语义：施事通过动作（=V）实现，让受事处于某一地点/移动点。

也就是说，“Vt+在/到”型使成式是指“我把行李忘在飞机上了”“你把那本书放到桌子上吧”之类的句式，它们都具有三个语义价，和一般的“Vt+Vi”型使成式不同。“他们飞到北京了”这样用例不符合上述三个条件，不视为“V+在/到”型使成式。在此需要补充说明的是，以前的多数研究探讨“Vt+在/到”型使成式的出现问题时，把它放在“处置式”的范围之内进行探讨（王力，1958 等）。但是，如下面在 3.2 中所介绍的那样，在该句式的萌发时期（中古时期），“Vt+在/到”型使成式的受事不一定要用介词引进句子里，且往往根本不出现在句子里，有时出现在副主题（小主语）的句法位置。因此，至少在中古时期，“Vt+在/到”型使成式的使成义在于“Vt+在/到”这种结构上。此外，还需要补充说明的是，“Vt+在”与“Vt+到”两种使成式之间也有一些功能差异，即“Vt+到”含有［+受事的移动］的语义特征（宾语所表示的“地点”应该是“移动点”），而“V+在”则无此语义特征（无标记）。实际上，“V+在”与“V+到”两种使成式的产生和发展的情况有所不同，本文将分别进行讨论。

3.2 “Vt+在”型使成式的共时情况

在中古语料中，“Vt+在”型使成式的数量并不多，下面列举的都是“V+在+O（=地点/移动地点）”，但都不是使成式。

（5）尊者离越于其狱中，须发自落，袈裟着身。踊在虚空，作十八变。（《杂宝藏经》4/457b）

（6）母既至已，嫌母迟故，寻作恨言：“我生在母边，不如鹿边生也。”（《杂宝藏经》4/453b）

---

① 本文所说的“句法价”为：动词在一个句中不用介词所能支配的名词短语的数量；而“语义价”为：动词在一个句中所能支配的名词短语的数量（包括用介词引导的名词短语）。分别相当于袁毓林（1998：100）所说的“位（position）”和“项（item）”。

但是，也能看到一些使成式，尽管用例比较少。① 虽然这些用例中多数不能排除是由“Vt+O（=受事）+在+O（=地点/移动点）”型兼语式（参见3.3）省略受事宾语而成的，但是我们可以认为至少其中的一部分“Vt+在”复合体已经成为一个表示使成义的构式。这是因为我们可以看到用例（11）（12）中“取”接近于引进受事（=“七万释种成须陀洹果者”“汝头发”）的介词。② 这种句式中的“Vt+在+O（=地点/移动点）”难以视为“Vt+O（=受事）+在+O（=地点/移动点）”的受事宾语被省略而成。

（7）象甚匈暴，伤害人民，不可称计。或还害象破坏市肆，生拔果树，不可禁止。波斯匿王即遣人众，围捕缚束，闭在华室。系靽不与食，犹暴难禁制。（《出曜经》4/649a）

（8）尊者僧迦罗刹造立《修行经》亦作是说：“犹如多捕众鸟，藏在大器。随时瞻视，养食以时。毛尾既长，随时剪落，选其肥者，日用供厨。……”（《出曜经》4/655c）

（9）技术已备，师复试其意。师饮盐汤，即吐在地，使弟子食之，弟子即欲食之。（《出曜经》4/673c）

（10）尊者答言：“我念往昔五百世中生于狗中，常困饥渴。唯于二时，得自饱满。一值醉人酒吐在地，得安乐饱。……”（《杂宝藏经》4-484a）

（11）时流离王，取七万释种成须陀洹果者生埋在地，暴象践杀。宿缘对至，无所恃怙。（《出曜经》4/625a）

（12）时婆罗门又语王言：“汝身盛壮力士之力，若遭斫痛，傥复还悔。取汝头发坚系在树，尔乃然后，能斫取耳。”（《贤愚经》4/

① 在此需要补充说明的是，唐代以后，“Vt+在”型使成式逐渐增多，还出现了用介词引导Vt的受事的形式。刘子瑜（1995）指出唐五代的敦煌变文中所见的用介词“把”引进受事的用例，如：把舜子头发悬在中庭树地……（《舜子变》201）

② 这种接近于引进受事的介词的“取”原则上只有汉译佛典中能看到，所以有一种看法认为其可能是受到原典语言的影响而出现的［曹广顺、遇笑容（2000），曹广顺、龙国富（2005）等］，但另一种看法认为其是在上古和中古已经出现的连动式的基础上进一步发展出来的［赵长才（2010）］。笔者认为如果中古汉语中的“Vt+在”根本不具有使成义，早期汉译佛典的译者也无法用例（10）（11）（12）来表达使成义，所以例（11）（12）受到原典语言的影响的可能性并不否定这些用例中的“Vt+在”具有使成义的看法。

389c)

3.3 功能上与“Vt+在”型使成式相似的句式

如上所述，中古时期，“Vt+在”型使成式尚未得到充分的发展，表达“施事通过动作实现，让受事处于某一地点/移动点”这个语法意义的主要句式是“Vt［+O（=受事）］+着+O（=地点/移动地点）”型连动式以及“Vt［+O（=受事）］+在/到+O（=地点/移动地点）”型兼语式①。如：

“Vt［+O（=受事）］+着+O（=地点/移动地点”型连动式）

（13）昔者菩萨生于贫家。贫家不育，以亵［三本作“氎”］裹之，夜无人时，默置四街，并钱一千送着其道。（《六度集经》3/25c）

（14）妻侍质家女，女浴脱身珠玑众宝，以悬着架，天化为鹰，撮衣宝去。（《六度集经》3/3a）

（15）尔时其夫犹故未寤，还以钥匙系着腰下。（《杂宝藏经》4/458a）

（16）大臣孝顺心所不忍，乃深掘地，作一密屋，置父着中，随时孝养。（《杂宝藏经》4/449b）

（17）母即以二分食与辟支佛，余残母子共食。辟支佛食讫，掷钵着虚空中，寻逐飞去，到虚空中，作十八变。（《杂宝藏经》4/453b）

“V+O（=受事）+在+O（=地点/移动地点）”型兼语式

（18）尔时世尊，躬自写水于地，告罗云曰：“汝见吾写［宋、元、明本作‘泻’］水在地不乎?”“唯然已见。”“其有至诚，执意妄语，不知惭愧，无有耻辱。如此之行，无恶不涉。”

① 本文把“Vt［+O（=受事）］+着+O（=地点/移动地点）”分析为连动式而不视为兼语式，因为“着”可以同时带有表示受事和地点/移动点的两个宾语。另外，本文所说的“Vt［+O（=受事）］+在/到+O（=地点/移动地点）”型兼语式可以视为所谓“隔开式”动补语结构的一种［关于“隔开式”动补语结构，参见梅祖麟（1991）］。

(《出曜经》4/668a)

(19) 尊者答言:"……尔时有诸比丘,于四衢道头施大高座,置钵在上,而作是言……"(《杂宝藏经》4/491a)

(20) "……我时即入,盗彼饭食,值彼食器口小,初虽得入头,后难得出,虽得一饱,然受辛苦。夫从田还,即便剪头在于器中。……"(《杂宝藏经》4/484a)

(21) 时耶输陀罗着白净衣,抱儿在怀,都不惊怕,面小有垢,于亲党中,抱儿而立。(《杂宝藏经》4/496c)

(22) 时婆罗门举手欲斫,树神见此,甚大懊恼:"如此之人,云何欲杀?"即以手搏婆罗门耳,其项反向,手脚缭戾,失刀在地,不能动摇。(《贤愚经》4/390a)

这两种句式之间的语义差异是:在前者句式中,施事的意图性涵盖到结果状态(=受事处于某处),而在后者句式中,施事的意图性只涵盖到Vt所表达的动作,典型的用例是(18)(19)(20)。

3.4 "Vt+到"型使成式的共时情况

"Vt+到"型使成式似乎在南北朝时期尚未出现。尽管中古语料中已经有不少"V+到(+于)+宾语(=移动地点)"句式,但是都不是使成式。如:

(23) 佛与比丘还到舍卫,止顿祇洹。(《中本起经》4/158a)

(24) 时释提桓因,宫殿震动,以天耳闻盲父母悲恻语声,即从天下,往到其所。(《杂宝藏经》4/448c)

(25) 尔时弗那恒以耕种为业。时耕种讫,还归于家。后于一日,出到田中。见其田中,所生苗稼,变成金禾,皆长数尺。(《杂宝藏经》4/469c)

(26) 值须陀素弥,将诸婇女,晨欲出城至园洗浴。道见婆罗门,从其乞匄。王语婆罗门:"待我洗还,当相布施。"王既到园,入池中洗。时罗刹王飞空来取,担到山中。须陀素弥,愁忧悲泣。(《贤愚经》4/426b)

在此需要补充说明的是，用例（26）似乎是“Vt+到”型使成式，但是也可以视为“Vt+O（=受事）+到+O（=地点/移动点）”型连动式省略受事宾语而成的（可以理解为“罗刹王”自己到了“山中”）。笔者除了五个早期汉译佛典以外，还调查了不少中古时期成书的汉译佛典（《道行般若经》《菩萨本缘经》《大明度经》《生经》《正法华经》《大楼炭经》《阿育王传》《妙法莲华经》《悲华经》《经律异相》《佛本行集经》）以及中土文献（《论衡》《世说新语》《搜神记》《后汉书》《三国志》《宋书》《南齐书》），结果尽管可以看到不少用例（26）那样的例子，但是还是没能找到“Vt+到”型使成式的确凿用例。

3.5 功能上与“Vt+到”型使成式相似的句式

在中古译经语料中，表达“通过动作实现，让受事处于某一地点”语义的主要句式是“Vt［+O］（=受事宾语）+着+O（=移动地点）”的这种句式，如用例（13）-（17）。

在中古语料中，“Vt［+O］（=受事宾语）+到+O（=移动地点）”型兼语式出现得很少。五个文献中我们只找到下面一个用例①。

（27）尔时鹦鹉深生悲心，怜彼鸟兽，捉翅到水，以洒火上。（《杂宝藏经》4/455a）

4. “Vt+在/到”型使成式的生成机制

中古时期“Vt+在”型使成式已经出现，但是仍处在萌发时期。本文认为，“Vt+在”型使成式来源于两种不同的句式：第一种是［A］“Vt［+O］（=受事）+着+O（=地点/移动地点）”型连动式，第二种是［B］“Vt［+O］（=受事）+在+O（=地点/移动地点）”型兼语式。

来源于第一种［A］的例子有“埋在”“系在”等。这些结构中的动词具有表地点/移动地点的句法价（“以其父母，生埋地中”《杂宝藏经》

① 笔者认为“Vt+到”型使成式可能在唐五代以后出现，但还没能确定具体的生成时期。下列用例似乎是“Vt+到”型使成式，但不能排除由“Vt［+O］（=受事宾语）+到+O（=移动地点）”型兼语式省略受事宾语而成的可能性，如：适会此日岳神在庙中阙第三夫人，放到店中，夜至三更，使人娶之。三更三点，忽尔卒亡。（《叶净能诗》333）

4/455b；“或以火烧，或埋地中”《中阿含经》1/504b；“以索系树…”《贤愚经》4/422a；“以头发系树根，而取命终。”《增一阿含经》2/692a)，在语义上和地点/移动地点具有密切的关系。这些动词经常出现在“Vt［+O（=受事）］+着+O（=地点/移动地点）”式中，较少出现在“Vt+O（=受事）+在+O（=地点/移动地点）”式中（除了“置”等少数例外)。本文推定：一部分“V+着+O（=地点/移动地点）”型连动式由于连用的固定化，其中的“着”失去了动作性而接近于处所介词，结果受到了“Vt+Vi”型使成式的类推化（“处所介词+处所”表示的是一种状态语义)，发生了重新分析，变成了使成式。然后又通过词汇替换出现了“Vt+在+O（=地点/移动地点）”型使成式。

来源于第二种［B］的例子有“吐在”等。这些结构中动词不具有表地点/移动地点的句法价（＊“吐地”)①，在语义上和地点/移动地点的关系较为疏远。这些动词可以出现在“Vt+O（=受事）+在+O（=地点/移动地点）”式中，较少出现在“Vt［+O（=受事）］+着+O（=地点/移动地点）”式中②。本文推定：就“Vt+O（=受事）+在+O（=地点/移动地点）”型兼语式而言，其中表示受事的O往往因为上文语境中已经出现所以被省略，经常以“Vt+在+O（=地点/移动地点）”的形式出现，所以通过固定化变成了“Vt+在+O（=地点/移动地点）”型使成式。

至于“Vt+到”型使成式的产生机制，由于其很可能在中古时期尚未出现，所以难以推定具体的生成机制。不过，其和“Vt+在”型使成式具有不少共同点，所以笔者倾向于认为其是受“Vt+在”型使成式的影响而出现的可能性比较大。

5. 结论

（一）在中古语料中，我们可以看到“Vt+在”型使成式，而尚未看到“Vt+到”型使成式，所以可以说二者在生成过程的进程上存在差异。

---

① 下列用例似乎是个例外。但此例不一定是中古汉语的反映：问：“何以作牛？”答：“由过去世经他谷田，取五六粒粟口尝吐地，以损他粟故作此牛。”（《法苑珠林》所引《处处经》53/478c）

② 也有出现在［A］式的时候，但此施事的意图性能涵盖到结果状态。如：时梵志方坐饮食，见舍利弗甚大嗔恚。即推门家挝打与手已还坐食，亦不请坐亦不遣去。食竟，洗手漱口。含一口水，吐着舍利弗钵中，言……（《杂譬喻经》4/506c）

（二）“Vt+在”使成式来源于两种不同的句式，该使成式是二者通过不同的历时过程后合并为一个构式而出现的；即一是来源于“Vt［+O］（=受事）+着+O（=地点/移动地点）”型连动式，二是来源于“Vt［+O（=受事）］+在+O（=地点/移动地点）”型兼语式。二者之间的语义差异是：在前者句式中，施事的意图性涵盖到结果状态（=受事处于某处），而在后者句式中，施事的意图性只涵盖到Vt所表达的动作。

（三）由于“V+在”型使成式来源于两种句式，所以其生成机制也有两种。第一种是：一部分“V+着+O（=地点/移动地点）”型连动式由于连用的固定化，其中的“着”失去了动作性而接近于处所介词，结果受到了“Vt+Vi”型使成式的类推化（“处所介词+处所”表示的是一种状态语义），发生了重新分析，变成了使成式。然后又通过词汇替换出现了“Vt+在+O（=地点/移动地点）”型使成式。第二种是：“Vt+O（=受事）+在+O（=地点/移动地点）”型兼语式中，表示受事的O往往因为上文语境中已经出现所以被省略，经常以“Vt+在+O（=地点/移动地点）”的形式出现，所以通过固定化变成了“Vt+在+O（=地点/移动地点）”型使成式。

（四）从历时层面来看，“Vt+在”型使成式产生的标识是：从来不具有使成义的词充当补语。这表明中古汉语中VC型使成式作为构式已经确立，使成义的表达不再由补语部分来充当，而由整个构式来充当。

［附表］《杂宝藏经》中含有“在”“到”“着”的各种句式

［附表1］　　《杂宝藏经》中含有“在”的句式

“在”所担任的句法成分	句式	用例数
在=主要动词（包括句子以及短语中的主要动词）	（1）在［+于］+〈地点〉	135
	（2）在　+〈时间〉	8
	（3）在　+〈状态〉	2
	（4）在	7
在=介词	（5）在+〈地点〉+VP	35
	（6）在+〈时间〉+VP	3
在=补语或兼语式的后项动词	（7）V+O+在［+于］+〈地点〉	11
	（8）V+在［+于］+〈地点〉	16

[附表 2]　　《杂宝藏经》中含有“到”的句式

“到”所承担的句法成分	句法形式	用例数
到=主要动词（包括句子以及短语中的主要动词）	(1) 到［+于］+〈移动地点〉	52
	(2) 到　+〈时间〉	2
	(3) 到　+〈其他〉	2
到=补语或兼语式的后项动词	(4) V+O+在［+于］+〈移动地点〉	1
	(5) V+到［+于］+〈移动地点〉	27

[附表 3]　　《杂宝藏经》中含有“着”的句式

“着”所承担的句法成分	句法形式	用例数
着=主要动词（包括句子以及短语中的主要动词）	(1) 着 a［+于］+〈移动地点〉	18
	(2) 着 a+〈受事〉+〈移动地点〉	4
	(3) 着 b+〈受事（=衣服）〉	20
	(4)（〈衣服〉+）着 b+〈移动地点（=身体部位）〉	3
	(5) 着 a/b	11
着=补语或兼语式的后项动词	(6) V+O+着 a+〈移动地点〉	12
	(7)（以+〈受事〉）V+着 a+〈移动地点〉	5
	(8) V+着 a+〈受事（=心理上的“执着”的对象）〉	12

说明：此外还有 5 例（不知把它们归为哪类是个极其重要的问题）。

着 a=《广韵》入声药韵：着、附也。直略切（澄母药韵开口三等）。

着 b=《广韵》入声药韵：着、服衣于身着附也。张略切。又直略、张豫二切（张略切知母药韵开口三等）。

征引文献

《尚书正义》（《十三经注疏》整理本），北京大学出版社 2000 年版。

《春秋左传注》（修订本），杨伯峻注，中华书局 1990 年版。

《中本起经》《六度集经》《出曜经》《贤愚经》《杂宝藏经》《杂譬喻经》《法苑珠林》：《大正新修大藏经》，高楠顺次郎编，大藏出版社，1924—1934 年。

《叶净能诗》《舜子变》：《敦煌变文校注》，黄征、张涌泉校注，中华书局 1997 年版。

参考文献

曹广顺、遇笑容：《中古译经中的处置式》，《中国语文》2000 年第 6 期。

曹广顺、龙国富：《再谈中古译经中的处置式》，《中国语文》2005 年第 4 期。

［日］大西克也：《施受同辞刍议——〈史记〉中的“中性动词”和“作格动词”》，*Meaning and Form: Essays in Pre-Modern Chinese Grammar*（意义与形式——古汉语语法论文集），Ken-ichi Takashima & Jiang Shaoyu（eds.），LINCOM EUROPA，2004 年。

刘子瑜：《唐五代时期的处置式》，《语言教学与研究》1995 年第 1 期。

梅祖麟：《从汉代的“动、杀”“动、死”来看动补结构的发展——兼论中古时期起词的施受关系的中立化》，《语言学论丛》1991 年第 16 期。

宋亚云：《汉语作格动词的历史演变研究》，北京大学出版社 2014 年版。

王力：《汉语史稿》（中册），科学出版社 1980 年版；《汉语史稿》（重排本），中华书局 1958 年版。

魏培泉：《说中古汉语的使成结构》，《“中研院”历史语言研究所集刊》第 71 本第 4 分，2000 年。

袁毓林：《汉语动词的配价研究》，江西教育出版社 1998 年版。

朱冠明：《汉译佛典语法研究述要》，蒋绍愚、胡敕瑞主编《汉译佛典语法研究论集》，商务印书馆 2013 年版。

赵长才：《也谈中古译经中“取”字处置式的来源——兼论“打头破”“啄雌鸽杀”格式的形成》，遇笑容、曹广顺、祖生利主编《汉语史中的语言接触问题研究》，语文出版社 2010 年版。

［日］志村良治：《中国中世语法史研究》，江蓝生、白维国译，中华书局 1995 年版。

Washio, Ryuichi 1997 “Resultatives compositionality and language variation.” *Journal of East Asian Linguistics* 6, 1-49.

（松江崇　日本京都　京都大学人间·环境学研究科）

从同经异译及梵汉对勘看中古汉语“都”的性质和作用*

龙国富　李　晶

一　前人的研究现状

汉语“都”使用频繁，备受关注。传统汉语研究（吕叔湘，1980）认为“都”表总括、强调、完成三种用法。徐烈炯（2014）认为汉语副词“都”表示强调、完成的用法，是说话人主观认定的程度，前者表极端的程度，后者表时间累积的程度。形式语言学研究（李行德等，1989；袁毓林，2012；蒋静忠、潘海华，2013；等等）认为“都”是全称量词，表事物的全称量化。徐烈炯（2014）质疑汉语副词“都”是全称量词的观点，认为“都”既表全称，也表非全称，用“都”只是充分条件，并不是必要条件。如：

（1）我们班里大家都在上课，有一个同学病假。

这提醒我们，汉语史中“都”是总括副词的观点需要重新检讨。

又，汉语史“都”主要表总括和强调，其历时演变过程，目前有两种不同的观点：

第一种观点，陈宝勤（1998）、张谊生（2005）、董秀芳（2010）认为，“都”遵循从总括到强调再到完成的演变路径。公元3世纪“都”的总括用法产生；发展到14世纪，“都”的强调用法出现。如：

（2）所有甘蔗，一切都失。（《百喻经》卷一）

* 基金项目：中国人民大学科学研究基金（中央高校基本科研业务费专项资金资助）项目“出土文献整理与语言研究”（项目编号：11XNJ010）。

(3) 非惟是功效不见，连那所做底事都坏了。(《朱子语类》卷四十二)

第二种观点，杨荣祥（1998、2005）、葛佳才（2005）、贝罗贝、李明（2008）认为，“都”遵循从强调到总括再到完成的演变路径。他们发现，“都”表示强调的用法最早见于《论衡》，表示总括的用法最早见于东汉译经。《论衡》早于东汉译经，强调用法早于总括的用法。魏晋南北朝“都”的强调用法远远多于总括用法，直到唐末，这种情况才开始改变（杨荣祥，1998）。表示强调的用法如（以下四例引自杨荣祥，1998；葛佳才，2005）：

(4) 儒不能都晓古今，欲各别说其经，经事义类，乃以不知为贵也？(《论衡·谢短》)

(5) 然则凤皇、骐驎都与鸟兽同一类，体色诡耳，安得异种？(《论衡·讲瑞》)

(6) 如是说菩萨，都不可得见，亦不可知处处，了无所有，当从何所法中说般若波罗蜜？(后汉支谶译《道行般若经》卷一)

(7) 菩萨在母腹中时，都无有臭处、亦无恶露、亦无不可意。(后汉支谶译《阿閦佛国经》卷上)

杨荣祥（1998）认为例（4）、（5）中的“都”表示强调，葛佳才（2005）认为例（6）、(7）中的“都”用于否定句中加强否定语气。

最近谷峰（2015）撰文反对第二种观点，认为上面这一类的“都”还是总括副词，不是强调语气副词，为第一种观点作申论。

不同观点对中古时期“都”字用法的理解不同，从而造成“都”有两种相反的演变路径。东汉至南北朝汉译佛经中“都”的用法远远超过中土文献，汉译佛经异文丰富且是翻译文献，本文试图从同经异译和梵汉对勘的角度，考察当时译师们有关“都”字词句的翻译，重新检讨该时期“都”字的性质和作用。

二　从同经异译看“都”的性质和作用

总体来说，“都”对充任主语和宾语的复数名词性成分的总括作用是没有异议的，主要的争议在于当这种名词性成分是单数形式或在句中被省略时，以及用于否定句中时“都”的性质和作用。在汉译佛经中，东汉支娄迦谶译《道行般若经》的同经异译有六种：三国支谦译《大明度经》、前秦竺佛念译《摩诃般若钞经》、后秦鸠摩罗什译《小品般若经》、唐玄奘译《大般若经第四会》《大般若经第五会》、宋施护译《般若波罗蜜多经》。下面据此文献讨论这些有争议的“都”。如：

(8) 学是祝者，是善男子、善女人不自念恶，亦不念他人恶，都无所念。(支谶译，第三品)

若持第一种观点（总括副词），则“都无所念”即“恶自己”“恶他人”两种恶都不念，“都”表示范围。若持第二种观点（语气副词），则“都无所念”为这些出家人根本不对自已和他人念恶，“都”表示加强否定语气。该句子的同经异译如下：

(9) 学是呪者[①]，不自念恶、不念人恶，都无恶念。(支谦译，第三品)

(10) 学是呪者，善男子、善女人不自念恶，亦不念他人恶，都不念恶。(竺佛念译，第三品)

(11) 善男子、善女人，学此呪术，不自念恶，不念他恶，不两念恶。(罗什译，第三品)

(12) 是善男子、善女人等精勤修学如是呪王，不为自害，不为他害，不为俱害。(玄奘译，第四会第三品)

(13) 若善男子、善女人修学如是明者，不念自恶，不念他恶，不念自他恶。(施护译，第三品)

支谶译文为“都无所念”，支谦译文为“都无恶念”，竺佛念译文为“都不念恶”，罗什译文为“不两念恶”，玄奘两种译文都为“不为俱害”，施护译文为“不念自他恶”，此例指出家人既不做损害自已的事，

① 呪，古籍中多作“呪”，今通行“咒”。即梵语陀罗尼。意译为咒或真言。集种种善法，恶不善根心生。

也不做损害他人的事，害人害己的事出家人都不做。从同经异译看，在语言上，支谶、支谦、竺佛念用“都”，罗什用“两”，玄奘用“俱”，施护用“自他”，“自他”指自己和他人，在语义上都指向害人害己的事，可见“都”表示范围，总括自己和他人。再如：

（14）菩萨都不可得见，亦不可知处，当从何所说般若波罗蜜？（支谶译，第一品）

从第一种观点出发，“都不可得见”即我们得不到、见不到一切菩萨，“都”表示范围的总括。从第二种观点出发，“都不可得见”即根本得不到、见不到菩萨，“都”表示加强否定语气。该句子的同经异译如下：

（15）尚不见菩萨，何用见明度无极？① （支谦译，第一品）

（16）亦不得菩萨，亦不见菩萨，当以何法说般若波罗蜜？（竺佛念译，第一品）

（17）我不得、不见菩萨，当教何法入般若波罗蜜？（罗什译，第一品）

（18）求诸菩萨都无所见、竟不可得，云何令我为诸菩萨宣示般若波罗蜜多？（玄奘译，第四会第一品）

（19）求一切智智亦都无所见、竟不可得，云何令我教授教诫诸菩萨摩诃萨？（玄奘译，第五会第一品）

（20）如是一切法于一切时、一切处、一切种，皆不可见、不可得。（施护译，第一品）

支谶译的“菩萨都不可得见”，玄奘译的第四会“诸菩萨都无所见、竟不可得”、第五会“一切智智亦都无所见②、竟不可得”，施护译的“如是一切法皆不可见、不可得”，都能对应。“菩萨”即佛的一切法、一切智。语言上，支谶用“菩萨都”，玄奘用“诸菩萨都”“一切智智都”，

① 般若波罗蜜之古译，般若译曰明，波罗蜜译曰度，又曰度无极，新译般若曰慧，译波罗蜜曰到彼岸。无极彼岸者，皆涅槃而名，渡生死海到达涅槃之无极，谓之度无极。一云到彼岸。（见丁福保《佛学大辞典》）

② 智智：智中之智也，特称佛之一切智。（见丁福保《佛学大辞典》）

施护用“如是一切法皆”。可见在语义上“都”就是“皆”，指向“菩萨”，并且有全称词“诸”“一切”相呼应。那么，支谶译的“菩萨都不可得见”是指一切菩萨都不可见、都不可得。从同经异译看，“都”总括一切菩萨。

在《道行般若经》中类似的用例还有：

(21) 尔时，善现知舍利子心之所念，便谓之曰：“于意云何？如来之心为何所住？”时，舍利子语善现言：“如来之心都无所住，以无所住故名如来，谓不住有为界，亦不住无为界，亦非不住。”(玄奘译，第五会第二品)

按第二种观点，此例“都”作语气副词，加强语气。而根据同经异译的对照，“都”仍然为范围副词，指所有如来之心。如：

(22) 具寿善现承佛威神，知舍利子心之所念，便谓之曰：“于意云何？诸如来心为何所住？”时，舍利子语善现言：“诸如来心都无所住。所以者何？心无所住故名如来、应、正等觉，谓不住有为界，亦不住无为界，亦非不住。”(玄奘译，第四会第二品)

(23) 是时，尊者须菩提承佛威神，知其念已，即谓尊者舍利子言：“舍利子！于汝意云何？如来、应供、正等正觉有法可住不？”舍利子言：“不也，须菩提！如来、应供、正等正觉无法可住。何以故？彼无住心名为如来，不住有为界，不住无为界，不住彼中故。”(施护译，第二品)

第二种观点认为下面的“都”加强否定语气，相当于“根本”。如：

(24) 闿士卖身不售，便自宛转卧地啼哭，呼曰：“吾卖身以奉师，都无买我者。当云何乎？”(支谦译，第二十八品)

其同经异译如下：

(25) 是时萨陀波伦菩萨卖身不售，便自宛转卧地啼哭，大呼：

“欲自卖身持用供养于师，了无有买者。”（支谶译，第二十八品）

（26）萨陀波仑菩萨，卖身不售，在一处立，流泪而言：“我为大罪故，欲自卖身供养昙无竭菩萨，为闻般若波罗蜜，而无买者。”（罗什译，第二十七品）

（27）尔时，常啼菩萨摩诃萨如是三唱皆无买者。菩萨尔时心生愁恼啼泣而言：“苦哉，苦哉！我所卖身为供养法上菩萨摩诃萨，今无买者，故知我身深为罪咎。”（施护译，第三十品）

支谦译的“都无买我者”，与支谶译的“了无有买者”句式相同。“了”表示完全、绝对，如：“属音赋韵，命笔为诗，彼造次即成，了非向韵。”（《颜氏家训·名实》）上面用例中“都”和“了”一样，用于否定句中，表示没有达到说话人主观认定的程度或期望值。

从上面的研究看，《道行般若经》中这一类的“都”属于副词，表示事物的总括和主观认定的程度或期望值。

下面讨论《金刚经》中的“都”，《金刚经》共有六个译本：罗什译《金刚般若波罗蜜经》、元魏菩提流支译《金刚般若波罗蜜经》、陈真谛《金刚般若波罗蜜经》、隋笈多译《金刚能断般若波罗蜜经》、唐玄奘译《大般若经第九会能断金刚分》、唐义净译《佛说能断金刚般若波罗蜜多经》。持第二种观点的学者看成语气副词的“都”如：

（28）菩萨摩诃萨不住于事应行布施，都无所住应行布施。（玄奘译，第九会）

他们认为“都无所住”即根本没有可以执着的，“都”加强否定语气。对比其同经异译：

（29）菩萨不着己类而行布施，不着所余行于布施。（真谛译，第三品）

（30）菩萨不住于事应行布施，不住随处应行布施。（义净译，第三品）

“都无所住”对应的同经异文是“不着所余”“不住随处”，此三例的意思：菩萨对于法不应以执着的心来行布施，即不执着于一切法来行布施。同经异译显示，“都”表任指，指法的任何方面，即“小者大者，有形者，无形者，真实者，虚妄者，事物其物者，道理其物者，皆悉为法也”（丁福保编《佛学大辞典》）。

当“都”表示任指程度的时候，说话人的主观情态加强，不修饰谓语动词，而修饰句子和语境，只要是达到说话人主观认定的程度或期望值，就可以用“都”。那么用在否定句中时，当在语用上表示说话人主观认定的程度或期望值时，听话人往往会觉得“都”是表示强调。如：

（31）如来昔在然灯如来应正等觉所，都无少法而有所取。（玄奘译，第二十八品）

本来，说话人的用意，“都无少法而有所取”表示任何少许法都没有获取，“都”表任指程度或主观的期望值。而听话人的理解好像是“连少许法都没有获取”。其实，这一类“都”表达情态，不修饰谓语动词而修饰句子和语境，表示说话人主观认定的某一程度或期望值。从同经异译看，“都”与表主观程度的“实”对应。如：

（32）如来在然灯佛所，于法实无所得。（罗什译，第二十七品）

（33）如来于然灯佛所，实无可取。（义净译，第二十八品）

《妙法莲华经》和《维摩诘经》同经异译中“都”的使用，与上面的情况相同。

以往大多认为上面的“都”表示强调的用法，而同经异译研究表明，这类“都”作副词，表示事物的总括和程度。当表达程度时，它实际上属于主观认定的程度用法。因为用于否定句，表达情态，不修饰谓语动词而修饰句子和语境，表示说话人主观上认定的某一程度或期望值。

三　从梵汉对勘看“都”的性质和作用

上述同经异译证明汉译佛经中“都”表示事物的总括和主观认定的程度或期望值。下面再从梵汉对勘的角度进一步论证“都”的性质和作用，仍着眼于部分学者把“都”看作语气副词的句子。《道行般若经》中的用法：

“都不”，1次。如：

（34）菩萨都不可得见，亦不可知处，当从何所说般若波罗蜜？（支谶译，卷一）

其对应的梵文如下：

（34’）prajñāpāramitām api na samanupaśyāmi nopalabhe
f. sg. Ac adv. ind. pers. sg. per1. na-upalabhe：pers.sg.per1.
般若波罗蜜多 虽然 不 我见 不得
sarvajñatām api na samanupaśyāmi nopalabhe
f. sg. Ac. adv. ind. pers. sg. per1. na-upalabhe：pers.sg.per1.
一切智 虽然 不 我见 不得
so 'haṃ bhagavan sarveṇa sarvaṃ sarvathā
pron. m. sg. N. m. sg. N. m. sg. V. m. sg. I. m. sg. Ac. adv.
那个 我 世尊啊 一切，所有 一切，所有 全部
sarvaṃ taṃ dharmam anupalabhamāno 'samanupaśyan
m. sg. Ac. m. sg. Ac m. sg. Ac. ppr. m. sg. Ac. ppr. m. sg. Ac.
一切，所有 那个 法 不可得 不可见
katamaṃ dharmaṃ katamena dharmeṇa katam
inter. m. sg. Ac. m. sg. Ac. inter. m. sg. I. m. sg. I inter.
哪个，云何 法 以哪个，云何 法 何
asmin dharme 'vavadiṣyāmi anuśāsiṣyāmi buddha iti
m. sg. L. m. sg. L. sg. per1. fut. sg. per1. fut. m. sg. N. ind.
此 法 教授，引导 教诫 佛陀 相当于引号
bhagavan nāmadheyamātram etat ｜ （Vaidya p. 13）
voc. sg. m. f. sg. Ac. pron. n. sg. N.
佛 但有名相 如此

对勘发现“都”译自梵文副词 sarvathā，该词是“全部、一切”义，语义指向名词“法”，指一切法都看不见、得不到。从梵汉对勘看，此例

中的“都”是范围副词，表总括。

“都卢无”1次。如：

(35) 善男子善女人书般若波罗蜜，于四部弟子中说时，其心都卢无所难。(支谶译，卷一)

“其心都卢无所难”译自梵文 nāvalinacittatā bhaviṣyati。（辛嶋静志，2010）[①] 此 Conze（1973）英语译作：their mind will be unshrinking. 藏文本译为：sems zbum par mi ’gyur. 此例的“心”都指一切出家人的内心，用于复数。从梵汉对勘看，此例中的“都”也是范围副词，表总括。

“都无”，1次，有的研究把它看作加强语气，从同经异译和梵汉对勘看，它应该作称量用法。如：

(36) 是善男子、善女人不自念恶，亦不念他人恶，都无所念。(支谶译，卷二)

“都无所念”译自梵文 nobhaya-vyābādhāya cetayate，梵文 ubhaya 的意思是“两种、俱”，相当于英语的 both，vyābādhāya 是阳性名词 vyābādha（害）的单数、为格形式，cetayate 是√cit（思）的第三人称使动用法。这段梵文的意思是他不会产生让自己和他人受害的念想。从原典梵文看，“都”表范围，指向自己和他人。对于此段梵文，Conze（1973）英译为：one is intent neither on disturbing one’s own peace，nor that of others。藏汉对勘为：gnyi ga la gnad pa bya bar yang mi sems so，gnyi ga 有“两种、俱”之义，对译于 ubhaya，这是“都”表范围的旁证。

《法华经》中“都不”2例，有的学者把它看作语气副词。1例没有梵文，1例有梵文，有梵文的用例，如：

(37) 汝常作时，无有欺怠、瞋恨、怨言，都不见汝有此诸恶，

---

① 梵汉和藏汉对勘材料来自辛嶋静志（2010），其他有关对勘材料亦同，恕不一一加注。

如余作人。(《妙法莲华经》卷二，第四品)

(37’)

mama	ca	tvayā	bahu-karma-kṛtam	imam	saṃkāra-dhānam
per1. sg. G.	conj.	per2. sg. I.	ppp. n. sg. N.	n. sg. Ac.	n. sg. Ac.
我	又	你	大量的事已被做	这	厕所

śodhayatā ।	na	ca	tvayā	bhos	puruṣa
caus. ppt. m. sg. I.	ind.	ind.	per2. sg. I.	ppt. m. sg. voc.	m. sg. voc.
使干净	不	又	你	嗨，喂	男子

atra	karma	kurvatā	śāṭhyam	vā	vakratā	vā
adv.	m. sg. Ac.	ppp. m. sg. I.	n. sg. N.	conj.	f. sg. N.	conj.
这里	做事的人	做	欺詐	或	歪曲	或

kauṭilyam	vā	mānas	vā	mrakṣas	vā	kṛta-pūrvas
n. sg. N.	conj.	n. sg. N.	conj.	m. sg. N.	conj.	adj. m. sg. N.
邪曲	或	傲慢	或	虚伪	或	以前被做了的

karoṣi	vā ।	sarvathā	te	bhoḥ	puruṣa	na
pres. per2. sg	conj.	adv.	per2. sg. G.	ppt. m. sg. voc.	m. sg. voc.	ind.
你做	或	全然，都	你	嗨，喂	男子	不

samanupaśyāmy	ekam	api	pāpa-karma	yathaiṣām
pre. per1. sg	num. n. sg. Ac.	adv.	n. sg. Ac.	eṣām: dem. m. pl. G
如同	其他	也	恶行	犹如这些

anyeṣāṃ	puruṣāṇāṃ	karma	kurvatām	ime	doṣāḥ
adj. m. pl. G.	m. pl. G.	n. sg. Ac.	ppt. m. pl. G.	m. pl. N.	m. pl. N.
这些，其他	人	工作，事	做	这些	过失，错误

saṃvidyante । (K. 107. 1)
pres. 3. pl
被知道

此段梵文的大意：你在这里做工时，你没做过欺诈、奸猾、歪曲、傲慢、虚伪之事。男子汉！我没有看到过你像其他做事的人一样有这些过失。

此例中“都不见汝有此诸恶”译自梵文 vā vakratā vā kauṭilyam vā mānas vā mrakṣas vā kṛta—pūrvas karoṣi vā sarvathā te bhoḥ puruṣa na samanupaśyāmy ekam api，“都”对译于“sarvathā”，语义指向诸恶事，指

一件恶事都不做。除了 Kern 和 Nanjio 的本子以外，Kahgar 和 Facsimile 的写本梵文也有“sarvathā”一词，语义指向欺诈、奸猾、歪曲、傲慢、虚伪之事，表示总括的范围。再如：

（38）我等若闻，净佛国土，教化众生，都无欣乐。（卷二，第四品）

（38’）

<u>na</u>	asmāka	harṣo	<u>’pi</u>	kadāci	bhoti	kṣetreṣu	buddhāna
ind.	G. pl. per1.	m. sg. N.	ind.	adv.	pers. sg. per1	n. pl. L.	m. pl. G.
不	我等	欣喜	也	在某时	嗨，喂	国土	佛

śruṇitva	vyūhān	//（Vaidyap. 81，1）
ger.	m. pl. Ac.	
听后	装饰	

今译：我们听说佛世界中受教化的众生甚至一点快乐都没有。

今译：即使听闻佛国土的庄严之后，我们也没有感到喜悦。

“都无”译自梵文 na…api，它相当于“即使……也没有”，“都”表示极端程度，指说话人认定的“众生在受教化应有一点快乐”这一极端程度。

梵汉对勘可知，以往看作强调用法的“都”，实际上是表示极端程度，指说话人认定的极端程度。

四　汉语史“都”表范围和程度用法的产生

汉语史中“都”作副词时最先表示范围的总括，“都”表示的范围可以覆盖从多数到全体，也可以表示从少数到个体。然后“都”发展出表示说话人认定的程度。下面对这三个方面分别予以讨论。

（一）覆盖从多数到全体

“都”量化复数成分，称量作主语的复数名词性成分，表示全称。如：

（39）如是舍利弗、目连等诸大弟子次第至家，都不承待。（后秦鸠摩罗什译《大庄严论经》卷八）

（40）尔时无数比丘，各各驰走，怱怱不安，如捕鱼师布网捕

鱼，鱼都驰散。（西晋竺法护译《生经》卷二）

例（39）、（40）中“大弟子”“鱼”都是无标记复数成分，“都”对这类复数成分进行全称量化。这一类“都”是全称量化词，即传统语言学所谓的总括副词。此类用法在现代汉语中仍很常见。

这种“都”可以和另外一个量化词重复称量。如：

（41）若有永灭者，则亦无有生；若生永灭者，无老病苦阴；一切都永尽，智者之所说。（后秦佛陀耶舍共竺佛念译《长阿含经》卷一）

例（41）“一切”指前文提到的“触、受、爱、取、有、生”等，“一切”本身是个量化词，“都”可以对主语进行重复量化。

（二）覆盖从少数到个体

“都”又发展出可以量化单数成分，既可以作集体解读（collective reading），也可以作分配解读（distributive reading）。

（42）难提波罗陶师故陶屋，竟夏四月都不患漏。（东晋僧伽提婆译《中阿含经》卷十二）

此例中“故陶屋”是单数成分，“都”同时量化两个成分，即量化“故陶屋”和“夏四月”。这里对“故陶屋”都是分配解读，量化故陶屋的每个地方和该时段中的每时每刻。

（43）我若以此有恐怖，有畏惧，身毛竖者，都无此相。（同上，卷八）

此例中“恐怖、畏惧和身毛竖”都是单数不可数成分，“都”对这三种情况进行分配解读，量化恐怖、畏惧和身毛竖这三种情况中的每一种，指这三种情况中的任何一种都没有此诸法体状。

（44）譬如国王，有边境城，四周坚固，巷陌平正，唯有一门。

立守门者聪明黠慧，善能筹量，外有人来，应入者听入，不应入者不听。周匝绕城，求第二门，都不可得，（城墙）都无猫狸出入之处，况第二门？（刘宋求那跋陀罗译《杂阿含经》卷三十四）

（45）尔时，阿难侍如来侧，以扇扇佛。彼时阿难闻其语已，即白佛言："世尊！何故犊子所问默然不答？若不答者，犊子当言：'我问如来（任何问题），（如来）都不见答，增邪见耶？'"（附秦录《别译杂阿含经》卷十）

例（44）中"都无猫狸出入之处"指城墙上任何猫狸出入之处都没有，可以把城墙分解为众多的猫狸出入的洞孔，"都"称量城墙上任何一个洞孔。例（45）"都不见答"指如来不回答我每一个问题，"都"称量称代性副词"见"（吕叔湘，1985），指我的每个问题，作分配解读。

上面是"都"对单数作分配解读称量名词，"都"还可以对单数作集体解读称量名词。如：

（46）我敕左右收缚此人，生剥其皮，求其识神，而（识神）都不见；又敕左右脔割其肉，以求识神，（识神）又复不见；又敕左右截其筋、脉、骨间求神，（神）又复不见；又敕左右打骨出髓，髓中求神，（神）又复不见。（后秦佛陀耶舍共竺佛念译《长阿含经》卷七）

（47）汝若无觉，（觉）都不可得，神离觉者，不应神清净。（东晋僧伽提婆译《中阿含经》卷二十四）

例（46）中"都"称量的成分"识神"指人的心魂，"心魂"是一个整体，可以作集体解读，"都"的功能是对心魂进行集体解读，它仍然是全称量化词。又如《杂阿含经》卷三十九："波旬而说偈言：上下及诸方，遍求彼识神，都不见其处，瞿低何所之？"例（47）中"都"称量的成分"觉"指觉悟，即开悟真理。"觉悟"是一个整体，可作集体解读，"都"的功能是对觉悟进行集体解读，是全称量化词。在例（47）的上文，主语"觉"没有省略，而省略了"都"。如《中阿含经》卷二十四："汝若无觉者，觉不可得。"

这一类"都"不表总括，所称量的物件，句法上是单数，语义上是复数。“都”表示单数名词性成分的个体和整体。

（三）说话人认定的程度

1. 量化事件的变量

根据认知语法学理论的研究，事件可以形成一组加合的变量，“都”可以把一组事件进行加合。中古译经“都”可以量化事件变量，表示动作不断重复达到了百分之百，主语为单数。如：

(48) 我当以供养人，都不我从人求供养。(东汉安玄译《法镜经》卷一)

(49) 尔时，复害恶心炽盛，虽闻他谏，乃至抱捉，都不从顺，即以拳打舍利弗头。(附秦录《别译杂阿含经》卷十五)

例（48）中“供养”是不断重复的动作，句意是指每一次都不是别人供养我，这一重复动作形成一组加合的变数。到说话人说话时止，没有一次例外，“都”表示把“每一次不是别人供养我”这一组重复动作进行加合。例（49）中“从顺”是不断重复的动作，句意是指一个叫复害的夜叉，无论怎样每一次都不听从“我”的意见，“都”表示把“每一次不听从我的意见”这一组重复动作进行加合。这一类句子，动作可以不断重复，可以形成一组可以加合的变量，“都”的作用就是把一组重复的变量进行加合。

2. 量化事件变化的程度

上面表示程度的“都”指客观的相对值，当表示程度的“都”指主观的相对值时，“都”表示在一定的条件下说话人主观上认定的标准。徐烈炯（2014）认为“都”可以表示主观上事件变化的程度。中古译经“都”可以量化程度，表示程度达到了极端，主语为单数。如：

(50) 汝都不见主，云何偷花香？(附秦录《别译杂阿含经》卷十六)

例（50）的句意是见到花之主人是偷花的必要条件，主人都没有见到，不能算偷花。“都不见主”中的“都”表示一次都没有到见主人的极端程度。这一类句子，事件变化有不同的程度，可以形成程度上的变量，

“都”的作用就是主观上让这种程度达到极端。表示程度的“都”可以是反复出现的频率、相加的人数、累积的次数、渐进的时间、充要的条件、极端的情况，等等。(徐烈炯，2014)

五 结论

从上面“都”的用法研究来看，语义指向事件和宾语单数产生、主语和宾语省略、宾语提前作话题等，是造成“都”由总括副词发展为程度副词的重要动因。

中古汉语“都”有范围和程度两种用法，程度用法是从某范围发展到某种程度，也可以是说话人认定的某种主观期望值。其演变路径首先指主语、宾语的复数名词性成分的范围，然后发展出主观上认定事物变化的程度。现代汉语表强调和表时间的“都”是表程度用法重新分析的结果。

参考文献

贝罗贝、李明:《语义演变理论与语义演变和句法演变研究》，沈阳、冯胜利主编《当代语言学理论和汉语研究》，商务印书馆2008年版。

陈宝勤:《副词“都”的产生与发展》,《辽宁大学学报》(哲学社会科学版) 1998年第2期。

董秀芳:《量与强调》，徐丹主编《量与复数的研究——中国境内语言的跨时空考察》，商务印书馆2010年版。

葛佳才:《东汉副词系统研究》，岳麓书社2005年版。

谷峰:《“都”在东汉有没有语气副词的用法》,《中国语文》2015年第3期。

蒋静忠、潘海华:《“都”的语义分合及解释规则》,《中国语文》2013年第1期。

李行德、徐烈炯、魏元良:《上海话ze的语义及逻辑特点》,《中国语文》1989年第4期。

吕叔湘:《现代汉语八百词》，商务印书馆1980年版。

吕叔湘:《见字之指代作用》,《汉语语法论文集》(增订本)，商务印书馆1985年版。

沈家煊:《实词虚化的机制——〈演化而来的语法〉评介》,《当代语言学》1998年第3期。

徐烈炯:《“都”是全称量词吗》,《中国语文》2014 年第 6 期。

杨荣祥:《总括副词“都”的历史演变》,《北大中文研究》(创刊号),北京大学出版社 1998 年版。

杨荣祥:《近代汉语副词研究》,商务印书馆 2005 年版。

袁毓林:《汉语句子的焦点结构和语义解释》,商务印书馆 2012 年版。

张谊生:《副词“都”的语法化与主观化——兼论“都”的表达功用和内部分类》,《徐州师范大学学报》(哲学社会科学版)2005 年第 1 期。

朱德熙:《语法讲义》,商务印书馆 1982 年版。

Bybee, J., Perkins, R. & Pagliuca, W. 1994. *The Evolution of Grammar: Tense, Aspect, and Modality in the Languages of the World*. Chicago: The University of Chicago Press.

Cheng, Lisa L. - S. 1995. On *dou* - quantification. *Journal of East Asian Linguistics* 4.

Cheng, Lisa L. - S., and Huang, James C. - T. 1996. Two types of donkey sentences. *Natural Language Semantics* 4.

Heine, Bernd, Ulrike Claudi, and Friederike Hünnemeyer. 1991. *Grammaticalization: A Conceptual Framework*. Chicago: University of Chicago Press.

Hopper, Paul J. & Elizabeth Closs Traugott. 2003. *Gramaticalization*. Chicago: The University of Chicago Press.

Kern, H. and Nanjio, B. 1908 - 1912. Saddharmapuṇḍarīka, st. Petersburg.

Lakoff, Robin, and Mark Johnson. 1980. *Metaphors We Live By*. Chicago: University of Chicago Press.

Langacker, Ronald W. 1977. Syntactic reanalysis. In Charles Li eds., *Mechanisms of Syntactic Change*, 57-139. Austin: University of Texas Press.

Traugott, Elizabeth C. 1995. Subjectification in grammaticalization. In: Dieter Stein and Susan Wright (eds.). *Subjectivity and Subjectivisation: Linguistic Perspectives*, 31-54. Cambridge: Cambridge University Press.

(龙国富 北京 中国人民大学文学院
李 晶 郑州 郑州大学汉字文明研究中心)

中古汉语中“且”的发展*

——从时间副词到礼貌性祈使标记

牟烨梓

1. 引言

上古汉语中，“且”主要有三个用法：（1）并列连词（例1）；（2）表未来义时间副词（例2）；（3）表短时、暂且义时间副词（例3a），在特定语境中还可表达姑且、劝励情态（hortative modality）（例3b）。（Meisterernst，2015：381）

例如：

（1）遡洄从之，道阻且长。（《诗经·秦风·蒹葭》）

（2）孟子曰：“吾固愿见，今吾尚病，病愈，我且往见，夷子不来！”（《孟子·滕文公上》）

（3）a 此恐辱我，我宁且匿车中。（《史记·范睢蔡泽列传》）

b 女曰：“观乎？”士曰：“既且。”“且往观乎！洧之外、洵吁且乐！”（《诗经·郑风·溱洧》）

自中古汉语时期起，除了以上三种用法外，“且”逐渐产生了新的用法，例如，在现在时语境中单纯表达姑且、劝励情态而没有短时暂且义（例4）；表达应当义情态（deontic modality）（例5）；直至在近代汉语文献中为祈使句增添礼貌性特征（例6）等。例如：

（4）婆罗门言：“大仙，汝且观之。我身虽老，……，而有欲想犹如壮时。”（《菩萨本缘经》）

---

* 本文节选自发表于《东亚语言学报》2018年总第47期的“The development of QIE 且 in Medieval Chinese：From temporal adverb to polite imperative marker”。

（5）佛言：“且止，勿作此语。”（《佛说首楞严三昧经》）

（6）我叫他：“且不必拘礼，早晚不必照例上来，……”（《红楼梦》）

在现有上古汉语文献中，“且”表示礼貌性祈使的用法尚未出现，中古汉语文献中有少量“且”表达应当义情态的类似用例，但少有或没有如明清小说中一样的标准礼貌性祈使表达；只有在近代汉语尤其是明清小说中才出现标准的礼貌性祈使用例。这说明“且”礼貌性祈使标记的用法应该是在中古汉语时期经由新用法的产生逐步演变出来的，而且中古汉译佛经很有可能对这一礼貌性祈使用法的最终形成起到了助推的作用。

本文将着重描写具有代表性的中古汉语文献中“且”的用法，以期能大致勾勒出“且”向礼貌性祈使标记演变中可能经过的历时路径，并探究哪些因素有可能助推了这种用法的形成。

2. 祈使情态和礼貌性祈使

在具体探究“且”向礼貌性祈使标记演变的路径之前，有必要对本文所使用的主要概念进行进一步的阐明。

首先，祈使情态（imperative modality）[①] 一般意义上用于表达直接命令或请求，也可与否定词或否定义词共现表示禁止或劝告。它是一个以说话人为中心的语言情态（speaker-oriented modality），而且具有主观性（subjective）、述行性（performative）和现时性（present）[②] 的特点。（Palmer，1986；Bybee et al.，1994）除此以外，祈使情态被认为是其所隶属的应当义情态（deontic modality）中命令程度最强烈的（strongest directive）。（Palmer，1986：80）这使得祈使句在语用层面（pragmatic level）上相较于其他应当义情态句更有可能给听者带去态度强硬不礼貌的

① 关于 imperative 一词，在印欧语言学中可用于指称两个概念：一个是 imperative mood，即汉语中经常翻译成的祈使语气；另一个是 imperative modality，即本文主要使用的祈使情态。鉴于 mood 在印欧语言学中特指用动词曲折变化表述说话者话语方式的句法范畴，modality 才可泛指通过情态动词或情态副词来表示说话者针对命题所做主观判断的语义范畴，本文认为 imperative modality 即祈使情态更符合汉语“且”的语言学特质。

② 述行性是指祈使情态修饰的必须是一个言语行为（speech act），而现时性是指祈使情态要求所修饰行为具有现在时的特征。

暗示（inference）。这一定程度上促使了对礼貌性祈使表达的需求的产生。本文姑且将这一类如英文“please”等弱化祈使命令强度的词语称为“礼貌性祈使标记”（polite imperative marker）。

汉语祈使情态通常由动词或动词词组表达，如“开门”，或明确出现主语的“你过来”，以及与否定词共现的“别过来”。礼貌性祈使在汉语中也是存在的，例如现代汉语中会通过添加“请”以表示对听者的礼貌和尊重，如“请开门”“请你过来”“请别开门”。

在古代汉语中，祈使情态的表达方式也与现代汉语类似，通过动词或动词词组表达，但在现存文献中出现频率并不高。这一定程度上与祈使情态的述行性（即需要有言语行为的实施）和古代汉语大多只有留存下来的书面描写性文本的局限性，以及文言文的规范性文体有关。当然，古代汉语中应当义词汇的丰富使用也很大程度上抑制了对表达祈使情态标记的需求。

尽管如此，在一些对话型文本里还是可以证实古代汉语中祈使情态的存在。比如，《史记·项羽本纪》中的“项羽大怒，曰：‘旦日飨士卒，为击破沛公军！’”以及《水浒传》中“大王笑道：‘且将酒来，我与丈人回敬！’”。前一句中的“旦日飨士卒”表达了说话人项羽要求士兵准备明日应战的命令，后一句则表达说话人大王让下属把酒拿来的命令。二者比较之下，不难发现《水浒传》中出现“且”的祈使命令比《史记》中没有使用“且”的祈使命令在强度上舒缓、弱化许多。

根据 Brown and Levinson（1987）的“礼貌性理论”（Politeness Theory），汉语社会语境（sociological context）中对于个人尊严和礼节性的规定相对较高且繁复，从而产生了将祈使命令礼貌化的语言需求，故而本文将此类满足社会语境礼节性要求的祈使命令情态称为礼貌性祈使。本文中“且”之所以被称为礼貌性祈使标记而非一般祈使标记，一方面是因为汉语中单纯动词词组即可表达祈使情态，并不必须要求使用明显的祈使标记（overt marking），因此严格意义上“且”并不是一个标准的祈使标记，因为“且”对于祈使情态的表达并不是必需的；另一方面，“且”本意中表暂且、姑且的让步性决定了“且”的主要功用在于弱化祈使命令的强度，所以“且”更适合被称为是这种礼貌化的祈使情态标记。

以下，本文将从历时角度逐期描写“且”的多种用法和特质，从而探究其演变成礼貌性祈使标记的发展途径。

3. “且”在中古汉语中的历时演变

中古汉语时期，“且”在上古汉语中已出现的三种主要用法仍然存在。由于并列连词主要连接属于同一层次并具有相同句法功能的词，一般不被认为具有可以发展为情态标记的语义和句法前提，所以此处省略对“且”这种用法的描写，不再将其列入“且”作为礼貌性情态标记的可能来源之一。

以下将对中古汉语时期出现的两种“且”的新用法逐一进行描写，进而分析表达短时姑且义和表达将来时的两个时间副词用法中哪一个与新用法的特质在语义、语用层面有更深的联系，进而更可能是衍生出标记礼貌性祈使功能的来源。

（一）“且”表劝励情态

正如引言所述，上古汉语中就已经出现“且”表示姑且、劝励情态的用法，但这一用法往往依附于表示短时暂且义的用法，一定程度上可以认为是认知层面语境引发的对暂且义的语义延展。① 上例（3b）以下重复为例（7），即可用于解释这一语义延展的可能性。其中，一对男女在对话，女子问男子是否去过河岸边观赏，男子说已经去过，女子则劝他再陪她去一次。② “且”出现于女子对男子劝说中，本意为“暂且”表示只是花很短的时间再去看看。基于劝说的语境，“且”也可以被引申理解为姑且，劝说男子暂时做出让步，虽然他已经去过，但不妨花一点时间再去一次，毕竟河岸边很平和美好。这里，暂且义是主要的，姑且劝励义是语境条件下的附加。

（7）女曰：“观乎？”士曰：“既且。”“且往观乎！洧之外、洵吁且乐！”（《诗经·郑风·溱洧》）

然而，到了早期中古汉语时期，“且”的这种表示姑且劝励情态的功能逐渐加强，尤其是汉译佛经中，越来越多原本只有短时暂且义的“且”可以同时被解释为用于劝说姑且让步。例（8）出自东汉末年支娄迦谶的

---

① 根据 Sweetser（1990）的“行、知、言”三域理论（名词翻译参看沈家煊 2003），认知层面的联系可以导致基本语义层面的语义延展。

② 对例（7）的内容解释参看程俊英、蒋见元（1991：261—262）。

《佛说阿阇世王经》。其中，佛的回答“且舍”不仅表达了“舍”这一行为的暂时性，也含有“姑且”的让步性，提醒舍利弗与其一味寻求不妨退一步姑且舍弃。

(8) 舍利弗……从三昧还白佛：“求之，不见不得。”佛言：“且舍。”(《佛说阿阇世王经》)

与此同时，“且”开始出现脱离短时暂且义，单纯表达姑且劝励情态的例子。

例（9）出自三国时期支谦的译经《菩萨本缘经》。它描述了婆罗门对“大仙”的诉求，请求他理解自己虽然身已老但仍有求法的意志。其中“汝且观之”的“且”并不能解释为时间上短暂义的暂且，因为这一句话的语义和语用重点都是婆罗门请求看自己身体和精神状态的差别，而不是这一行为的短时性。虽然此类用例的出现频率并不高，但可见“且”表达短时暂且义的功能在这一时期已经开始萌生脱落的趋势，而其表达相对虚化的姑且劝励情态的功能则逐渐加强。

(9) 婆罗门言：“大仙，汝且观之。我身虽老，……，而有欲想犹如壮时。”(《菩萨本缘经》)

少数句子中“且”甚至连姑且的让步性也已经脱落，单纯表达劝励请求。这可以从例（10）和例（11）中得到验证。例（10）中“且”用于表达臣民愿大王留下的请求，例（11）中“且”与否定词“莫”合用，强调了一切施王对被泼水的婆罗门的勉励。二者均没有对短时暂且的语明确语义指向和强调。这使得此类用法的“且”与后来标记礼貌性祈使的“且”在语义层面上更为相似，因为二者所表达的劝勉情态和祈使情态均属于应当情态。

(10) 尔时，大臣及诸人民各作是言：“唯愿，大王！莫便舍去，臣等自能当御此敌，王且观之，臣等今日当以五兵戟牟剑鞘，……”(《菩萨本缘经》)

(11) 一切施王复以冷水洒之令悟，即慰喻言：“汝今可坐，且

莫愁苦。”(《菩萨本缘经》)

由此可以推断，“且”单纯表达劝励请求的用法与上古汉语中表示短时暂且义兼劝勉情态的“且”在语义指向上十分类似，很有可能是后者逐渐失去具体实义后发展而来。

此外，值得注意的是，此类用例多数出现于早期汉译佛经，同时期中土文献类似结构中的“且”所表达的劝勉情态并不如汉译佛经中的用例明显。例如下例（12）出自东汉班固所著《汉书》，全句表达了说话人“天子”虽然理解听话人刘向的意图，但囿于政治势力无法施行，所以请他不要再谏言。这一例中的“且”虽然与上述单纯表达劝励请求的例（10）中的“且”拥有相同的句法位置和几乎相同的句法结构，但仍以暂且义为主，劝勉请求为辅。

（12）书奏，天子召见向，感叹悲伤其意，谓曰：“君且休矣，吾将思之。”(《汉书·楚元王传》)

（二）“且”标记应当义情态

中古汉语时期，“且”表达应当义大量出现于汉译佛经中，被认为是汉译佛经中“且”的主要用法（principle function）。(Meisterernst，2012）这种用法的“且”与表劝勉的“且”句法位置类似，二者均存在主语省略的用例，如例（8）和例（14）。

下例（13）摘自东汉末年支娄迦谶所译的《道行般若经》。其中，“且”字句表达了善男子“听”这一行为的应当性（obligation）。例（14）来自较晚时期西晋竺法护译的《光赞经》，“且”同样搭配动词“听”表明听话人应该完成的行为。

（13）昙无竭菩萨……说般若波罗蜜言：“善男子且听，诸经法悉等。”(《道行般若经》)

（14）须菩提谓释提桓因：“且听，拘翼，如向者问：……”(《光赞经》)

关于此类“且”的来源，根据Bybee等（1994）对于情态标记和将来时标记历时演变途径的类型学研究，一般的演变方向应为应当义词汇发展为将来时标记而非反向。这一历时演变方向在汉语中也得到证实（Meisterernst，2011；魏培泉，2015）。因此，由表将来义的“且”衍生出表应当义用法的观点值得商榷。与此同时，由于劝励义与应当义同属于一条可选择性数轴[1]（scale of optionality，Leech 2014，见图 1），二者在认知层面比将来义与应当义更具关联，从而更有可能经由认知相似性诱发语义延展（cognitive trigerring）。这也从另一方面支持了表应当情态的“且”应该来源于表劝励情态的“且”的演变途径。

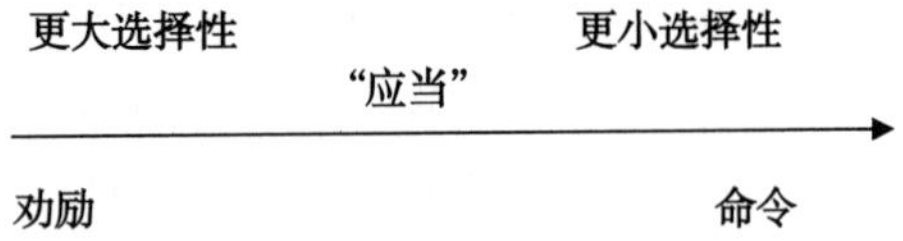

图 1 Leech（2014）的可选择性数轴

同理，中古汉语中表达应当义的“且”也很有可能是认知语义上衍生出礼貌性祈使的来源，进而，上古汉语中表达短时暂且劝勉义的“且”很有可能就是近代汉语中礼貌性祈使标记“且”的最初来源。

4. “且”的历时演变与语言接触

由以上可知，“且”很可能是由上古汉语中表短时暂且义用法的逐渐脱落、表姑且劝励情态的逐渐加强衍生出单纯表示劝励情态的用法，然后通过认知语义上的联系进一步发展出表应当义情态的用法，最终演变出标记礼貌性祈使的功能。

这一演变过程的第一阶段，即短时暂且义的脱落符合一般历时演变从较实的词义发展出较虚的词义的通律（Hopper，1991），但第二、三阶段的发展仍有很多地方值得探讨。

例如，第二阶段中，虽然劝励情态与应当义情态具有同表示应当义范

① 可选择性数轴理论（见图 1）将应当情态按语用层面强度由左至右递增的顺序分布于数轴上，并提出位置越向右听者的选择范围越小。这也就是说，处于数轴最右端的表命令的祈使，其语用含义应是希望听者服从说话人的命令从而没有选择余地；而处于数轴最左端的建议劝勉，其在语用层面上提供给听话人很多可选择性；“应当”义则被认为是位于数轴中央。可选择性数轴理论将不同程度的应当情态在认知和语用层面上连接起来，并认为他们之间并没有明确的界限，因为这是一个无限延续的数轴。

畴的关联，但搜索中古汉语中土文献可以发现，"且"表示应当义情态似乎没有出现，即便有也没有像中古译经和佛教文献中出现得那么频繁。为了探究"且"在中古佛教译经表示应当义情态背后的机制，本文对部分例句的现存梵文对应文本进行了分析，并发现"且"的这种用法似乎是对梵文中祈使情态标记的翻译。

以下（15a）摘自西晋竺法护译的《正法华经》，（15b）则是在现有法华经梵文本中找出的与（15a）对应的句子。二者对比可以看出，表应当义的"且"应是对第三人称复数表祈使的主动动词śṛṇvantu 的翻译。这种对应在《正法华经》中出现十分频繁，几乎大部分的"且"表应当义用例都对应一个梵文祈使动词。当然，现存梵文法华经是否为竺法护翻译《正法华经》所依据的原本已经很难确认，但鉴于古印度语言体系在动词变位上的系统性，如果现存梵文法华经中是一个祈使动词，竺法护所依据的原本中不出意外的话应该至少是一个表应当情态的动词。

（15）a 各且明听。（《正法华经》）

b 梵文法华经（the *Lotus Sutra*，*Thesaurus Literaturae Buddhicae*，Karashima 2010）

śṛṇvantu	bhavanto
√śru	√bhū
3. PL. IMP. ACT.	PRES. PART
听	大众

这一对应揭示了竺法护很可能是利用"且"在形式上对应于原本中对祈使情态或应当情态的外显表达（formal marking）。不管是出于对四音节对称的要求或其他原因，竺法护对"且"的选择证实了"且"由表劝励情态向应当情态变化的可能性。

除此以外，部分译经中"且"表示劝励情态的用法还可以与梵文现在时动词相对应。例如，（16a）摘自后秦鸠摩罗什翻译的《维摩诘所说经》，（16b）是现存《维摩诘所说经》梵文本中与（16a）对应的句子。不难发现，表达让舍利弗观佛土严净请求（request）的"且观"应该是梵文中二人称单数现在时主动动词 paśyasi 的翻译。如果翻译成现代汉语，paśyasi 应该会翻译为"（现在）看"，故而（16a）中本不必须出现的

“且”大概暗示了鸠摩罗什想要在形式上表达出现在时义以忠实于原本的考虑。尽管鸠摩罗什选择“且”的原因问题无法在本文中得以解决，这至少说明了“且”在这一时期开始被赋予了现时性（present）的特征。这是从东汉末年至鸠摩罗什之前早期译经中任何“且”表劝励表应当用法中都没有强调过的。

（16）a 佛告舍利弗：“汝且观是佛土严净。……”（《维摩诘所说经》）

b *Vimalakīrtinirdeśasūtra*（*Thesaurus Literaturae Buddhicae*, Karashima 2013）

Paśyasi	tvaṃ	Śāriputra	Imān	buddha-kṣetra-guṇa-vyūhānāha
√dṛś	tvad-	Śāriputra	idam-	buddha-kṣetra-guṇa-vi-√ūh
2. SG. PRES. ACT.	VOC. SG.	VOC. SG.	ACC. PL.	NOM-NOM-NOM-PERF
看	你	舍利弗	这些	分布在佛土上的美德（virtue）

虽然 *Vimalakīrtinirdeśasūtra* 不一定与《维摩诘所说经》的翻译原本一致，如上所述，“且”所在的动词词组对应一个现在时动词应该是可以被肯定的。由于现时性是祈使情态与劝励、应当情态的重要区别①，“且”在中古汉语后期使用中的现时性特征使得它在向近代汉语中礼貌性祈使标记的演变上更进一步。

5. 结论

由以上分析可以推断，“且”标记礼貌性祈使的功能大体可以认为是遵从了自短时暂且义附属姑且劝励至单纯劝励，再至应当、现时性，乃至最终出现在祈使情态中的发展历程（见图2）。

在这一过程中，中古汉译佛经占据很重要的地位，新阶段、新用法的产生很多都只大量出现在中古汉译佛经中。虽然本文已提及翻译过程中与原语的接触很可能促进了“且”向礼貌性祈使标记的发展，但这一观点

① 一般认为，“劝励”和“应当”并不要求听话人立即完成所劝说的行为或应当完成的行为，但“祈使”要求所命令的行为必须立即执行，这与他们在可选择性数轴上留与听话人的可选择性大小不无关系。

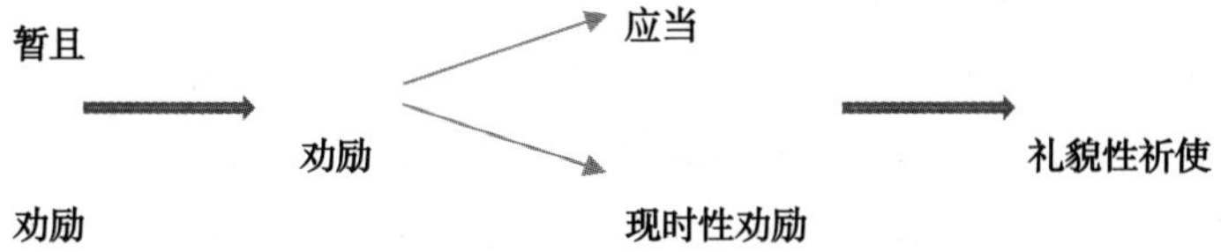

图 2 “且”标记礼貌性祈使的历时演变

仍需对不同时期、不同译者的更多文本做系统且大量的对勘研究才能得到最终证实。汉译佛经较高的口语、俗语特征（Zürcher，1972；朱庆之，2009）也可能是直接导致“且”新功能产生的原因。

参考文献

Thesaurus Literaturae Buddhicae, provided by University of Oslo. 链接：https：//www2. hf. uio. no/polyglotta/index. php？ page=library&bid=2.

CBETA online reader 链接：http：//cbetaonline. dila. edu. tw/zh/T0001_ 001.

Brown, Penelope & Stephen Levinson 1987 *Politeness：Some Universals in Language Usage*. Cambridge：Cambridge University Press.

Bybee, Joan, Revere Perkins & William Pagliuca 1994 *The Evolution of Grammar：Tense, Aspect, and Modality in the Languages of the World*. Chicago：University of Chicago Press.

Hopper, Paul J. 1991 On some principles of grammaticization. In：Elizabeth Closs Traugott and Bernd Heine（eds.）, *Approaches to grammaticalization*, 17-35. Amsterdam and Philadelphia：John Benjamins Pub. Co.

Karashima, Seishi 2010 *A Glossary of Dharmarakṣa's translation of the Lotus Sutra*. Digital version provided by the Digital Archives Section, Library and Information Center of Dharma Drum Buddhist College, Taiwan.

—— 2013 *A Glossary of Kumārajīv a's Translation of the Lotus Sutra*. Digital version provided by the Digital Archives Section, Library and Information Center of Dharma Drum Buddhist College, Taiwan.

Leech, Geoffrey 2014 *The Pragmatics of Politeness*. New York：Oxford University Press.

Meisterernst, Barbara 2011 From obligation to future？ A diachronic sketch of the syntax and the semantics of the auxiliary verb *dang* 当. ” *Cahiers de Lin-*

guistique Asie Orientale, 40（2）：137-188.

—— 2012 The language of advice in early Buddhist texts. In：K. L. Dhammajoti & Nirmala Sharma（eds.）. *Buddhism in Kashmir*. New Delhi：Indian Council for Cultural Relations and Aditya Prakashan, 175-197.

—— 2015 *Tense and Aspect in Han Period Chinese：A Linguistic Analysis of the "Shiji."* Berlin：De Gruyter Mouton.

Palmer, Frank Robert 2001 *Mood and Modality*（2nd edn）. Cambridge：Cambridge University Press.

Sweetser, Eve 1990 *From Etymology to Pragmatics：Metaphorical and Cultural Aspects of Semantic Structure*. Cambridge：Cambridge University Press.

Zürcher, Erik 1972 *The Buddhist Conquest of China：The Spread and Adaptation of Buddhism in Early Medieval China*. Leiden：Brill.

程俊英、蒋见元：《诗经注析》，中华书局 1991 年版。

沈家煊：《复句三域"行、知、言"》，《中国语文》2003 年第 3 期。

魏培泉：《古汉语时体标记的语序类型与演变》，《语言暨语言学》2015 年第 2 期。

朱庆之：《佛教汉语研究》，商务印书馆 2009 年版。

（牟烨梓　北京　中国社会科学院语言研究所）

《摩诃僧祇律》中的“好”[*]

朱冠明

《摩诃僧祇律》（下文简称《僧祇》）由法显从中天竺抄得梵本，与佛陀跋陀罗于东晋义熙十四年（公元418年）在建业道场寺共同译出，40卷。此律因口语性强、反映社会生活面广、译出年代确实可靠以及篇幅足够长等特点，是中古汉语研究的一部重要文献，包含着丰富的有价值的语言现象。① 本文讨论《僧祇》中“好”这个词几种在中古出现的用法，以及与之相关的一些词汇语法现象。

一 “好”的使用概况

“好”在古今都很常见，主要用作形容词，也用作动词等，在《僧祇》中共出现391次，用法见下表：

形容词								动词	名词	合计
定语	谓语		好者	状语	宾语	V好N				
	/	独立应答								
161	88	5	32	45	25	9	23	3	391
好衣服/好食	此饼甚好	“好！更可示余房舍。”	好者与上座	好看此人，莫令羸瘦/好自庄严	为好故/解知好恶	系好甘蔗/作好前食	共相亲好/好豫他事	相好身/八十种好	/

表中所列多为“好”的常规用法，不另作说明。下文要讨论的是它在中古时期新出现的三种用法，即：独立应答语、状语和“V好N”

* 国家社会科学基金项目“律部佛典语法研究”（14BYY117）阶段性成果。感谢汪维辉先生为本文提供的宝贵意见。

① 关于《僧祇》的语言价值，详见朱冠明（2008：2—18）的介绍。

结构。

二　独立应答语

“好”用为独立的应答语，现代汉语常见，义为“表示赞许或同意”。《汉语大字典》所举为宋元时候的用例，《汉语大词典》同，如：

(1) 郡王道：“好！正合我意！”（《京本通俗小说·碾玉观音》）｜好也！将纸笔来，写与你一纸休书，你快走！（元关汉卿《救风尘》第四折）

这种用法在《僧祇》中出现2次：

(2)（优陀夷）弄已还放，语婆罗门言：“我已示竟。”婆罗门言：“好！更可示余房舍。”（东晋·佛陀跋陀罗共法显译《摩诃僧祇律》，22/264b，后文引《僧祇》仅标页码和栏次）

(3) 彼摩诃罗即广说上事，舍儿摩诃罗言：“汝何足愁？我家亦尔。汝今知作方便不？汝可以女作我儿妇。”彼答言：“好。”(275c)

另外与同义词“善”并列构成“善好”用为答语，共3次，如：

(4) 至安居日，一比丘先至，修治空树，安置衣钵敷草而坐。须臾复有比丘来，问言：“长老！欲此安居耶？”答言：“尔！善好。”(451a)

这种并列语作答，从语法关系上应可看作二者各自独立作答，同时断句上不排除“善！好!”这种方式，因而我们也计入“好”单独作答语的用例。

汉语中用表示“赞许、同意”的词作为独立应答语，有两种情况，一种情况是回答问题，如：

(5) 冉求问于仲尼曰：“未有天地，可知邪？”仲尼曰：“可。古犹今也。”（《庄子·知北游》）｜老子曰：“子自楚之所来乎？”南荣趎曰：“唯。”（《庄子·庚桑楚》）｜（比丘）出已，复诣余家说法，先女人复随来，在外遥听，比丘见已，语言：“汝复来听耶？”答言：“尔。”（336b）

另一种情况是表示对前人所说话语观点的认同，并非回答问题，如：

（6）“日月逝矣，岁不我与。”孔子曰：“诺。吾将仕矣。”（《论语·阳货》）｜秦饥，公令河上输之粟。虢射曰：“弗予赂地而予之籴，无损于怨而厚于寇，不若勿予。”公曰：“然。”（《国语·晋语》）｜孔子西藏书于周室。子路谋曰：“由闻周之征藏史有老聃者，免而归居。夫子欲藏书，则试往因焉。”孔子曰：“善。”（《庄子·天道》）｜有一鸟言：“秃枭应为王。所以者何？昼则安静、夜则勤伺，守护我等，堪为王者。”众咸言：“可。”（228c）

这类用作独立答语表示“赞许、同意”的词从古到今有不少，如前例中举到的“可”“然”“唯”“诺”“善”“尔”“好”等，后来还有“是”“行”“对”“嗯”等。其中“可、然、唯、诺、善”在先秦就常见；“尔”在中古大量出现，尤其佛经中常见；①“是、行、对、嗯”是近代以后的事；“好”则从中古开始出现，但用例还不多，主要见于佛典。其他佛典中“好”的用例如：

（7）时跋难陀释子闻已，往到居士所，问言：“汝实为我办衣直，作是念言：‘我以是衣直，买如是衣，与跋难陀释子’耶？”居士答言：“实尔。”“云何为我作衣？”答言：“作如是衣。”跋难陀释子言：“好！我等比丘出家人少衣服，乞求难得。汝等居士不能常有布施因缘。若欲为我作衣者，当为我作如是如是衣。”居士言：“尔。”（后秦弗若多罗译《十诵律》，23/45c）

（8）尔时六群比丘共相谓言：“今时恶世，饮食难得，当小住此受乐。”作是念已，即住不去。是中更有沙门婆罗门来欲宿者，不相容受。是后来沙门婆罗门语主人言：“我等得此宿不？”主人言：

① 朱冠明（2007）举有多例，可参看。

“好。”便入至六群比丘所欲宿。(同上，23/89c)①

三　在“好V”结构中作状语

“好”在“好V”中作状语，义为“好好地”，修饰后面的动作，指“尽力地、用心地、负责地”完成某一动作。《僧祇》中共有45例，其中包括2例“好自V”：

(9) 若有事匆匆不得好洗者，当以根汁叶汁等涂拭，事讫当洗。(316a) | 好看此人，莫令羸瘦。(243a) | 长老！好自警备，我闻有恶声。(388b)

“好”一般是单独作状语，有41例，另有4例是同别的形容词副词并列作状语：

(10) 屋师见我已，当疾好覆。(345c) | 若比丘尼能为僧求迦绨那衣者，应好着意求，不得至不信家求，当至有信家眷属多者乞。(529b)

形容词作状语在汉语中很常见，甲骨文中就有用例，如：

(11) 丁卯卜，王大隻（获）鱼？(《卜辞通纂》749) | 是以十九年而刀刃若新发于硎。(《庄子·养生主》) | 今则不然，饱食快饮，虑深求卧，腹为饭坑，肠为酒囊，是则物也。(《论衡·别

① 《十诵律》中另有一类作为独立答语的“好”，不属于我们这里讨论的类型，如：是比丘从分衣处出，偷兰难陀比丘尼见已问言：“大德，从何处来？”答言：“从某处分衣来。”“汝所得衣分何似？”答言“好。”比丘尼看已，言：“实好。”(后秦弗若多罗译《十诵律》，23/84a) | 掘多比丘尼来问：“大德，与我割截作衣竟未？”答言：“已作，此是汝衣，持去！莫此间舒，还比丘尼寺中可舒。”即取持去，于诸比丘尼前言：“看我师与我作是衣好不？”诸比丘尼言：“好。谁为汝作？”(同上，23/84c) 以上二例中的“好”是对问句询问质量好坏的回答，并非表示“赞许或同意”。

通》)[①]

但具体到“好”这个词，东汉以前罕见其作状语的用例[②]，《汉书》中发现1例：

(12) 尊谓王曰：“……天下皆言王勇，顾但负责，安能勇？如尊乃勇耳。”王变色视尊，意欲格杀之，即好谓尊曰：“愿观相君佩刀。”(《汉书·赵尹韩张两王传》)

到南北朝时期，这类“好V”就特别常见，佛典和中土文献中都有不少用例，如：

(13) 因复告曰：“波罗㮈国当有居士字为毱提，此人有子，名优波毱提。卿好求索，度用为道；卿若寿终，以法付之。”(元魏·慧觉等集《贤愚经》，4/442b) | 譬如有人，将欲远行，敕其奴言：“尔好守门，并看驴索。”(萧齐·求那毗地译《百喻经》，4/550a)

(14) (母)语康伯曰：“汝若为选官，当好料理此人。”(《世说新语·德行》) | 周侯独留，与饮酒言话，临别流涕，抚其背曰：“奴好自爱。”(《世说新语·方正》) | 摘时必令好接，勿令损伤。(《齐民要术》卷四“插梨”) | 治肥田十亩，荒田久不耕者尤善，好耕治之。(《齐民要术》卷五“种桑柘”)

但现代汉语中“好V”这一结构已经不能说了(除了保留在“好聚好散”“好走不送”等少数固定格式中)，一般要说成“好好V”或“好好地V”，这一变化起源于唐代。

据石锓(2010：100、112)，唐代是AA式重叠词大量出现的时期，

① 前两例转引自向熹(2010：8、45)。

② 《史记》中有“好往”2例，其中“好”似应分析为状语：宋襄公欲为盟会，召楚。楚王怒曰：“召我，我将好往袭辱之。”(《史记·楚世家》) | 鲁定公且以乘车好往。(《史记·孔子世家》) 但这两例中的“好往”当理解为同下例中的“以好往”，即“带着友好、善意地去”，而非“好好地去”，即不属于我们这里讨论的“好V”类型：(天子)欲使庄参以二千人往使。参曰：“以好往，数人足矣；以武往，二千人无足以为也。”(《史记·南越列传》)

一是出现了许多新的AA式重叠词；二是先秦至魏晋时出现的AA式重叠词使用频率增高。新出现的AA式重叠就有包括“好好”在内的数十个，如：

(15) 庭前为报仙桃树，今岁花时好好开。(《全唐诗·李涉〈赠廖道士〉》)｜自今和可莫纷纭，君臣好好相丞仕。(《降魔变文》)

据石锓的统计，《全唐诗》中“好好”共出现4次，排在“高高”(81次)、“明明”(41次)等之后列第23位；《水浒传》中“好好”19次，排在“慢慢”(55次)、“早早”(40次)等之后列第10位；《醒世姻缘传》中“好好”59次，在“慢慢”(56次)、“足足”(50次)等之前列第1位。可见“好好”的使用频率唐以后在快速上升。

另外，从晚唐开始，出现了“好”与后缀“生”构成的双音节副词“好生”，用于动词前作状语，“好生V”意义与“好V”同：

(16) 好生供养观音，还要虔恭礼拜。(《妙法莲华经讲经文》)｜这都是不曾好生去读书。(《朱子语类》卷十四)

由于“好好”和“好生”的大量使用，“好V”在宋代以后逐渐被淘汰。

四 “V好N”结构

现代汉语中形容词“好”有“完成”的意思，如《现代汉语八百词》(吕叔湘，1999：257)所举例子：

(17) 馒头蒸好了。｜你的毛衣还没打好，得再过两天。｜家具做好了，可是还没有上漆。

这些例子中“好”都作为动结式的第二成分，表示动作的完成；名词“馒头”“毛衣”“家具”都是所谓的“结果论元”，即都是“由动作造成的结果”(袁毓林，2002)，在动作的作用下从无到有，动作的完成即表示事物的完好产生，反之亦然。[1] 又，上例的动词都可以省略：

(17') 馒头好了。| 你的毛衣还没好，得再过两天。| 家具好了，可是还没有上漆。

(17') 中的"好"还明显保留着它的本义"完美、完好"，可见动词后表示"动作完成"义的"好"正是来源于此。

中古"好"已经有了 (17') 的用法，如（转引自汪维辉，2007：211）：

(18)《食经》作白醪酒法："炊米三斗酘之，使和调，盖。满五日，乃好。酒甘如乳。"（《齐民要术》卷七"笨麹并酒"）| 炙时以杂香菜汁灌之。燥复与之，熟而止。色赤则好。（《齐民要术》卷九"炙法"）

"乃好"指"酒乃好"，"则好"指"炙鱼则好"，"好"还是"完好"义，汪维辉、《汉语大词典》《汉语大字典》都将这两个"好"释为"完成、完毕"，恐不确。我们认为应出现像 (17) 这样"好"用在动词后的用例，即"酒乃作好""鱼则炙好"这类，"好"才表示动作的完成、完毕。

《僧祇》中有与 (17) 十分相近的例子，即"V 好 N"结构，共 7 例，可分为两类：

(19) 比丘尔时以绳纽系好甘蔗着牛头，作如是言……(359a) | 次至己房，见青色地敷好坐床，敷兜罗纻褥，两头安枕，以白氎覆上。(392a) | 若檀越家请为知识比丘敷好床褥者，不得诤，从施主意。(446b) | 即归语夫，取斧折好薪，穳置一处。(479a)

(20) 后优婆夷晨起，作好前食，敷座踟蹰而待。(425a) | 一名娑婆居、二名叉波，能煮菜令如肉味，煮好菜已，奉诸比丘。

① "V 好"还可以表示某件事物在动作的作用下"由差/坏变好"，如"车修好了 | 被子补好了"，也是表示事物的一个变化过程。

(463c) | 优波离即来，教诸释种严饰大堂，敷好坐具，散华烧香，为饭客比丘，并请尊者阿难。(470c)

(19) 与 (20) 的区别是，(19) 中的名词“甘蔗”“坐床”“床褥”“薪”不能分析为结果论元，即不是前面动词造出的结果，而 (20) 中的名词“前食”“菜”“坐具”则可以分析成结果论元。所以 (19) 中的“V 好 N”只能切分为“V/好 N”，而 (20) 则有两种切分可能：“V/好 N”和“V 好/N”。(19) 中“坐床”“床褥”与 (20) 中“坐具”的细微差别在于，“坐床”和“床褥”是现成的用具，不可能是“敷”出来的；而“坐具”则不一定是现成的用具，完全可以是“敷”出来的，比如把毡子铺到一块石头上，即可成坐具。①

下面的对比更加凸显了分析为“V 好/N”的可能性：

(21) 时难陀着入聚落衣，持钵往至优婆夷家……难陀言：“我须前食，当好作。”答言：“如教，我当好作，唯愿明日早来。”作是语已，便去。后优婆夷晨起，作好前食，敷座踟蹰而待。难陀多事，遂忘不往。(425a，同 (20) 第 1 例)

前面两个“好作”，其中“好”用来修饰动词“作”；后面“作好”也很容易把“好”理解为与动词发生关系，即作动词“作”的补语。

(22) 六群比丘是十七群比丘上座，彼如是言：“长老是我等上座，长老先去敷卧具，我等当次第敷之。”六群报言：“汝但去，我不敷。”十七群比丘净洁自喜，入寺里，扫洒房舍令净，敷好卧具，于中止宿。时六群比丘，知十七群入寺，扫洒房舍净洁、敷好卧具已，即往入房语言：“长老起，随次坐。”语言：“我等不起。”(姚秦·佛陀耶舍共竺佛念译《四分律》，22/645c)

---

① 《僧祇》中即记载了临时敷设床具的情况：若有大堂、若温室、若禅坊、若讲堂，一切共入中。若不受者，上座与卧床，年少与坐床。若复不受者，上座与坐床，年少敷地床。若复不受者，与上座草褥，年少结跏趺坐。若复不受，诸上座应坐，年少应立住。若复不受者，上座当立，年少出去，若树下、若余处。(322c)“敷地床”即打地铺，“地床”原本并不存在，可通过“敷”使它产生。

前面“扫洒房舍令净”表达的正是动结式“扫洒净房舍”的意思（参见魏培泉，2000），后面“扫洒房舍洁净”也是“动宾补”式动补结构（参见蒋绍愚，2003），“敷好卧具”与它们并列，也很容易把“好”分析为“敷”的补语。

此外《僧祇》中还有1例“好”只能分析为补语的情况：

（23）和上观前人，持律缓者，应语：“莫去！此人不可与作往反。”若持律好者，应语：“诵！”（502a）

例中“持律好”为“动宾补”式动补结构，“好”是补语。（23）的存在，更说明（20）有分析为“V好/N”的可能性，即“好”为“完成、完毕”义，作补语。但不管怎样，因为有（19）的存在，（20）同样也存在分析为“V/好N”的可能性，即“好”仍为“美好”义，作定语。因此，稳妥的办法，是把（20）看作动补结构“V好/N”的萌芽状态。以往研究动结式的产生，很关键的一点在于连动式“V_1V_2N”中V_2自动词化，即V_2不再和宾语N有句法关系，则可证明动结式已经产生（参见蒋绍愚，2017：212-221的评述）。胡敕瑞（2005）别出心裁提出一条判定动结式成立的标准，即位于V_2位置的“破类词”（破、坏、碎、折等）性状性增强而变为形容词。这里“好”本身就是形容词，如果“V好N”作为动补结构的性质能够确认，则是动结式产生的直接证据而无须考虑“V_2”是否自动词化、是否性状性增强。从这一点看，“V好N”的出现很值得重视。

无疑义的“V好/N”结构，目前发现的较早用例出现在宋代朱熹《朱子语类》。[①] 以下2例是处置式，N已提到“V好”前，“好”只能是补语，且是“完成”义。

（24）问：“‘克伐怨欲’章，不知原宪是合下见得如此，还是他气昏力弱，没奈何如此？”曰：“是他从来只把这个做好了，只要得不行便了，此所以学者须要穷理。”（《朱子语类》卷四十四）｜问：

① 敦煌变文有1例，尚无从判断是“V/好N”还是“V好/N”：刀山白骨乱纵横，剑树人头千万颗。欲得不攀刀山者，无过寺家填好土。栽接果木入伽蓝，布施种子倍常住。（《大目乾连冥间救母变文》）

“孔子既云‘不知其仁’，原宪却不问仁，何也?”曰：“这便是他失问。这也是他从来把自见做好了如此。明道亦说：‘原宪承当不得，所以不复问。’他非独是这句失问，如‘邦有道谷，邦无道谷，耻也’，也失问。”(同上)

参考文献

胡敕瑞：《动结式的早期形式及其判定标准》，《中国语文》2005年第3期。

蒋绍愚：《魏晋南北朝的“述宾补”式述补结构》，《国学研究》2003年第12期。

蒋绍愚：《近代汉语研究概要》(修订本)，北京大学出版社2017年版。

吕叔湘：《现代汉语八百词》(增订本)，商务印书馆1999年版。

石锓：《汉语形容词重叠形式的历史发展》，商务印书馆2010年版。

汪维辉：《〈齐民要术〉词汇语法研究》，上海教育出版社2007年版。

魏培泉：《说中古汉语的使成结构》，《史语所集刊》第71本第4分，2000年。

向熹：《简明汉语史》(下)(修订本)，商务印书馆2010年版。

袁毓林：《论元角色的层级关系和语义特征》，《世界汉语教学》2002年第3期。

朱冠明：《关于“VP不”式疑问句中“不”的虚化》，《汉语学报》2007年第4期。

朱冠明：《〈摩诃僧祇律〉情态动词研究》，中国戏剧出版社2008年版。

(朱冠明 北京 中国人民大学文学院)

佛教汉语研究论著目录*
（2007—2017）

朱冠明　真大成　于方圆　朱庆之　编

《汉译佛典语言研究》编委会　2014　《汉译佛典语言研究》，语文出版社。

安国峰、金海燕　2009　汉韩语佛教词语对比，延边大学学报，第6期。

安俊丽　2009　《大正藏》译经在汉语史上的语料价值，盐城师范学院学报，第6期。

安俊丽　2009　汉魏六朝汉译佛经“见”字式被动句研究，内蒙古大学学报，第3期。

安俊丽　2010　汉魏六朝时期标志被动句式的并存与竞争——基于《大正藏》语料的调查，内蒙古大学学报，第6期。

安俊丽　2010　《汉魏六朝汉文佛经标志被动句研究》，凤凰出版社。

安俊丽　2011　“见$_1$”向“见$_2$”演变的发展轨迹——基于《大正藏》语料的考察，内蒙古大学学报，第5期。

敖　英　2009　关于《金刚三昧经》的两个问题，延边大学学报，第3期。

白　雪　2011　西秦《佛说摩诃刹头经》译记及相关问题考释，敦煌学辑刊，第3期。

白化文　2013　《敦煌学与佛教杂稿》，中华书局。

白兆麟　2007　评《玄应〈众经音义〉研究》，中国语文，第1期。

---

* 本目录是在香港教育大学朱庆之教授的提议和指导下编制的，最初由中国人民大学朱冠明教授协同几位研究生编制2007年至2016年部分。编成后向学界征求意见之际，得知浙江大学真大成教授协同其研究生也编制了相同的目录，在真教授的提议下，我们决定将二者合而为一刊出。真教授对原目录作了大量的增补校订，其中2017年条目全部由其补充。参与编制目录的人员，除署名外，还有中国人民大学文学院研究生邓文英、浙江大学中文系研究生陆燕婷。

本目录编制体例一仍帅志嵩等编《佛教汉语研究论著目录（1980—2006）》（载朱庆之主编《佛教汉语研究》，商务印书馆2009年）之旧，即：一、主要收录国内外学者在中国内地正式发表的佛教汉语研究成果；二、按作者姓名拼音和发表时间为序编排。拟在今后有条件时再将中国大陆以外发表的成果补入。

感谢所有为本目录的编制提供帮助和提供相关信息的学界同人。对于可能存在的遗漏和错误，欢迎读者与编制者联系、批评指正，以便今后的修订。

鲍金华 2007 《高僧传》校点商议，古籍整理研究学刊，第4期。
鲍金华 2010 论中古时期汉文佛典和中土文献常用词语的差异，赤峰学院学报，第10期。
鲍永玲 2012 “世界”概念的缘起，世界哲学，第3期。
贝罗贝 2017 论历时句法研究中后汉和魏晋南北朝前期佛经译本的不可靠性，常熟理工学院学报，第1期。
曹 凌 2012 敦煌遗书《佛性经》残片考，中华文史论丛，第2期。
曹 凌 2014 敦煌本《十方千五百佛名经》杂考，敦煌研究，第4期。
曹 梦 2017 《修行本起经》代词探析，湖北科技学院学报，第5期。
曹 婷 2013 《道行般若经》“枝掖”释义，汉语史学报，第13辑。
曹 婷 2017 《道行般若经》高频词研究，杭州电子科技大学学报，第6期。
曹 翔 2010 王梵志诗“阿你”释义商兑——兼论王梵志诗异文整理之不足，中华文化论坛，第1期。
曹 翔 2013 《王梵志诗词汇研究》，南京大学出版社。
曹 翔 2013 敦煌写卷王梵志诗校释札记，图书馆理论与实践，第3期。
曹 翔 2016 敦煌写卷王梵志诗在汉语词汇史上的研究价值，新疆大学学报，第1期。
曹 嫄 2015 中古译经中以“满”为构词语素的几个词语，安徽理工大学学报，第3期。
曹 嫄、张美兰 2016 《经律异相》中的“匮惜”与“遗惜”，汉语史研究集刊，第21辑。
曹 之 2009 试论佛教著作对古籍编撰的影响，图书馆论坛，第6期。
曹芳宇 2010 敦煌文献中疑似量词“件”辨析，南开语言学刊，第1期。
曹广顺 2010 从中古译经选择问句中连词的使用谈起，历史语言学研究，第3辑。
曹广顺、梁银峰、龙国富 2011 《〈祖堂集〉语法研究》，河南大学出版社。
曹广顺、遇笑容 2010 中古译经、元白话语法研究与语言接触，汉语史学报，第10辑。
曹广顺、遇笑容 2014 变与不变——汉语史中语言接触引发语法演变的一些问题，历史语言学研究，第8辑。
曹广顺、遇笑容 2015 从中古译经和元白话看第二语言习得导致的语言接触——以语言接触导致的语法变化为例，历史语言学研究，第9辑。
曹海东 2013 “蓝搀”释义辨补，语言研究，第4期。
曹树明、姜春兰 2008 从《妙法莲华经》看鸠摩罗什的佛经翻译特征，广东海洋大学学报，第2期。
曹小云 2008 论《大慈恩寺三藏法师传》的语料价值，古籍研究，第1期。

曹小云　2010　东晋汉译佛经词汇与语文词典的编撰，安徽师范大学学报，第5期。
曹小云　2010　早期汉译佛经与中古汉语词语溯源，合肥师范学院学报，第4期。
曹小云　2013　《汉语大词典》引《佛国记》简析，现代语文（语言研究版），第6期。
曹小云　2013　《中阿含经》中双音并列复合结构的语义复合关系，乐山师范学院学报，第9期。
曹小云　2013　东晋汉文佛典常用词演变研究三题，滁州学院学报，第4期。
曹小云　2013　东晋汉文佛典中的构词语素研究，安徽工业大学学报，第3期。
曹小云　2013　再谈东晋汉文佛典中的新词，合肥师范学院学报，第4期。
曹小云　2014　《汉语历史词汇研究》，安徽大学出版社。
曹小云、李志红　2009　从《敦煌愿文集》看《汉语大词典》的收词释义问题，池州学院学报，第5期。
曹小云、潘晓柒　2009　《长阿含经》释词，阜阳师范学院学报，第5期。
曹小云、潘晓柒　2013　《长阿含经》同素异序词研究，安徽理工大学学报，第3期。
曹小云、余志新　2009　《摩诃僧祇律》中所见东晋新词研究，合肥师范学院学报，第5期。
柴　森　2013　对《祖堂集》中心理动词特点的分析，理论界，第4期。
柴　森　2013　对近代汉语行为动词双音节化特点的分析——以《祖堂集》中的“偿”“犯”为例，齐齐哈尔大学学报，第3期。
柴　森　2013　论“将”动词词性的虚化过程，佳木斯大学社会科学学报，第2期。
柴红梅　2011　《摩诃僧祇律》中趋于消亡复音词演变机制探析，汉语史学报，第11辑。
柴红梅　2011　《菩萨戒本》复音词概况，语文学刊，第17期。
柴红梅　2011　梁译本《大乘起信论》复音词研究，现代语文（语言研究版），第10期。
柴红梅　2016　《摩诃僧祇律》的文字语料价值，语文学刊（外语教育教学），第9期。
常　辉　2015　“发遣”有“回答、解说”义，语文学刊，第12期。
常海星　2013　《五灯会元》“因”字研究，现代语文（语言研究版），第6期。
常海星、廖荣谦　2012　《撰集百缘经》主谓谓语句的语义研究，现代语文（语言研究版），第6期。
常焕辉　2015　关联理论视域下禅宗俗谚隐喻的认知语用研究，宜春学院学报，第11期。
车媛媛、陈玉清、周掌胜　2015　敦煌变文叠词研究与《汉语大词典》的修订，牡丹江教育学院学报，第4期。

陈　昊　2009　德藏吐鲁番文书“推三阵图法”古注本考释，文献，第4期。
陈　洪、赵纪彬　2012　原文本《百喻经》成书时代以及传译诸况略考，古籍整理研究学刊，第2期。
陈　娇　2010　中古汉译佛经释词两则，语文学刊，第12期。
陈　娇　2011　从中古汉译佛经中“取+V”结构看“取”的语法化，六盘水师范高等专科学校学报，第1期。
陈　婕　2013　唐写本《妙法莲华经卷六后记》考释，黎明职业大学学报，第1期。
陈　敏　2015　读伯希和《汉译吐蕃名称》——兼论“吐蕃”读音，中西文化交流学报，第7卷第2期。
陈　明　2007　汉译佛经中的偈颂与赞颂简要辨析，南亚研究，第2期。
陈　明　2009　佛教双语字书与隋唐胡语风气，四川大学学报，第2期。
陈　明　2009　《根本说一切有部毗奈耶药事》词汇选释，敦煌吐鲁番研究，第11卷。
陈　明　2010　“黑头虫”的梵语词源再探——兼论佛经中“黑”的贬义用法，文史，第1辑。
陈　明　2011　义净译经中的印度神名翻译：文化认知与词语选择，文史，第3期。
陈　明　2011　《生经·舅甥经》“不制”补说，敦煌吐鲁番研究，第12卷。
陈　明　2012　梵汉本《破僧事》词语札记，欧亚学刊，第10辑，中华书局。
陈　明　2012　印度古代佛教寺院药物名词考释——以中古汉译律典中的“苏毗罗浆”为例，王志远主编《宗风》，乙丑冬之卷，宗教文化出版社。
陈　明　2013　《文本与语言——出土文献与早期佛经比较研究》，兰州大学出版社。
陈　明　2013　简论义净所译佛教律典中的句法处理——以出土梵本与汉译本的对堪为依据，蒋绍愚、胡敕瑞主编《汉译佛典语法研究论集》，商务印书馆。
陈　明　2013　须大拏太子诸名号考源，文史，第1辑。
陈　明　2013　新出犍陀罗语佛教写卷中的词语辨析，敦煌吐鲁番研究，第13卷。
陈　明　2015　义净的律典翻译及其流传——以敦煌西域出土写卷为中心，文史，第3辑。
陈　明　2016　敦煌文献与梵汉佛经词语互证三例，朱庆之、汪维辉、董志翘、何毓玲编《汉语历史语言学的传承与发展：张永言先生从教六十五周年纪念文集》，复旦大学出版社。
陈　明　2016　梵汉本根本说一切有部律典词语选释，欧亚学刊，新5辑，商务印书馆。
陈　明　2017　根本说一切有部律典梵汉词语例释，汉语史研究集刊，第23辑。
陈　倩　2010　李葆恂手校《洛阳伽蓝记》之价值，文献，第1期。
陈　涛　2010　日本杏雨书屋藏唐代宫廷写经略说，中国历史文物，第5期。

陈　涛　2012　“佛祖”一词考辨，文教资料，第16期。
陈春风　2007　敦煌变文《庐山远公话》补校二则，中南大学学报，第6期。
陈春风　2008　佛经词语札记，西南民族大学学报，第6期。
陈春风　2008　中古佛经词语在大型语文辞书编纂上的价值——以西晋竺法护译经为例，求索，第8期。
陈丹丹　2009　“SNP是”类判断句的发展——兼论语言接触在其发展过程中的影响，北华大学学报，第2期。
陈丹丹　2016　中古汉语关系从句的类型学考察，中国社会科学院研究生院学报，第4期。
陈东辉　2013　《汉语史史料学》，中华书局。
陈家春　2014　禅籍词语兼位现象例释，安徽理工大学学报，第4期。
陈家春　2015　禅宗“盐语”，曾凡英主编《中国盐文化》，第8辑，中国经济出版社。
陈家春　2016　《景德传灯录》异文辨正，合肥师范学院学报，第1期。
陈家宁　2007　《龙龛手镜》研究及评价简述，中国文字研究，第2辑。
陈锦榕　2013　《敦煌文献语言词典》指疵，语文学刊，第7期。
陈瑾渊　2013　《宋高僧传》标点商榷（一），江海学刊，第4期。
陈经卫　2008　谈《洛阳伽蓝记》中的“是”字用法，衡水学院学报，第6期。
陈开勇　2007　失译《杂譬喻经》之《六牙象王本生》考证，宗教学研究，第2期。
陈开勇　2016　《悉昙字记》“归敬颂”小考，世界宗教文化，第6期。
陈明富、张鹏丽　2012　《六度集经》词语札记——兼与《汉语大词典》进行比较，淮北师范大学学报，第5期。
陈年高　2010　敦博本《坛经》的被字被动句，淮阴师范学院学报，第6期。
陈前瑞　2007　从句尾“了”到词尾“了”——《祖堂集》《三朝北盟会编》中“了”用法的发展，语言教学与研究，第3期。
陈前瑞、王继红　2009　句尾“来”体貌用法的演变，语言教学与研究，第4期。
陈勤香　2014　《洛阳伽蓝记校注》句读商榷，大众文艺，第14期。
陈淑芬　2014　金刚经否定词之梵汉对比，《汉译佛典语言研究》编委会编《汉译佛典语言研究》，语文出版社。
陈伟英　2017　论禅宗语言交际的终极合作，浙江大学学报，第2期。
陈文杰　2008　汉译佛典译语分析，中国人民大学学报，第3期。
陈文杰　2008　同经异译语言研究价值新探，古汉语研究，第1期。
陈文杰　2013　试论佛典俗语词的推源问题，武汉大学学报，第4期。
陈文杰　2015　试论佛典里不同层次的外来成分，汉语史研究集刊，第19辑。
陈文杰　2017　方言在佛经语言研究中的价值举隅，汉语史研究集刊，第23辑。

陈五云 2011 现象与本质——由佛经音义文字看俗文字学，徐时仪、陈五云、梁晓虹编《佛经音义研究——第二届佛经音义研究国际学术研讨会论文集》，凤凰出版社。

陈五云、徐时仪、梁晓虹 2010 《佛经音义与汉字研究》，凤凰出版社。

陈祥明 2007 从异译经看中古部分语法现象的历时层次，岱宗学刊，第3期。

陈祥明 2007 略论异译经在佛典校勘方面的作用——以《起世经》及其异译为例，泰山学院学报，第1期。

陈祥明 2008 异译经在汉语词汇语法研究上的作用，泰山学院学报，第1期。

陈祥明 2009 从语言角度看《撰集百喻经》的译者及翻译年代，语言研究，第1期。

陈祥明 2009 中古汉文佛典中的副词“毕竟”，泰山学院学报，第1期。

陈祥明 2010 从语言角度看《菩萨本缘经》的译者及翻译年代，长江学术，第2期。

陈祥明 2010 中古汉文佛典词语例释，泰山学院学报，第4期。

陈祥明 2017 汉文佛典失译经语言时代考释——以《分别功德论》为例兼及其译作者，泰山学院学报，第4期。

陈秀兰 2008 《魏晋南北朝文与汉文佛典语言比较研究》，中华书局。

陈秀兰 2009 “S，N是”句型在梵、汉本《撰集百缘经》中的对勘，中国语文，第6期。

陈秀兰 2010 《撰集百缘经》词语札记二则，中国俗文化研究，第6辑。

陈秀兰 2013 汉译佛典“S，N是”句的“是”表示判断——以梵、汉本《撰集百缘经》《金光明经》《维摩诘经》《妙法莲华经》的对勘为例，中国俗文化研究，第11辑。

陈秀兰 2013 “铁围”考，贺州学院学报，第3期。

陈秀兰 2014 梵汉对勘研究《撰集百缘经》中的“已”，《汉译佛典语言研究》编委会编《汉译佛典语言研究》，语文出版社。

陈秀兰 2017 梵汉对勘四部汉译佛经表示复数的人称代词，汉语史研究集刊，第23辑。

陈秀兰 2017 主观化与古代汉语“N所V”结构的双重身份，宁波大学学报，第2期。

陈秀兰、李明远、刘昌富、刘捷 2012 解读汉译本《撰集百缘经》对梵语过去发生之行为的翻译方式，桂林航天工业学院学报，第4期。

陈秀兰、朱庆之 2013 “心猿意马”的语源和流变，汉语史学报，第13辑。

陈秀兰、朱庆之 2015 “毗富罗”考，汉语史研究集刊，第20辑。

陈羿竹 2015 论佛教传入对中古语言文化的影响——以《高僧传》为例，语文学刊，第10期。
陈源源 2008 《妙法莲华经释文》音韵研究价值初探，江南大学学报，第4期。
陈源源 2008 同经异译佛经人名管窥——以《法华经》异译三经为例，西南交通大学学报，第3期。
陈源源 2011 《妙法莲华经释文》与俗字研究，徐时仪、陈五云、梁晓虹编《佛经音义研究——第二届佛经音义研究国际学术研讨会论文集》，凤凰出版社。
陈源源、姚永铭 2013 "重言"别义解，汉语史研究集刊，第16辑，巴蜀书社。
程 慧 2007 《法句譬喻经》断句商榷，广西师范学院学报，第1期。
程 涛 2012 佛教文化对汉语词汇的影响，语文学刊，第6期。
程恭让 2009 《心经》安心：从梵、汉比较研究的角度看，哲学研究，第11期。
程恭让、冀志刚 2014 鸠摩罗什《维摩经》"净土"译语考辨，中国哲学史，第2期。
程晓朝 2012 《修行本起经》与其异译本《过去现在因果经》词语比较举隅，遵义师范学院学报，第5期。
程亚恒 2008 《高僧传》校点辨疑，古籍研究，第2期。
池田证寿 2015 佛经音义与日本古字书，徐时仪、梁晓虹、松江崇编《佛经音义研究——第三届佛经音义研究国际学术研讨会论文集》，上海辞书出版社。
仇明春 2015 佛教翻译方法以及佛教词汇对汉语语言的影响，河北旅游职业学院学报，第4期。
储泰松 2008 中古佛典翻译中的"吴音"，古汉语研究，第2期。
储泰松 2011 窥基《妙法莲华经玄赞》所据韵书考，古汉语研究，第4期。
储泰松 2014 "毛道"杂考，长江学术，第1期。
储泰松 2014 《佛典语言研究论集》，安徽师范大学出版社。
储泰松 2016 中古汉译佛经与汉语"父亲"称谓的来源，中国语文，第5期。
储泰松 2017 "甘蔗"语源考，励耘语言学刊，第1期。
储泰松、杨军 2011 唐代前期佛典经疏引《切韵》考，语言研究，第4期。
储泰松、杨军 2015 疑问语气词"婆"的语源及其流变，安徽师范大学学报，第1期。
储泰松、詹绪左 2015 《五灯会元》"车"字考，汉语史研究集刊，第20辑。
储小旵 2007 中古佛经词语考释，安庆师范学院学报，第4期。
储小旵 2008 中古佛经释词，安庆师范学院学报，第5期。
储小旵 2008 中古佛经文献在大型辞书编纂中的价值，黄山学院学报，第1期。
储小旵、张丽 2007 中古佛经词语考释，安庆师范学院学报，第4期。
储小旵、张丽 2008 中古佛经文献在大型辞书编纂中的价值，黄山学院学报，第1期。

楚艳芳 2015 也谈语气词“邪”与“耶”——兼谈佛经翻译对汉语词汇的影响，汉字文化，第5期。
崔尔胜 2009 敦煌变文中量词“棵”成因分析，语文学刊，第10期。
戴含悦 2011 《一切经音义》引《东观汉记》考，徐时仪、陈五云、梁晓虹编《佛经音义研究——第二届佛经音义研究国际学术研讨会论文集》，凤凰出版社。
戴丽琴 2009 《世说新语》中与佛教相关的词汇，华中学术，第2期。
丹尼尔·布歇 2009 犍陀罗语与早期汉译佛经的再思考——以《妙法莲华经》为个案（萨尔吉译，徐文堪校），朱庆之编《佛教汉语研究》，商务印书馆。
单 欣 2013 《华严经》研究综述，古籍整理研究学刊，第5期。
党素萍 2010 略谈《八千颂般若经》历代汉译本的特点——从梵汉对勘谈起，南亚研究，第3期。
邓福禄、韩小荆 2007 试论《可洪音义》在字典编纂方面的价值，河北科技大学学报，第1期。
邓宏烈 2009 道安佛经翻译与注疏略述，西藏民族学院学报，第4期。
邓慧爱 2010 《百喻经》中“尽”“悉皆”等副词研究，绥化学院学报，第2期。
邓如萍、聂鸿音 2009 西夏佛典中的翻译史料，中华文史论丛，第3期。
邓润平 2010 佛教、道教中“死”的同义词理据试析，语文学刊，第17期。
邓文宽 2016 王梵志诗中的活俚语，敦煌吐鲁番研究，第16卷。
丁 颖 2017 解析“大X大Y”及其泛化，成都师范学院学报，第11期。
丁庆刚 2011 三国支谦译经介词短语研究，和田师范专科学校学报，第6期。
丁庆刚 2014 《出曜经》词语考释，天中学刊，第1期。
丁庆刚 2017 《比丘尼传校注》疑问考辨，青海师范大学学报，第3期。
丁庆刚 2017 《摩诃僧祇律》之慧琳“音义”考校，殷都学刊，第3期。
丁庆刚 2017 《十诵律》之慧琳“音义”考校，天中学刊，第4期。
丁庆刚 2017 《五分律》疑难字词考辨四则，汉语史研究集刊，第23辑。
丁庆刚 2017 玄应《一切经音义》名物词考释五则，农业考古，第6期。
丁庆刚 2017 中古律部汉译佛经俗语词札记，成都大学学报，第3期。
丁治民 2010 《古尊宿语录》偈颂用韵考，古汉语研究，第3期。
定 源 2011 《慧琳音义》所据《高僧传》版本略考——以《高僧传》卷五音义为例，徐时仪、陈五云、梁晓虹编《佛经音义研究——第二届佛经音义研究国际学术研讨会论文集》，凤凰出版社。
定 源 2014 日本古写经《高僧传》所见异文考辨，汉语史学报，第14辑。
董 琳 2014 释“明医”，史学集刊，第5期。
董乐乐 2010 《佛本行集经》词语札记，语文知识，第4期。
董玉芝 2009 “屦”“履”“鞋”的历时发展与更替，语言与翻译，第2期。

董志翘　2007　《法苑珠林校注》匡补，古籍整理研究学刊，第 2 期。

董志翘　2007　《中古近代汉语探微》，中华书局。

董志翘　2007　汉译佛典中的“形容词同义复叠修饰”，语文研究，第 4 期。

董志翘　2007　释《世说新语》“逆风”“逆风家”，中国语文，第 3 期。

董志翘　2008　“儿”后缀的形成及判定，语言研究，第 1 期。

董志翘　2009　敦煌社会经济文书词汇语法札记，古汉语研究，第 1 期。

董志翘　2009　汉语史研究应重视敦煌佛教文献，刘进宝主编《百年敦煌学：历史 现状 趋势》，甘肃人民出版社。

董志翘　2009　汉语史研究应重视敦煌佛教文献，社会科学战线，第 9 期。

董志翘　2009　是词义沾染，还是同义复用？——以汉译佛典中词汇为例，陕西师范大学学报，第 3 期。

董志翘　2011　《经律异相整理与研究》，巴蜀书社。

董志翘　2011　孜孜以求 双玉合璧——评《玄应和慧琳〈一切经音义〉研究》，徐时仪、陈五云、梁晓虹编《佛经音义研究——第二届佛经音义研究国际学术研讨会论文集》，凤凰出版社。

董志翘　2012　《大唐西域记译注》，中华书局。

董志翘　2013　九世纪日本僧人汉文撰述中的口语成分，古文献研究集刊，第 7 辑。

董志翘　2013　孜孜以求 双玉合璧——评《玄应和慧琳〈一切经音义〉研究》，中国训诂学报，第 2 辑。

董志翘　2014　佛教文化对中土取名命字的影响，苏州大学学报，第 3 期。

董志翘　2015　汉译佛典中的“坏（杯）船”“坏（杯）舟”——兼谈“杯度”“一苇渡江”传说之由来，文史，第 3 辑。

董志翘　2015　日本七寺、金刚寺、兴圣寺古写本佛教类书《经律异相》的异文考察，徐时仪、梁晓虹、松江崇编《佛经音义研究——第三届佛经音义研究国际学术研讨会论文集》，上海辞书出版社。

董志翘　2016　《新译经律异相》译注献疑（一），文献语言学，第 2 辑。

董志翘、赵家栋　2013　《经律异相》（22-28 卷）校读札记，汉语史学报，第 12 辑。

董志翘、赵家栋、张春雷　2009　《经律异相》的校理与异文语料价值，江苏大学学报，第 3 期。

都兴宙　2010　《祖堂集》校点补正，宁波大学学报，第 2 期。

杜　萍　2010　如何利用佛经语料进行判断句的研究，南京广播电视大学学报，第 1 期。

杜　萍、傅保良　2012　关于佛经文献《贤愚经》中“颜色”“妻子”等词语演变的分析，南京广播电视大学学报，第 3 期。

杜　轶　2010　试论《祖堂集》中“V 得 VP”结构的句法性质，汉语史学报，第

10 辑。

杜寒风 2013 鸠摩罗什翻译佛经方法述评，宗教经典汉译研究，第 1 辑。

杜晓莉 2015 六朝佛经中一个特殊的自指和转指标记，汉语史研究集刊，第 19 辑。

杜正民、陈晏瑨、郑宝莲、释法源（唐国铭）、李家名 2011 佛经音义资源数位化工具之建置与应用研究，徐时仪、陈五云、梁晓虹编《佛经音义研究——第二届佛经音义研究国际学术研讨会论文集》，凤凰出版社。

段 晴、李建强 2014 钱与帛——中国人民大学博物馆藏三件于阗语—汉语双语文书解析，西域研究，第 1 期。

段改英 2011 “一尘不染”源流考，保山学院学报，第 3 期。

段改英 2011 对“颇……不”疑问句的历史考察——兼论《撰集百缘经》的翻译年代，西南科技大学学报，第 4 期。

段继绪 2014 分析《汉语大词典》用词——以《大方便佛报恩经》为例，语文建设，第 24 期。

段双喜 2012 “双拟”句式及其在中晚唐佛禅语境中的运用，文学遗产，第 3 期。

樊友新 2007 《洛阳伽蓝记》里“寺、里”命名析，河南广播电视大学学报，第 2 期。

范 舒 2014 吐鲁番本玄应《一切经音义》研究，敦煌研究，第 6 期。

范崇高 2009 《观世音应验记三种》疑难词句试释，古汉语研究，第 1 期。

范崇高 2013 《法苑珠林校注》补议，成都大学学报，第 3 期。

范崇高 2014 《法苑珠林校注》商议，古籍整理研究学刊，第 1 期。

范崇高 2015 譬喻经两种整理本注释献疑，宁波大学学报，第 5 期。

范崇高 2016 《法苑珠林校补》校勘补遗，宁波大学学报，第 5 期。

范崇高 2016 《法苑珠林校补》校勘商酌，成都大学学报，第 6 期。

范崇高 2016 《法苑珠林校注》标点商兑，古籍整理研究学刊，第 5 期。

范崇高 2017 《法苑珠林校补》辨补，阿坝师范学院学报，第 3 期。

范崇高 2017 《法苑珠林校补》标点举误，成都大学学报，第 5 期。

范慕尤 2013 《维摩诘经》文本对勘的启示——《维摩诘经·弟子品》梵藏汉对勘实例举隅，宗教学研究，第 4 期。

方 梅 2017 汉魏六朝失译、误题之经的文字学考察——以《分别善恶所起经》为例，洛阳师范学院学报，第 10 期。

方 梅、卢巧琴 2013 “王梵志”诗作的归属分类及语言学其依据，兰州学刊，第 3 期。

方 梅、徐秋儿 2013 论“王梵志”诗对唐代白话诗歌语言的影响，长春工业大学学报，第 2 期。

方广锠 2016 《道行般若经》译本考释，宗教学研究，第 3 期。

方国平　2010　日本古辞书在近代汉字研究中的价值——以观智院本《类聚名义抄》为例，汉字文化，第 1 期。

方田田、田启涛　2017　词语札记二则，现代语文，第 2 期。

方一新　2008 《佛说㮈女祇域因缘经》翻译年代考辨，汉语史学报，第 7 辑。

方一新　2008　从译名演变看疑、佚佛经的翻译年代，历史语言学研究，第 1 辑。

方一新　2009　普通鉴别词的提取及原则——以早期汉译佛经鉴别为中心，语文研究，第 2 期。

方一新　2010　敦煌写卷《中本起经》校读札记，汉语史学报，第 9 辑。

方一新　2012　敦煌残卷《中本起经》校读札记，四川大学中国俗文化研究所编《项楚先生欣开八秩颂寿文集》，中华书局。

方一新　2014　从佛教词语和一般词语看《长阿含十报法经》，古汉语研究，第 1 期。

方一新　2014　东汉等早期译经词语札记，《汉译佛典语言研究》编委会编《汉译佛典语言研究》，语文出版社。

方一新　2015　从部分佛教惯用语看《分别功德论》的翻译年代，温端政、吴建生、徐颂列主编《汉语语汇学研究》（三），商务印书馆。

方一新　2016　佛教词语的始见年代与可疑佛经的鉴别，合肥师范学院学报，第 4 期。

方一新　2016　旧题安世高译《处处经》译经年代考，方广锠编《佛教文献研究：佛教疑伪经研究专刊》（第 2 辑），广西师范大学出版社。

方一新、高列过　2007　题安世高译《佛说宝积三昧文殊师利菩萨问法身经》考辨，汉语史研究集刊，第 10 辑。

方一新、高列过　2008　旧题东汉安世高译《阿难问事佛吉凶经》考辨，中国典籍与文化论丛，第 10 辑。

方一新、高列过　2010　从词语替换看一卷本《杂譬喻经》的翻译年代，语言学论丛，第 41 辑。

方一新、高列过　2011　海外学者对东汉可疑佛经的考辨，浙江外国语学院学报，第 2 期。

方一新、高列过　2012 《东汉疑伪佛经的语言学考辨研究》，人民出版社。

方一新、高列过　2012　从佛教词语考辨《大方便佛报恩经》的时代，浙江大学学报，第 3 期。

方一新、高列过　2012　从语言角度鉴别早期可疑佛经的方法和步骤，宁波大学学报，第 2 期。

方一新、高列过　2015　旧题后汉安世高译《摩邓女经》翻译年代蠡测，吴越佛教，第 10 辑。

方一新、郭晓妮　2010　近十年中古汉语词汇研究的回顾与展望，古汉语研究，第

3期。
方一新、卢鹭 2015 安世高译经头面、五官类词语义场初探，历史语言学研究，第9辑。
方一新、张静 2016 东汉译经动词的动宾关系，汉语学报，第4期。
房 旭 2016 东汉译经中动词前的“已”和动词后的“已”，现代语文（语言研究版），第5期。
冯 赫 2013 汉译佛经领属关系词“所/许”的来源与形成，古汉语研究，第1期。
冯 赫 2014 论汉译佛经“何所”与“诸所”的源形式，东岳论丛，第2期。
冯 赫 2014 “X所/许”式表量词探源，语言研究，第1期。
冯 赫 2016 样态指示词“如许”“如所”的形成，中国语文，第1期。
冯 青 2015 敦煌佛经词语正诂三则，贵州师范大学学报，第6期。
冯春田 2008 敦煌变文里的“若”系指代词及相关问题，山东大学学报，第4期。
冯春田 2009 汉语疑问代词演变的特殊规则，文史哲，第5期。
冯国栋 2009 汉文佛教文献学体系构想，世界宗教研究，第2期。
冯国栋 2009 略论建立汉文佛教文献学的必要性，浙江大学学报，第6期。
冯海燕 2016 汉译佛经词语考释四则，佳木斯职业学院学报，第1期。
冯和一 2016 敦煌文献《须大拏太子度男女背》“父言”补校与释读，成都大学学报，第6期。
冯利华 2010 《中古道书语言研究》，巴蜀书社。
冯先思 2016 《可洪音义》所见五代《玉篇》传本考，古籍研究，第1期。
冯雪冬 2014 “蛆姑”非“嫉妒”考，语言科学，第2期。
付义琴、赵家栋 2016 禅宗语录语词考辨三则，汉字文化，第6期。
傅暮蓉 2012 华严字母中的“般遮瑞响”，乐府新声（沈阳音乐学院学报），第4期。
傅义春 2007 《敦煌变文》中表“提拉”义的动词，长春师范学院学报，第3期。
傅义春 2007 《敦煌变文》中的“持握”义动词，淮北煤炭师范学院学报，第1期。
傅义春 2007 《敦煌变文》中的“抚擦”义动词，重庆工商大学学报，第1期。
傅义春 2008 《敦煌变文》中的“抛弃”义动词，宜宾学院学报，第2期。
富世平 2012 试论佛经的口头性及其对敦煌变文的影响，四川大学中国俗文化研究所编《项楚先生欣开八秩颂寿文集》，中华书局。
甘小明 2011 《一切经音义》引《风俗通》考，徐时仪、陈五云、梁晓虹编《佛经音义研究——第二届佛经音义研究国际学术研讨会论文集》，凤凰出版社。
高查清 2016 译古为今，讵可不慎乎——以对《辩正论》的误释、误译为例，江汉学术，第5期。

高静怡 2011 书道博物馆藏《法句譬喻经》词汇异文初探，荆楚理工学院学报，第8期。

高静怡 2011 书道博物馆藏《法句譬喻经》校勘小记，安顺学院学报，第4期。

高列过 2007 成语佛源举例，语文学刊，第7期。

高列过 2007 也说“冤家”“怨家债主”，辞书研究，第4期。

高列过 2008 东汉佛经句法的语言接触现象，汉语史学报，第7辑。

高列过 2009 东汉佛经疑问代词“何等”“何”地位演变差异探究，浙江教育学院学报，第6期。

高列过 2009 来源于中古汉译佛经比喻的三则成语——《辞源》成语条目商补，浙江教育学院学报，第2期。

高列过 2009 三则与佛教“火”比喻相关的成语：刘洁修《成语源流大词典》商补，中国典籍与文化，第3期。

高列过 2009 中古汉译佛经比喻与三则成语溯源，西域研究，第4期。

高列过 2010 中古汉译佛经被动式研究综述，浙江教育学院学报，第6期。

高列过 2010 “守口如瓶”源流考辨，汉语史学报，第9辑。

高列过 2011 汉译佛经在成语研究方面的价值——以汉语固有成语为例，温端正、吴建生、马贝加主编《汉语语汇学研究》（二），商务印书馆。

高列过 2011 罗隐《蜂》诗佛源流变考，浙江师范大学学报，第1期。

高列过 2012 “忍无可忍”源流考辨，浙江外国语学院学报，第3期。

高列过 2012/2015 “守财奴”源流考证，社会科学家，第9期；温端政、吴建生、徐颂列主编《汉语语汇学研究》（三），商务印书馆。

高列过 2013 “截断众流”辨正，浙江学刊，第1期。

高列过 2013 中古同经异译佛典语言研究概述，贵州师范大学学报，第6期。

高列过 2013 三则成语意义之源与形式之源错位情况探究——兼论汉译佛经对成语的影响，贺州学院学报，第4期。

高列过 2015 “天花（华）乱坠”意义源流辨正，宁波大学学报，第4期。

高列过 2016 笔受对汉译佛经语言面貌的影响初探，汉语史学报，第16辑。

高列过 2016 试论禅宗语录对汉译佛经语言的改造——以四则禅宗词语为例，中国语言文学研究，春之卷，社会科学文献出版社。

高列过 2017 中古汉译佛经被动式使用频率再议——以中古7部般若经为考察基点，汉语史研究集刊，第22辑。

高天霞 2010 从“曰+直接引语”到“说+直接引语”的演变历程及原因分析，陇东学院学报，第4期。

高婉瑜 2014 汉文佛典“一旦”的词类与演变问题，《汉译佛典语言研究》编委会编《汉译佛典语言研究》，语文出版社。

高婉瑜　2016　论禅籍表时间的“次”，语言研究集刊，第16期。

高婉瑜　2017　论《祖堂集》的相应词，语言研究集刊，第19辑。

高文金　2017　佛教翻译探究，辽宁师专学报，第5期。

高艳华　2015　禅宗机缘问答中间接否定的语用学研究，浙江外国语学院学报，第1期。

高玉娟　2011　中古佛经词语与辞书书证溯源例谈，语文学刊，第9期。

高玉娟　2012　从中古佛经词语看辞书的书证溯源问题，汉字文化，第2期。

郜林涛　2007　《根本说一切有部毗奈耶》“将”字句研究，丽水学院学报，第6期。

郜林涛　2007　《根有律》中的口语词，山西煤炭管理干部学院学报，第1期。

郜林涛　2007　《根有律》中的新词新义，阜阳师范学院学报，第6期。

郜林涛　2007　《汉语大词典》释义补充，现代语文，第3期。

郜林涛　2008　《根本说一切有部毗奈耶》校勘四则，山西大同大学学报，第4期。

郜林涛　2008　《根有律》词语考释，重庆教育学院学报，第2期。

郜林涛　2008　《汉语大词典》释义补充——以《根有律》为例，乐山师范学院学报，第1期。

郜同麟　2014　《王梵志诗校注》商兑，敦煌研究，第6期。

耿　铭　2015　玄应《正法念经》音义诸版本文字的比较与分析，徐时仪、梁晓虹、松江崇编《佛经音义研究——第三届佛经音义研究国际学术研讨会论文集》，上海辞书出版社。

耿　铭　2016　《〈玄应音义〉文献与语言文字研究》，上海人民出版社。

龚元华　2013　敦煌写卷误释校读札记，唐山师范学院学报，第3期。

龚元华　2014　“搽”字探源，唐山师范学院学报，第4期。

龚元华　2014　释“骨堆”，辞书研究，第6期。

龚元华　2014　释“楼橹”之“橹”，天中学刊，第3期。

龚元华　2014　英藏敦煌写卷俗字字形误释考校举例，中国语文，第5期。

龚元华　2016　“赚”有“期诳”义来历考，古籍研究，第2期。

龚元华、曾良　2014　禅籍文献词语考释举例,语言研究集刊，第1期。

龚泽军　2008　“清众”补议，西南民族大学学报，第6期。

龚泽军　2011　《英藏敦煌社会历史文献释录》（第二卷）补校，燕赵学术，秋之卷。

谷　峰　2015　“都”在东汉有没有语气副词的用法，中国语文，第3期。

顾方明　2013　“世界”一词的演变的举例分析，文教资料，第35期。

顾劲松　2009　《百喻经》“得”字用法与涟水方言，文教资料，第18期。

顾满林　2007　汉文佛典中Kapila-vastu一词的音译形式考察，汉语史研究集刊，第10辑。

顾满林　2008　《现代汉语词典》中的佛源外来词，语文知识，第3期。

顾满林 2008 从僧睿《大品经序》看今存汉文佛典用语，宗教学研究，第1期。
顾满林 2008 汉文佛典中“讹略”一语的五种用法，汉语史研究集刊，第11辑。
顾满林 2012 佛经文献中“国界”词义考，四川大学中国俗文化研究所编《项楚先生欣开八秩颂寿文集》，中华书局。
顾满林 2013 梁武帝改“磨”作“魔”之说考辨，汉语史学报，第13辑。
顾满林 2014 结合文献学与语言学兼顾外在与内在证据：——《东汉疑伪佛经的语言学考辨研究》述评，中国社会科学报，3月10日。
顾满林 2015 《佛经语料与佛经用语散论》，中国社会科学出版社。
顾满林 2015 慧琳音义与《道地经》校读札记，汉语史研究集刊，第19辑。
顾满林 2016 东汉佛经语料问题举隅——从《中本起经》“晋言”说起，汉语史学报，第16辑。
顾满林 2016 佛经语言研究与佛经的语言学考辨——读《东汉疑伪佛经的语言学考辨研究》，合肥师范学院学报，第1期。
顾满林、俞理明 2011 东汉佛道文献词汇新质的概貌，汉语史研究集刊，第14辑。
顾满林、俞理明 2012 东汉佛经词汇新质中的意译词——兼谈汉译佛经用语的性质，汉语史学报，第12辑。
郭海洋 2015 从《洛阳伽蓝记》看《汉语大词典》的若干阙失，攀枝花学院学报，第6期。
郭洪义 2015 释“神空”，宁夏大学学报，第5期。
郭乃鑫、丁雪梅 2013 《观世音应验记三种》量词研究，文教资料，第32期。
郭庆财 2012 惠洪的文字禅与句法论，徐州师范大学学报，第5期。
郭万青 2011 《妙法莲华经释文》引《国语》例读劄——兼治及《释文》的文献学价值，徐时仪、陈五云、梁晓虹编《佛经音义研究——第二届佛经音义研究国际学术研讨会论文集》，凤凰出版社。
郭永亮 2008 论中古佛经中“举高”连用并非为同义连言，南方论刊，第9期。
韩 栋 2007 说说“律师”，文史知识，第7期。
韩 栋 2008 “律师”考辨，语言科学，第2期。
韩 琳 2013 从魏晋南北朝汉译佛典“动词+着”结构看时体助词“着”的来源，励耘语言学刊，第2期。
韩淑红 2012 汉语外来词历史分期研究综述，哈尔滨师范大学社会科学学报，第3期。
韩小荆 2007 《可洪音义》与大型字典编纂，古汉语研究，第3期。
韩小荆 2007 《可洪音义》注释失误类析，西南交通大学学报，第1期。
韩小荆 2007 据《可洪音义》解读《龙龛手镜》俗字释例，语言科学，第5期。
韩小荆 2007 试析《可洪音义》对《玄应音义》的匡补，中国典籍与文化，第

4 期。
韩小荆　2007　以《可洪音义》补大型字书未收俗字，中国文字研究，第 2 期。
韩小荆　2008　《可洪音义》与《龙龛手镜》研究，湖北大学学报，第 5 期。
韩小荆　2012　《慧琳音义》注释疏误举例，长江学术，第 2 期。
韩小荆　2012　慧琳《一切经音义》注释疏误类析，中国典籍与文化，第 2 期。
韩小荆　2013　《可洪音义》引《说文》考，长江学术，第 4 期。
韩小荆　2014　《可洪音义》引《字样》研究，中国文字研究，第 1 期。
韩小荆　2015　试论《可洪音义》所引《玉篇》的文献学语言学价值，中国典籍与文化，第 3 期。
郝胜利　2014　试析南北朝译经中的“去”，山西师大学报，第 S1 期。
何　亮　2007　汉译佛典中“所 V”式被动句来源小议，古汉语研究，第 3 期。
何　亮　2009　从时点时段的表达看东汉译经的性质，宁夏大学学报，第 6 期。
何　荣、王玲娟　2016　《修行本起经》数词探析，西昌学院学报，第 4 期。
何　瑛　2010　结构助词“底”源自方位词新证——兼谈《辞源》“底”条释义二三，古汉语研究，第 1 期。
何红艳　2007　汉译佛典与杜诗语汇，唐史论丛，第 9 辑。
何慧敏　2008　试论佛经翻译对中国文化的影响，东岳论丛，第 2 期。
何继军　2008　《宝林传》句首“尔时”研究，暨南学报，第 6 期。
何继军　2008　《祖堂集》中“那”的隐指用法，修辞学习，第 6 期。
何继军　2009　《祖堂集》“这（者）+连带成分”之考察，合肥师范学院学报，第 5 期。
何继军　2009　《祖堂集》疑问代词“什摩”作定语的语义功能探析，宁夏大学学报，第 6 期。
何继军　2010　《祖堂集》“底”字关系从句初探，宁夏大学学报，第 3 期。
何继军　2010　《祖堂集》“有”起首的“有 NP+VP”句研究，安徽大学学报，第 2 期。
何继军　2010　《祖堂集》“这/者（个）NP”指人结构的贬斥义倾向及其制约要素，语言学论丛，第 41 辑。
何继军　2011　《祖堂集》“其+N/NP”格式中“其”的功能及流变，古汉语研究，第 2 期。
何继军　2011　《祖堂集》“这（者）”“那”的指示功能及其虚化轨迹，语文研究，第 2 期。
何小宛　2009　禅录词语释义商补，中国语文，第 3 期。
何小宛　2014　禅籍谚语的语言特性，现代语文（语言研究版），第 11 期。
何小宛　2015　谈《禅宗大词典》的编修，辞书研究，第 2 期。

何小宛　2017　《禅宗语录词语研究》，中国文史出版社。

何彦增　2013　《鼻奈耶》中“施与”概念场词汇系统研究，学行堂语言文字论丛，第3辑，四川大学出版社。

黑维强　2011　敦煌、吐鲁番文献词语方言考补遗，汉语史研究集刊，第14辑。

洪　波　2017　鸠摩罗什译经与汉语言文字传播，红河学院学报，第1期。

洪　帅　2009　《经律异相》词语札记，宗教学研究，第1期。

洪艺芳　2010　敦煌变文中“阿”前缀的亲属称谓词——以旁系血亲与姻亲称谓词为中心，敦煌学辑刊，第2期。

洪艺芳　2012　敦煌文献中奴婢称谓词的词汇特色，敦煌学辑刊，第2期。

侯　冲　2016　佛教科仪与疑伪经三题，方广锠编《佛教文献研究：佛教疑伪经研究专刊》（第2辑），广西师范大学出版社。

侯佳利　2013　《汉语大字典》引《一切经音义》辨误，湖北第二师范学院学报，第10期。

侯佳利　2014　北师大藏玄应《一切经音义》残卷版本考，湖北第二师范学院学报，第3期。

侯立睿　2007　佛经文献的语料价值——以“玄黄”一词为例，江南大学学报，第2期。

呼叙利　2010　佛经词语札记——语素“分”及其合成词“上分”“中分”“下分”“初分”“前分”“后分”示例，中南大学学报，第2期。

胡　蝶、康健　2013　《祖堂集》中的比较句及其特点，宁夏社会科学，第1期。

胡　杰、朱炜、尉迟治平　2015　日释空海之“五五字”译音及唐代的汉音，语言研究，第3期。

胡　垚　2010　敦煌本《法华义记》考辨，敦煌学辑刊，第1期。

胡斌彬 2016　《祖堂集》时间构式“VP（之）次”及其兴衰——基于“VP（之）次”与“VP（之）时”的比较，西华大学学报，第2期。

胡敕瑞　2008　汉语负面排他标记的来源及其发展，语言科学，第6期。

胡敕瑞　2009　“正尔”与“今尔”——兼论时间与空间的关联，历史语言学研究，第2辑。

胡敕瑞　2009　汉译佛经中的判断句研究，南昌航空大学学报，第2期。

胡敕瑞　2010　汉译佛典中的一类特殊句式：并列成分后置，语言科学，第6期。

胡敕瑞　2011　《生经》及相关经本之勘正，民俗典籍文字研究，第8辑。

胡敕瑞　2012　汉译佛典所反映的汉魏时期的文言与白话——兼论中古汉语口语语料的鉴定，国学研究，第30卷。

胡敕瑞　2013　代用与省略——论历史句法中的缩约方式，蒋绍愚、胡敕瑞主编《汉译佛典语法研究论集》，商务印书馆。

胡静书　2009　《景德传灯录》中介词“向”的多功能现象，语文学刊，第13期。
胡静书　2016　中古佛典与中土文献词汇差异举隅，法音，第8期。
胡研研、周掌胜　2015　略论敦煌变文成语的文化意蕴，兰州教育学院学报，第10期。
胡雪儿　2013　《祖堂集》之《石霜和尚》语词考释，语文学刊，第7期。
黄　征　2014　敦煌变文俗语词补释，《汉译佛典语言研究》编委会编《汉译佛典语言研究》，语文出版社。
黄　征　2017　敦煌变文俗语词补释——“生杖”名物图证，语文学刊，第3期。
黄宝生　2007　语言和文学——中印古代文化传统比较，外国文学评论，第2期。
黄宝生　2011　《梵汉对勘维摩诘多说经》，中国社会科学出版社。
黄宝生　2011　《梵汉对勘入楞伽经》，中国社会科学出版社。
黄宝生　2011　《梵汉对勘入菩提行论》，中国社会科学出版社。
黄宝生　2012　《梵汉对勘神通游戏》，中国社会科学出版社。
黄宝生　2013　《梵学论集》，中国社会科学出版社。
黄宝生　2015　《巴汉对勘〈法句经〉》，中西书局。
黄宝生　2015　《梵汉对勘佛所行赞》，中国社会科学出版社。
黄宝生　2016　《梵汉对勘阿弥陀经·无量寿经》，中国社会科学出版社。
黄宝生　2017　《梵汉对勘究竟一乘宝性论》，中国社会科学出版社。
黄宝生　2017　《梵汉对勘唯识论三种》，中国社会科学出版社。
黄城烟　2011　以《生经》为例浅析非典型疑问句，学行堂语言文字论丛，第1辑，四川大学出版社。
黄冬丽　2013　《五灯会元》俗谚例释，天水师范学院学报，第1期。
黄方方　2011　说“希垂”，现代语文（语言研究版）第9期。
黄仁瑄　2008　高丽藏本慧苑音义引《说文》的异文问题，语言研究，第3期。
黄仁瑄　2009　高丽藏本慧苑音义引《说文》的衍、脱、误问题，语言研究，第4期。
黄仁瑄　2010　唐五代佛典音义音系中的唇音声母，语言研究，第4期。
黄仁瑄　2010　唐五代佛典音义音系中的全浊声母，语言科学，第4期。
黄仁瑄　2010　唐五代佛典音义引《文选》述，古汉语研究，第4期。
黄仁瑄　2010　唐五代佛典音义中的“楚夏”问题，南阳师范学院学报，第1期。
黄仁瑄　2011　《唐五代佛典音义研究》，中华书局。
黄仁瑄　2011　唐五代佛典音义音系中的牙音声母，汉语学报，第1期。
黄仁瑄　2012　《瑜伽师地论》之玄应“音义”校勘举例，古汉语研究，第2期。
黄仁瑄　2013　《妙法莲华经》之玄应“音义”校勘举例，汉语学报，第4期。
黄仁瑄　2013　基于慧琳《一切经音义》的异体字数字化研究，语言文字应用，第

4 期。
黄仁瑄 2013 玄应《大唐众经音义》校勘举例，语言研究，第 2 期。
黄仁瑄 2014 慧琳《一切经音义》校勘十例，语言研究，第 3 期。
黄仁瑄 2014 唐五代佛典音义引《楚辞章句》校勘举例，长江学术，第 3 期。
黄仁瑄 2015 《大般若波罗蜜多经》之慧琳“音义”讹、脱举例，语言研究，第 3 期。
黄仁瑄 2015 慧琳删补之《大般涅盘经》“音义”校正，国学学刊，第 1 期。
黄仁瑄 2016 玄应《大唐众经音义》校勘举例（续一），语言研究，第 2 期。
黄仁瑄、刘兴 2013 基于慧琳《一切经音义》的异体字数字化研究，语言文字应用，第 4 期。
黄仁瑄、聂宛忻 2007 慧苑音系声纽的研究，古汉语研究，第 3 期。
黄仁瑄、聂宛忻 2007 唐五代佛典音义音系中的舌音声母，语言研究，第 2 期。
黄仁瑄、聂宛忻 2008 可洪音义引大藏经述，南阳师范学院学报，第 11 期。
黄仁瑄、聂宛忻 2013 《四分律》之玄应“音义”校勘举例，语文研究，第 3 期。
黄仁瑄、聂宛忻 2017 《经律异相》之慧琳“音义”的讹、脱、倒问题，语言研究，第 4 期。
黄新强 2011 《祖堂集》与《景德传灯录》选择连词比较，阜阳师范学院学报，第 1 期。
黄渊红 2016 佛典譬喻经双音节连词考察，长江丛刊，第 28 期。
惠红军 2009 《五灯会元》中的处置式，贵州民族学院学报，第 4 期。
姬 慧 2009 敦煌变文词语陕北方言例释，榆林学院学报，第 1 期。
计翔翔、赵欣 2012 支那起源新论，社会科学战线，第 9 期。
纪华传 2014 《明清鼓山曹洞宗文献研究》，社会科学文献出版社。
季 琴 2007 《道行般若经》与《大明度经》的语法对比，西南交通大学学报，第 5 期。
季 琴 2007 《高僧传》词语拾零，古汉语研究，第 4 期。
季 琴 2008 《道行般若经》与《大明度经》的对比研究，古籍研究，第 2 期。
季 琴 2008 从词语的角度看《撰集百缘经》的译者及成书年代，中国典籍与文化，第 1 期。
季 琴 2009 从语法角度看《撰集百喻经》的译者及成书年代，语言研究，第 1 期。
季 琴 2012 《大明度经》校勘拾零，井冈山大学学报，第 4 期。
季 琴 2012 《大正藏》中《大明度经》校勘札记，淮北师范大学学报，第 5 期。
季 琴 2013 支谦译经中第一人称代词研究，语文知识，第 2 期。
季 琴 2013 支谦译经中二字式同义连用探析，佳木斯大学社会科学学报，第

3 期。
季　琴　2014　“小品般若”六本异译经中“答”与“对”的比较研究，贵州大学学报，第 3 期。
季　琴　2014　“小品般若”六部异译经中语气词“乎”的使用考察，语文学刊，第 12 期。
贾　智　2015　关于《新译华严经音义私记》中的汉字字体——汉字字体规范数据库应用事例，徐时仪、梁晓虹、松江崇编《佛经音义研究——第三届佛经音义研究国际学术研讨会论文集》，上海辞书出版社。
贾成业　2013　日本藏西夏文《大方广佛华严经》与汉本的别异，西夏研究，第 2 期。
贾君芳、何洪峰　2016　从介词角度看《六度集经》与《旧杂譬喻经》的翻译时代，宁夏大学学报，第 4 期。
江　静　2013　日藏宋元禅僧墨迹的文献与史料价值，王晓平主编《国际中国文学研究丛刊》，第 2 集，上海古籍出版社。
江　石　2009　《大佛顶经音义》所见的特殊语音现象，怀化学院学报，第 7 期。
江傲霜　2007　同经异译的《维摩诘经》及其对汉语词汇发展的贡献，海南大学学报，第 2 期。
江晓霞　2010　《生经》中“一切”探究，文学界，第 10 期。
江莺华　2012　寒山诗与佛经偈颂，楚雄师范学院学报，第 11 期。
姜　磊　2014　《〈玄应音义〉及相关韵书研究》，宁夏人民出版社。
姜　南　2007　汉译佛经中增译的话题转移标记——以《妙法莲华经》的梵汉对勘为基础，中国语文，第 3 期。
姜　南　2008　汉译佛经音节衬字辩说，语言研究，第 4 期。
姜　南　2009　佛经翻译中格范畴的系统对应，汉语史研究集刊，第 12 辑。
姜　南　2010　汉译佛经“S，N 是”句非系词判断句，中国语文，第 1 期。
姜　南　2011　《基于梵汉对勘的〈法华经〉语法研究》，商务印书馆。
姜　南　2012　汉译佛经等比标记“如……等/许”探源，语言研究，第 1 期。
姜　南　2013　佛经汉译中呼格的凸显与转移，蒋绍愚、胡敕瑞主编《汉译佛典语法研究论集》，商务印书馆。
姜　南　2014　汉译佛典中的“梵志”是梵汉合璧词吗？中国语文，第 5 期。
姜　南　2014　汉译佛经等比标记“如……等/许”探源，《汉译佛典语言研究》编委会编《汉译佛典语言研究》，语文出版社。
姜　南　2014　汉译佛经篇章衔接策略举隅，穆宏燕主编《东方学刊》，河南大学出版社。
姜　南　2015　早期大乘佛典书面流传举证：“梵志”与“楼至”，西域历史语言研究集刊，第8辑。

姜　南　2017　“将无”重考，中国语文，第6期。

姜黎黎　2014　《〈摩诃僧祇律〉单音动词词义演变研究及认知分析》，中国社会科学出版社。

姜黎黎　2017　《摩诃僧祇律》疑问代词研究，语文知识，第11期。

姜仁涛　2012　周绍良《百喻经译注》词语释义失当举隅，安阳师范学院学报，第4期。

姜双明、高玛力　2008　《百喻经》释词三则，现代语文（语言研究版），第7期。

姜兴鲁　2016　《竺法护译经感觉动词语义场研究》，浙江大学出版社。

蒋　信、蒋宗许　2009　汉语词缀的衍生机制和前缀后缀的异同，绵阳师范学院学报，第7期。

蒋冀骋、徐朝红　2009　连词“正使”的产生和发展，汉语学报，第3期。

蒋珊珊　2013　佛教成语分类及部分成语释义，文教资料，第35期。

蒋绍愚　2007　语言接触的一个案例——再谈“V（O）已”，语言学论丛，第36辑。

蒋绍愚　2009　也谈汉译佛典中的“NP1，NP2+是也/是”，中国语言学集刊，第3卷第2期。

蒋绍愚　2012　汉魏六朝汉译佛典中“来”的四种虚化用法，蒋绍愚著《汉语词汇语法史论文续集》，商务印书馆。

蒋绍愚、胡敕瑞　2013　《汉译佛典语法研究论集》，商务印书馆。

蒋瑜林、叶穗　2014　用《广韵》校勘《龙龛手镜》的尝试，桂林航天工业学院学报，第2期。

蒋哲杰　2011　道安“五失本”本义考，宗教学研究，第4期。

焦　艳　2009　浅析《六度集经》中的“宁”“岂”类问句，安康学院学报，第2期。

解植永　2010　“A，B是也”判断句发展演变解析，南开语言学刊，第15期。

解植永　2010　《修行本起经》和《中本起经》判断句考察——兼谈系词“是”的成熟时代，中国石油大学学报，第5期。

解植永　2012　《中古汉语判断句研究》，巴蜀书社。

金　颖　2007　《敦煌变文集》的“但”，古汉语研究，第3期。

金爱英　2015　《可洪音义》误谬考，徐时仪、梁晓虹、松江崇编《佛经音义研究——第三届佛经音义研究国际学术研讨会论文集》，上海辞书出版社。

金建锋　2009　《大宋僧史略》与《宋高僧传》成书时间考，中国典籍与文化，第3期。

金丝燕、法宝　2016　《佛经汉译之路：〈长阿含·大本经〉对勘研究：中古汉土的期待视野》，北京大学出版社。

荆亚玲 2012 略论汉译佛典文体对汉语词汇的影响，汉字文化，第2期。
荆亚玲 2014 《汉译佛典文体特征及其影响研究》，浙江大学出版社。
荆亚玲 2017 论“偈颂体”制约下的汉译佛经语言特征，浙江工业大学学报，第1期。
井米兰 2010 敦煌俗字与宋本《玉篇》俗字字形之差异及其原因初探，宁夏大学学报，第5期。
井米兰 2011 敦煌俗字整理及研究概况，武汉科技大学学报，第5期。
景盛轩 2016 敦煌大纸写《大般涅盘经》叙录，敦煌学辑刊，第4期。
景盛轩 2017 法藏《大般涅盘经》写卷叙录，天水师范学院学报，第1期。
景盛轩、陈琳 2017 英藏敦煌《大般涅盘经》残卷初步缀合，敦煌研究，第3期。
景盛轩、吴波 2008 南、北本《大般涅盘经》词汇差异，汉语史研究集刊，第11辑。
久 迈 2012 《龙树意庄严》偈释，宗教学研究，第1期。
鞠彩萍 2007 《祖堂集》词语训释，常州工学院学报，第1期。
鞠彩萍 2009 禅籍词语“漏逗”考，语文学刊，第15期。
鞠彩萍 2010 《祖堂集》虚词“因”的特殊用法，语文研究，第3期。
鞠彩萍 2010 禅宗语录中的同义成语，常州工学院学报，第4期。
鞠彩萍 2011 《〈祖堂集〉动词研究》，中国社会科学出版社。
鞠彩萍 2012 禅宗语录“(××)汉”称呼语的语义语用分析——兼论“汉”的历史来源及情感倾向，常州工学院学报，第2期。
鞠彩萍 2012 试述禅宗史书《祖堂集》复音词对大型语文辞书的补充，法音，第3期。
鞠彩萍 2013 禅宗文献带“子”称谓现象考察，法音，第6期。
鞠彩萍 2013 禅宗文献动词无标记转指称谓名词现象考察，广西社会科学，第1期。
鞠彩萍 2014 禅籍詈称的语义类别及语用效力，求索，第10期。
鞠彩萍 2014 释禅籍称谓“杜拗子”“勤巴子”“梢郎子”，宁夏大学学报，第3期。
鞠彩萍 2014 唐宋禅籍詈称的深层文化折射研究，河南社会科学，第5期。
鞠彩萍 2015 禅籍方所语词无标记转指称谓现象考察，常熟理工学院学报，第3期。
鞠彩萍 2015 禅录词语选释四则，古籍研究，第1期。
鞠彩萍 2015 禅录俗语词“央庠”“丁一卓二”考，天中学刊，第2期。
鞠彩萍 2017 同经异译佛典称谓比较研究——以《正法华经》和《妙法莲华经》为例，法音，第12期。

鞠彩萍、朱文夫 2010 试析《祖堂集》中用于主谓之间的“而”，天中学刊，第3期。

侃 本 2008 《汉藏佛经翻译比较研究》，中国藏学出版社。

阚绪良 2011 《观世音应验记三种》译注札记，汉语史学报，第11辑。

阚绪良 2011 评《佛教与汉语史研究：以日本资料为中心》，汉语史研究集刊，第14辑。

阚绪良、许洁 2012 佛经中的“村”，安徽广播电视大学学报，第3期。

康 健 2010 《祖堂集》中的“岂不是”，西南民族大学学报，第11期。

康 健 2011 《祖堂集》副词用法及特点探析，西华师范大学学报，第5期。

康 健 2011 中华本《祖堂集》校注正误，宗教学研究，第2期。

康 健 2012 《祖堂集》中的“VP一切了”及其历时演变，西南交通大学学报，第4期。

康 健 2013 唐宋禅录中的“则（即）不可（无）”特色句式，西华师范大学学报，第6期。

康 健 2015 唐宋禅录中的“是则/则是”句式及其演变，汉语史研究集刊，第19辑。

康振栋 2016 竺法护翻译佛经的原典是否梵经，辽宁师范大学学报，第4期。

康振栋 2017 从竺法护译经看汉译佛典的词汇学价值，南昌工程学院学报，第5期。

孔祥辉 2017 英藏西夏文《金刚经》残片考辨，西夏研究，第1期。

孔祥珍 2008 《金刚经》外来词汇研究，理论月刊，第12期。

蓝 纯 2012 从认知视角看佛经《宝积经》中的比喻，中国外语，第4期。

蓝卡佳 2011 莲月印证僧诗部分语词考释，遵义师范学院学报，第2期。

郎晶晶 2011 玄应《众经音义》各本引《字林》考，徐时仪、陈五云、梁晓虹编《佛经音义研究——第二届佛经音义研究国际学术研讨会论文集》，凤凰出版社。

雷汉卿 2008 禅籍“驴胃”“驴胄”“驴肘”辨，宗教学研究，第4期。

雷汉卿 2009 语文辞书收词释义漏略禅籍新义例释，合肥师范学院学报，第2期。

雷汉卿 2010 《禅籍方俗词研究》，巴蜀书社。

雷汉卿 2011 试论禅籍方俗词的甄别：兼论汉语方俗词的甄别，古汉语研究，第3期。

雷汉卿 2011 试论禅宗语言比较研究的价值——以词汇研究为例，语言科学，第5期。

雷汉卿 2012 禅籍俗成语浅论，语文研究，第1期。

雷汉卿 2012 禅籍新兴词义例释，四川大学中国俗文化研究所编《项楚先生欣开八秩颂寿文集》，中华书局。

雷汉卿 2013 日本无著道忠禅学研究著作整理与研究刍议，汉语史研究集刊，第16辑。
雷汉卿 2013 说“茶信”“金字茶”，中国训诂学报，第1期。
雷汉卿 2014 近代俗语词研究与禅宗文献整理漫议，燕赵学术，春之卷。
雷汉卿 2016 《临济录疏瀹》献疑，汉语史研究集刊，第21辑。
雷汉卿、李彬 2014 试论《禅宗语言大辞典》的编纂，雷汉卿、杨永龙、胡绍文编《语林传薪：胡奇光教授八十华诞庆寿论文集》，四川教育出版社。
雷汉卿、李家傲 2017 禅籍“漏逗”考论，励耘语言学刊，第2期。
雷汉卿、王勇 2014 语素“祇”考论，语文研究，第2期。
雷汉卿、王勇 2014 “承”有“闻”义再论，语言研究，第3期。
雷汉卿、王长林 2014 禅录方俗词解诂，阅江学刊，第4期。
雷汉卿、王长林 2014 禅宗文献词语释义商榷——兼谈禅宗文献词义考释方法，汉语史研究集刊，第17辑。
雷汉卿、周作明 2010 《真诰》词语补释，宗教学研究，第3期。
黎李红 2010 “肉”与“肌”的演变考察，内江师范学院学报，第11期。
李彬 2016 《葛藤语笺》词典学价值管窥——以《禅宗大词典》为参照对象，宜宾学院学报，第2期。
李彬 2016 上海书店本《景德传灯录译注》语词训释商兑，南京师范大学文学院学报，第3期。
李斐 2013 王梵志诗歌异调通押现象辨析，汉语史学报，第13辑。
李辉 2007 《宿曜经》汉译版本之汉化痕迹考证，上海交通大学学报，第4期。
李婧、袁宾 2009 《坛经》里“边”的研究与梳理，文教资料，第27期。
李丽 2017 魏晋南北朝时期方所类介宾短语前移考察——以《百喻经》《颜氏家训》和《洛阳伽蓝记》为例，现代语文（语言研究版），第10期。
李翎、马德 2013 敦煌印本《救产难陀罗尼》及相关问题研究，敦煌研究，第4期。
李明 2008 说“即心即佛”——唐宋时期的一类特殊焦点格式，历史语言学研究，第1辑。
李倩 2015 从俗谚看敦煌变文的民间文学特色及其口语化特征，温端政、吴建生、徐颂列主编《汉语语汇学研究3》，商务印书馆。
李倩 2015 《敦煌变文单音动词词义演变研究》，中国社会科学出版社。
李帅 2014 容器隐喻视角下的抽象名词述宾搭配研究——以鸠摩罗什译经为例，南阳师范学院学报，第7期。
李炜 2011 《早期汉译佛经的来源与翻译方法初探》，中华书局。
李炜 2015 试谈梵汉对比研究的方法和意义，汉语史学报，第15辑。

李　旭　2013　禅录词语释义札记，汉语史研究集刊，第16辑。

李　旭　2013　敦煌文献《因果诗》中“涅槃堂”的隐喻解读，红河学院学报，第4期。

李　旭　2014　《五灯会元》词语札记，宁夏大学学报，第1期。

李　妍　2012　从佛教术语看疑伪经辨别，《淮北师范大学学报》，第4期。

李　妍　2016　《〈观世音应验记三种〉校点举误》理校法研究，语文学刊，第4期。

李　妍　2017　《分别善恶所起经》翻译年代考，《沈阳大学学报》，第2期。

李　媛　2015　关于利用日本资料的《篆隶万象名义》的本文研究——以《大乘理趣六波罗蜜经释文》为例，徐时仪、梁晓虹、松江崇编《佛经音义研究——第三届佛经音义研究国际学术研讨会论文集》，上海辞书出版社。

李柏翰　2013　从承继到实践——梵汉对音研究的开展与成果，汉语史研究集刊，第16辑。

李蓓蓓、都兴宙　2014　《祖堂集》中的“即”和“则”，现代语文（语言研究版），第10期。

李蓓蓓、都兴宙　2016　《碛砂藏》随函音义韵部研究，现代语文，第1期。

李代姣　2011　“一丝不挂”考源，河池学院学报，第3期。

李德成　2010　佛教词语“劫”的语义嬗变，宜春学院学报，第5期。

李福言　2013　敦煌《大般涅槃经音》的特点，学习月刊，第2期。

李福言　2014　敦煌《大般若涅槃经音》伯2172音注功能研究，学行堂语言文字论丛，第4辑，四川大学出版社。

李福言　2015　《广雅疏证》引《玄应音义》考，徐时仪、梁晓虹、松江崇编《佛经音义研究——第三届佛经音义研究国际学术研讨会论文集》，上海辞书出版社。

李福言　2015　敦煌《大般涅盘经》伯2172音注略考，汉字文化，第4期。

李福言　2017　《玄应音义》引《说文》考，中国文字研究，第1期。

李广宽　2016　《碛砂藏》随函音义所见宋代福建方音考，长江学术，第1期。

李广宽　2016　《碛砂藏》随函音义止蟹二摄的合流，汉语史研究集刊，第21辑。

李圭甲　2015　《可洪音义》校误八则，徐时仪、梁晓虹、松江崇编《佛经音义研究——第三届佛经音义研究国际学术研讨会论文集》，上海辞书出版社。

李圭甲　2016　划分与其他正字同形的异体字与误字之界——以《可洪音义》所见字形为主，汉语史学报，第16辑。

李圭甲　2016　日本金刚寺本《玄应音义》的误字与异体字，语言研究，第2期。

李圭甲、明惠晶　2011　敦煌写本“伯2901”和初雕本高丽大藏经《玄应音义》的比较，徐时仪、陈五云、梁晓虹编《佛经音义研究——第二届佛经音义研究国际学术研讨会论文集》，凤凰出版社。

李国英　2014　《大正藏》疑难字考释（三），民俗典籍文字研究，第2期。

李国英　2014　《大正藏》疑难字考释（四），励耘语言学刊，第 2 期。
李国英　2015　《大正藏》疑难字考释（二），古汉语研究，第 2 期。
李国英　2015　《大正藏》疑难字考释，中国文字学报，第 6 辑。
李洪财　2012　读《敦煌佛经字词与校勘研究》——兼谈涅盘合文问题，敦煌研究，第 5 期。
李华斌　2015　《唐代佛典音义中的方音研究》，中国社会科学出版社。
李家傲　2017　“吉嘹舌头”辨补，汉语史研究集刊，第 23 辑。
李建强　2009　伯希和 2855 于阗文咒语版本比较研究，中西文化交流学报，第 1 期。
李建强　2009　从 P. 2855、2782 于阗文咒语对音看于阗字母读音，华西语文学刊，第 1 辑。
李建强　2009　两份于阗文写本无量门陀罗尼比较研究，敦煌研究，第 1 期。
李建强　2010　“佛顶尊胜陀罗尼”敦煌藏文本版本研究，西域历史语言研究集刊，第 3 辑。
李建强　2010　敦煌文献中“佛顶尊胜陀罗尼”藏汉文本对音初探，中国语言学，第 4 辑。
李建强　2012　唐代梵汉对音中云母字为啥不出现了，华西语文学刊，第 6 辑。
李建强　2013　P. T. 396 的版本来源及其反映的汉语语音现象，语言研究，第 2 期。
李建强　2013　从敦煌吐蕃藏汉对音文献看藏语浊音清化，语言学论丛，第 48 辑。
李建强　2013　敦煌藏汉对音文献中的字母 wa，收于《汉藏佛学研究：文本、人物、图像和历史》，中国藏学出版社。
李建强　2015　从于阗文咒语对音看武周时期北方方音，徐时仪、梁晓虹、松江崇编《佛经音义研究——第三届佛经音义研究国际学术研讨会论文集》，上海辞书出版社。
李建强　2015　菩提流志译《不空罥索咒心经》《护命法门神咒经》咒语对音研究，语言研究，第 2 期。
李建强　2015　唐代西北方音中的于母字，古汉语研究，第 3 期。
李建强　2015　提云般若《智炬陀罗尼》咒语对音研究，西域历史语言研究集刊，第 8 辑。
李建强　2016　从不空音译本《心经》看梵文重音的对音，语言学论丛，第 53 辑。
李建强　2017　菩提流志主译《不空罥索》咒语声母对音比较研究，语言科学，第 1 期。
李建生　2007　《众经撰杂譬喻》中的疑问代词，现代语文（语言研究版），第 9 期。
李建生　2008　两部《维摩诘经》“云何”历时研究，湖北广播电视大学学报，第 2 期。
李京京　2017　《正续一切经音义》引《经典释文》考，大庆师范学院学报，第

2 期。
李景丽　2017　近十年（2006—2016）来《敦煌变文》研究综述，语文知识，第 24 期。
李敬飞、魏金光　2017　《龙龛手镜》又音成因释例，遵义师范学院学报，第 4 期。
李丽静　2010　《慧琳音义》引《声类》佚文考，南阳师范学院学报，第 1 期。
李梦芸　2013　译介学视角下的佛经汉译的创造性叛逆及其对中国文化的影响，文教资料，第 17 期。
李缅艳　2010　佛经词语考释三则，古汉语研究，第 2 期。
李明龙　2012　《续高僧传》文化语词札记，南昌航空大学学报，第 1 期。
李明龙　2012　中华大藏经版《续高僧传》在文字学研究中的价值，南昌学院学报，第 1 期。
李明龙　2014　《〈续高僧传〉词汇研究》，中国社会科学出版社。
李明山　2011　《六祖坛经》版本考述，韶关学院学报，第 7 期。
李明山　2011　《六祖坛经》书名考述，韶关学院学报，第 9 期。
李乃琦　2015　图书寮本《类聚名义抄》与玄应撰《一切经音义》，徐时仪、梁晓虹、松江崇编《佛经音义研究——第三届佛经音义研究国际学术研讨会论文集》，上海辞书出版社。
李启平　2013　《一切经音义》（上）所见阳原方俗词语研究，河北广播电视大学学报，第 1 期。
李启平　2014　《一切经音义》（中）所见阳原方俗词语研究，河北广播电视大学学报，第 3 期。
李全星　2014　《祖堂集》中的“把”字，语文学刊，第 5 期。
李瑞楠　2017　同经异译研究综述，湖南广播电视大学学报，第 2 期。
李生信　2015　西北回族话对汉语佛教词的化用形式，宁夏师范学院学报，第 5 期。
李仕春、艾红娟　2009　从复音词数据看中古佛教类语料构词法的发展，西南交通大学学报，第 4 期。
李素娟　2009　《南海寄归内法传校注》商补，汉语史研究集刊，第 12 辑，巴蜀书社。
李素娟　2010　从《南海寄归内法传》看《汉语大词典》的立目与释义疏误，宁夏大学学报，第 1 期。
李维琦　2008　瑜不掩瑕——《中国佛籍译论选辑评注》训诂得失，励耘学刊（语言学），第 2 辑。
李维琦　2012　佛经释词三续，古汉语研究，第 1 期。
李维琦　2014　《解深密经》语法释读，《汉译佛典语言研究》编委会编《汉译佛典语言研究》，语文出版社。

李小荣 2007 变文讲唱音声符号"上下"含义新考，盐城师范学院学报，第3期。
李小荣 2009 简论汉译佛典之"譬喻"文体，福建师范大学学报，第5期。
李小荣 2010 《汉译佛典文体及其影响研究》，上海古籍出版社。
李小荣 2012 王梵志诗佛教典故补注，敦煌研究，第1期。
李晓明 2017 英藏若干西夏文《真实名经》残页考释，西夏研究，第1期。
李新德 2009 "亚洲的福音书"——晚清新教传教士汉语佛教经典英译研究，世界宗教研究，第4期。
李秀芹 2008 慧琳《一切经音义》重纽反切结构特点，语言研究，第4期。
李薛妃 2016 佛经异文研究要注意的几个问题，西华师范大学，第4期。
李艳琴 2011 从《祖堂集》看"叉手"一词的确义及其他，宁夏大学学报，第5期。
李艳琴 2011 中华本《祖堂集》点校辨正，暨南学报，第1期。
李艳琴 2013 禅籍衙门俗语宗门义管窥，宜春学院学报，第8期。
李艳琴 2016 禅宗文献饮食类词语宗门义管窥，宜春学院学报，第10期。
李艳琴、李豪杰 2015 禅籍俗语语义层次及其分类，宜春学院学报，第10期。
李艳琴、徐谱悦 2014 禅籍赌博货贸俗语宗门义举隅，宜春学院学报，第7期。
李吟屏 2007 发现于新疆策勒县的C8号至C11号唐代汉文文书考释及研究，新疆师范大学学报，第4期。
李玉平 2015 也说《生经·舅甥经》中的"酒宗"，语言研究，第1期。
李玉平 2017 《龙龛手镜》疑难字形音义札考四则，励耘语言学刊，第2期。
李运富 2013 佛缘复合词语的俗解异构，中国语文，第5期。
李长云 2012 敦煌变文中心理动词"忙"溯源考证，现代语文（语言研究版），第2期。
李曌华 2011 《正续一切经音义》中病症名称义疏举隅，北京中医药，第5期。
李曌华、王育林 2014 浅析三种《一切经音义》与汉语医学词汇中的复音词研究，中医学报，第3期。
李振东、张丽梅 2014 东汉佛教译经语言及文献比较研究述论，哈尔滨师范大学社会科学学报，第1期。
李振荣 2010 《中国翻译词典》编纂疏失举证——以佛教与佛经翻译若干条目为例，华中师范大学学报，第3期。
栗学英 2008 "手自"之"自"是词缀吗，古汉语研究，第3期。
栗学英 2015 义净译经词汇研究对辞书编撰的意义，文教资料，第21期。
梁慧婧 2014 汉译《法华经》陀罗尼所反映的中古汉语语音，《汉译佛典语言研究》编委会编《汉译佛典语言研究》，语文出版社。
梁姣程 2015 从中古佛教译经看"着"语法化过程中的语法特征，铜仁学院学报，第3期。

梁融融　2013　《百喻经·猕猴救月》古今版本字、词、句特征比较，哈尔滨师范大学社会科学学报，第5期。

梁晓虹　2008　《佛教与汉语史研究：以日本资料为中心》，上海古籍出版社。

梁晓虹　2008　日本古写本佛经音义与汉字俗字研究，中国文字学报，第2辑。

梁晓虹　2010　无著道忠虚词著作研究之一——《助词品汇》，历史语言学研究，第3辑。

梁晓虹　2011　奈良时代日僧所撰《华严音义》与则天文字研究，历史语言学研究，第4辑。

梁晓虹　2011　日本所存八十卷《华严经》音义综述——以《新译华严经音义私记》为中心，徐时仪、陈五云、梁晓虹编《佛经音义研究——第二届佛经音义研究国际学术研讨会论文集》，凤凰出版社。

梁晓虹　2012　石山寺本《大般若经音义》中卷与慧琳本之词汇比较研究，汉语史学报，第12辑。

梁晓虹　2013　四部日本古写本佛经音义评述，张伯伟编《域外汉籍研究集刊》，第9辑，中华书局。

梁晓虹　2013　《新华严经音义》（大治本·金刚寺本）与汉字研究，古文献研究集刊，第7辑。

梁晓虹　2014　《大般若经字抄》与汉字研究，中国俗文化研究，第12辑。

梁晓虹　2014　日本中世“篇立音义”与汉字研究，历史语言学研究，第2辑。

梁晓虹　2015　《日本古写本单经音义与汉字研究》，中华书局。

梁晓虹　2015　日本中世“篇立音义”研究，徐时仪、梁晓虹、松江崇编《佛经音义研究——第三届佛经音义研究国际学术研讨会论文集》，上海辞书出版社。

梁晓虹　2015　《法华经释文》惠云释动物佚文考——以“鸠”“鹊”“鸽”为例，汉语史学报，第15辑。

梁晓虹　2016　从无穷会本《大般若经音义》“先德非之”考察古代日僧的汉字观，朱庆之、汪维辉、董志翘、何毓玲编《汉语历史语言学的传承与发展：张永言先生从教六十五周年纪念文集》，复旦大学出版社。

梁晓虹　2016　亮阿阇梨兼意《宝要抄》与古籍整理研究——以佛典为中心，王晓平主编《国际中国文学研究丛刊》，第4集，上海古籍出版社。

梁晓虹　2017　日本早期异体字研究——以无穷会本《大般若经音义》为例，中国文字学报，第7辑。

梁银峰　2009　《祖堂集》介词研究，语言研究集刊，第6辑。

梁银峰　2010　《祖堂集》的时间副词系统，长江学术，第1期。

梁银峰　2010　《祖堂集》的语气副词系统，宁夏大学学报，第1期。

梁银林 2010 苏轼诗与《楞严经》，社会科学研究，第 1 期。
梁嘤之 2008 《祖堂集》校读札记一则——“王莽则位”辨，宗教学研究，第 1 期。
廖宏艳 2011 《一切经音义》引《字指》考，徐时仪、陈五云、梁晓虹编《佛经音义研究——第二届佛经音义研究国际学术研讨会论文集》，凤凰出版社。
廖显荣 2009 《古尊宿语要》中介词“以”浅探，语文知识，第 2 期。
林 玲 2010 《祖堂集》新词研究与辞书编纂（一）——《汉语大词典》未收及商榷之新词义项，成都大学学报，第 1 期。
林 玲 2010 《祖堂集》新词研究与辞书编纂（二）——《汉语大词典》未收之新词，成都大学学报，第 4 期。
林 源 2013 “叆叇”考，贺州学院学报，第 4 期。
林光明 2011 入声音尾的梵汉对音研究——以两种地藏菩萨陀罗尼为例，徐时仪、陈五云、梁晓虹编《佛经音义研究——第二届佛经音义研究国际学术研讨会论文集》，凤凰出版社。
林光明 2014 慧琳《地藏菩萨陀罗尼》译音之探讨，《汉译佛典语言研究》编委会编《汉译佛典语言研究》，语文出版社。
林宪亮 2017 《辞源》（修订本）“五戒”条订误，汉字文化，第 2 期。
林晓辉 2008 佛教哲学中的语言学转向，五台山研究，第 2 期。
林彦乔 2015 《贤愚经》词语训释两则，语文学刊，第 5 期。
林艺芳 2017 禅宗语录词汇研究综述，现代语文（语言研究版），第 4 期。
刘 超 2011 古代佛经翻译与明末清初传教士翻译之比较，吉林广播电视大学学报，第 1 期。
刘 丹 2013 敦煌变文中的“惭愧”词义分析，大众文艺，第 24 期。
刘 芬 2014 《天津市艺术博物馆藏敦煌文献》与《大正藏》异文比勘，文教资料，第 30 期。
刘 丰、王继红 2015 从梵汉对勘看《金刚经》中时体语法语素“已”，现代语文，第 6 期。
刘 洁 2015 “过去”“现在”“未来”的历时演变，燕山大学学报，第 4 期。
刘 洁 2015 鸠摩罗什本与义净本《金刚经》复音词与辞书编纂，语文学刊，第 4 期。
刘 静 2011 《一切经音义》引《抱朴子》考，徐时仪、陈五云、梁晓虹编《佛经音义研究——第二届佛经音义研究国际学术研讨会论文集》，凤凰出版社。
刘 芊 2013 《洛阳伽蓝记》中成语探析，常州工学院学报，第 3 期。
刘 显 2010 《大藏经》本《大智度论》校勘札记（一）——以敦煌写本为对校本，宁夏大学学报，第 3 期。

刘　显　2010　《汉语大词典》收词补遗十四则，贵阳学院学报，第3期。
刘　显　2012　从敦煌本《大智度论》看《汉语大词典》的释义疏失，鲁东大学学报，第3期。
刘　显　2015　敦煌本《大智度论》校正《大正藏》本廿八例，中华文化论坛，第8期。
刘　显、杜娟　2009　《大藏经》本《大智度论》校勘札记——以敦煌写本为对校本，兰州教育学院学报，第2期。
刘　显、杜娟　2009　《汉语大词典》收词补遗十六则，鲁东大学学报，第6期。
刘　湘　2010　汤注《高僧传》校点献疑，兰州学刊，第8期。
刘　昀　2017　不空译《心经》梵汉对音及相关问题研究，古汉语研究，第1期。
刘爱菊　2009　《祖堂集》校记一则，语言论集，第6辑。
刘北辰　2009　浅析唐代高僧义净及其佛经翻译，湖北广播电视大学学报，第3期。
刘昌谋　2009　也谈助词"来"的语法化途径，咸宁学院学报，第2期。
刘传鸿　2014　"毒"非后缀考辨，语言研究，第2期。
刘传鸿　2014　"切"非后缀考辨，古汉语研究，第2期。
刘传鸿　2014　"（太）+形容词+生"组合中"生"的性质及来源，中国语文，第2期。
刘传启、张荣军　2012　敦煌佛教歌曲的修辞艺术，四川戏剧，第6期。
刘传启、张荣军　2012　敦煌佛曲民间话语形态研究，民族艺术，第4期。
刘广和　2011　《佛顶尊胜陀罗尼经》大正藏九种对音本比较研究——唐朝中国北部方音分歧再探，中国语言学，第5辑。
刘广和　2015　南朝宋齐译经对音的汉语音系初探，西域历史语言研究集刊，第8辑。
刘广和、储泰松、张福平　2017　音韵学梵汉对音学科的行程和发展，博览全书，第4期。
刘鸿福　2016　《汉语大词典》词语佛教语源补正五则，语文学刊（外语教育教学），第2期。
刘华江　2010　从声母系统看《韵镜》的产生年代，绥化学院学报，第2期。
刘会芹、薄守生　2012　"经"字意义流变的文化阐释，德州学院学报，第3期。
刘进宝　2009　《百年敦煌学：历史 现状 趋势》，甘肃人民出版社。
刘敬国　2011　《系统中的风格：〈小品般若经〉六种汉译本翻译风格研究》，上海交通大学出版社。
刘君敬　2011　敦煌变文校正二例，中国典籍与文化，第1期。
刘克龙、冯延举　2008　中古佛经词语札记，科教文汇，第7期。
刘林魁　2015　《慧琳音义》所见《利涉论衡》《道氤定三教论衡》考，宗教学研究，第 2 期。
刘林鹰　2011　《列子》抄袭佛经论三个硬据之驳议，文史博览（理论），第 4 期。
刘林鹰　2012　《列子》的真幻观有本土来源——《列子》幻化论抄自佛经论不能成立，怀化学院学报，第 6 期。
刘凌云　2009　“天女散花”考源释义，襄樊学院学报，第 1 期。
刘倩忠　2016　浅谈文学古籍《大唐三藏取经诗话》中的重言词，文教资料，第 33 期。
刘全波　2017　论中古时期佛教类书的编纂，敦煌学辑刊，第 2 期。
刘思莲　2012　《贤愚经》词语琐记，现代语文（语言研究版），第 2 期。
刘文正、祝静　2015　上古、中古和近代汉语的“V 令 XP”，汉语史研究集刊，第 20 辑。
刘小红　2011　浅析《生经》中动词“来”的双音词化，学行堂语言文字论丛，第 1 辑，四川大学出版社。
刘笑千　2010　佛经翻译中的“文质之争”，宜宾学院学报，第 4 期。
刘玉红　2007　《大慈恩寺三藏法师传选译》译注补正，绵阳师范学院学报，第 4 期。
刘政学　2012　《杂宝藏经》双音节动词句法功能初探，语文学刊，第 6 期。
龙国富　2007　汉语处所指代词和平比句的一个早期形式及产生的原因，语言科学，第 4 期。
龙国富　2007　汉语完成貌句式和佛经翻译，民族语文，第 1 期。
龙国富　2007　试论“以”“持”不能进入狭义处置式的原因，古汉语研究，第 1 期。
龙国富　2008　从梵汉对勘看早期翻译对译经人称代词数的影响，外语教学与研究，第 3 期。
龙国富　2008　从语言接触看汉译佛经中连接词“若”的特殊用法，汉语史学报，第 7 辑。
龙国富　2008　佛经中的双层同指疑问与佛经翻译，汉语学报，第 1 期。
龙国富　2008　试论《祖堂集》前两卷与后十八卷语言的时代差异，语言论集，第 5 辑。
龙国富　2008　试论汉语处置式的发端，语言论集，第 5 辑。
龙国富　2009　汉语中“VP-NEG”疑问句式再探，语言论集，第 6 辑。
龙国富　2009　中古汉译佛经被动式与佛经翻译，历史语言学研究，第 2 辑。
龙国富　2010　从“以/将”的语义演变看汉语处置式的语法化链，汉语史学报，第 9 辑。
龙国富　2010　从语言接触看“复”和“自”的语法地位，语文研究，第 2 期。
龙国富　2010　从语言渗透看汉译佛经中的特殊判断句，遇笑容、曹广顺、祖生利编

《汉语史中的语言接触问题研究》，语文出版社。
龙国富 2013 《〈妙法莲华经〉语法研究》，商务印书馆。
龙国富 2013 从梵汉对勘看汉译佛经中数的表达——以《法华经》为例，外语教学与研究，第1期。
龙国富 2014 中古译经中人称代词与指示代词研究，《汉译佛典语言研究》编委会编《汉译佛典语言研究》，语文出版社。
龙国富 2015 梵汉对勘在汉译佛经语法研究中的价值，西域历史语言研究集刊，第8辑。
龙国富 2017 从梵汉对勘看汉译佛经语言翻译的省略技巧，语言科学，第1期。
卢 金、于李丽 2010 浅析《庐山远公话》中的俗字现象，现代语文（语言研究版），第1期。
卢凤鹏 2008 从汉文佛典对梵文语法分析看汉字结构中的语法观，铜仁学院学报，第3期。
卢烈红 2007 佛教文献中“何”系疑问代词的兴替演变，长江学术，第1期。
卢烈红 2008 古汉语判断句中“为”“是”的连用，中国语文，第6期。
卢烈红 2008 魏晋以后疑问代词“云何”的发展与衰亡，长江学术，第4期。
卢烈红 2011 禅宗语录中带语气副词的测度问句，长江学术，第3期。
卢烈红 2012 “莫非”源流考，南开语言学刊，第2期。
卢烈红 2012 汉魏六朝汉译佛经中带语气副词的测度问句，海南师范大学学报，第3期。
卢烈红 2012 谈谈禅宗语录语法研究的几个问题，武汉大学学报，第4期。
卢烈红 2013 《古汉语研究丛札》，中国社会科学出版社。
卢烈红 2013 汉译佛经透露汉语发展变化信息，中国社会科学报，11月18日。
卢烈红 2015 禅宗语录中特指询问句的发展，钱宗武、蒋冀骋主编《周秉钧先生诞辰一百周年纪念文集》，江苏人民出版社。
卢烈红 2015 禅宗语录中转移话题式复句的发展，徐时仪、梁晓虹、松江崇编《佛经音义研究——第三届佛经音义研究国际学术研讨会论文集》，上海辞书出版社。
卢烈红 2016 禅家会话过程中转移话题的艺术，华中学术，第2期。
卢烈红 2017 禅宗语录“著”字祈使句的发展及相关问题析论，阅江学刊，第6期。
卢巧琴 2008 论同经异译的语言学价值——以《无量清静平等觉经》等三部异译经为例，中南大学学报，第1期。
卢巧琴 2008 魏晋南北朝译经语料在大型字典编纂中的价值，西南交通大学学报，第6期。

卢巧琴 2011 《东汉魏晋南北朝译经语料的鉴别》，浙江大学出版社。

卢巧琴 2012 谈汉魏六朝译经语料引用时的几个问题，西南交通大学学报，第3期。

卢巧琴、樊旭敏 2011 论正、俗字的语境差异——以魏晋南北朝译经语料为基础的考察，西南交通大学学报，第2期。

卢巧琴、方梅 2013 不同来源出处“王梵志”诗语言比较研究，东北师大学报，第3期。

卢巧琴、方梅 2015 汉魏六朝失译语料的利用原则与鉴别方法——以《鸯崛髻经》为中心的探讨，长沙大学学报，第6期。

卢巧琴、徐秋儿 2013 论汉魏六朝译经文体建构的方法，兰州教育学院学报，第3期。

卢巧琴、颜洽茂 2010 中古译经年代与“感染生义”的判别，中国语文，第1期。

卢盛江 2015 四声发现与佛经转读关系的再考察，社会科学战线，第9期。

鲁 杰 2017 中古佛律文献语言研究现状述评，内江师范学院学报，第7期。

鲁立智 2010 《坛经校释》释义匡补，文史博览，第8期。

鲁立智 2010 《逍遥游》中“野马”“尘埃”考辨，四川教育学院学报，第12期。

陆辰叶 2015 梵汉对勘“不空罥索咒”——以阇那崛多与菩提流志的汉译为中心，西域历史语言研究集刊，第8辑。

逯 静 2013 以佛经异文校订《经律异相》刍议，西昌学院学报，第1期。

逯 静 2014 《历代三宝记》的史学、文献学价值及校理与研究，南阳师范学院学报，第8期。

逯 静 2015 由译注本《（杂譬喻经）译注（四种）》谈汉译佛典整理出版中的问题，燕山大学学报，第4期。

路方鸽 2011 释“作使”，汉语史学报，第11辑。

罗 玮 2017 《修行本起经》中的话题转换，湖北科技学院学报，第4期。

罗明月 2011 《法苑珠林校注》考疑，江海学刊，第2期。

罗素珍 2007 语气词“邪”“耶”在南北朝的发展，文教资料，第7期。

罗晓林 2011 《撰集百缘经》词语考释，桂林航天工业高等专科学校学报，第2期。

罗晓林 2011 从汉译佛典看《汉语大词典》的失误，河池学院学报，第3期。

罗晓林 2015 魏晋汉文佛典词语考释，语文学刊，第24期。

罗晓林 2015 中古词语考释，文化学刊，第12期。

罗晓林 2015 中古汉语词语新义的产生途径研究——以《撰集百缘经》为例，兰州教育学院学报，第12期。

罗智丰 2008 竺法护译经语言风格刍议，桂林航天工业高等专科学校学报，第3期。

罗智丰　2009　《生经》校勘记，桂林师范高等专科学校学报，第 2 期。

罗智丰、叶桂郴　2010　《生经》中的同素逆序词研究，桂林航天工业高等专科学校学报，第 1 期。

骆　娟　2011　玄应《一切经音义》引《淮南子》考，徐时仪、陈五云、梁晓虹编《佛经音义研究——第二届佛经音义研究国际学术研讨会论文集》，凤凰出版社。

吕文瑞　2007　《龙龛手镜》研究综述，汉字文化，第 2 期。

吕文瑞　2007　《龙龛手镜》引书研究，昌吉学院学报，第 6 期。

麻天祥　2012　六字真言浅释——兼论饶宗颐先生对“吽”的考察，中国政法大学学报，第 6 期。

马　干　2014　佛经译音字用字研究，唐山学院学报，第 2 期。

马　干、周艳红　2016　《龙龛手镜》所收切身字对译梵音考，励耘语言学刊，第 1 期。

马　骏　2010　《古事记》文体特征与汉文佛经——佛典句式探源，日语学习与研究，第 6 期。

马　骏　2013　《万叶集》散文表达与汉文佛经——佛典用语考察，王晓平主编《国际中国文学研究丛刊》，第 2 集，上海古籍出版社。

马　宁　2017　关于“和尚”歇后语比况释义特点分析，柳州职业技术学院学报，第 1 期。

马　雯　2011　《慧琳音义》引《吕氏春秋》考，徐时仪、陈五云、梁晓虹编《佛经音义研究——第二届佛经音义研究国际学术研讨会论文集》，凤凰出版社。

马丹丹　2012　《祖堂集》类化俗字之探析，赤峰学院学报，第 6 期。

马小川　2017　《篆隶万象名义》特殊编撰体例例释，淮北职业技术学院学报，第 2 期。

马宇婷　2010　朱冠明《〈摩诃僧祇律〉情态动词研究》（书评），华西语文学刊，第 2 辑。

马振颖、郑炳林　2016　英藏黑水城文献《天地八阳神咒经》拼接及研究，敦煌学辑刊，第 2 期。

满　丹　2017　浅析《道德经》中被“灌注”佛教意义的词，吉林广播电视大学学报，第 2 期。

毛现军　2011　利用大型字书考证《龙龛手镜》未识字举隅，徐时仪、陈五云、梁晓虹编《佛经音义研究——第二届佛经音义研究国际学术研讨会论文集》，凤凰出版社。

毛元晶　2014　《观世音应验记三种》副词定量分析研究，广东石油化工学院学报，第 5 期。

毛远明　2011　《玄应音义》中“非”类字研究，徐时仪、陈五云、梁晓虹编《佛经音义研究——第二届佛经音义研究国际学术研讨会论文集》，凤凰出版社。

梅维恒 2009 佛教与东亚白话文的兴起：国语的产生（王继红、顾满林译），朱庆之编《佛教汉语研究》，商务印书馆。
梅维恒、梅祖麟 2007 近代诗律的梵文来源（王继红译），国际汉学，第16辑。
孟昭连 2009 汉译佛经语体的形成，中南民族大学学报，第2期。
孟昭水、陈祥明 2009 副词“终归”的形成，汉语学习，第4期。
米婷婷 2011 《生经》言说类词连用情况研究，学行堂语言文字论丛，第1辑，四川大学出版社。
苗 昱 2011 日写本《新译华严经音义私记》注音研究，徐时仪、陈五云、梁晓虹编《佛经音义研究——第二届佛经音义研究国际学术研讨会论文集》，凤凰出版社。
苗 昱 2013 《新译华严经音义私记》和训例释，南京晓庄学院学报，第4期。
苗 昱、梁晓虹 2014 《〈新译大方广佛华严经音义私记〉整理与研究》，凤凰出版社。
敏春芳 2007 出自佛教典籍的口语词，敦煌学辑刊，第4期。
敏春芳 2009 敦煌愿文中的“觉”及其相关词语解诂，敦煌学辑刊，第3期。
敏春芳、哈建军 2011 《汉语大词典》漏收敦煌愿文词目补释（一），敦煌学辑刊，第2期。
莫 娲 2012 《现代汉语词典》收录佛教词语的情况分析，语文学刊，第11期。
倪广妍、李心敬 2012 固化结构“如是说”的历时研究，文教资料，第19期。
聂鸿音 2008 “波罗密多”还是“波罗蜜多”？——利用音韵学校勘佛经的一个实例，文献季刊，第3期。
聂鸿音 2008 梵文jña的对音，语言研究，第4期。
聂鸿音 2011 华严“三偈”考，西夏学，第8辑。
聂鸿音 2013 《等持集品》的西夏文译本，藏学学刊，第9辑。
聂鸿音 2013 《西夏佛经序跋译注》导言，西夏学，第2期。
聂鸿音 2013 西夏文《五部经序》考释，民族研究，第1期。
聂鸿音 2014 《金光明总持经》：罕见的西夏本土编著，宁夏师范学院学报，第4期。
聂鸿音 2014 《圣曜母陀罗尼经》的西夏译本，宁夏社会科学，第5期。
聂鸿音 2014 床禅二母佛典译音补议，语文研究，第2期。
聂鸿音 2014 西夏“回鹘僧译经”补证，西夏研究，第3期。
聂鸿音 2015 关于西夏文《大般若经》的两个问题，文献，第1期。
聂鸿音 2016 《显密圆通成佛心要集》里的梵语言，宁夏社会科学，第3期。
聂鸿音 2016 黑水城出土“转女身经音”初释，北方民族大学学报，第1期。
聂宛忻 2009 高丽藏本慧苑音义征引的《方言》，语言研究，第3期。

聂宛忻　2013　慧琳《一切经音义》讹、脱举例，语言研究，第3期。
聂宛忻、黄仁瑄　2013　唐五代佛典音义引《史记》述，南阳师范学院学报，第5期。
聂志军　2007　西晋以前汉译佛经中“说类词”连用情况研究，乐山师范学院学报，第6期。
聂志军　2013　日本杏雨书屋藏玄应《一切经音义》残卷再研究，古汉语研究，第1期。
牛丽亚　2016　《过去现在因果经》语气副词使用情况考察，南京师范大学文学院学报，第4期。
牛顺心　2007　动词上致使标记的产生及其对分析型致使结构的影响，语言科学，第3期。
牛太清　2007　《洛阳伽蓝记》双音新词研究，河南广播电视大学学报，第2期。
牛太清　2007　汉以前双音词在《洛阳伽蓝记》中的新义研究，常熟理工学院学报，第7期。
牛太清　2009　论《洛阳伽蓝记》中的偏正式双音新词，语文学刊，第9期。
牛太清　2015　《洛阳伽蓝记》中所见当代方言词拾零，现代语文（语言研究版），第8期。
牛太清　2016　《汉语大词典》引《洛阳伽蓝记》书证校补，宁夏大学学报，第1期。
钮卫星　2010　从“罗、计”到“四余”：外来天文概念汉化之一例，上海交通大学学报，第6期。
潘登俊　2009　《入唐求法巡礼行记》中的“是”字用法，语文学刊，第23期。
潘牧天　2011　宋世良《字略》考论——以《一切经音义》引文为中心，徐时仪、陈五云、梁晓虹编《佛经音义研究——第二届佛经音义研究国际学术研讨会论文集》，凤凰出版社。
潘牧天　2015　日本古写玄应《一切经音义》卷六略探，徐时仪、梁晓虹、松江崇编《佛经音义研究——第三届佛经音义研究国际学术研讨会论文集》，上海辞书出版社。
潘氏相、释广真　2014　《佛本行集经》中“毒”字考，现代语文（语言研究版），第9期。
潘志刚、孙尊章　2016　敦煌变文与现代汉语同形的复合词的词义演变，宜春学院学报，第8期。
彭　瑛　2007　释“皈”，绥化学院学报，第3期。
彭建华　2012　梵语《莲花经》的汉语音译系统考察，黎明职业大学学报，第1期。
彭建华　2012　论玄奘新译《金刚经》的被动态，黎明职业大学学报，第3期。

彭建华 2012 论玄奘新译《金刚经》的复合动词，黎明职业大学学报，第4期。

彭建华 2015 《梵语佛经汉译的传统》，上海三联书店。

彭喜双 2009 慧琳《一切经音义》引《尔雅》郑玄注质疑，汉语史学报，第8辑。

蒲斐然 2015 《敦煌变文校注》詈骂词研究，语文学刊，第20期。

普 慧 2009 《文心雕龙》审美范畴的佛教语源，文学评论，第3期。

齐焕美 2007 《祖堂集》附加式构词考察，石河子大学学报，第3期。

祁 伟 2017 禅宗语录中“漏逗”的几种用法，新国学，第15卷。

祁从舵 2011 《祖堂集》中“且置”式问句的历史形成及其动因，深圳大学学报，第3期。

祁从舵 2011 《祖堂集》中“有+人名+VP”构式的功能特征与历史演变，语文研究，第3期。

祁从舵 2013 “如Y相似”式的特征及其演变机制，现代语文（语言研究版），第11期。

祁从舵 2015 “是即（则）是P”特征、功能及其演变，宁波工程学院学报，第2期。

祁从舵 2016 《唐宋禅录句式研究》，中国社会科学出版社。

墙 斯 2011 “斋”之“房舍”义探源，现代语文（语言研究版），第6期。

乔 辉 2011 高丽藏本《慧苑音义》与玄应《一切经音义》之“大方广佛华严经音义”相较说略，语文学刊，第11期。

秦 越 2015 禅籍《古尊宿语录》校勘示例，黔南民族师范学院学报，第6期。

秦 越 2015 禅宗语言“双重意义”修辞分析，唐山学院学报，第2期。

秦丙坤 2012 “法华经”的版本与流传，四川大学中国俗文化研究所编《项楚先生欣开八秩颂寿文集》，中华书局。

邱 冰 2008 “说+受事宾语‘言’/‘语’”探源，天中学刊，第3期。

邱 冰 2009 “说话”的历史演变，汉语史研究集刊，第12辑。

邱 冰 2009 从语言上看《佛所行赞》的译者，语文知识，第1期。

邱 冰 2010 中古汉语词汇双音化研究，燕山大学学报，第1期。

邱 冰 2012 《中古汉语词汇复音化的多视角研究》，南京大学出版社。

邱 冰 2012 从汉译佛经构词语素演变看文化与语言的交流特性，中国文化研究，第2期。

邱 峰 2009 《佛本行集经》被动句研究，廊坊师范学院学报，第2期。

邱 峰 2011 东汉至隋佛经标记被动句研究，山东师范大学学报，第1期。

邱震强 2010 敦煌变文“不具来生业报恩”校议，长沙理工大学学报，第5期。

邱震强 2015 《五灯会元》前5卷句子训诂，湘南学院学报，第1期。

邱震强 2015 从“校勘四法”角度看《五灯会元》的校对疑误，古籍研究，第

1 期。
邱震强　2015　佛学视角下的《五灯会元》词语训诂举隅，重庆邮电大学学报，第 5 期。
邱震强、柳盎　2017　《五灯会元》马鸣尊者偈训诂，湘南学院学报，第 1 期。
邱震强、王利娟、熊慧、刘裕红　2010　《庞居士语录》校读札记，长沙理工大学学报，第 2 期。
任　璐　2015　《说无垢称经》异文初探，语文学刊，第 4 期。
任　韧　2017　《英藏黑水城文献》第五册汉文佛经俗字研究，励耘语言学刊，第 1 期。
任连明　2013　中华本《五灯会元》点校拾遗，汉语史学报，第 13 辑。
任连明　2013　中华本《五灯会元》校读札记，暨南学报，第 8 期。
任连明、孙祥愉　2015　禅籍俗谚语修辞运用探析，贺州学院学报，第 4 期。
任连明、孙祥愉　2016　中华本《五灯会元》句读疑误类举，广西科技师范学院学报，第 1 期。
任鹏波　2011　《古尊宿语录》点校辩证及词语考释数则，重庆科技学院学报，第 22 期。
任鹏波　2015　《古尊宿语录》点校献疑（四），文教资料，第 25 期。
任鹏波　2016　《古尊宿语录》点校献疑（三），文教资料，第 3 期。
任晓彤、胡宇慧　2009　也说语气词“呢”的形成和发展，内蒙古工业大学学报，第 2 期。
任曜新、杨富学　2012　《孔雀明王经》文本的形成与密教化，陕西师范大学学报，第 5 期。
商艳玲　2017　《龙龛手镜》与《广韵》反切之异同，周口师范学院学报，第 1 期。
尚磊明　2015　“匍匐”辨，汉字文化，第 2 期。
邵　郁　2009　近三十年来敦煌王梵志诗研究动态，高等函授学报，第 2 期。
邵天松　2008　从《法显传》看佛典词汇的中土化，四川理工学院学报，第 4 期。
邵天松　2012　敦煌疑伪经语料年代考察——以《佛说现报当受经》为例，汉语史学报，第 12 辑。
邵天松　2013　试论《法显传》中的外来词，常熟理工学院学报，第 3 期。
邵天松　2014　从语言接触看《法显传》中“V+（O）+已”句式，语言研究，第 2 期。
邵颖涛　2014　《金刚般若经集验记》考述，图书馆杂志，第 2 期。
申　龙　2008　《修行地道经》卷一校勘记，盐城师范学院学报，第 6 期。
申　龙　2013　《新集藏经音义随函录》联绵词考释四则，安庆师范学院学报，第 2 期。

沈红宇、杨军 2015 慧琳《一切经音义》的重纽问题——从景审序说起，中南大学学报，第2期。

沈氏雪娥 2013 禅籍方俗词三题，钦州学院学报，第1期。

沈叶露 2011 玄应、慧琳、希麟音义引《孟子》考，徐时仪、陈五云、梁晓虹编《佛经音义研究——第二届佛经音义研究国际学术研讨会论文集》，凤凰出版社。

师 敏、海波 2010 日本《入唐求法巡礼行记》的研究概况，西北大学学报，第4期。

施 思、梁银峰 2017 中古汉译佛经中的“与+NP+俱”结构，语言研究，第4期。

施向东 2011 梵汉对音与“借词音系学”的一些问题，徐时仪、陈五云、梁晓虹编《佛经音义研究——第二届佛经音义研究国际学术研讨会论文集》，凤凰出版社。

施向东 2015 再谈梵汉对音与“借词音系学”的几个问题，西域历史语言研究集刊，第8辑。

施晓风 2014 《贤愚经》译注本指瑕，大庆师范学院学报，第1期。

施晓风 2014 《贤愚经》译注误释举正，临沂大学学报，第5期。

施晓风 2014 从《贤愚经》看《汉语大词典》的若干阙失（二），中国石油大学学报，第5期。

施晓风、张莉 2013 从《贤愚经》看《汉语大词典》的若干阙失（一），山东农业大学学报，第4期。

石春让、赵巍 2009 术语汉译方法的变迁，中国科技术语，第6期。

石冢晴通 2015 从Codicology的角度看汉文佛典语言学资料，徐时仪、梁晓虹、松江崇编《佛经音义研究——第三届佛经音义研究国际学术研讨会论文集》，上海辞书出版社。

史光辉 2007 东汉汉译佛经考论，阜阳师范学院学报，第1期。

史光辉 2009 从语言角度看《大方便佛报恩经》的翻译时代，古汉语研究，第3期。

史光辉 2011 “出家”一词的来源及其意义演变，山西师大学报，第6期。

史光辉 2011 “乙密”补释，贵州文史丛刊，第4期。

史光辉 2011 《大方便佛报恩经》文献学考察，古籍整理研究学刊，第5期。

史光辉 2012 信瑞《净土三部经音义集》在语言研究方面的价值，中国社会科学院研究生院学报，第4期。

史光辉 2013 《大明度经》译者考，湖南科技大学学报，第2期。

史光辉、周阳光 2011 《辞源》成语探源八则，广东广播电视大学学报，第4期。

史原朋 2009 《金刚经》及其不同译本研究，中国宗教，第2期。

释惠敏 2014 汉译佛典语法之“相违释”复合词考察，《汉译佛典语言研究》编委会编《汉译佛典语言研究》，语文出版社。

释惠敏、陈晏璱、叶博荣、邓名敦、陈钰滢、蔡淑慧 2011 反切系联之资讯化研究——以慧琳《一切经音义》为例，徐时仪、陈五云、梁晓虹编《佛经音义研究——第二届佛经音义研究国际学术研讨会论文集》，凤凰出版社。

释源博 2015 《敦煌遗书二十卷本〈佛说佛名经〉录校研究》，宗教文化出版社。

束定芳 2017 语篇隐喻的结构特点与认知功能——以《百喻经》和《庄子》为例，外语教学与研究，第3期。

帅志嵩 2008 汉译佛典“为A所V”加强式的表现及其成因，语文知识，第2期。

帅志嵩 2009 浅谈《续高僧传》在汉语史研究中的价值，北京广播电视大学学报，第3期。

帅志嵩 2009 中古汉语“VO杀”补说，语文知识，第1期。

松江崇 2009 也谈早期汉译佛典语言在上中古间语法史上的价值，汉语史学报，第8辑。

松江崇 2015 试探佛经音译字的表词现象及其制约性——以“閦”字为例，徐时仪、梁晓虹、松江崇编《佛经音义研究——第三届佛经音义研究国际学术研讨会论文集》，上海辞书出版社。

松江崇 2015 谈《旧杂譬喻经》在佛教汉语发展史上的定位，中文学术前沿，第8辑，浙江大学出版社。

宋 涛 2007 山西博物院藏《优婆塞戒经》残片考释，文物世界，第2期。

宋 曦 2015 《妙法莲华经》对音研究——以鸠摩罗什译经为例，现代语文（语言研究版），第1期。

宋德金 2008 读《龙龛手镜》札记，文史知识，第1期。

宋思佳 2013 《鼻奈耶》“持握”概念场词汇系统研究，学行堂语言文字论丛，第3辑，四川大学出版社。

宋文辉 2012 中古译经中虚词“者”的两种用法，四川大学中国俗文化研究所编《项楚先生欣开八秩颂寿文集》，中华书局。

宋相伟 2009 《义净译经》的双音节副词，语文学刊，第10期。

宋相伟 2016 义净译经的程度副词研究，语文学刊，第6期。

宋晓蓉 2014 语篇结构视域下的《大唐西域记》说明语体特点分析，喀什师范学院学报，第5期。

宋晓蓉、黄晓东、辛丽芳 2015 语体视域下的《大唐西域记》心理形容词考察，新疆大学学报，第3期。

宋晓蓉、徐天云 2014 《大唐西域记》动相补语“已”的分布特点及语体的相关性考察，新疆大学学报，第2期。

苏 慧 2017 《洛阳伽蓝记》成语研究，洛阳师范学院学报，第6期。

苏 芃 2011 《一切经音义》三种引《史记》古注材料来源蠡测，徐时仪、陈五云、梁晓虹编《佛经音义研究——第二届佛经音义研究国际学术研讨会论文集》，凤凰出版社。
苏 琦 2007 《敦煌变文字义通释》的释义贡献，烟台职业学院学报，第3期。
苏得华 2013 凉州藏朱砂版《藏文大藏经》初探，西北民族大学学报，第6期。
苏晓芳 2011 “将无”类测度语气副词产生原因探析，文教资料，第4期。
孙伯君 2007 北京大学图书馆所藏《华严经》卷42残片考，西夏学，第2辑，宁夏人民出版社。
孙伯君 2007 西夏佛经翻译的用字特点与译经时代的判定，中华文史论丛，第2期。
孙伯君 2007 西夏新译佛经中的特殊标音汉字，宁夏社会科学，第1期。
孙伯君 2007 西夏译经的梵汉对音与汉语西北方音，语言研究，第1期。
孙伯君 2008 真智译《佛说大白伞盖总持陀罗尼经》为西夏译本考，宁夏社会科学，第4期。
孙伯君 2010 《西夏新译佛经陀罗尼的对音研究》，中国社会科学出版社。
孙伯君 2017 12世纪河西方音的鼻音声母，励耘语言学刊，第1期。
孙伯君 2017 裴休《发菩提心文》的西夏译本考释，宁夏社会科学，第4期。
孙建伟 2013 《慧琳音义》断句标点商榷，甘肃联合大学学报，第3期。
孙建伟 2013 《慧琳音义》所释文字考辨，宁夏大学学报，第2期。
孙建伟 2013 慧琳《一切经音义》各版本文字差异例释，中南大学学报，第4期。
孙建伟 2013 也谈《玄应音义》的“近字”，海南师范大学学报，第5期。
孙建伟 2014 《慧琳音义》文字校正五则，语言科学，第4期。
孙建伟 2015 慧琳《一切经音义》所释文字考辨六则，国学学刊，第3期。
孙建伟 2016 《大正新修大藏经》疑难字例释，青海师范大学学报，第4期。
孙建伟 2016 《慧琳音义》的作者、成书、流传及版本综论，重庆师范大学学报，第4期。
孙建伟 2016 慧琳《一切经音义》“字书并无”类文字现象研究，齐齐哈尔大学学报，第7期。
孙建伟 2017 《汉语大字典》（第二版）“舣”“䑲”释义辩正，宁夏大学学报，第2期。
孙建伟 2017 《慧琳音义》所释疑难俗字考探十则，国学学刊，第2期。
孙建伟 2017 慧琳《一切经音义》俗字考辨九则，重庆师范大学学报，第4期。
孙建伟 2017 慧琳《一切经音义》所释疑难俗字考辨八则，青海师范大学学报，第3期。
孙建伟 2017 慧琳《一切经音义》疑难俗字考辨七则，西南交通大学学报，第1期。

孙立平、高圣兵　2016　“格义”：穿越文化之障，安徽理工大学学报，第1期。
孙前进　2008　《洛阳伽蓝记》方位词及相关问题，安徽师范大学学报，第1期。
孙尚勇　2012　论泽译佛偈程序对中国中古诗歌的影响，四川大学中国俗文化研究所编《项楚先生欣开八秩颂寿文集》，中华书局。
孙淑娟　2016　南北朝时期汉译佛经中的双宾语结构，贵州大学学报，第5期。
孙淑梅　2007　《汉译佛典翻译文学选》注释补正，现代语文，第2期。
谭　翠　2009　《可洪音义》宋元时代流传考——以《碛砂藏》随函音义为中心，中国典籍与文化，第3期。
谭　翠　2010　《碛砂藏》随函音义与汉文佛经校勘，西南交通大学学报，第1期。
谭　翠　2011　《碛砂藏》随函音义研究价值发微，古汉语研究，第2期。
谭　翠　2011　《碛砂藏》随函音义与汉语佛典整理，徐时仪、陈五云、梁晓虹编《佛经音义研究——第二届佛经音义研究国际学术研讨会论文集》，凤凰出版社。
谭　翠　2012　英藏黑水城文献所见佛经音义残片考，文献，第2期。
谭　翠　2013　《〈碛砂藏〉随函音义研究》，中国社会科学出版社。
谭　翠　2015　《碛砂藏》随函音义所见宋元语音，古汉语研究，第2期。
谭　翠　2016　《思溪藏》随函音义与汉语俗字研究，西南交通大学学报，第6期。
谭　翠　2017　敦煌文献与佛经异文研究释例，古籍研究，第2期。
谭　洁　2009　关于“四声”与佛经转读关系的研究综述，河北大学学报，第3期。
谭　伟　2012　从《宝林传》到《传法正宗记》看禅宗语言的世俗化，汉语史研究集刊，第15辑。
谭　伟　2014　敦煌本《坛经》校注中的语言问题，汉语史研究集刊，第17辑。
谭　伟　2016　禅宗语言在传播中的异变，汉语史研究集刊，第21辑。
谭代龙　2007　《南海寄归内法传》校注拾补，宗教学研究，第2期。
谭代龙　2007　义净译经去往概念场词汇系统及其演变研究，汉语史研究集刊，第10辑。
谭代龙　2007　义净译经卧睡概念场词汇系统及其演变研究，语言科学，第3期。
谭代龙　2008　《生经·舅甥经》“不制”解，古汉语研究，第2期。
谭代龙　2008　《义净译经身体运动概念场词汇系统及其演变研究》，语文出版社。
谭代龙　2009　“大便”“小便”字面意义考，汉语史学报，第8辑。
谭代龙　2011　《汉语大词典》引义净作品考，湛江师范学院学报，第4期。
谭代龙　2012　《南海寄归内法传》“行初”考，合肥师范学院学报，第1期。
谭代龙　2013　《佛教汉语词汇系统的结构及形成》，西南交通大学出版社。
谭代龙　2013　佛典“掷身”考，重庆三峡学院学报，第5期。
谭代龙　2014　“放身”源流考，汉语史研究集刊，第17辑。
谭代龙　2015　《南海寄归内法传校注》异文校补，合肥师范学院学报，第4期。

谭代龙　2015　《生经》字词札记，汉语史研究集刊，第20辑。
谭代龙　2015　《生经简注》，四川大学出版社。
谭代龙　2015　古汉语词的描写与词义的认定——以《南海寄归内法传》的“开”为例，汉语史学报，第15辑。
谭代龙　2017　《南海寄归内法传》“将看”考，汉语史研究集刊，第22辑。
谭世宝　2011　略论“佛经音义”的一些问题，徐时仪、陈五云、梁晓虹编《佛经音义研究——第二届佛经音义研究国际学术研讨会论文集》，凤凰出版社。
谭世宝　2012　略论唐至辽宋禅宗对悉昙文字及汉语言文字研究之贡献，宗教学研究，第4期。
谭世宝　2013　“獦獠”的音义形考辨，敦煌研究，第6期。
汤　洪　2017　“峨眉”语源考，复旦学报，第6期。
汤　君　2016　《增壹阿含经》的西夏摘译本，宁夏社会科学，第2期。
汤仕普　2012　佛教成语源流考辨六则，贵州文史丛刊，第3期。
汤仕普　2013　“出污泥而不染”源流考，六盘水师范学院学报，第2期。
汤仕普　2013　成语源流补正四则，贵州师范学院学报，第7期。
汤仕普　2014　“镜花水月”的形成及其语义演变，中共福建省委党校学报，第7期。
汤仕普　2017　“改邪归正”的源流与变体，励耘语言学刊，第2期。
汤仕普、史光辉　2012　“善男信女”的语源、结构及其语义的发展，燕赵学术，秋之卷。
唐　飞　2013　《汉语大词典》引《法苑珠林》书证纰漏研究，重庆科技学院学报，第12期。
唐　飞　2013　试论《鼻奈耶》的“到”与“至”，学行堂语言文字论丛，第3辑，四川大学出版社。
唐　嘉　2015　佛教“格义”辨析，中国佛学，第2期。
唐晋先　2011　“报”义补释，现代语文（语言研究版），第5期。
唐贤清　2007　佛教文献三音节副词特点及产生、衰落的原因，古汉语研究，第4期。
唐秀伟　2011　禅宗语言在唐代意境型诗歌中的运用，齐齐哈尔大学学报，第2期。
陶　玲　2012　日本西大寺藏碛砂本《内典随函音疏》小识，文献，第4期。
陶　智　2011　《观世音应验记三种》校释四则，汉语史研究集刊，第14辑。
陶　智　2013　《〈观世音应验记三种〉译注》校释商补，嘉兴学院学报，第1期。
陶　智　2013　《汉语大词典》疏漏商补——以《观世音应验记三种》为例，语文知识，第1期。
陶家骏　2011　敦煌佚本《维摩诘经注》写卷俗字辑考，苏州大学学报，第5期。
陶家骏、苗昱　2012　敦煌研究院藏佚本《维摩诘经注》写卷再探——兼及子母注问题，敦煌研究，第 3 期。
田春来　2007　《祖堂集》句末的“次”，长江学术，第 1 期。
田春来　2009　释唐宋禅录里的“只如”，汉语史学报，第 8 辑。
田春来　2012　《〈祖堂集〉介词研究》，中华书局。
田春来　2017　《碧岩录》助动词研究，浙江师范大学学报，第 3 期。
田启涛　2010　早期天师道文献词语拾诂，汉语史研究集刊，第 13 辑。
田启涛　2012　再谈道经中的“搏颊”，现代语文（语言研究版），第 10 期。
万金川　2012　基于梵汉对勘的佛教汉语研究方兴未艾，中国社会科学报，12 月 17 日。
万金川　2014　文本对勘与汉译佛典的语言研究，《汉译佛典语言研究》编委会编《汉译佛典语言研究》，语文出版社。
万献初　2014　慧琳《一切经音义》八千次“直音”考析，汉语史学报，第 14 辑。
万艳军　2013　《大唐西域记》时间副词“已”的计量分析及与语体的相关性浅析，乌鲁木齐职业大学学报，第 3 期。
汪　祎　2007　同经异译比较释词举隅，南京师范大学文学院学报，第 2 期。
汪维辉　2007　从语言角度论一卷本《般舟三昧经》非支谶所译，语言学论丛，第 35 辑。
汪维辉　2008　佛经“齐”字解诂，汉语史学报，第 7 辑。
汪维辉　2010　《百喻经》与《世说新语》词汇比较研究（上），汉语史学报，第 10 辑。
汪维辉　2011　《百喻经》与《世说新语》词汇比较研究（下），汉语史学报，第 11 辑。
汪维辉　2012　《王梵志诗》“心下较些子”的解释问题，四川大学中国俗文化研究所编《项楚先生欣开八秩颂寿文集》，中华书局。
汪维辉　2016　有关《临济录》语言的几个问题，汉语史研究集刊，第 21 辑。
王　冰　2011　三十年来国内汉译佛经词汇研究述评，华夏文化论坛，第 6 辑。
王　冰　2012　《歧路灯》词语例释，南阳师范学院学报，第 8 期。
王　冰　2017　《北山录校注》札记三则，皖西学院学报，第 6 期。
王　东　2007　《高僧传》词语零札，语文知识，第 2 期。
王　东　2009　《法苑珠林校注》拾零，郑州大学学报，第 4 期。
王　东　2009　《高僧传》六个词语的训释，武汉大学学报，第 6 期。
王　东　2009　从词汇角度看《列子》的成书时代补正，古汉语研究，第 1 期。
王　东　2010　《法苑珠林校注》斠补，古籍整理研究学刊，第 4 期。
王　东　2010　《法苑珠林校注》献疑，江海学刊，第 4 期。
王　东、罗明月　2009　《列子》撰写时代考——从词汇史角度所作的几点补证，西南交通大学学报，第6期。
王 红 2009 《庐山远公话》重言词语义功能研究，现代语文（语言研究版），第12期。
王 虎、樊亚楠 2015 改革开放以来敦煌变文词汇研究综述，广州广播电视大学学报，第1期。
王 华 2014 《祖堂集》疑问句句末语气词考察——兼谈“不”“否”“无”等词的界定，学术交流，第12期。
王 华 2015 《祖堂集》的语气词系统，哈尔滨师范大学社会科学学报，第3期。
王 卉 2017 汉译佛经并列连词“逮”的历时考察和来源探究，宜春学院学报，第4期。
王 杰 2009 近代汉语词语与汉译佛经研究，毕节学院学报，第7期。
王 静 2014 佛学视角下的汉语词语“停住”与“停止”，语文学刊，第19期。
王 军 2009 副词“究竟”的始见时代，南京师范大学文学院学报，第3期。
王 珂、康健 2013 “唯我独尊”语义考，安康学院学报，第2期。
王 孟 2015 谈敦煌遗书《佛说孝顺子修行成佛经》的研究，敦煌研究，第4期。
王 庆 2008 《佛经翻译对中古汉语词汇和语法的影响》，中国戏剧出版社。
王 庆 2008 现代汉语中的几个语法术语与汉译佛经的关系，汉语史研究集刊，第11辑。
王 庆 2009 汉译佛经语言中的“V+于+O”结构，兰州学刊，第8期。
工 睿 2011 “阿揽”与“浮口知”——吐鲁番粟特胡名中的佛教因子，历史研究，第3期。
王 曦 2011 《玄应音义》碛砂藏系改动原文文字情况考察，合肥师范学院学报，第4期。
王 曦 2014 论玄应《一切经音义》喉音声母晓、匣、云、以的分立，中南大学学报，第3期。
王 曦 2014 试论历史语音研究中多音字常读音考察的方法——以《玄应音义》中多音字常读音研究为例，古汉语研究，第3期。
王 曦 2015 试论玄应《一切经音义》中的舌音声母，湖北大学学报，第1期。
王 曦 2015 玄应《一切经音义》重纽韵舌齿音考察，湖南师范大学社会科学学报，第3期。
王 曦 2016 玄应《一切经音义》唇音声母考察，中国语文，第6期。
王 曦 2017 《玄应音义》从邪分立考，国学学刊，第3期。
王 鑫 2016 佛源词语研究综述，现代语文（语言研究版），第1期。
王 焱、杨鸿冕 2011 不同时期汉语外来词特点与社会心理，长春理工大学学报，第7期。

王　勇　2014　禅籍方俗词溯源，汉语史研究集刊，第 17 辑。
王　勇、王长林　2015　禅籍点校献疑，励耘语言学刊，第 2 期。
王　渊　2010　“方便”考，哈尔滨学院学报，第 7 期。
王飞朋　2016　印度佛教的抄经及佛经翻译中的抄译现象，四川图书馆学报，第 3 期。
王光辉　2011　《佛教大辞典》指瑕一则，现代语文（语言研究版），第 12 期。
王光辉、曾昭聪　2011　《汉语大词典》书证初始例试补——以佛典语料为例，法音，第 9 期。
王光辉、曾昭聪　2013　大正藏本《佛说观佛三昧海经》校读记，图书馆理论与实践，第 10 期。
王海英　2016　《大唐西域记》“愿”字祈使句的分布及语体的相关性考查，广西教育学院学报，第 2 期。
王浩垒　2008　常用词“詈”“诟”“骂”的历史演变，周口师范学院学报，第 1 期。
王浩垒　2016　文献特征的多元考察与误题译经译者的确定——以同本异译《阿育王传》《阿育王经》为例，浙江师范大学学报，第 6 期。
王弘治　2015　从早期音义体例再论伯 2494《楚辞音》，徐时仪、梁晓虹、松江崇编《佛经音义研究——第三届佛经音义研究国际学术研讨会论文集》，上海辞书出版社。
王红生　2012　梵汉对音与中古汉语全浊声母的音读问题，西安文理学院学报，第 6 期。
王洪涌　2007　从词汇史看《大唐三藏取经诗话》的语言年代，古汉语研究，第 3 期。
王华权　2009　《一切经音义》引书考论，长沙铁道学院学报，第 3 期。
王华权　2009　试论《一切经音义》刻本用字的学术价值，黄冈师范学院学报，第 2 期。
王华权　2010　《龙龛手镜》所收《一切经音义》用字考探，黄冈师范学院学报，第 1 期。
王华权　2010　《一切经音义》通假字辨析，唐山师范学院学报，第 3 期。
王华权　2011　《一切经音义》所记载佛经用字考略，汉语史学报，第 11 辑。
王华权　2011　高丽藏刻本《一切经音义》俗用字类型论略，徐时仪、陈五云、梁晓虹编《佛经音义研究——第二届佛经音义研究国际学术研讨会论文集》，凤凰出版社。
王华权　2014　《〈一切经音义〉文字研究》，上海人民出版社。
王继红　2010　梵文佛典《阿毗达磨俱舍论》中语态范畴翻译研究，人文丛刊，第 5 辑。

王继红 2013 论部汉译佛典篇章标示成分考察——一项关于《阿毗达磨俱舍论》的个案研究，蒋绍愚、胡敕瑞主编《汉译佛典语法研究论集》，商务印书馆。
王继红 2014 《基于梵汉对勘的阿毗达磨俱舍论语法研究》，中西书局。
王继红 2015 从梵汉对勘看全称量化限定词"所有"的形成，古汉语研究，第4期。
王继红 2015 中古译经数范畴的翻译方法，人文丛刊，第9辑。
王继红 2016 从梵汉对勘看"所有"全称统指与任指用法的差别，中国语言学报，第17期。
王继红 2017 从《金刚经》梵汉对勘看玄奘的翻译语法观念，外语教学与研究，第6期。
王继红、陈前瑞 2015 "当"的情态与将来时用法的演化，中国语文，第3期。
王继红、黄渊红、牟烨梓 2014 中古汉译佛经复句的文体差异，人文丛刊，第8辑。
王继红、牟烨梓 2017 中古律典《摩诃僧祇律》"若"类复句研究，人文丛刊，第11辑。
王继红、王凤 2015 《金光明经》异译本中的时间连接成分，人文丛刊，第9辑。
王继红、朱庆之 2012 佛典譬喻经语篇衔接方式的文体学考察，当代修辞学，第2期。
王继红、朱庆之 2013 汉译佛经句末"故"用法考察——以《阿毗达磨俱舍论》梵汉对勘为例，蒋绍愚、胡敕瑞主编《汉译佛典语法研究论集》，商务印书馆。
王继红、朱庆之 2013 汉译佛经中梵语过去被动分词的翻译策略，人文丛刊，第7辑。
王继红、朱庆之 2014 基于梵汉平行语料库的《俱舍论》格标记翻译研究，汉语史学报，第14辑。
王继如 2014 佛典与《说文》，《汉译佛典语言研究》编委会编《汉译佛典语言研究》，语文出版社。
王建国 2009 《洛阳伽蓝记》的作者及创作年代辨证，江汉论坛，第10期。
王建国 2010 《洛阳伽蓝记》丛考，古籍整理研究学刊，第4期。
王建军 2015 汉译佛典成语：汉语成语的助推器，徐时仪、梁晓虹、松江崇编《佛经音义研究——第三届佛经音义研究国际学术研讨会论文集》，上海辞书出版社。
王美玲、聂鑫、尚敏 2009 中国早期佛经翻译与西方早期翻译之比较研究，辽宁教育行政学院学报，第5期。
王启龙 2009 钢和泰对中国语言学的贡献，西藏大学学报，第1期。
王启涛 2016 "注子"考——兼论佛经讲疏对中土义疏的影响，朱庆之、汪维辉、董志翘、何毓玲编《汉语历史语言学的传承与发展：张永言先生从教六十五周年纪念文集》，复旦大学出版社。

王孺童　2007　《百喻经》之研究，法音，第 10 期。

王孺童　2008　辽行均《龙龛手镜》杂考，佛学研究，第 14 辑。

王瑞英　2009　试论汉语助词“生”的来源及演变，黄河科技大学学报，第 5 期。

王闰吉　2011　《禅录词语释义商补》商补，中国语文，第 5 期。

王闰吉　2012　《〈祖堂集〉语言问题研究》，中国社会科学出版社。

王闰吉　2012　《祖堂集》语法问题考辨数则，语言科学，第 4 期。

王闰吉　2013　“獦獠”的词义及其宗教学意义，汉语史学报，第 13 辑。

王闰吉　2013　禅义的来源与内容探析，丽水学院学报，第 1 期。

王闰吉　2013　唐宋禅录疑难语词考释四则，语言研究，第 3 期。

王闰吉　2015　汉译佛典中的两个地狱名释义辨正，汉语史研究集刊，第 20 辑。

王闰吉、张继娥　2011　《祖堂集》人名的简称，丽水学院学报，第 6 期。

王闰吉、朱庆华　2016　《祖堂集》疑难语词考校商补，汉语史学报，第 16 辑。

王若玉　2015　《祖堂集》中成语探析，语文学刊，第 13 期。

王三庆　2014　十念文研究，敦煌研究，第 3 期。

王绍峰　2007　《释迦方志》校注续补三则，古汉语研究，第 3 期。

王绍峰　2009　“巴毁”新考，古汉语研究，第 1 期。

王绍峰　2011　《先秦汉魏晋南北朝诗》“释氏诗”札记六则，湛江师范学院学报，第 5 期。

王绍峰　2012　《法苑珠林校注》商补，宁波大学学报，第 5 期。

王绍峰　2017　初唐佛典异文类例，杭州师范学院学报，第 9 期。

王绍峰、曹祝兵　2011　读《宋高僧传》校点本札记，阜阳师范学院学报，第 3 期。

王思齐　2015　义净译《佛说大孔雀明王经》中的唐代北方方言声母系统，西域历史语言研究集刊，第 8 辑。

王思齐　2017　《佛说大孔雀明王经》中的唐代北方方言韵母系统，古汉语研究，第 4 期。

王文涛　2014　“慈善”语源考，中国人民大学学报，第 1 期。

王显勇　2013　佛典词语校释七则，西部学刊，第 10 期。

王显勇　2014　中古佛典文献释词零札，佳木斯大学社会科学学报，第 3 期。

王显勇　2016　《经律异相》札记，中国语文，第 4 期。

王显勇　2016　《续高僧传》词语释义零札，励耘语言学刊，第 1 期。

王显勇　2016　可洪《随函录》之《续高僧传》“所引”举例，西部学刊，第 11 期。

王显勇、弓守广　2015　佛典文献字词散记，牡丹江大学学报，第 5 期。

王祥伟　2016　敦煌文书 BD15246（2）、P. 3364 与 S. 5008 缀合研究，敦煌学辑刊，

第1期。
王向远 2017 “不易”并非“不容易”——对释道安“三不易”的误释及其辨正，北京师范大学学报，第4期。
王小玉、董志翘 2015 中古汉语分词不一致原因探讨，汉语史研究集刊，第19辑。
王晓云 2016 喻厮啰之“喻”音辨析，青海师范大学学报，第2期。
王秀玲 2007 说“缤纷”道“落英”，华南师范大学学报，第2期。
王艳红、毕谦琦 2011 希麟《续一切经音义》重纽研究，徐时仪、陈五云、梁晓虹编《佛经音义研究——第二届佛经音义研究国际学术研讨会论文集》，凤凰出版社。
王艳红、毕谦琦 2013 《续一切经音义》的重纽，汉语史学报，第13辑。
王毅力 2010 《法句譬喻经》词语札记，九江学院学报，第1期。
王毅力 2011 从《法句譬喻经》看《汉语大词典》的若干阙失，淮北师范大学学报，第5期。
王毅力 2011 从词汇角度看《大比丘三千威仪》的翻译年代，西南交通大学学报，第5期。
王毅力 2011 从词语角度看《菩萨本缘经》之译者译年，五邑大学学报，第2期。
王毅力 2012 从词汇角度看《分别功德论》的翻译年代，宗教学研究，第1期。
王育林、李曌华 2011 三种《一切经音义》内科病证名研究，中医文献杂志，第4期。
王育林、李曌华、于雷 2011 论《正续一切经音义》病证名——兼考“癫痫”“痰饮”，北京中医药大学学报，第3期。
王玥雯 2007 鸠摩罗什五部译经复音词词义若干问题研究，湖北大学学报，第2期。
王玥雯 2007 姚秦译经疑问句研究，长江学术，第3期。
王玥雯 2011 姚秦译经正反问句研究，长江学术，第4期。
王玥雯 2013 姚秦译经与同期中土文献疑问词之比较研究，长江学术，第4期。
王玥雯 2015 从佛经材料看中古“未是”否定判断句的形成和发展，徐时仪、梁晓虹、松江崇编《佛经音义研究——第三届佛经音义研究国际学术研讨会论文集》，上海辞书出版社。
王云路 2011 关于“三字连言”的重新思考，宁波大学学报，第1期。
王云路、楚艳芳 2010 中古汉语语法研究综述，古汉语研究，第3期。
王云路、吴坚 2010 再论汉译佛经新词、新义的产生途径，汉语史学报，第9辑。
王云路、张凡 2008 释“踊跃”及其他——兼谈词义演变的相关问题，中国语文，第3期。
王长林 2015 禅语“君子可八”释义商兑，语言研究，第1期。

王长林 2015 禅宗文献语词析疑，汉语史研究集刊，第19辑。
王长林 2016 “口似扁担”“口似磉盘”商诂，汉语史学报，第16辑。
王长林 2016 禅籍“勃窣”拾诂，励耘语言学刊，第2期。
王长林 2016 佛教文献释词补苴，语言科学，第2期。
王长林、李家傲 2016 禅录俗语词“风后先生”商兑，励耘语言学刊，第3期。
王长林、王勇 2016 “咤沙”源流考——兼论词语合流及单纯词的再复合化，语文研究，第1期。
王招国（定源） 2014 日本古写经《高僧传》所见“法和传”异文考辩，汉语史学报，第14辑。
王志鹏、朱瑜章 2010 敦煌变文的名称及其文体来源的再认识，敦煌研究，第5期。
王籽郦 2014 《古尊宿语录》中方位词“前、后”的语义认知分析，四川文理学院学报，第3期。
尉迟治平 2015 《法华经·陀罗尼品》梵汉对音所反映的隋唐汉语声调，西域历史语言研究集刊，第8辑。
尉迟治平 2016 玄应音义性质辨正——黄仁瑄《〈大唐众经音义〉校注》序，国学学刊，第3期。
魏晓艳 2013 《可洪音义》研究现状综述，河南理工大学学报，第1期。
魏晓艳 2017 《可洪音义》的成书内容与版本流传，汉字文化，第2期。
魏兆惠 2007 论古汉语词缀“头”，语言研究，第2期。
温　静 2013 《祖堂集》的“阿”“子”“生”词缀在闽语中的保留，铜仁学院学报，第6期。
温振兴 2010 唐宋“始得”句的历史演化和语法化，语文研究，第3期。
温振兴 2010 唐宋禅籍中的呵斥叹词“咄”，汉语史研究集刊，第13辑。
温志权、詹绪左 2017 《明僧弘秀集》疑难字考，汉语史研究集刊，第22辑。
文　雯 2007 《敦煌变文集》中的“孃”和“娘”，徐州教育学院学报，第1期。
吴　建 2010 从《百喻经》看常用词“愚”和“痴”的历时替换，语文学刊，第1期。
吴　晶 2008 陈寅恪“合本子注”说新探，浙江社会科学，第12期。
吴　晶 2009 《洛阳伽蓝记》体例质疑，文学遗产，第5期。
吴　晶 2009 《说郛》本《洛阳伽蓝记》的版本价值，南京师范大学文学院学报，第1期。
吴　娟 2008 也说“白衣”，语言研究，第1期。
吴　娟 2009 “久如”探源，汉语史学报，第8辑。
吴　娟 2011 汉译《维摩诘经》中“云何”的特殊用法，中国语文，第1期。

吴　群　2017　金藏《慧苑音义》误引《说文》考，绵阳师范学院学报，第6期。
吴继刚　2009　《玄应音义》中的案语研究，五邑大学学报，第2期。
吴继刚　2011　论庄炘等对《玄应音义》的研究，徐时仪、陈五云、梁晓虹编《佛经音义研究——第二届佛经音义研究国际学术研讨会论文集》，凤凰出版社。
吴建伟　2010　《大正藏》本《法华义疏》校疑十七例——以P. 2346号为对校本，图书馆杂志，第9期。
吴茂刚　2009　魏晋南北朝完成貌句式语法属性研究述评，合肥师范学院学报，第2期。
吴苗苗　2015　汉译佛经中“人称/指示代词+曹辈”初探，鸡西大学学报，第8期。
吴宁华　2012　还盘王愿仪式中的“啰哩嗹”，中国音乐学，第3期。
吴士田　2017　敦煌写本《坛经》的繁话俗字，长春大学学报，第5期。
吴为民　2011　佛经音义词单音节缩略现象研究，徐时仪、陈五云、梁晓虹编《佛经音义研究——第二届佛经音义研究国际学术研讨会论文集》，凤凰出版社。
吴新江　2007　《六度集经》中“兄弟”一词的“兄妹”义考索，南京师范大学文学院学报，第4期。
吴雪杉　2009　“郎君子”小考，故宫博物院院刊，第1期。
吴章燕　2012　《金刚经》之“四句偈”释义，毕节学院学报，第3期。
伍小劼　2013　日本古写经与《大灌顶经》研究，深圳大学学报，第4期。
武建宇　2009　关于《王梵志诗校注》的几条补正，燕赵学术，春之卷。
武氏玉璧　2013　《维摩诘经》三译本“所”字用法比较研究，福建师大福清分校学报，第4期。
武晓玲　2010　《敦煌变文校注》献疑，现代语文（语言研究版），第2期。
夏金华　2012　提婆达多：恶魔还是菩萨？——经典研读中的误判与澄清，华东师范大学学报，第1期。
夏丽丽　2013　《龙龛手镜》校勘示例，哈尔滨师范大学社会科学学报，第3期。
夏先忠　2008　六朝道典用语佛源考求举例，西南民族大学学报，第11期。
夏先忠　2012　《真诰》中的韵文，汉语史研究集刊，第15辑。
夏先忠、俞理明　2012　从陶弘景诗文用韵看《登真隐诀》作者及成书时代，古籍整理研究学刊，第4期。
向德珍　2008　《祖堂集》疑问判断句研究，青海社会科学，第2期。
向德珍、李磊　2016　禅宗文献中以“（即/则）是”收尾的选择问和特指问句，宁夏大学学报，第4期。
向德珍、姚祥琳　2017　近代汉语里煞句的“好”字，宁夏大学学报，第4期。
向筱路　2014　《不空罥索陀罗尼》梵本校勘，华西语文学刊，第1辑。
向筱路　2015　《梵本〈心经〉不空和慈贤译音的比较研究》，中国人民大学国学院编《雏凤集》，中国人民大学出版社。

肖　平、杨金萍　2012　醍醐寺藏《孔雀经音义》所附音图之“呬”行音系考，浙江工商大学学报，第3期。

肖同姓　2011　“不可思议”考辨，西南交通大学学报，第1期。

萧　红　2007　试论梁释慧皎《高僧传》对词典编纂的价值，金克中、宋亚云、黄斌、孙玉文编《汉语新探——庆祝祝敏彻教授从事学术活动五十周年学术论文集》，崇文书局。

萧　红　2008　《〈洛阳伽蓝记〉句法研究》，中国社会科学出版社。

萧　红　2013　《汉语历史语法词汇研究》，中国社会科学出版社。

萧　红　2013　南北朝佛典、道书复音词语比较，钱宗武、姚振武编《古汉语研究的新探索——第十一届全国古代汉语学术研讨会论文集》，语文出版社。

萧　红　2015　中古宗教名词“玉女”考，徐时仪、梁晓虹、松江崇编《佛典音义研究——第三届佛经音义研究国际学术研讨会论文集》，上海辞书出版社。

萧　旭　2011　唐五代佛经音义书同源词例考，徐时仪、陈五云、梁晓虹编《佛经音义研究——第二届佛经音义研究国际学术研讨会论文集》，凤凰出版社。

萧　旭　2014　敦煌变文校正举例，敦煌研究，第2期。

萧　旭　2015　朝鲜本《龙龛手鉴》“𤻮”字疏证，徐时仪、梁晓虹、松江崇编《佛经音义研究——第三届佛经音义研究国际学术研讨会论文集》，上海辞书出版社。

萧　瑜　2011　《重刊北京五大部直音会韵》初探，徐时仪、陈五云、梁晓虹编《佛经音义研究——第二届佛经音义研究国际学术研讨会论文集》，凤凰出版社。

萧文真　2009　关于敦煌写卷P.2133号《金刚经讲经文》校录的一些问题，敦煌学辑刊，第1期。

谢　飞　2011　《汉语大词典》词语补正九则——以中古汉译佛经为例，现代语文（语言研究版），第2期。

谢广华　2017　认知隐喻视角下禅宗话语机锋的特征分析，现代语文（语言研究版），第10期。

谢国剑　2013　从中古石刻文献看大型辞书训释之不足——以涉佛词语为例，江西社会科学，第7期。

谢燕琳　2017　敦煌变文中奴婢称谓词的词汇特色，兰州文理学院学报，第5期。

辛　羽　2011　说说“口头禅”，咬文嚼字，第12期。

辛嶋静志　2007　早期汉译佛教经典所依据的语言（徐文堪译），汉语史研究集刊，第10辑。

辛嶋静志　2008　汉译佛典的语言研究（三），语言学论丛，第37辑。

辛嶋静志　2009　《法华经》的文献学研究——观音的语义解释，中华文史论丛，第

3 期。
辛嶋静志 2010 早期汉译佛典的语言研究：以支娄迦谶及支谦的译经对比为中心，汉语史学报，第 10 辑。
辛嶋静志 2015 汉译佛典语言研究的意义及方法，国际汉学研究通讯，第 10 期。
辛嶋静志 2016 何为判断疑伪经之根据——以《盂兰盆经》与《舍利弗问经》为例，方广锠编《佛教文献研究：佛教疑伪经研究专刊》（第 1 辑），广西师范大学出版社。
辛嶋静志 2016 《佛典语言及传承》（裘云青、吴蔚琳译），中西书局。
辛嶋静志、裘云青 2014 《列子》与《般若经》，汉语史学报，第 14 辑。
辛嶋静志、裘云青 2014 盂兰盆之意——自恣日的“饭钵”，中华文史论丛，第 2 期。
辛嶋静志、裘云青 2017 试论梵语“chattra”、汉语“刹”、朝鲜语“tjer 뎔（절）”以及日语“teraてら”之关系，佛学研究，第 1 期。
辛丽芳 2014 语体视域下的《大唐西域记》“—然”式状态形容词考察，阜阳师范学院学报，第 4 期。
辛睿龙 2016 《大唐西域记》异文考辨，唐山学院学报，第 2 期。
辛睿龙 2017 俄藏黑水城佛经音义文献再考，保定学院学报，第 4 期。
辛有年 2013 《道行般若经》疑难词句试释，励耘语言学刊，第 2 期。
邢 晓 2016 《大唐西域记》情绪类心理动词探究，广州广播电视大学学报，第 1 期。
邢向东 2015 陕北、内蒙古晋语中“来”表商请语气的用法及其源流，中国语文，第 5 期。
熊 娟 2008 汉译佛典中的“所可”，西南交通大学学报，第 1 期。
熊 娟 2009 《冥祥记》校读札记，西南交通大学学报，第 5 期。
熊 娟 2009 佛典文献中的“—能”附加式双音词，台州学院学报，第 1 期。
熊 娟 2014 释“失睡”——兼论古代汉语的反训，南昌工程学院学报，第 2 期。
熊 娟 2014 “盂兰盆”的语源语义考查——兼及《盂兰盆经》的性质，汉语史学报，第 14 辑。
熊 娟 2015 《汉文佛典疑伪经研究》，上海古籍出版社。
熊 娟 2017 “嬬恼”辨证，语言研究，第 2 期。
熊 杨 2017 《慧琳音义》所引《穆天子传》考，唐山师范学院学报，第 3 期。
熊应标 2009 从疑问句形式看《大唐三藏取经诗话》的成书年代，乐山师范学院学报，第 10 期。
徐 立 2007 《祖堂集》校勘数则，科教文汇，第 12 期。
徐 琳 2014 禅宗语录俗语考释，雷汉卿、杨永龙、胡绍文编《语林传薪：胡奇光教授八十华诞庆寿论文集》，四川教育出版社。

徐 琳 2017 《汉语大词典》始见例商补——以唐宋禅籍俗语词为例，嘉兴学院学报，第1期。

徐 琳、魏艳伶、袁莉容 2010 《〈祖堂集〉佛教称谓词语研究》，四川大学出版社。

徐 萍 2014 《六度集经》注释商榷，绍兴文理学院学报，第6期。

徐 瑞 2010 《洛阳伽蓝记》方位词研究，现代语文（语言研究版），第12期。

徐朝东 2010 《妙法莲花经释文》三种例外音切之考察，山西大学学报，第4期。

徐朝红 2007 中古汉语并列连词“并”的发展演变，语言研究，第4期。

徐朝红 2010 假设连词“脱”的产生和发展，古汉语研究，第2期。

徐朝红 2012 汉译佛经中并列连词“亦”的历时考察及来源再探，语文研究，第2期。

徐朝红 2013 汉译佛经本缘部特殊连词研究，古汉语研究，第2期。

徐朝红、胡世文 2007 介词“寻”的产生和发展，湘潭师范学院学报，第3期。

徐朝红、吴福祥 2015 从类同副词到并列连词：中古译经中虚词“亦”的语义演变，中国语文，第1期。

徐秋儿、卢巧琴 2013 汉魏六朝译经文体研究的语言学意义，长江大学学报，第3期。

徐时仪 2007 《慧琳音义》所释方俗词语考，励耘学刊（语言学），第3辑。

徐时仪 2007 敦煌写卷《放光般若经音义》考斠，郑炳林、樊锦诗、杨富学主编《敦煌佛教与禅宗学术讨论会论文集》，三秦出版社。

徐时仪 2007 慧琳《一切经音义》各本异本考，传统中国研究集刊，第3辑。

徐时仪 2008 《一切经音义》与佛经研究，觉群佛学（2008），宗教文化出版社。

徐时仪 2008 《一切经音义三种校本合刊》，上海古籍出版社。

徐时仪 2008 敦煌写卷《放光般若经音义》考斠，古籍整理研究学刊，第3期。

徐时仪 2008 窥基《妙法莲花经音义》引《切韵》考，觉群佛学（2007），宗教文化出版社。

徐时仪 2008 略论《一切经音义》字典的编纂，中国文字研究，第1期。

徐时仪 2008 希麟《续一切经音义》引《方言》考，国学研究，第22卷。

徐时仪 2009 《玄应和慧琳〈一切经音义〉研究》，上海人民出版社。

徐时仪 2009 《一切经音义》俗字考，中国文字研究，第1辑，大象出版社。

徐时仪 2009 《一切经音义》与古籍整理研究，古籍整理研究学刊，第1期。

徐时仪 2009 《一切经音义》与文化史研究，觉群佛学（2009），宗教文化出版社。

徐时仪 2009 略论《慧琳音义》的校勘，长江学术，第1期。

徐时仪 2009 略论《一切经音义》与词汇学研究，陕西师范大学学报，第3期。

徐时仪 2009 略论《一切经音义》与音韵学研究，杭州师范大学学报，第6期。
徐时仪 2009 试论古白话词汇研究的新发展，南阳师范学院学报，第1期。
徐时仪 2009 玄应《一切经音义》写卷考，文献，第1期。
徐时仪 2010 《康熙字典》引佛经音义考探，中华字典研究，第2辑。
徐时仪 2010 《一切经音义》与汉字研究，说文学研究，第4辑。
徐时仪 2010 敦煌写卷佛经音义俗字考探，艺术百家，第6期。
徐时仪 2010 华严经音义引切韵考，南阳师范学院学报，第10期。
徐时仪 2010 略论佛经音义的校勘，吴越佛教，第5卷。
徐时仪 2011 《一切经音义》引书探论，徐时仪、陈五云、梁晓虹编《佛经音义研究——第二届佛经音义研究国际学术研讨会论文集》，凤凰出版社。
徐时仪 2011 敦煌写卷佛经音义时俗用字初探，中国文字研究，第14辑。
徐时仪 2011 敦煌写卷佛经音义俗字考，中国语言学，第5辑。
徐时仪 2011 略论佛经音义的校勘——兼述王国维、邵瑞彭、周祖谟和蒋礼鸿所撰《玄应音义》校勘，杭州师范大学学报，第3期。
徐时仪 2011 长安西明寺与西明藏考探，《首届长安佛教国际学术研讨会论文集》第3卷，陕西师范大学出版社。
徐时仪 2012 《一切经音义》所释外来词考，南大语言学，第4编。
徐时仪 2012 《朱子语类》佛学词语考，南阳师范学院学报，第7期。
徐时仪 2013 “打令”考，民俗典籍文字研究，第1期。
徐时仪 2014 再论词组结构功能的虚化，《汉译佛典语言研究》编委会编《汉译佛典语言研究》，语文出版社。
徐时仪 2015 《汉语白话史》，北京大学出版社。
徐时仪 2015 《一切经音义》引《说文》考论，《许慎文化研究2 第二届许慎文化国际研讨会论文集》，中国社会科学出版社。
徐时仪 2015 佛经音义引《桂苑珠丛》考，徐时仪、梁晓虹、松江崇编《佛经音义研究——第三届佛经音义研究国际学术研讨会论文集》，上海辞书出版社。
徐时仪 2016 段玉裁《说文解字注》引《玄应音义》考，《段玉裁诞辰280周年纪念暨段学、清学国际学术研讨会论文集》，江苏人民出版社。
徐时仪、陈五云、梁晓虹 2011 《佛经音义研究——第二届佛经音义研究国际学术研讨会论文集》，凤凰出版社。
徐时仪、梁晓虹、陈五云 2009 《佛经音义研究通论》，凤凰出版社。
徐时仪、梁晓虹、松江崇 2015 《佛经音义研究——第三届佛经音义研究国际学术研讨会论文集》，上海辞书出版社。
徐时仪、刘静静 2017 名单与单位，汉语史研究集刊，第23辑。
徐天池 2007 论佛经翻译的译场，四川师范大学学报，第4期。

徐望驾　2009　佛教文化与皇侃《论语义疏》，宗教学研究，第3期。
徐真友　2009　关于佛典语言的一些研究（万金川译），朱庆之编《佛教汉语研究》，商务印书馆。
徐正考　2007　两汉词汇语法史研究语料述论，南开语言学刊，第1期。
徐正考、李美妍　2009　菩提留支译经中的言说类词语，求是学刊，第5期。
许　鹏　2015　西夏文《大方广佛华严经名略》，宁夏社会科学，第6期。
许　松、谯云云　2016　敦煌变文错综修辞探析，陕西理工学院学报，第4期。
许晨晨　2012　《贤愚经》中的评议句，常州工学院学报，第5期。
许建平　2011　杏雨书屋藏玄应《一切经音义》残卷校释，敦煌研究，第5期。
许剑宇　2007　《佛本行集经》中的数量表达，杭州师范学院学报，第5期。
许杰然　2012　汉译佛典对汉语词汇的影响初探，甘肃高师学报，第3期。
许理和　2009　最早的佛经译文中的东汉口语成分（蒋绍愚、吴娟译），朱庆之编《佛教汉语研究》，商务印书馆。
许启峰　2010　龙璋辑《字书》所据《玄应音义》版本考，西华大学学报，第4期。
许启峰　2011　张戬《考声》考，徐时仪、陈五云、梁晓虹编《佛经音义研究——第二届佛经音义研究国际学术研讨会论文集》，凤凰出版社。
许启峰、陈大伟　2010　《韵英》考，宁夏大学学报，第5期。
许生根　2009　日本藏西夏文刊本《大方广佛华严经》考略，宁夏社会科学，第4期。
许卫东　2010　《高僧传》中的“始”，汉语言文学研究，第3期。
许兴宝　2012　《词源》禅语汇释，阴山学刊，第3期。
薛　蓓　2010　汉译佛经并列连词“及以”略说，晋中学院学报，第1期。
薛　蓓　2013　汉译佛经中并列连词“及”简述，河池学院学报，第6期。
薛凤生　2009　音韵学二题，语言科学，第4期。
薛江谋　2012　佛教“和尚”称谓的来源和含义，中国社会科学报，9月24日。
薛玉彬　2015　《法苑珠林校注》补遗，哈尔滨职业技术学院学报，第5期。
薛玉彬　2015　《法苑珠林校注》勘误补正，阜阳职业技术学院学报，第3期。
闫　艳　2014　“阿魏”多源考释与佛教戒食，古籍整理研究学刊，第3期。
闫　艳　2016　佛经翻译的译场及翻译程序，西北民族大学学报，第2期。
闫　艳　2016　佛经翻译对汉语音韵学的影响，学术探索，第3期。
闫斯文、武振玉　2015　敦煌文献词汇研究综述，华夏文化论坛，第2期。
闫斯文、武振玉　2017　敦煌文献语法研究综述，乐山师范学院学报，第9期。
严宝刚　2011　从《祖堂集》看唐五代时期的名词化标记“底”，西南农业大学学报，第8期。
颜洽茂、荆亚玲　2008　试论汉译佛典四言格文本的形成及影响，浙江大学学报，第

5 期。

颜洽茂、康振栋　2009　“恼害”“触恼”等佛源词释义——兼谈佛源词研究价值，古汉语研究，第 4 期。

颜洽茂、卢巧琴　2009　失译、误题之经年代的考证——以误题曹魏昙谛译《昙无德羯磨》为例，浙江大学学报，第 5 期。

颜洽茂、谭勤　2014　“俘囚”辨说，中国语文，第 3 期。

颜洽茂、熊娟　2010　《菩萨本缘经》撰集者和译者之考辨，浙江大学学报，第 1 期。

扬之水　2010　《一切经音义》之佛教艺术名物图证，中国文化，第 1 期。

杨　华　2014　《华阳国志》“参毗之礼”考，西华师范大学学报，第 5 期。

杨　静　2011　敦煌本《太上业报因缘经》佛源词例释，现代语文（语言研究版），第 9 期。

杨　康　2017　《汉语大词典》中古汉语条目商补，湖北经济学院学报，第 5 期。

杨　琳　2008　《〈观世音应验记三种〉译注》献疑，汉语史学报，第 7 辑。

杨　琳　2015　“野狐禅”非佛源考，文学与文化，第 1 期。

杨　艳　2011　《一切经音义》引《风俗通义》二例札记，徐时仪、陈五云、梁晓虹编《佛经音义研究——第二届佛经音义研究国际学术研讨会论文集》，凤凰出版社。

杨宝忠、袁如诗　2016　《汉语大字典》收录《龙龛》疑难字考辨，古汉语研究，第 4 期。

杨超标　2012　论安世高的译学思想和翻译方法，温州大学学报，第 5 期。

杨成忠　2009　再论“变”和“变文”，连云港职业技术学院学报，第 2 期。

杨德春　2017　关于汉译佛经语言性质的几个问题，宁波城市职业技术学院学报，第 3 期。

杨德春　2017　汉译佛经的源语言、语言性质与汉语分期，商丘职业技术学院学报，第 6 期。

杨德春　2017　汉译佛经的源语言、语言性质与汉语分期问题研究，连云港职业技术学院学报，第 3 期。

杨德春　2017　汉译佛经语言性质及相关问题，广播电视大学学报，第 3 期。

杨冬敏　2007　佛经翻译与清末民初翻译活动比较初探，北京第二外国语学院学报（外语版），第 12 期。

杨冬敏　2011　从翻译规范的角度探讨鸠摩罗什的翻译——以《金刚经》为例，北京第二外国语学院学报，第 12 期。

杨海明　2011　“顿悟”说探源，西安石油大学学报，第 2 期。

杨会永　2011　《佛本行集经》词语考辨，西南交通大学学报，第 3 期。

杨会永　2014　《贤愚经》词语考释，石家庄铁道大学学报，第 4 期。

杨会永、王凤云　2007　中古佛典词语考辨，安庆师范学院学报，第5期。
杨继光　2008　中古佛经常用词组合关系考察，集美大学学报，第2期。
杨继光　2009　《汉语大词典》书证滞后例试举，廊坊师范学院学报，第1期。
杨继光　2009　汉译中古佛经词语例释，大庆师范学院学报，第4期。
杨明泽　2010　常用词“冠、帽”的演变研究，黄冈师范学院学报，第5期。
杨瑞彬　2009　“豹雷”考辨，现代语文（语言研究版），第10期。
杨思范　2011　《慧琳音义》引《庄子》考，徐时仪、陈五云、梁晓虹编《佛经音义研究——第二届佛经音义研究国际学术研讨会论文集》，凤凰出版社。
杨同军　2007　佛教语“作业”“作孽”源流考，敦煌学辑刊，第4期。
杨同军　2007　灌注了佛教词义的道家词语试析，宗教学研究，第3期。
杨同军　2009　“色力”佛源解，敦煌学辑刊，第3期。
杨同军　2010　《语言接触和文化互动：汉译佛经词汇的生成与演变研究》，中华书局。
杨同军　2010　汉译佛经词语的佛教化和本土化演变例释，汉语史学报，第9辑，上海教育出版社。
杨同军　2012　“乱风”考——兼谈“岚”表“山林中的雾气”义的来源，四川大学中国俗文化研究所编《项楚先生欣开八秩颂寿文集》，中华书局。
杨同军　2012　汉语佛经词语杂俎，燕赵学术，春之卷。
杨小平　2010　敦煌变文疑难词语考释，西华师范大学学报，第2期。
杨小平　2010　敦煌变文疑难俗语词考释，宗教学研究，第1期。
杨小平　2012　敦煌变文疑难词语考释，四川大学中国俗文化研究所编《项楚先生欣开八秩颂寿文集》，中华书局。
杨小平　2013　《敦煌文献词语考察》，中国社会科学出版社。
杨小平　2016　敦煌变文疑难词语考释，贺州学院学报，第1期。
杨小平、程姝、程小沁　2012　敦煌写卷词语考释，贺州学院学报，第4期。
杨晓宇　2009　敦煌碑铭赞词语诂解，兰州大学学报，第2期。
杨晓宇　2012　敦煌本邈真赞词语选释，敦煌学辑刊，第1期。
杨晓宇　2012　敦煌邈真文书赞词语考释，甘肃社会科学，第6期。
杨秀明　2008　从《祖堂集》看唐末闽南方言“仔”缀语词的发展，韶关学院学报，第1期。
杨雅娟、高霞、张丽波　2014　从《五灯会元》到《醒世姻缘传》：把字句的历史演变，长江大学学报，第5期。
姚红卫　2009　《六祖坛经》句式运用探究，惠州学院学报，第5期。
姚红卫　2011　《玄应音义》后缀词语义考探，重庆科技学院学报，第24期。
姚红卫　2012　从佛经X然双音词看《玄应音义》的训诂价值，杭州师范大学学报，第6期。
姚红卫 2013 略论《玄应音义》注释语言的学术价值，阜阳师范学院学报，第3期。
姚红卫 2013 略论玄应的训诂实践，淄博师专学报，第1期。
姚红卫 2014 从"不X"训诂看《玄应音义》词汇与词典编撰意义，淄博师专学报，第2期。
叶 穗、郑贤章 2014 《古俗字略》与《龙龛手镜》注音释义对比研究，怀化学院学报，第6期。
叶桂郴、罗智丰 2011 一部汉语俗字和佛经音义研究的力作——评郑贤章博士的《〈新集藏经音义随函录〉研究》，桂林航天工业高等专科学校学报，第1期。
叶桂郴、谭翠 2016 字海考正十数载 内典释疑谱新篇——读郑贤章《汉文佛典疑难俗字汇释与研究》，桂林航天工业学院学报，第3期。
叶慧琼 2014 《道行般若经校注》校勘辨正，求索，第5期。
叶慧琼 2014 《道行般若经校注》指瑕，古汉语研究，第1期。
叶建军 2007 《祖堂集》中"是"字结构附加问，古汉语研究，第2期。
叶建军 2007 《祖堂集》中的感叹句，云梦学刊，第5期。
叶建军 2008 《祖堂集》中四种糅合句式，语言研究，第1期。
叶建军 2008 《祖堂集》中疑问代词"什摩"的反诘用法，安庆师范学院学报，第5期。
叶建军 2010 《〈祖堂集〉疑问句研究》，中华书局。
叶建军 2010 《祖堂集》询问句的语用功能，长春大学学报，第9期。
叶建军 2010 《祖堂集》疑问句句末语气词，聊城大学学报，第3期。
叶建军 2010 《祖堂集》中的是非反诘问句，宁夏大学学报，第1期。
叶建军 2010 《祖堂集》中复句式疑问句，北方论丛，第3期。
叶建军 2010 《祖堂集》中糅合式疑问句，安庆师范学院学报，第8期。
叶建军 2010 连词"争奈"探源，古汉语研究，第2期。
衣川贤次 2007 关于祖堂集的校理，孙昌武、（日）衣川贤次、（日）西口芳男点校《祖堂集》，中华书局。
衣川贤次 2009 从古写经的译文看中古汉语用词的演变——对《中古汉语读本》佛经部分的一个建议，汉语史学报，第8辑。
衣川贤次 2017 《祖堂集》语法研究琐谈（张黎译），汉语佛学评论，第5辑，上海古籍出版社。
易咸英 2008 《佛五百弟子自说本起经》的异文校勘，遵义师范学院学报，第4期。
殷 伟 2009 《五灯会元》中"T，是否？"句式研究，常州工学院学报，第3期。
银沛月 2015 东晋前佛典中的几种形容词重叠式，教育教学论坛，第30期。

尹雪姣 2008 从佛经翻译一窥“误译”的文化价值，宿州教育学院学报，第4期。

于 亭 2007 玄应《一切经音义》版本考，中国典籍与文化，第4期。

于 亭 2009 论“音义体”及其流变，中国典籍与文化，第3期。

于朝兰 2009 “香象渡河”源流考，湘潭师范学院学报，第4期。

于朝兰 2009 从外来词的角度看三国时期佛经汉译的特点，西南科技大学学报，第5期。

于建华 2009 古籍整理的精品——评董志翘先生的《〈观世音应验记三种〉译注》，泰山学院学报，第5期。

于淑健 2008 敦煌佛经俗字误读释正，文献，第2期。

于淑健 2009 敦煌佛经语词札记，语言研究，第4期。

于淑健 2009 敦煌佛经语词札记八则，中山大学学报，第6期。

于淑健 2012 《敦煌佛典语词和俗字研究》，上海古籍出版社。

于淑健 2012 敦煌古佚和疑伪经语词新考，鲁东大学学报，第1期。

于淑健 2013 敦煌古佚和疑伪经词语新探，语言研究，第3期。

于淑健 2013 俗字零札——以敦煌写本为例，鲁东大学学报，第3期。

于云晴 2017 《大唐西域记》“矣”字用法探究，广州广播电视大学学报，第1期。

余 欣 2010 《大唐西域记》古写本述略稿，文献，第4期。

余高峰 2015 《洛阳伽蓝记》释词例评，语文建设，第20期。

余雁舟 2013 禅宗语录词语札记，浙江万里学院学报，第1期。

余雁舟 2015 中州本《赵州录》点校献疑，常熟理工学院学报，第5期。

余雁舟 2016 中州本《马祖语录》校读札记，常熟理工学院学报，第3期。

俞理明 2010 “上厕所”的来源和它的理据，语言科学，第2期。

俞理明 2011 《太平经》中的“平”和“行”：答连登岗教授，青海民族大学学报，第2期。

俞理明 2011 从“佛陀”及其异译看佛教用语的社团差异，合肥师范学院学报，第4期。

俞理明 2011 六朝道教文献语言研究的新探索：评夏先忠《六朝上清经用韵研究》，现代语文（语言研究版），第6期。

俞理明 2012 从《太平经》看汉代文献中的“亿”——兼谈古代汉语数词中的外来现象，四川大学中国俗文化研究所编《项楚先生欣开八秩颂寿文集》，中华书局。

俞理明 2014 从汉魏六朝佛经材料看判断句的发展，汉语史学报，第14辑。

俞理明 2016 《汉魏六朝佛道文献语言论丛》，中国社会科学出版社。

俞理明、顾满林 2008 东汉佛经中的“香”和“臭”，汉语史研究集刊，第11辑。

俞理明、顾满林 2011 东汉佛教文献词汇新质中的外来成分，江苏大学学报，第

3 期。
俞理明、顾满林 2012 东汉佛道文献词汇新质的表义分析，汉语史研究集刊，第15 辑。
俞理明、顾满林 2013 《东汉佛道文献词汇新质研究》，商务印书馆。
俞莉娴 2011 六十卷《华严音义》版本初探，徐时仪、陈五云、梁晓虹编《佛经音义研究——第二届佛经音义研究国际学术研讨会论文集》，凤凰出版社。
虞思征 2013 日本金刚寺藏玄应《一切经音义》写本研究，传统中国研究集刊，第11 辑。
虞思征 2015 《玄应音义》传入日本情形考，徐时仪、梁晓虹、松江崇编《佛经音义研究——第三届佛经音义研究国际学术研讨会论文集》，上海辞书出版社。
虞万里 2010 “音义”“佛典音义”和《一切经音义三种校本合刊》，汉语史研究集刊，第 13 辑。
虞万里 2011 从儒典的“音义”说到佛典的《一切经音义》——兼论《一切经音义三种校本合刊》，徐时仪、陈五云、梁晓虹编《佛经音义研究——第二届佛经音义研究国际学术研讨会论文集》，凤凰出版社。
遇笑容 2008 理论与事实：语言接触视角下的中古译经语法研究，汉语史学报，第7 辑。
遇笑容 2008 试说汉译佛经的语言性质，历史语言学研究，第 1 辑。
遇笑容 2010 《〈撰集百缘经〉语法研究》，商务印书馆。
遇笑容 2010 《撰集百缘经》复数表达方式，徐丹主编《量与复数的研究：中国境内语言的跨时空考察》，商务印书馆。
遇笑容 2013 理论与事实：语言接触视角下的中古译经语法研究，蒋绍愚、胡敕瑞主编《汉译佛典语法研究论集》，商务印书馆。
遇笑容 2014 从《撰集百缘经》看中古汉语动补式的发展，《汉译佛典语言研究》编委会编《汉译佛典语言研究》，语文出版社。
遇笑容、曹广顺 2007 再谈中古译经与汉语语法史研究，汉藏语学报，第 1 期。
遇笑容、曹广顺 2013 再谈中古译经与汉语语法史研究，蒋绍愚、胡敕瑞主编《汉译佛典语法研究论集》，商务印书馆。
遇笑容、曹广顺、祖生利编 2010 《汉语史中的语言接触问题研究》，语文出版社。
元文广 2016 从语言学角度考证《四十二章经》的成书年代，图书馆学研究，第10 期。
元文广 2016 鸠摩罗什音译名称汉化之误考，西安航空学院学报，第 6 期。
园 慈 2008 探不空所译《梵本般若波罗蜜多心经》，佛学研究，第 14 辑。
袁 宾、何小宛 2009 论佛经中的“这”是近指词“这”的字源，语言科学，第2 期。

袁健惠　2011　东汉佛典和本土传世文献的受事话题句，汉语学报，第 3 期。

袁健惠　2012　中古佛典中的受事话题句类型及其句法分析，聊城大学学报，第 6 期。

袁健惠　2014　安世高译经与东汉本土传世文献中受事前置句比较研究，《汉译佛典语言研究》编委会编《汉译佛典语言研究》，语文出版社。

袁金平、李伟伟　2016　《篆隶万象名义》“昌，昌字”条补证，辞书研究，第 1 期。

袁经文　2011　如来藏“我”与“无我”义考，世界宗教研究，第 5 期。

袁卫华　2012　《五灯会元》中带语气副词的测度问句，合肥师范学院学报，第 2 期。

袁雪梅　2010　《中古汉语的关联词语：以鸠摩罗什译经为考察基点》，人民出版社。

袁雪梅　2013　从中古译经看汉语目的连词形成机制，四川师范大学学报，第 5 期。

曾　丹　2010　佛经词语札记，咸宁学院学报，第 9 期。

曾　良　2009　敦煌文献字词札记二则，中国语文，第 4 期。

曾　良　2009　佛经疑难字词考，古汉语研究，第 1 期。

曾　良　2010　《敦煌佛经字词与校勘研究》，厦门大学出版社。

曾　良　2011　佛经音义对历时语义探讨的利用，徐时仪、陈五云、梁晓虹编《佛经音义研究——第二届佛经音义研究国际学术研讨会论文集》，凤凰出版社。

曾　良　2011　佛经字词考校五则，文史，第 3 期。

曾　良　2013　“卌”“摁”俗写来历考，语言研究，第 1 期。

曾　良　2013　《高僧传》字词札记，中国训诂学报，第 1 辑。

曾　良　2014　俗写与佛经语言考校举例，中国文字学报，第 1 期。

曾　良　2014　俗写与佛经字词语义解读，《汉译佛典语言研究》编委会编《汉译佛典语言研究》，语文出版社。

曾　良　2014　《弘明集》字词考校，合肥师范学院学报，第 5 期。

曾　良、蔡俊　2009　从词汇系统看中古汉语词义训释，合肥师范学院学报，第 1 期。

曾　良、江可心　2013　佛经异文与词语考索，古汉语研究，第 2 期。

曾　良、李洪才　2011　《恪法师第一抄》性质考证，敦煌研究，第 4 期。

曾　良、李伟大　2013　佛经字词札记六则，文史，第 4 期。

曾　良、赵铮艳　2009　佛经疑难字词考，古汉语研究，第 1 期。

曾　亮　2008　《六度集经》中的“厥”，临沧师范高等专科学校学报，第 3 期。

曾素英　2007　中国佛经翻译中的两种倾向：直译和意译，武汉理工大学学报，第 4 期。

曾友和　2009　论吕澄《新编汉文大藏经目录》在佛教目录学中的成就，图书情报论坛，第 2 期。

曾昭聪　2007　玄应《众经音义》中的词源探讨述评，语文研究，第 3 期。

曾昭聪　2008　汉译佛经修辞研究的回顾与前瞻，修辞学习，第 5 期。
曾昭聪　2009 《汉译佛典翻译文学选》词语札记，绵阳师范学院学报，第 7 期。
曾昭聪　2010　敦煌文献词汇研究法四题，合肥师范学院学报，第 2 期。
曾昭聪　2014　中古汉译佛经异形词的形成原因及其研究价值，汉语史研究集刊，第 17 辑。
曾昭聪　2015　佛典“幻”类词研究，徐时仪、梁晓虹、松江崇编《佛经音义研究——第三届佛经音义研究国际学术研讨会论文集》，上海辞书出版社。
曾昭聪　2016　明清俗语辞书所录佛典词语综论，暨南学报，第 2 期。
曾昭聪　2017　佛典“焰”类词研究，武陵学刊，第 3 期。
曾昭聪、刘玉红　2008　汉译佛经修辞研究的回顾与前瞻，修辞学习，第 5 期。
曾昭聪、刘玉红　2010　佛典文献词汇研究的现状与展望，暨南学报，第 2 期。
曾昭聪、王博　2010　佛经音义研究的又一力作——徐时仪《玄应和慧琳〈一切经音义〉研究》读后，中国文字研究，第 13 辑。
詹绪左　2008 《祖堂集》词语札记，安徽师范大学学报，第 1 期。
詹绪左　2013　商务本《祖堂集校注》商补，汉语史研究集刊，第 16 辑。
詹绪左　2014　禅籍疑难词语考（上），汉语史研究集刊，第 17 辑。
詹绪左　2015　禅籍疑难词语考（下），汉语史研究集刊，第 18 辑。
詹绪左　2016　中华本《祖堂集》校点商补，佛教文化研究，第 4 辑。
詹绪左、何继军　2009 《祖堂集》的文献学价值，古籍整理研究学刊，第 3 期。
詹绪左、谈秀彩　2009 《笔耕》佛教词语校释，广州大学学报，第 3 期。
詹绪左、吴士田　2017 “擎油不澗/滟”考，语言科学，第 6 期。
詹绪左、周正　2017　禅籍疑难词语考四则，古汉语研究，第 2 期。
战　浩　2017　从“舂捣”义动词的更替频度看中古汉译佛典的文献价值，国际汉语学报，第 2 期。
湛　欣　2011　从《生经》《三国志》看“走”在两晋时期身体驱走活动中的面貌，学行堂语言文字论丛，第 1 辑，四川大学出版社。
张　霁　2014　从《祖堂集》动词作定语结构特点谈标记“之”的隐现条件，黔南民族师范学院学报，第 4 期。
张　娟　2009 《世说新语》“以”字处置式研究，阿坝师范高等专科学校学报，第 3 期。
张　娟　2009　魏晋南北朝时期“以”字处置式的动词特点考察，宜宾学院学报，第 9 期。
张　凯　2008　敦煌变文俗语词汇读札，四川教育学院学报，第 10 期。
张　磊　2014　佛教词语中的数词探析，现代语文（语言研究版），第 2 期。
张　磊　2014　新出敦煌吐鲁番写本韵书、音义书考，浙江社会科学，第 3 期。

张　磊、郭晓燕　2015　俄藏楷书《大智度论》写本残片缀合研究，复旦学报，第6期。
张　磊、刘溪　2016　敦煌本《佛说佛名经》（十二卷本）缀合研究，敦煌吐鲁番研究，第16卷。
张　磊、周小旭　2016　敦煌本《大方等大集经》残卷缀合研究，浙江大学学报，第3期。
张　磊、左丽萍　2015　俄藏敦煌文献《大乘无量寿经》缀合研究，安徽大学学报，第3期。
张　磊、左丽萍　2016　敦煌佛教文献《大乘无量寿经》缀合研究，敦煌研究，第1期。
张　丽　2011　《祖堂集》中两组倒序词的梳理，文教资料，第8期。
张　龙、陈源源　2009　《六度集经》词语例释——兼与蒲正信先生商榷，西南交通大学学报，第3期。
张　琴　2016　五代时期《俱舍论》流传情况考察，五台山研究，第3期。
张　泰　2009　《景德传灯录》成语研究，西南农业大学学报，第2期。
张　文　2010　《祖堂集》有定无定表达手段考察，北京广播电视大学学报，第1期。
张　铉　2010　慧琳《音义》的方音注音体例及其价值，山东大学学报，第3期。
张　铉　2010　再论慧琳《音义》中的“吴音”，语文学刊，第7期。
张　铉　2014　《佛经音义三种征引子部典籍考证》，燕山大学出版社。
张　铉、曹小云　2011　佛经音义避讳现象分析，徐时仪、陈五云、梁晓虹编《佛经音义研究——第二届佛经音义研究国际学术研讨会论文集》，凤凰出版社。
张　雁　2013　“波逃”“相宜”考源，语言学论丛，第47辑。
张　烨　2013　支谶译经高频语素及相关语素项研究，东疆学刊，第3期。
张　烨　2014　东汉支谶译经新词研究，河北工程大学学报，第2期。
张　烨　2015　从汉译佛经的造词模式看语言接触与文化交融，古籍整理研究学刊，第4期。
张　烨　2015　东汉支谶化梵为汉“合璧词”探析，贵州民族研究，第6期。
张　义、黄仁瑄　2016　《阿毗达磨俱舍论》之玄应“音义”校勘举例，汉语学报，第2期。
张　颖　2017　敦煌佛经音义声母演变的中古特色，敦煌学辑刊，第3期。
张　总　2016　疑伪经的摘抄与编撰例说，方广锠编《佛教文献研究：佛教疑伪经研究专刊》（第1辑），广西师范大学出版社。
张　璇　2017　“撩”与“撩理”的意义考辨，语言研究，第3期。
张　炎　2017　俄藏敦煌本《灌顶拔除过罪生死得度经》残卷缀合研究，古籍研究，第1期。

张 炎 2017 英藏敦煌本《大集经》残卷缀合研究，中国典籍与文化，第1期。

张宝玺 2009 西秦《佛说未曾有经》录经校文，敦煌研究，第4期。

张秉国 2012 《敦煌变文选注》续貂，四川大学中国俗文化研究所编《项楚先生欣开八秩颂寿文集》，中华书局。

张昌红 2012 论诗、偈的异同及偈颂的诗化，河南师范大学学报，第6期。

张成进 2013 时间副词“一向”的词汇化与语法化考探，语言研究，第2期。

张春雷 2011 《随函录》《一切经音义》所录《经律异相》音义劄记，徐时仪、陈五云、梁晓虹编《佛经音义研究——第二届佛经音义研究国际学术研讨会论文集》，凤凰出版社。

张春雷 2012 论《经律异相》异文的研究价值及其类型，南阳师范学院学报，第7期。

张春雷 2013 论《经律异相》异文研究的价值和意义，湖北社会科学，第6期。

张春雷 2015 上海图书馆藏手抄本《经律异相》残卷的文献学价值，徐时仪、梁晓虹、松江崇编《佛经音义研究——第三届佛经音义研究国际学术研讨会论文集》，上海辞书出版社。

张春秀 2007 东汉汉译佛经中的第一人称代词，玉林师范学院学报，第6期。

张春秀 2008 东汉汉译佛经中的处所疑问代词，玉林师范学院学报，第6期。

张春秀 2008 对许理和教授《最早的佛经译文中的东汉口语成分》一文的再补充，河池学院学报，第1期。

张固也 2010 敦煌残卷《修多罗法门》作者考，古籍整理研究学刊，第2期。

张国良 2015 譬喻经校读条札，内江师范学院学报，第11期。

张国良 2016 譬喻经校读记，宁波大学学报，第2期。

张国庆 2011 辽代僧尼法号、师德号与“学位”称号考——以石刻文字资料为中心，民族研究，第6期。

张海峰 2012 唐律“十恶”一词的佛教渊源，现代法学，第3期。

张惠强 2008 敦煌变文和元刊杂剧中量词“个”的使用法，甘肃广播电视大学学报，第1期。

张惠强 2013 汉译佛经与“附近”的衍生性演变，天水师范学院学报，第4期。

张家合 2012 从程度副词看中土文献与汉译佛经的差异，泰山学院学报，第1期。

张九玲 2015 《佛顶心观世音菩萨大陀罗尼经》的西夏译本，宁夏师范学院学报，第1期。

张龙飞、周志锋 2013 《法苑珠林》中的简省俗字，现代语文（语言研究版），第7期。

张美兰、黄红蕾 2014 西晋佛经中的双宾语句式，《汉译佛典语言研究》编委会编《汉译佛典语言研究》，语文出版社。

张明明　2009　简论汉语词汇中的佛教外来词，聊城大学学报，第 2 期。
张鹏丽　2009　禅宗语录语言研究述略，南京理工大学学报，第 4 期。
张鹏丽　2009　唐宋禅宗语录特殊选择疑问句考察，南京师范大学文学院学报，第 3 期。
张鹏丽　2012　唐宋禅宗语录“VP-Neg-VP”式正反疑问句研究，泰山学院学报，第 1 期。
张鹏丽　2012　唐宋禅宗语录新生疑问词语考察，西华大学学报，第 2 期。
张鹏丽　2014　《碧岩录》联合式复音词研究，贺州学院学报，第 4 期。
张鹏丽　2014　《碧岩录》宋代复音虚词考释，南京理工大学学报，第 4 期。
张鹏丽　2014　《唐宋禅宗语录疑问句研究》，杭州大学出版社。
张鹏丽　2014　唐宋禅宗语录特殊正反疑问句考察，鲁东大学学报，第 2 期。
张鹏丽　2015　《碧岩录》宋代多音节复音词例释，现代语文，第 9 期。
张鹏丽　2015　《碧岩录》五类结构复音词研究，汉字文化，第 2 期。
张鹏丽、陈明富　2010　《六度集经》与《六祖坛经》判断句比较研究，宁夏大学学报，第 1 期。
张鹏丽、陈明富　2010　唐宋禅宗语录特殊特指疑问句考察，汉语史研究集刊，第 13 辑。
张巧云　2014　回鹘文佛经的口头程序特征：以《金光明经·舍身饲虎品》为例，宁夏大学学报，第 5 期。
张庆冰　2010　论中古汉语的完成体结构，求索，第 9 期。
张庆冰　2017　《祖堂集》“V+却”情状类型研究，语言研究，第 4 期。
张瑞兰　2012　王维诗歌中的佛教词语例释，兰州教育学院学报，第 7 期。
张生汉　2010　释“搭索”，汉语言文学研究，第 2 期。
张世杰　2007　佛经刻写与中国书法艺术的发展，青海师范大学学报，第 1 期。
张淑乐　2009　敦煌变文研究综述，黑龙江史志，第 16 期。
张渭毅　2015　慧琳上下字异调同韵类的反切及其研究价值，徐时仪、梁晓虹、松江崇编《佛经音义研究——第三届佛经音义研究国际学术研讨会论文集》，上海辞书出版社。
张文冠　2013　“吃嘹”补释，汉语史研究集刊，第 16 辑。
张文冠　2016　《一切经音义》字词校释二则，汉语史学报，第 16 辑。
张先堂　2012　“当阳”新解——从“当阳”一词看佛教对中国文化的融摄，四川大学中国俗文化研究所编《项楚先生欣开八秩颂寿文集》，中华书局。
张先堂　2013　一件珍贵的唐五代敦煌俗家弟子诵经录——敦煌研究院藏 D0218 号残卷新探，敦煌研究，第 6 期。
张相平　2012　《祖堂集》校补札记，广东石油化工学院学报，第 2 期。

张小艳 2007 《敦煌书仪语言研究》，商务印书馆。
张小艳 2007 敦煌写本《俗务要名林》字词笺释（一），语言研究集刊，第5辑。
张小艳 2008 唐五代韵书与敦煌文献的解读，敦煌研究，第5期。
张小艳 2010 敦煌写本《俗务要名林》字词笺释（二），语言研究集刊，第7辑。
张小艳 2011 敦煌变文疑难词语考辨三则，中国语文，第5期。
张小艳 2012 “坐社”与“作社”，敦煌研究，第4期。
张小艳 2012 《佛说相好经》校录补正，敦煌学辑刊，第3期。
张小艳 2013 “魁”与“盔”——中古“名”“物”系联例释，复旦学报，第4期。
张小艳 2013 敦煌佛教疑伪经疑难字词考释，出土文献与古文字研究，第5辑。
张小艳 2013 敦煌佛经疑难字词辑释，中国训诂学报，第1期。
张小艳 2015 敦煌佛经疑难字词考辨三则，出土文献与古文字研究，第6辑。
张小艳、傅及斯 2015 敦煌本唐译“八十华严”残卷缀合研究，浙江社会科学，第6期。
张晓英、谭文旗、吴敏 2013 《西游记》宗教用语辨释，汉语史研究集刊，第16辑。
张新朋 2009 敦煌本《王梵志诗》残片考辨五则，敦煌学辑刊，第4期。
张鑫鹏 2011 《祖堂集》成语探析，长春工程学院学报，第1期。
张鑫鹏、康健 2010 《祖堂集》“索”义集释，安康学院学报，第6期。
张鑫媛 2010 《汉语大词典》拾遗——以《撰集百缘经》为例，西南科技大学学报，第3期。
张秀清 2010 “余”没有前置于数词的用法——兼谈“余”不一定表示有零头尾数，科教文汇，第10期。
张秀清 2011 《祖堂集》“且”类关联副词使用初探，语文学刊，第11期。
张秀清 2011 读敦煌卷子杂志三则，西安社会科学，第3期。
张秀清 2012 《祖堂集》校记，乐山师范学院学报，第6期。
张秀清 2012 敦煌文献整理中断代方法的具体应用，昆明学院学报，第5期。
张秀清 2013 《祖堂集》校记，语文学刊，第7期。
张秀清 2013 《祖堂集》中的异文资料——对照《景德传灯录》（一），语文学刊，第21期。
张秀松 2014 疑问语气副词“究竟”向名词“究竟”的去语法化，语言科学，第4期。
张秀松、张爱玲 2016 “阿弥陀佛”向会话程序语的语用化，当代修辞学，第2期。
张延成 2011 论佛经数名“那由他”，武汉大学学报，第4期。
张延成 2013 《中古汉语称数法研究》，武汉大学出版社。
张延成、童健 2013 汉文佛典词汇研究现状述要，武汉大学学报，第4期。

张延俊　2009　《水经注》引文被动式语料研究，信阳师范学院学报，第6期。

张艳华　2014　《大唐西域记》第一人称代词研究，长春工程学院学报，第1期。

张诒三　2011　试论佛源外来词的定型化，阜阳师范学院学报，第5期。

张颖慧　2016　《篆隶万象名义》抄本文字的笔画组合及特征，铜仁学院学报，第2期。

张勇盛　2012　“佛法僧印”考释，文物鉴定与鉴赏，第11期。

张涌泉　2007　敦煌本玄应《一切经音义》叙录，汉语史研究集刊，第10辑。

张涌泉　2007　俄敦18974号等字书碎片缀合研究，浙江大学学报，第3期。

张涌泉　2009　入乎其内，出乎其外：项楚师的敦煌学研究，社会科学研究，第5期。

张涌泉　2010　敦煌文献的写本特征，敦煌学辑刊，第1期。

张涌泉　2010　敦煌写本标识符号研究，汉语史学报，第9辑。

张涌泉　2010　敦煌写本断代研究，中国典籍与文化，第4期。

张涌泉　2010　敦煌写本重文号研究，文史，第1期。

张涌泉　2010　说“卜煞”，文献，第4期。

张涌泉　2011　《张涌泉敦煌文献论丛》，上海古籍出版社。

张涌泉　2011　敦煌文献习见词句省书例释，浙江师范大学学报，第1期。

张涌泉　2011　敦煌写本省代号研究，敦煌研究，第1期。

张涌泉　2012　敦煌残卷缀合研究，文史，第3期。

张涌泉　2012　敦煌文献俗语词研究的材料和方法，中国典籍与文化，第1期。

张涌泉、丁小明　2011　敦煌文献定名研究，中华文史论丛，第2期。

张涌泉、刘明　2017　敦煌本《佛说大乘稻芉经》及其注疏残卷缀合研究，浙江师范大学学报，第2期。

张幼军　2007　用对勘法考释《小品经》中的一些词语，古汉语研究，第2期。

张幼军　2008　《佛教汉语训释方法探索——以〈小品般若波罗蜜经〉为例》，湖南师范大学出版社。

张幼军　2010　鸠摩罗什《小品般若波罗蜜经》的特色句法例说，古汉语研究，第4期。

张幼军　2014　鸠摩罗什译《小品经》之三“不失本”，古汉语研究，第1期。

张玉霞　2011　“超凡入圣”源流考，现代语文（语言研究版），第3期。

张芝莹、周阿根　2017　《续高僧传》标志性被动句浅析，钦州学院学报，第4期。

张志芳　2012　《译以载道：佛典的传译与佛教的中国化》，厦门大学出版社。

张志勇　2015　《敦煌邈真赞释译》，人民出版社。

张子开　2009　语录体形成刍议，武汉大学学报，第5期。

张子开　2011　古代印度文化中的獭——以汉文佛典为研究中心，黑龙江社会科学，第1期。
张子开、张琦　2008　禅宗语言的种类，宗教学研究，第4期。
赵　丹　2012　敦煌本《净名经关中释抄》异文考释六则，现代语文（语言研究版），第10期。
赵　红　2009　南师大文学院藏03号《妙法莲华经》卷第三研究与校勘，西域研究，第1期。
赵　静　2011　宗教修辞研究的路径与方法，宗教学研究，第3期。
赵　丽、阚绪良　2017　《汉语大词典》新词补议——以《入唐求法巡礼记》为例，哈尔滨学院学报，第10期。
赵　明　2009　浅析佛教传入对汉语词汇的影响，现代语文（语言研究版），第8期。
赵　卿　2012　论中国古代佛经的对等翻译，海外英语，第1期。
赵　巍、李琳　2012　"五失本三不易"的语言哲学阐释，西安外国语大学学报，第2期。
赵　文　2007　试论佛学对声律论形成的影响，宁夏社会科学，第5期。
赵　阳　2016　黑水城出土《新集藏经音义随函录》探微，吐鲁番学研究，第1期。
赵　烨　2016　《早期汉译佛经词汇系统的结构及生成——以支谶译经复音词为中心》，中国社会科学出版社。
赵长才　2008　《杂宝藏经》的连词系统，历史语言学研究，第1辑。
赵长才　2009　中古汉译佛经中的后置词"所"和"边"，中国语文，第5期。
赵长才　2010　"宁可"在中古译经中的助动词用法及其来源，历史语言学研究，第3辑。
赵长才　2010　也谈中古译经中"取"字处置式的来源——兼论"打头破""啄雌鸽杀"格式的形成，遇笑容、曹广顺、祖生利编《汉语史中的语言接触问题研究》，语文出版社。
赵长才　2011　中古汉语选择连词"为"的来源及演变过程，中国语文，第3期。
赵长才　2013　中古译经"或X"双音词的用法及演变过程，中国语文，第3期。
赵长才　2014　中古译经的协同副词及其来源，历史语言学研究，第8辑。
赵长才　2015　中古汉译佛经交互、相互义副词的表达形式及其来源，徐时仪、梁晓虹、松江崇编《佛经音义研究——第三届佛经音义研究国际学术研讨会论文集》，上海辞书出版社。
赵长才　2015　中古译经由原典呼格的对译所带来的句法影响，历史语言学研究，第9辑。
赵长才　2017　"并"在中古译经中的时间副词用法及其来源，中国语文，第2期。
赵川兵　2013　王梵志诗释义辨正一则，汉字文化，第6期。
赵川兵　2017　"伎死汉（禅和）"释义补议，汉语史学报，第17辑。

赵纪彬　2015　中古佛典序跋句式的趋同性，世界宗教文化，第1期。
赵家栋　2008　《敦煌变文校注》识读语词散记，中国语文，第3期。
赵家栋　2008　敦煌变文疑难疑义字词考释，励耘学刊（语言学），第2辑。
赵家栋　2009　《敦煌文献词语辨释》一文辨正，宁夏大学学报，第1期。
赵家栋　2010　《燕子赋（二）》中“诸问”考辨，中国语文，第1期。
赵家栋　2010　《燕子赋（一）》“密箄相髝”试解，古汉语研究，第4期。
赵家栋　2011　慧琳《圣教序》《述三藏记》音义版本及文献价值，四川师范大学学报，第2期。
赵家栋　2011　慧琳《圣教序》《述三藏记》音义的文献价值，徐时仪、陈五云、梁晓虹编《佛经音义研究——第二届佛经音义研究国际学术研讨会论文集》，凤凰出版社。
赵家栋　2012　敦煌碑铭赞语词释证，敦煌研究，第4期。
赵家栋　2012　敦煌文献中并不存在量词“笙”，语言科学，第4期。
赵家栋　2013　敦煌文献字词考释与语法研究，合肥师范学院学报，第4期。
赵家栋　2013《齖䶗书》中“典砚”词义复议，中国典籍与文化，第4期。
赵家栋　2014　《燕子赋（一）》“跖履”考辨，汉语史研究集刊，第16辑。
赵家栋　2014　梁僧伽婆罗译《孔雀王咒经》“梁言”词例释，励耘语言学刊，第2期。
赵家栋　2015　《翻译名义集》引“应法师云”文字疏证，徐时仪、梁晓虹、松江崇编《佛经音义研究——第三届佛经音义研究国际学术研讨会论文集》，上海辞书出版社。
赵家栋　2015　敦煌文献疑难字词考辨四则，汉语史学报，第12辑。
赵家栋　2015　字词释义复议五则，语言研究，第2期。
赵家栋　2016　敦煌俗赋《丑妇赋》字词校读，古籍整理研究学刊，第6期。
赵家栋、董志翘　2012　《经律异相》5—11卷校读札记，南京师范大学文学院学报，第3期。
赵家栋、董志翘　2012　敦煌诗歌语词释证，贵州师范大学学报，第1期。
赵家栋、付义琴　2017　《生经·舅甥经》“俘囚”词义复议，语言研究，第4期。
赵建成　2009　《世说新语》“逆风”“逆风家”释义，中国社会科学院研究生院学报，第6期。
赵静莲　2010　《敦煌变文校注》商榷一则，汉字文化，第3期。
赵静莲　2010　敦煌解梦书校释五则，南开语言学刊，第2期。
赵静莲　2012　敦煌疑难名物词语考释五则，中国典籍与文化，第3期。
赵静莲　2013　敦煌文献字词考释七则，西南交通大学学报，第2期。
赵静莲　2017　佛经词语“津通”意义考辨，兰台世界，第14期。

赵平平 2017 魏晋时期汉语吸收佛教词汇的特点，汉字文化，第22期。
赵淑华 2013 论梵语音节划分的规则——梵汉对音研究的基础之一，汉语史研究集刊，第16辑。
赵文思 2016 《佛学大辞典》饮食词语初探，梧州学院学报，第4期。
赵晓驰 2013 敦煌文献中的颜色词研究——以敦煌变文、敦煌歌辞、王梵志诗为例，桂林航天工业学院学报，第3期。
赵晓星、勘措吉、万玛项杰 2017 敦煌本《六门陀罗尼经》研究——中唐敦煌密教文献研究之四，敦煌研究，第5期。
赵永明 2007 《龙龛手鉴》在辞书编纂史上的贡献，淮北煤炭师范学院学报，第6期。
赵振兴 2007 《六度集经》判断句考察，盐城师范学院学报，第5期。
真大成 2016 《正法华经》疑难词语释义三题，历史语言学研究，第10辑。
真大成 2017 汉文佛经用字与疑难词语考释，汉语史学报，第17辑。
郑 宏 2009 近代汉语“与”字被动句考察，语文研究，第3期。
郑 妞 2017 《慧琳音义》引《说文》省声字考，人文论丛，第2期。
郑 伟 2017 汉语方言指示词“尔”的共时分布与历史来源，语言科学，第1期。
郑阿财 2007 敦煌变文中称谓词“阿婆”综论，浙江大学学报，第3期。
郑国栋 2010 梵汉佛经对勘研讨会综述，哲学动态，第9期。
郑杰文 2009 也谈古代文学研究中的考证、辨伪和古典文献的利用，文学评论，第4期。
郑丽娟 2016 《祖庭事苑》词语考辨四则，汉语史研究集刊，第21辑，巴蜀书社。
郑莲实 2011 玄应《一切经音义》的“非体”，徐时仪、陈五云、梁晓虹编《佛经音义研究——第二届佛经音义研究国际学术研讨会论文集》，凤凰出版社。
郑贤章 2007 以可洪《随函录》考汉语俗字（续），古汉语研究，第1期。
郑贤章 2011 汉文佛典疑难俗字札考，古汉语研究，第2期。
郑贤章 2012 汉文佛典疑难俗字考释，合肥师范学院学报，第1期。
郑贤章 2013 《龙龛手镜》疑难注音释义札考，古汉语研究，第2期。
郑贤章 2013 从疑难字看新版《汉语大字典》的缺失，中国语文，第5期。
郑贤章 2013 汉文佛典疑难字笺识，贺州学院学报，第1期。
郑贤章 2014 高丽本《龙龛手镜》疑难注音释义札考，汉语史研究集刊，第17辑。
郑贤章 2016 《汉文佛典疑难俗字汇释与研究》，巴蜀书社。
郑贤章 2017 佛经的翻译与传抄对汉字发展的影响，智慧中国，第9期。
郑贤章 2017 汉文佛典：谱写汉字研究新篇章，湖南师范大学社会科学学报，第5期。
郑贤章 2017 汉文佛典疑难俗字汇释与研究，海外华文教育动态，第2期。

郑贤章　2017　汉文佛典疑难字考辨，中国文字学报，第7辑。
郑贤章、姚瑶　2011　汉文佛典与《集韵》疑难字研究，语文研究，第3期。
郑贤章、郑游　2009　《郭迻经音》刍议，古汉语研究，第2期。
郑张尚芳　2011　敦煌《藏汉对照词语》解读及所记的唐五代虚词语音变化，历史语言学研究，第4辑。
智　慧　2016　《大唐西域记》中“于”“於”用法研究，洛阳理工学院学报，第6期。
中国佛教文化研究所　2008　《俗语佛源》，天津人民出版社。
中国佛教文化研究所　2013　《俗语佛源》（增订版），中西书局。
钟　芸　2011　《一切经音义》引《独断》考，徐时仪、陈五云、梁晓虹编《佛经音义研究——第二届佛经音义研究国际学术研讨会论文集》，凤凰出版社。
钟如雄　2007　敦煌变文转注字考，古汉语研究，第4期。
周　灵　2010　“不可限量”考辨，西南科技大学学报，第3期。
周　文　2009　“地域”源流考，湖北社会科学，第7期。
周　文　2009　试论佛教传入与中土词汇之关系——以《修行本起经》为例，三峡大学学报，第6期。
周　文　2012　论佛教传入与中古汉语新词新义的关系——以《撰集百缘经》为例，咸宁学院学报，第7期。
周　娅　2007　《中国贝叶经全集》及其翻译校勘中的若干问题，佛学研究，第13辑。
周　瑶　2009　孙昌武等点校《祖堂集》续貂，宗教学研究，第3期。
周　怡　2012　《群经音辨》之语言学价值，中华文化论坛，第3期。
周　正、詹绪左　2014　《宝林传》俗字考释十则，安庆师范学院学报，第2期。
周　政　2017　从个别关键词义略窥汉译佛经用词之精准，中文信息，第2期。
周阿根　2011　《大唐西域记》之汉语词汇史价值试论，徐时仪、陈五云、梁晓虹编《佛经音义研究——第二届佛经音义研究国际学术研讨会论文集》，凤凰出版社。
周北南　2013　《祖堂集》方位词“前”的语法特征，汉语史研究集刊，第16辑。
周碧香　2014　《祖堂集》音译词及相关词汇探析，《汉译佛典语言研究》编委会编《汉译佛典语言研究》，语文出版社。
周俊勋、朱庆之　2011　中古汉语词义研究札记，西南交通大学学报，第4期。
周俊勋、朱庆之　2012　中古汉语熟语略论，燕赵学术，春之卷。
周日安　2012　佛山的三个梵文音译地名，佛山科学技术学院学报，第5期。
周圣来　2011　谈“宗教”一词的来源及衍变，上海师范大学学报，第5期。
周先林、化振红　2007　从《论语义疏》看中古佛教词语的扩散，理论界，第11期。
周小婕　2007　《百喻经》中表完成的标记系统，株洲师范高等专科学校学报，第

1 期。
周晓燕 2010 浅析唐宋祈使句的辅助语和强调标志，佳木斯大学社会科学学报，第 2 期。
周学峰 2012 禅宗著作词语拾诂，汉语史学报，第 12 辑。
周永军 2012 从东汉汉译佛经代词看《汉语大词典》疏失，宁夏大学学报，第 6 期。
周裕锴 2012 拴索·傀儡·锁骨——关于一个独特词汇的宗教文化考察，四川大学中国俗文化研究所编《项楚先生欣开八秩颂寿文集》，中华书局。
周远军 2015 疑难字考释三则，乐山师范学院学报，第 2 期。
周远军 2016 《道行般若经》敦煌写本与刊本的互校，乐山师范学院学报，第 9 期。
周远军、王仲轲 2016 《道行般若经》词语考释十则，焦作大学学报，第 1 期。
周掌胜 2007 《敦煌变文校注》献疑，语言科学，第 2 期。
周掌胜 2007 敦煌文献研究与大型辞书的编纂和修订，王建华、张涌泉编《汉语语言学探索》，浙江大学出版社。
周作明 2008 从六朝上清经看佛教对道教用语的影响，宗教学研究，第 3 期。
周作明 2012 东晋南朝道教上清经词义琐记，四川大学中国俗文化研究所编《项楚先生欣开八秩颂寿文集》，中华书局。
周作明 2012 中古道经中的口语成分及口语词举例，汉语史研究集刊，第 15 辑。
朱 红 2009 汉语第一人称代词的历时统计分析，汉字文化，第 5 期。
朱 瑶 2015 敦煌写经题记中“家母”词义考释，山西档案，第 6 期。
朱春雨 2017 《弘明集校笺》商补，南京师范大学文学院学报，第 3 期。
朱冠明 2007 从中古佛典看“自己”的形成，中国语文，第 5 期。
朱冠明 2008 《〈摩诃僧祇律〉情态动词研究》，中国戏剧出版社。
朱冠明 2008 从《摩诃僧祇律》看中古汉语情态动词的连用，语言论集，第 5 辑。
朱冠明 2008 梵汉本《阿弥陀经》语法札记，历史语言学研究，第 1 辑。
朱冠明 2008 移植：佛经翻译影响汉语词汇的一种方式，语言学论丛，第 37 辑。
朱冠明 2009 佛典词语考释六则，语言论集，第 6 辑。
朱冠明 2011 中古佛典与汉语受事主语句的发展——兼谈佛经翻译影响汉语语法的模式，中国语文，第 2 期。
朱冠明 2013 汉译佛典语法研究述要，蒋绍愚、胡敕瑞主编《汉译佛典语法研究论集》，商务印书馆。
朱冠明 2015 佛经翻译中的词义移植补例，语言研究，第 4 期。
朱冠明 2015 关于汉译佛经中“文殊师利”的译名，民族语文，第 2 期。
朱冠明 2015 中古译经中的“未曾有”及其流传，古汉语研究，第 2 期。
朱冠明、陈中源 2014 义净译经中的“他”和“将”——以《根本说一切有部毗奈耶》为例，雷汉卿、杨永龙、胡绍文编《语林传薪：胡奇光教授八十华诞庆寿论文集》，四川教育出版社。

朱会会 2015 《篆隶万象名义·言部》新增释义考校，华中师范大学研究生学报，第4期。

朱惠仙 2007 《汉语大词典》未收词语举隅，浙江工业大学学报，第2期。

朱惠仙 2008 平等并联双音词的语义构成考察——以佛典语料为例，浙江工业大学学报，第3期。

朱惠仙 2009 《汉语大词典》补正，浙江工业大学学报，第3期。

朱惠仙 2011 汉译佛经篇章结构特点初探——以经藏译经为例，浙江工业大学学报，第4期。

朱惠仙 2015 汉译佛经偈散过渡套语“复说偈言”与“重说偈言”辨析，南昌工程学院学报，第2期。

朱惠仙 2017 《汉语大词典》商补例举——以汉译佛经语料为例，浙江工业大学学报，第1期。

朱乐川 2015 《玄应音义》引《尔雅》《尔雅注》考，徐时仪、梁晓虹、松江崇编《佛经音义研究——第三届佛经音义研究国际学术研讨会论文集》，上海辞书出版社。

朱丽霞 2008 吐蕃时代佛经翻译考辨，宗教学研究，第4期。

朱庆之 2007 也说“擐”，汉语史研究集刊，第10辑。

朱庆之 2008 语言接触及语言变异理论与佛教汉语研究，沈阳、冯胜利编《当代语言学理论和汉语研究》，商务印书馆。

朱庆之 2009 《佛教汉语研究》，商务印书馆。

朱庆之 2010 对现代辞书中成语“来日大难”释义的分析，汉语史学报，第9辑。

朱庆之 2011 一个梵语词在古汉语中的使用和发展，中国语文，第4期。

朱庆之 2012 东汉乐府民歌中的佛教影响——古词《善哉行》“来日大难，口燥唇干”来源考，四川大学中国俗文学文化研究所编《项楚先生欣开八秩颂寿文集》，中华书局。

朱庆之 2012 上古汉语“吾”“予/余”等第一人称代词在口语中消失的时代，中国语文，第3期。

朱庆之 2013 “R为A所见V”被动句式的厘定：兼谈李密《陈情表》之“所见明知”，古汉语研究，第4期。

朱庆之 2014 汉语名词和人称代词复数标记的产生与佛经翻译之关系，中国语言学报，第16期。

朱庆之 2015 “R为A所见V”式被动句的最早使用年代，吴福祥、洪波编《梅祖麟教授八秩寿庆学术论文集》，首都师范大学出版社。

朱庆之　2015　《三国志》裴注引《江表传》中的“相扑”，许全胜、刘震编《内陆欧亚历史语言论集》，兰州大学出版社。

朱庆之　2015　从佛经音义资料看“喂”的造字义，徐时仪、梁晓虹、松江崇编《佛经音义研究——第三届佛经音义研究国际学术研讨会论文集》，上海辞书出版社。

朱庆之　2016　试论佛经翻译对汉语呼词“喂”之产生的可能影响，朱庆之、汪维辉、董志翘、何毓玲编《汉语历史语言学的传承与发展：张永言先生从教六十五周年纪念文集》，复旦大学出版社。

朱庆之　2017　论汉译佛经句法独立之称谓词前的代词“此”和“汝”，语文研究，第2期。

朱文通　2007　历史文献学的考察视角“支那”词义的演变轨迹，石家庄铁道学院学报，第1期。

朱莹莹　2016　《六祖坛经》代词用法初探，湖北科技学院学报，第6期。

朱宇晖、张毅捷　2017　“塔”字探源，建筑史，第1期。

竺家宁　2015　玄应和慧琳《音义》浊音清化与来母接触的问题，徐时仪、梁晓虹、松江崇编《佛经音义研究——第三届佛经音义研究国际学术研讨会论文集》，上海辞书出版社。

宗　舜　2014　《中国佛籍译论选辑评注》商榷，《汉译佛典语言研究》编委会编《汉译佛典语言研究》，语文出版社。

宗　岩　2010　王重民《敦煌古籍叙录》着录特点——兼谈敦煌出土《王梵志诗》整理情况，哈尔滨职业技术学院学报，第2期。

邹伟林　2010　《普曜经》疑难词语考释，长沙铁道学院学报，第4期。

邹伟林　2011　《普曜经》与其异译本《方广大庄严经》语词比较，湖南科技学院学报，第3期。

邹伟林　2014　《生经》语词考释，社科纵横，第12期。

邹伟林　2016　汉文佛典异文字际关系考，湖南科技学院学报，第3期。

邹伟林　2016　竺法护译经疑难字词例释，社科纵横，第5期。

邹伟林、罗晓林　2011　《生经》中的构词构形语素，长沙铁道学院学报，第2期。

左丽萍　2013　敦煌本《大乘无量寿经》异体字考释三则，语文学刊，第14期。

左亚楠　2013　《金刚经》中的称数法，现代语文（语言研究版），第9期。

左莹莹　2014　《慧琳音义》慧琳案语探析，唐山师范学院学报，第6期。

（朱冠明　北京　中国人民大学文学院；
真大成　杭州　浙江大学汉语史研究中心；
于方圆　北京　中国社会科学院语言研究所；
朱庆之　香港　香港教育大学中国语言学系）

编后记

2016年10月28日至30日，第十届“汉文佛典语言学国际学术研讨会”在中国人民大学文学院举行。本次会议有来自海内外的近百名学者参会，既有年高德劭的老专家，也有初出茅庐的年轻学者，是历届汉文佛典语言学会议中人数较多、规模较大的一次。会下与会学者们兴致勃勃地历数十届会议召开的时间、地点和主办单位，[①] 回忆参会往事，感慨这一路走来殊为不易，由此而对当年草创这一学术平台的以竺家宁先生为代表的老一辈佛教汉语研究者表示由衷的敬意和谢意。

佛教汉语研究近二十年来取得了长足的进步，不仅成果迭出，研究领域和研究方法也在不断拓展和更新——时至今日，没有人再怀疑佛教汉语研究对汉语史研究的重要意义，也不会再怀疑梵汉对勘对佛教汉语研究的重要意义；同时，佛教汉语研究也逐渐有了一支稳定并不断扩大的队伍，越来越多训练有素（尤指古典语言训练）的年轻学者投身其中；此外，这一领域国际上的交流合作也越来越频繁丰富，以中日韩等汉文佛教圈学者为主体，欧美也不乏参与者。应该说，这些进步的取得，历届汉文佛典语言学会议起到了良好的推动作用，功不可没。

稍感遗憾的是，前面几届会议，就我们所知，仅有第三届（《汉文佛典语言学》，法鼓文化事业股份有限公司2011年）、第四届（《汉译佛典语言研究》，语文出版社2014年）和第五届（《圆融内外 综贯梵唐》，花木兰文化出版社2012年）正式出版了会议论文集，其他几届的会议论文都没有结集出版，因而没有留下一份完整的、连续的会议资料和学术资源，也未能藉此形成一部直观的佛教汉语研究的学术史。

---

① 朱庆之先生已在本书的序言中列出了前十届的举办单位，此后第十一届会议在2017年由台湾“中央”大学和佛光大学举办，第十二届会议在2018年由韩国延世大学和庆星大学举办，第十三届会议将在2019年由广西师范大学举办。

为了纪念这次象征着圆满与完美的第“十”届会议，也为了把佛教汉语研究的最新成果集中呈现给读者，与会学者商定会后出版论文集，由本次会议的主办单位中国人民大学文学院负责具体编辑事务。会后我们收到数十篇稿件，但在反复协商的情况下，出版社最后限定了目前这个篇幅，因此还有不少高质量的稿件只能遵从出版社的意见割爱。需要说明的是，本论文集所收均为与会学者的论文，以本次会议参会论文为主，但并不限于参会论文。论文格式做了大体上的统一，但因内容和风格差异，也未强求一律。部分论文已经发表，所载刊物已在题注中注出。

感谢朱庆之先生为本书赐序。感谢责任编辑任明先生，也感谢参与编辑工作的中国人民大学文学院几位同学，他们是于方圆、李晶和赵昕。

本书的出版受到中国人民大学 2017 年度“中央高校建设世界一流大学（学科）和特色发展引导专项资金”支持。

朱冠明

2018 年 11 月 10 日

补　记

在本书编辑完毕即将付梓前，传来辛嶋静志先生不幸逝世的噩耗，我们不胜悲痛。写这条补记的时间，正是跟辛嶋先生约好请他来人大开始授课的日期。他告诉我 8 月 1 日下午 2 点到北京，晚上即可开始上课。我说不必安排那么紧，休息好了再说。辛嶋先生说："没关系，我喜欢和学生在一起。"

谨以此书，纪念这位杰出的佛教学、汉文佛典语言学学者，我们的良师益友。

朱冠明

2019 年 8 月 1 日